高等教育"十二五"规划教材

普通心理学

（第二版）

李传银　主编

刘　华　吴全会　副主编

科学出版社

北京

内 容 简 介

本书系统而扼要地论述了普通心理学的基本理论和基础知识，主要内容包括绪论、心理的神经生理机制、意识与注意、感觉、知觉、记忆、表象与想象、思维与创造、情感与意志、需要与动机、能力、人格、心理发展与学习人际心理、心理健康等。全书文字简明扼要，事例丰富，通俗易懂，可读性强。

本书是高等教育"十二五"规划教材，可作为各类高等院校教师教育专业公共课用书，也可作为初等教育、学前教育专业基础课用书，以及各种专业人员研究心理学的参考用书和对心理学感兴趣者的入门书籍。

图书在版编目（CIP）数据

普通心理学/李传银主编. —2 版. —北京：科学出版社，2011.7
（高等教育"十二五"规划教材）
ISBN 978-7-03-031848-0

Ⅰ. ①普… Ⅱ. ①李… Ⅲ. ①普通心理学-高等学校-教材 Ⅳ. ①B84

中国版本图书馆 CIP 数据核字（2011）第 137948 号

责任编辑：王 彦 / 责任校对：马英菊
责任印制：吕春珉 / 封面设计：东方人华平面设计部

科 学 出 版 社 出版
北京东黄城根北街 16 号
邮政编码：100717
http://www.sciencep.com

三河市骏杰印刷有限公司 印刷
科学出版社发行 各地新华书店经销

*

2007 年 8 月第 一 版　开本：787×1092 1/16
2011 年 8 月第 二 版　印张：20 1/2
2021 年 9 月第三十一次印刷　字数：465 000

定价：45.00 元
（如有印装质量问题，我社负责调换〈骏杰〉）

销售部电话 010-62142126　编辑部电话 010-62130750

本书编写人员名单

主　编　李传银

副主编　刘　华　吴全会

参　编　林艳艳　张栋玲　张丽丽　郑宗军　许　燕

　　　　门学泳　马丽芳　陶　委　张海燕

第二版前言

《普通心理学》自2007年8月出版以来，备受到任课教师和读者的欢迎。该书已连续重印多次，这给了作者很大的鼓舞与鞭策，同时我们也得到了不少来自教学一线的意见和建议，在此表示感谢。

根据本书的定位，我们本着与时俱进、求真务实的精神修订了本书，在基本保持初版原貌的基础上，对本书的内容和形式都做了一些调整和补充，力争博采众长，突出自身特色。一是进一步加强了教材的科学性，注重理论的系统性与前沿性，针对高等学校的教学要求，在内容上涵盖心理学科学的基本内容和基本知识，尽量收集国内心理学理论与应用的最新进展和研究成果并将其补充至部分章节，使教材及时反映学科发展现状，体现教材与时俱进的特点。二是进一步加强了教材的实用性，在阐述理论的基础上增加了部分心理学的应用性内容，删除了某些过深、过难、不易理解和把握、应用性差的知识，以增强学生应用心理学知识解决实际问题的能力，做到学以致用，体现教材的实践性特点。三是在文字叙述上力求准确无误，通俗易懂，深入浅出。对一些表述不清、模糊的语句甚至错误的文字、图表、图示、人名、地名、标点符号等一一进行了勘误。

本书由李传银任主编，刘华、吴全会任副主编。参加本书再版编写工作的是李传银（第一章、第十二章）、刘华（第二章、第十四章）、张栋玲、林艳艳（第三章）、张丽丽（第四章）、郑宗军（第五章、第九章）、吴全会（第六章）、许燕（第七章、第十章）、门学泳、马丽芳（第八章、第十一章）、陶委（第十三章）、张海燕（第十五章），最后由主编统稿。

此次再版的过程中，我们参阅和借鉴了许多专著、教材和文献，作者在此一并表示感谢。由于编者的水平和经验有限，本书难免存在一些不足之处，恳请读者予以批评指正。

第一版前言

心理学是我国高等院校教师教育课程体系中一门十分重要的公共必修课，也是一门专业基础课。它不仅对培养未来合格教师具有重要作用，而且对提高大学生科学文化素养，优化大学生的心理素质结构也大有裨益。为贯彻教育部关于进一步加强高等院校教师教育专业课程教材改革的指导精神，及时反映当前日益发展的心理学教学和科研成果，适应今后高等院校教师教育人才培养的需要，我们组织编写了这本《普通心理学》教材。

本书有以下几个方面的特点：一是重视基础性，强调普通心理学这门课程的基础地位，教材内容突出基本理论和基础知识，以系统阐述普通心理学的基本概念和原理为主。近几年来，我国编写的心理学教材呈多样化趋势，教材的内容和形式也多有创新和改革。但是我们认为，一本教科书不应该追求标新立异，也不可能开展学术论争，因为基本知识的介绍是它的主要任务。因此，本书在编写过程中尽可能全面、系统而准确地介绍心理学的基本理论及其实践含义，从而为学生提供一本未来从师任教必不可少的基础心理学读本；二是注重时代性，尽量反映心理学研究的新趋势，吸收心理学研究的新成果；本书在保证知识连续性的基础上，介绍了一些新出现的和正在蓬勃发展的知识领域，使学生在掌握基本知识的基础上，能把握现代心理学发展的最新动态；三是加强教材的实用性，尽量做到理论联系实际。本书增加了一些应用性和实践性内容，特别是心理学知识在教育教学实践应用方面的内容，并引入了学习与发展心理学、社会心理学和心理健康等学科的有关知识，使学生初步了解心理规律在实际中的应用；四是文字编排上尽可能做到简明扼要，事例丰富，通俗易懂，可读性强。

本书是高等教育"十一五"规划教材，可作为各类高等院校教师教育专业公共课用书，也可作为初等教育、学前教育专业基础课用书，以及各种专业人员研究心理学的参考用书和对心理学感兴趣者的入门书籍。

本教材是集体劳动的结晶，由主编拟定编写提纲，经全体参编者讨论通过后，分工撰写，最后由主编统稿定稿。各章执笔者为：李传银（第一章）、刘华（第二章、第十四章）、张栋玲（第三章）、张丽丽（第四章）、郑宗军（第五章、第九章）、陈淑萍（第六章）、许燕（第七章、第十章）、门学泳、马丽芳（第八章、第十一章）、韩仁生（第十二章）、陶委（第十三章）、张海燕（第十五章）。北京师范大学许燕教授审阅了全稿并提出修改意见。

在本书的编写过程中，我们参考和借鉴了许多不同版本的心理学教材以及有关论著与资料，得到了部分专家的悉心指导，特别是科学出版社对本书的出版提供了极大的帮助，作者在此一并表示感谢。由于编者水平有限，书中难免有疏漏和错误之处，恳请予以批评指正。

目　　录

第二版前言

第一版前言

第一章　绪论 ……………………………………………………………………1

 第一节　心理学的研究对象 …………………………………………………1

 第二节　心理学的任务与研究领域 …………………………………………4

 第三节　心理学研究的原则与方法 …………………………………………10

 第四节　心理科学的发展 ……………………………………………………14

 第五节　科学的心理观 ………………………………………………………19

 思考与练习 ……………………………………………………………………23

第二章　心理的神经生理机制 ………………………………………………24

 第一节　心理的神经解剖学基础：神经元和神经系统 …………………24

 第二节　心理的神经生理学基础和脑功能学说 …………………………31

 第三节　心理与内分泌系统 ………………………………………………38

 思考与练习 ……………………………………………………………………41

第三章　意识与注意 …………………………………………………………42

 第一节　意识 ………………………………………………………………42

 第二节　注意概述 …………………………………………………………49

 第三节　注意的种类和规律 ………………………………………………57

 第四节　注意的特征 ………………………………………………………61

 思考与练习 ……………………………………………………………………65

第四章　感觉 …………………………………………………………………66

 第一节　感觉概述 …………………………………………………………66

 第二节　感觉的基本规律 …………………………………………………71

 第三节　感觉的类别 ………………………………………………………74

 思考与练习 ……………………………………………………………………89

第五章　知觉 …………………………………………………………………90

 第一节　知觉的概述 ………………………………………………………90

 第二节　知觉的种类 ………………………………………………………93

 第三节　知觉的基本特征 …………………………………………………101

 第四节　观察 ………………………………………………………………105

 思考与练习 ……………………………………………………………………108

第六章　记忆 …………………………………………………………………109

 第一节　记忆的概述 ………………………………………………………109

第二节　记忆过程及规律……………………………………………118
第三节　提高记忆力的有效策略……………………………………131
思考与练习………………………………………………………………135

第七章　表象与想象………………………………………………………136
第一节　表象…………………………………………………………136
第二节　想象概述……………………………………………………139
第三节　想象的种类…………………………………………………142
思考与练习………………………………………………………………146

第八章　思维与创造………………………………………………………147
第一节　思维的概述…………………………………………………147
第二节　概念…………………………………………………………153
第三节　问题解决……………………………………………………156
第四节　创造思维……………………………………………………161
思考与练习………………………………………………………………164

第九章　情感与意志………………………………………………………165
第一节　情绪情感的概述……………………………………………165
第二节　情绪情感的类别……………………………………………171
第三节　情绪理论与情绪调节………………………………………175
第四节　意志…………………………………………………………179
思考与练习………………………………………………………………188

第十章　需要与动机………………………………………………………190
第一节　需要…………………………………………………………190
第二节　动机…………………………………………………………197
思考与练习………………………………………………………………205

第十一章　能力……………………………………………………………206
第一节　能力的概念…………………………………………………206
第二节　能力的种类和结构…………………………………………208
第三节　能力的测量…………………………………………………212
第四节　能力发展与个体差异………………………………………216
思考与练习………………………………………………………………223

第十二章　人格……………………………………………………………224
第一节　人格概述……………………………………………………224
第二节　人格理论……………………………………………………227
第三节　人格差异……………………………………………………232
第四节　人格成因……………………………………………………243
第五节　人格测评……………………………………………………247
思考与练习………………………………………………………………250

第十三章　心理发展与学习 ···································251

　第一节　心理发展 ···································251

　第二节　学习心理 ···································268

　思考与练习 ···································276

第十四章　人际心理 ···································277

　第一节　人际认知 ···································277

　第二节　人际关系 ···································282

　第三节　人际吸引 ···································288

　第四节　人际影响 ···································293

　思考与练习 ···································296

第十五章　心理健康 ···································297

　第一节　心理健康的标准 ···································297

　第二节　心理健康与压力 ···································301

　第三节　心理健康与挫折 ···································305

　第四节　心理咨询与心理治疗 ···································309

　思考与练习 ···································312

主要参考文献 ···································314

第 一 章
绪　论

当人们初次接触心理学时，往往产生某种神秘莫测之感。事实上，心理学是一门与日常生活和社会各个领域密切相关的学科，具有广泛的理论性和实用性。本章主要阐述心理学的研究对象和任务、心理学的历史和主要研究领域、心理学的研究方法等，探究心理的实质，以便使我们对这门学科的概貌有一个初步的认识，为深入学习心理学奠定良好的基础。

第一节 | 心理学的研究对象

心理学究竟是怎么一回事？心理学又是研究什么的？

我们不妨从"心理"二字谈起，在汉语里，"心"是指"心思"、"心意"，古人把思想和感情也叫做"心"；"理"是指"条理"、"准则"。战国时代的韩非说过："理者，成物之文也。"所谓"成物之文"，就是指"规律"二字。所以从中文的字面上来解释，心理学可以说是关于心思、思想、感情等规律的学问。

心理学，英文是 psychology。这个词源于希腊文，有 psycho 和 logy 两部分组成。psycho 的意思是"精神"、"心灵"，即人的心理，logy 的意思是"学问"，连在一起是关于心理、精神的学问，或者说是关于心理、精神的科学。

所以，顾名思义，心理学是研究心理现象的科学，亦称"心理科学"。心理现象也称心理活动，简称心理。心理学研究心理现象，就是要揭示心理现象发生、发展变化的客观规律。

人有心理，动物亦有心理，所以心理学既研究人的心理又研究动物的心理。通常情况下心理学是指研究人的心理现象发生、发展和活动规律的科学。

心理现象不同于物理、化学等现象，相对于外部世界而言，它发生于人的内心世界，不具形体性，是宇宙间最奇妙，最复杂的一种现象。但是它的变化发展也有一定的规律。为研究方便起见，普通心理学通常把人的心理现象分成 4 个方面：认知；情绪情感和意志；需要和动机；能力、气质和性格。

一、认知

认知是指人认识外部事物的过程，或者说是对作用于人的感觉器官的外部事物进行信息加工的过程。人脑接受外界输入的信息，经过头脑的加工处理，转换成内在的心理活动，再进而支配人的行为，这个过程就是信息加工过程，也就是认知过程，也称认识过程，简称认知。它是人最基本的心理活动，主要包括感觉、知觉、记忆、思维、想象等心理现象。

人对世界的认识始于感觉和知觉。通过感觉我们获取事物个别属性的信息，如颜色、明暗、声调、气味、粗细、软硬等等。知觉是对感觉信息解释的过程。它反映事物的整体及其联系和关系，如一辆汽车、一幢房子、一群人等。感觉和知觉通常是同时发生的，因而合称为感知。感知过的经验能贮存在头脑中，必要时还能提取出来，这叫记忆。人还能通过对已有的知识经验的加工获取间接的、概括的知识，认识事物的本质和规律，这就是思维。例如，人们关于基本粒子的知识和遥远的星球的化学成分的知识等，都是借助于思维而获得的。人脑中对感知材料进行加工重新组合形成新形象的过程是想象。例如，人们对未来美好前景的想象等。感觉、知觉、记忆、思维、想象等都是为了弄清事物的性质和规律，使人获得知识的心理过程，在心理学上统称为认知。

二、情绪情感与意志

情绪和情感是人们在实践活动中对客观事物的态度的体验。它反映的是具有一定需要的主体与客体之间的关系。凡是能满足人的需要或符合人的愿望、观点的事物，就使人产生愉快、喜爱等肯定的情绪和情感体验；相反，凡是不符合人的需要或违背人的愿望、观点的事物就使人产生烦闷、厌恶等否定的情绪和情感体验。喜、怒、哀、恐、惊、依恋感、友谊感、道德感、理智感、审美感等都是情感的表现形式。

人不仅能够认识世界，对事物产生某种态度体验，而且还能根据对客观事物及其规律的认识在活动中自觉地改造世界。人们自觉地确定一定的目的，制定计划或方案，在行动中排除各种障碍，克服种种困难，力求实现预定目标的心理过程，称之为意志过程。意志是人的积极能动性的集中体现。

认知、情绪情感和意志并不是彼此孤立的，而是相互联系、相互作用，构成个体有机统一的心理活动的不同方面。情绪情感的发生与变化、意志行为的确定与执行都是以认知为基础的，而情感、意志又会反过来影响认知活动的进行和发展。同样，情感也会对意志行为产生动力作用，良好的情感会使个体的意志努力得到更充分的发挥，而意志行为又会有利于丰富和升华情感，尤其是经历过巨大的意志努力取得成功之后，更使个体获得新的境界上的情感体验，产生质的飞跃。

三、需要与动机

需要是人在生理上和心理上的某种失衡状态，是对维持和发展其生命所必需的客观条件的反映。它是引起一个人进行活动的基本动力。人有生理的需要如饥择食、渴择饮等，也有社会的需要如劳动、交往、成就等；有物质的需要如食物、衣着、住房等，也有精神需要如认知、审美等。正是在人的各种需要的基础上形成了人的不同动机。动机是指推动人的活动，并使活动朝向某一目标的内部动力。动机具有性质和强度的区别。动机不同，人们对现实的态度及相应的行为方式也不一样。需要与动机决定着人对认识对象的趋向和选择。

四、能力、气质和性格

能力是指一个人顺利完成某种活动所必须具备的心理特征，表现出人与人之间存在差异的活动效率及其潜在可能性。例如，有人记得快、记得牢，有人记得慢、忘得快；有人思维灵活，有人思维呆板等。像这些表现在认知及其活动效率方面的不同特点就是能力的差异。气质是指人的心理活动与行为产生的动力特征。例如有人性情暴躁，易于激动，有人温和，不易发脾气；有人情感深沉，动作有力，有人心境易变，行动不定。像这些表现在情感、情绪等心理活动动力方面的不同特点就是气质的差异。性格是指人对现实的稳定态度与习惯化了的行为方式的心理特征，例如，有人谦虚谨慎，有人骄傲自满；有人坚韧果敢，有人优柔寡断；有人主动自信，有人怯弱自卑。气质和性格之间相互联系、相互影响和相互作用，从而使一个人的心理活动与行为表现与其他人彼此区别。

上述心理现象又可分为两大类，即心理过程和人格。认知、情绪情感和意志是以过程的形式存在的，它们都要经历发生、发展和结束的不同阶段，所以属于心理过程。它反映人的心理现象的共同性一面。人们在日常生活中所表现出来的各种各样的心理活动，基本上都可归纳为知、情、意3种不同的心理过程。同时，注意作为一种特殊的心理状态，始终伴随着各种心理过程而存在。人格也称个性，是指一个人区别于他人的，在不同环境中表现出来的影响人的外显和内隐行为模式的心理特征的总和。人格反映人的心理现象的个别性一面。它是人的心理现象的静态形式。需要、动机是人的心理活动的动力，表现了人格的倾向性。能力、气质和性格是人在认识、情绪情感和意志活动过程中形成的稳定的、经常表现出来的心理特征。它们是人格的另一个方面。

人的心理过程和人格彼此密切联系构成整体。没有心理过程，人格无法形成。如果没有对客观现实的认识、没有经历各种情感体验，没有在实践过程中的意志行动，人格就会成为无本之源。反之，人格又会反作用于个人的心理活动过程。人格的心理动力与心理过程相互作用。人的认识过程、情绪情感过程和意志过程总是在某种心理倾向的推动下进行的。例如，某种兴趣会促使人去探究某些事物；归属的需要会产生人与人之间的交往行为等。另一方面，人格又影响着心理过程，并在心理过程中得以表现，使人的各种心理过程总是带有个人的色彩。例如，性格不同的人，其情感和意志的表现也不一样。性格坚毅者，善于克制自己的情感，表现出坚强的意志力；而性格软弱者，则常被自己的消极情感左右，缺乏坚韧不拔的意志力。

必须指出，上面对心理现象的分类，只为读者便于了解和掌握。在实际生活中，人们所表现的各种心理现象都是密切联系，交互影响，具有高度的整合性。心理的各组成部分之间存在着相互联系、相互依存、相互影响的辩证体系，从整体上反映着人的心理活动的共同规律和差异规律的辩证统一。心理学就是要研究和揭示这些心理现象及其规律。在学习以下各章时，我们必须记住心理学的这个基本观点。

第二节 心理学的任务与研究领域

一、心理学的任务

科学心理学所面临的任务非常复杂，需要完成的工作很多，然而无论心理学的问题如何复杂和多样，总是遵循着科学的研究范式来揭示心理活动的事实和规律。心理学的基本任务就是描述心理事实，探明人的心理现象的机制和实质，探讨心理活动发生发展的规律，并在此基础上实现对人的心理和行为进行某种程度的预测和控制，从而为提高人的生活质量服务。

（一）描述心理事实

人的心理是客观存在的现象。为了透过现象发现隐藏在其中的规律，心理学的首要任务便是客观地描述这些心理现象，在质和量上确定心理生活的具体现象和事实，解决人的心理现象"是什么"的问题。这是科学研究的首要步骤。它的主要任务是从科学心理学的角度对各种心理现象进行科学界定，以建立和发展心理学中有关心理现象的一个完整的、科学的概念理论体系。

（二）揭示心理规律

在描述之后，心理学的第二个任务就是对描述的心理现象作出科学的解释和分析，找出因果关系，揭示这些现象中的规律。比如，心理现象是人脑对客观世界的反映，人的心理与客观现实的内在联系是什么？心理现象又是神经系统的机能、脑的机能，在心理现象与神经系统的机能之间又有什么规律性的联系？再有，人的心理现象之间也存在着本质的、必然的、稳固的联系，像记忆的好坏依赖于对材料的理解程度，知觉的速度依赖于对事物的熟悉程度，一个人的成就大小依赖于他的意志品质和智力的高低等。心理现象之间的这种内在联系，也是心理活动规律的表现。心理学的主要任务就是要深入探索心理现象规律，揭露心理现象的规律，解决人的心理"为什么"发生的问题。

（三）对心理进行预测和控制

心理学不仅揭示心理现象的规律，而且能够将这些规律运用到我们的生活、学习和工作当中去，为我们的实践活动服务。这方面的任务具体表现为指导人们在实践中如何了解、预测、控制和调节人的心理。例如，了解人的注意规律后，教师便可以在课堂上利用这些规律控制学生的注意力；了解学生的认知规律之后，教师就可以采取措施改善与促进学生的学习。我们可以根据能力、性格、气质、兴趣、态度等各种心理现象表现的情况，研制各种测试量表，藉以了解人们的心理发展水平和特点，为因材施教和认知匹配提供依据。我们又可根据各种心理现象和行为的相互联系，从一个人的过去和现在的心理和行为状况，预测他将来的心理和行为表现。我们还可运用心理学原理去提高我们的生活质量。

二、心理学的研究领域

随着心理学的发展，其研究已深入到人类生活实践的各个领域，心理学的研究范围也越来越广泛，特别是因研究的具体对象与具体的实践任务不同，形成了众多分支学科。而且新的分支学科还在不断产生。图1-1反映出心理学众多分支及其间的关系。

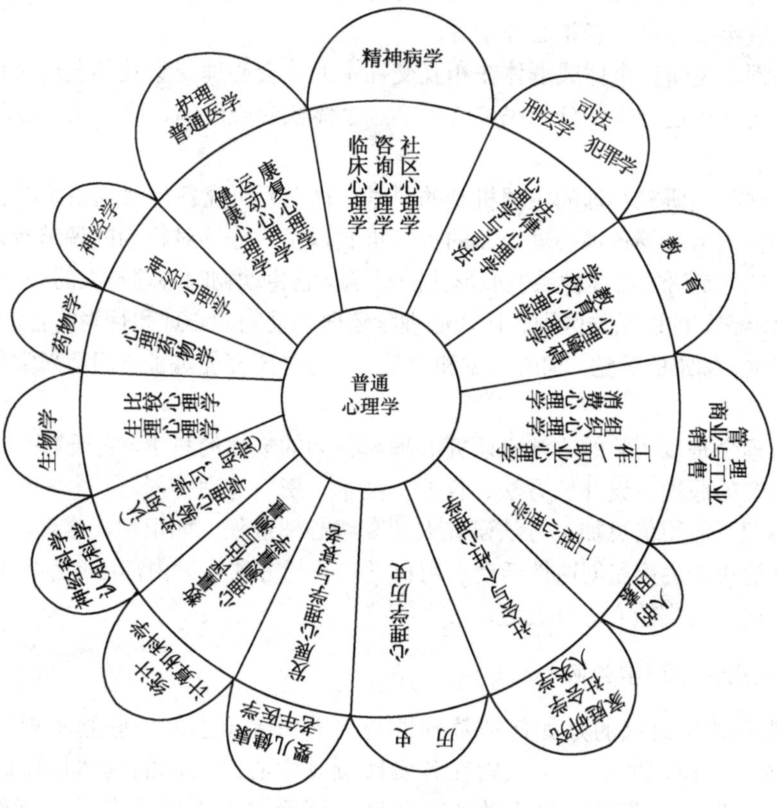

图 1-1　心理学众多学科及其关系

【资料来源】彭聃龄：《普通心理学》，北京师范大学出版社，2001年版，第12页。

这些分支有些担负理论上的任务，有些担负实践上的任务。根据它们担负任务的不同，可以大致把各分支心理学划分为基础性和应用性两大领域。

（一）基础性心理学领域

基础性心理学研究的是心理科学的基础理论和基本的方法问题，以及心理发生和发展的基本问题。基础性心理学的研究在于构建理论体系、积累知识素材、完善研究方法，从而对应用研究发挥理论指导和方法论指导作用，并且不断地提供新的知识资源。它主要包括普通心理学、实验心理学、比较心理学、发展心理学、社会心理学、生理心理学和认知心理学等。

普通心理学是研究心理现象最一般规律的科学。它研究心理学的基本理论，阐述正常人心理（认识、情感、意志和个性等）的一般规律，同时也概括各分支学科的研究成果。普通心理学还可进一步细分为感觉心理学、知觉心理学、记忆心理学、思维心理学、情感心理学、动机心理学、意志心理学、个性心理学等。普通心理学为各分支心理学提供了理论基础，也是学生学习心理学的入门学科。

发展心理学（又称年龄心理学）是研究一个人生命全程中心理发生、发展规律的科学，并按不同的年龄阶段又可进一步细分为幼儿心理学、儿童心理学、少年心理学、青年心理学、成年心理学、老年心理学等。

社会心理学是研究个体或群体在相互交往中的社会心理现象及其发展规律的科学，并按不同层面又可进一步细分为民族心理学、个体社会心理学、群体社会心理学、大众心理学等。

生理心理学是研究心理的生理机制的科学。它主要研究各种感觉系统的机制、学习与记忆、动机与情绪等各种心理现象的神经机制以及内分泌对行为的调节等。

比较心理学是研究心理种系发展形式的科学，它将动物的心理与人的心理进行比较，从比较中确定它们的联系与区别。比较心理学还研究动物的心理和行为的各种具体形式，如蚂蚁的嗅觉、蝙蝠的听觉，狗的听觉和嗅觉等。这些研究促进了一门新兴学科——仿生学的产生和发展。

实验心理学是以实验的方法来研究心理和行为的规律的科学。它研究心理学领域中进行实验研究的原理、设计、方法、仪器、技术、资料处理等问题。

认知心理学应用信息加工方法研究人的高级心理过程，如记忆、推理、信息加工、语言、问题解决、决策和创造性活动。用科学实验的方法探讨内部心理活动规律，实验设计要求严格，与实验心理学相近。

（二）应用性心理学领域

应用性心理学研究的是如何把基础性心理学所揭示出的一些基本规律应用于人类实践的各个方面，并进一步探索在各实践领域中心理活动的具体规律问题。由于人类的各种实践活动都涉及到人的心理问题，因而属于心理学应用于社会生活实践的各个分支学科的数量众多，心理学应用研究的目的也十分明确，主要是为了解决工农业生产、医疗卫生、人才培养以及社会生活等领域提出的实际问题，比较注重实用价值。它主要包括教育心理学、管理心理学、医学心理学、咨询心理学、工业和组织心理学、商业心理学、军事心理学、运动心理学、环境心理学、消费心理学、法律心理学等。

教育心理学是研究教育过程中心理活动规律的科学，它是人民教师做好教育工作必须掌握的基础学科之一。教育心理学包括品德心理学、教学心理学、学习心理学、学科心理学、教师心理学、学生心理学等。

管理心理学是研究管理活动中心理活动规律的科学，并按不同的管理领域可进一步细分为行政管理心理学、教育管理心理学、学校管理心理学、企业管理心理学、领导心理学等。

医学心理学是研究疾病诊断、治疗、护理和预防中的心理规律的科学，并按不同方面可进一步细分为临床心理学、病理心理学、药理心理学、护理心理学、心理治疗等。

咨询心理学帮助具有轻度心理异常和适应问题的人了解自己、认识环境、澄清观念、解除困惑，进而消除不良习惯，重建积极人生。它对职业、家庭、婚姻和教育等方面问题也给以帮助。

工业和组织心理学在工商业的很多领域中发挥作用。它包括在人事部门工作中，人才选拔、人力资源的合理利用等，企业中改善员工的精神面貌和工作态度，争取提高工人的满意度和生产力，在工厂和企业中对机构的组织、设施和生产程序进行考察，对改进工作提出建议等。

商业心理学是研究商品销售过程中商品经营者与购买者心理活动规律的科学。它研究商业人员的选择、培训和职业指导，以及消费者的动机、知觉和决策等。

军事心理学是研究军事活动中人的心理活动规律的科学。它主要研究战斗时人的行动、指挥员与下属的相互关系、士气、心理战，以及掌握军事技术等方面的心理学问题，为提高部队战斗力服务。

运动心理学也称体育心理学。它研究人在体育训练、运动、竞赛等活动中的心理特点和规律。要提高体育运动成绩，运动心理学的成果对教练员与运动员是极为重要的。

环境心理学研究环境对行为的影响，包括热、声响、拥挤等对个人感受、行动甚至健康可能产生的影响。

消费心理学研究社会大众的消费行为，主要探究消费动机、购买行为、消费信息来源以及影响消费决策的因素等。

法律心理学探究与法律相关的各种心理问题，如犯罪动机、犯罪人格、审判心理等。

此外还有文艺心理学、司法心理学、政治心理学、犯罪心理学等。目前，心理学已发展成为复杂的、有众多分支的学科，这里就不再一一列举了。

需要指出，将心理学划分为基础性和应用性两大领域只具有相对意义，因为二者除研究目的不同之外，在其他方面，如研究内容、研究对象，乃至运用的概念和方法等都是相互交叉的。只是基础心理学着重于理论体系的建立和基本规律的探讨；应用心理学则将心理学的理论运用于社会实践活动，服务于提高人的生活质量和工作质量。

普通心理学是基础心理学的最主要学科。如果把心理学比作一棵正在成长的、枝繁叶茂的科学大树，那么，它的主干学科就是普通心理学。因此学习心理学，首先必须掌握普通心理学的知识。本书主要介绍的是普通心理学的内容，同时为了便于大家更全面地了解和把握普通心理科学，又适当增加了一些发展心理、社会心理及应用心理学的部分内容。

三、心理学的意义

心理学是一门致力于提高人类幸福的极具应用价值的科学，研究和学习心理学，对我们而言，具有重要的理论与实践意义，值得为之付出我们的努力。

（一）理论意义

心理学是一门基础理论学科，它的重要的理论意义有以下几个方面：

1. 心理学的研究为马克思主义哲学提供了科学的论据

心理学是研究人的心理现象发生发展规律的科学，它必然要解释人的心理现象与客观世界、心理现象与人脑的关系，也就是物质与心理（意识）的关系问题。这不仅是心理学本身的问题，而且也是哲学的根本问题。科学心理学指出：人的心理不是物质，但它永远离不开物质（客观现实和人脑）。人的心理是在物质的基础上产生，又是随着物质的发展而发展的。心理学对这些问题的研究成果，为辩证唯物主义和历史唯物主义提供科学依据，论证了"物质第一性，意识第二性"的辩证唯物主义科学论断。因此，心理学是辩证唯物主义哲学特别是它的认识论的主要科学基础之一。列宁把心理学列为"构成认识论和辩证法的知识领域"的重要学科之一。

2. 心理学理论有助于克服和批判各种唯心主义思想

由于心理学对人的心理、意识及各种精神现象作出了科学的解释，因此，科学的心理学是在思想领域中纠正偏见、破除迷信、反对愚昧和神秘主义的有力理论武器。心理学的研究和学习有助于我们深刻地领会马克思主义哲学的基本原理，自觉树立辩证唯物主义与历史唯物主义世界观，抵制和克服各种唯心主义思想的影响。正如列宁所指出的："心理学所提供的一些原理已使人们不得不拒绝主观主义而接受唯物主义。"

3. 心理学研究有助于邻近学科的发展

有些学科如教育学、政治学、经济学、文学、美学、法学、语言学、管理学、社会学等，也从不同的侧面研究人的心理问题。因此，心理学的大量研究成果，对这些邻近学科的研究和发展，都具有一定的理论意义。

（二）实践意义

人的任何实践活动都是在人的心理调节下完成的。因此必须遵循人的心理活动规律才能提高实践活动效果。心理学也正是以提供心理活动规律来为人类各个实践领域服务的，今天，它的理论和研究成果已经被广泛地应用于实践活动的各个领域，因而具有多方面的实践意义。

1. 心理学对指导人的实践活动，提高劳动效率有重要意义

心理学与人们的社会实践紧密相关，它可能并正在转化为现实的生产力。社会是由人组成的，人是各项实践活动的主体，人的各项实践活动都是在人的心理的调节下进行的。因此，研究心理活动的规律，提供心理活动规律性知识的心理学，对于人类的一切实践领域都是必需的。

心理学可以促进经济的发展，因为心理学在提高人的素质、发挥人的潜力方面具有重要的作用。心理学可应用于生产劳动，在人员选择、员工培训、改善工作环境、改进工作方法、完善操作技能、防止事故发生方面都有十分重要的作用。例如，心理学家发现，在一定条件下，红光的辅助照明可以使人在黑暗中的微光视觉能力提高2～3倍。根据这一规律，可以采取相应的措施去提高战斗机驾驶员夜间飞行的视觉敏锐度和作战能力，也可以通过改善照明系统去提高某些夜班工人的感受性和劳动效率。同时，心理学与计算机

科学结合，也促进了人工智能这门新兴学科的出现，其发展前景及对经济发展的影响不可估量。心理学运用于科学组织生产，导致了组织行为科学的出现，使管理工作发挥出更大的效能。心理学在市场营销、交通、广告、公关、司法等方面都有其他学科无法替代的作用。它既是基础学科，又是应用学科，可以为国家的经济振兴作出重大的贡献。

2. 心理学有助于了解自己和自我教育

心理学通过描述和阐述人的心理现象，让人们科学地了解自己的心理特点，认识到自己的优点与不足，达到"知其然，知其所以然"。通过学习心理学的知识，可以了解自己某些行为出现的原因，以及潜藏在行为中的心理活动的规律，还可以了解自己在成长过程中受到哪些因素的影响，应该如何去加以解决。通过分析自己的心理特点，明确自己心理品质的优缺点及其产生的原因，有效地进行自我评价、自我控制和自我教育。学习心理学，还有助于调整人际关系，有效地适应社会生活，促进自己身心素质的全面提高和发展。

3. 心理学有助于促进人的身心健康

现代社会的不断发展，一方面极大地提高了人的生活质量，另一方面又给人带来了巨大的身心压力。心理疾病已成为当今世界主要疾病之一。目前我国患有一定心理疾病或心理障碍的人为数不少，尤其是青少年儿童心理问题发生几率有上升的趋势。心理学的研究成果，特别是心理卫生与心理健康方面的知识，对于维护人的身心健康，进一步提高人的生活质量具有重要意义。事实证明，现代心理学在促进人的身心健康方面发挥着越来越重要的作用。现代医学已经从"生理模式"向"社会—心理—生理模式"转化。

4. 心理学有助于做好管理和思想政治工作

把心理学理论应用于管理过程已经成为当今世界的一种趋势。心理学中的需要层次论、期望理论、目标激励理论、公平理论、双因素理论，都对职工积极性的调动具有很大的指导作用。思想政治工作首先应该在了解人的心理特点的基础上进行。在此基础上，还要遵循一系列的心理学原则，如立足于感化的原则、坚持正面教育的原则、保护自尊心的原则等。这些都说明，学习和研究心理学，有助于做好人的思想政治工作。

5. 心理学对提高教育和教学质量具有更重要的意义

一个国家的经济要发展，科技是关键，教育是基础。心理学能促进教育与科技的发展，因此在科教兴国方面具有重要作用。研究表明，心理学研究发展较好的国家，科技发展水平也较高。因为心理学是研究心理现象及规律的科学，遵循心理规律进行教育和教学，无疑可以取得事半功倍的效果，因此有助于人才的培养，进而推动科技的创新。20世纪以来，世界各国的教育思想和制度发生了多次变革，绝大多数都是以心理学的新研究、新思想、新发现、新理论为指导。

教育是在教师的引导下使学生掌握知识技能、发展智力、形成道德品质的过程。而学生要掌握知识技能，发展智力、形成品德，都必须通过感知、记忆、思维、想象、注意、情感、意志等心理过程才可能实现。心理学研究学生感知、记忆、思维、注意等心理活动的规律，研究情感、意志的特点和培养规律，研究个性、品德形成的规律，这对教师确定教育、教学的原则和内容，选择教育、教学的方法和方式都是必不可少的。心理学知识是教育理论的科学基础。教师只有掌握学生心理活动的规律，才能富有成效地对学生进行教育和教学，才能提高教育和教学质量，出色地完成培养人的任务。这已被中外教育的历史经验所证明。因此，师范院校的学生和各级各类学校的教师，都应该学习和掌握心理学。

当前，我国基础教育正在进行前所未有的改革，强调以人为中心的发展性课程，重视发展人的主体性，改变过于注重书本知识和知识传授，过于强调接受学习、死记硬背、机械训练的现状，倡导学生主动参与、积极探究、勤于动手、勇于创新，发展学生各方面的能力和形成正确的价值观。改革能否有效进行，能否达到预期目的，一个重要方面就在于心理学能否提供科学的理论指导。可以说，不学习心理学，就无法理解当代教学改革的理论，就不能搞好教学改革。

第三节 心理学研究的原则与方法

方法问题，对任何一门科学来说都是十分重要的。培根说过："发现的艺术是同发现本身一起成长的。"方法是完成某项任务，达到某种目标的途径和手段。每一门科学都有与之相应的科学方法。心理学之所以能最后脱离哲学范畴，而成为一门独立科学，就得益于自然科学方法在心理学领域中的应用。心理学方法的丰富和完善也一直促进着心理科学的发展。因此学好心理学，应首先了解心理学的研究方法，这不仅有助于我们认识心理现象的规律和本质，也有助于我们在今后的实践中更好的研究和应用有关心理学知识。

一、心理学的研究原则

心理学是研究人的心理现象及其活动规律的科学，由于心理现象的特殊性和复杂性，科学心理学的研究方法必须以辩证唯物主义方法论为指导思想，遵循客观性、发展性、系统性和理论联系实际的原则。

（一）客观性原则

客观性原则就是以实事求是的态度，坚持客观标准，确定客观指标来研究心理活动发生的客观条件和客观表现，从而揭示心理发生、发展和变化的规律，反对主观臆测和随意判断的研究倾向。客观性原则是一切科学研究都必须遵循的基本原则，心理学作为研究人的心理活动规律的科学，由于研究对象的特殊性，尤其需要严格遵循客观性原则。科学的心理学是在客观性原则指导之下，选择并运用各种方法的。

（二）发展性原则

心理现象和其他物质现象一样，始终处于发展变化之中，因此必须在发展中研究心理现象。绝不能把心理现象看成是固定不变的东西，即使是比较稳定的心理特征，在较长时间内受各种因素的影响，也会发生变化。在心理学的研究中只有坚持发展性原则，才能揭示心理现象的本质与规律。

（三）系统性原则

系统性原则要求从系统论的观点出发，把各种心理现象放在整体性的、有等级结构的、动态的和相互联系的系统形式中加以研究，做到既对其进行多层次、多维度、多水平的系统分析，又对其进行动态的、综合的考察，反对片面、孤立、静止的研究倾向。在心理学的研究中，只有坚持系统性原则，才能把心理作为一个复杂的有机整体加以探讨，从整体上把握心理现象的规律。

（四）理论联系实际的原则

理论联系实际的原则要求心理学的研究和设计过程必须有科学的理论指导，提出的研究课题必须对社会实践活动和人类健康有意义。要进行心理学研究，必须掌握马克思主义哲学和心理学的一般原理，了解与课题有关的研究成果，以把握研究的科学性和避免不必要的重复劳动。同时，各种理论又必须"为我所用"，要结合人们生活的实际情况去检验它们，并通过自己的研究实践去发展它们。

二、心理学的研究方法

（一）观察法

观察法是有目的、有计划地通过观察被试的外部表现来研究其心理活动的一种方法。人的各种活动都是在人的心理的支配、调节下进行的，因此，通过对人的言行、表情等外部表现的观察，可以了解人的心理活动特点。如观察学生在课堂上的表现，可以了解学生注意的稳定性、情绪状态和人格的某些特性。又如，观察婴儿的言语活动，可以了解个体言语的发生和发展的一般规律。科学儿童心理学奠基人普莱尔（W. T. Preyer，1842～1879 年）对其儿子 3 年里每天 3 次长期观察，并最后写成《儿童心理》一书，便是观察法的研究典型。

由于观察的目的不同，观察法也有不同的种类。从观察的时间上划分，可以分为长期观察和定期观察；从观察内容上划分，可以分为全面观察和重点观察；从观察者身份划分，可以分为参与性观察和非参与性观察等。观察法的最大优点是由于观察过程一般不让被试知晓，从而保持了被试心理表现的自然性而不附加人为的影响，获得材料比较真实可靠；同时，它又比较简便，尤其适合教师在教书育人的过程中采用，以进行有关的心理学研究。观察法的缺点是观察对象难以控制，观察者处于被动地位，只能消极地等待被观察者的某些行为表现。了解的信息不系统不易定量精确分析，难于深入了解被试的内部心理活动等。

（二）实验法

实验法是按研究目的控制或创设条件，以主动引起或改变被试的心理活动，从而进行研究的一种方法。实验法有两种形式，即实验室实验法和自然实验法。

1. 实验室实验法

实验室实验法指在特定的心理实验室里，借助各种仪器设备，严格控制各种条件，以研究心理的方法。实验者事先要选择好一定数量的被试，并告之参加实验的做法和步骤，然后在实验环境中考察被试的心理和行为反应的变化，之后分析实验结果，得出实验结论。例如，当我们需要知道室内光亮度对学生视觉阅读效果有什么影响时，即可选择同等正常视觉的若干学生作被试，在实验室的设备条件下，一面控制室内光亮度的不同变化（自变量），一面测量被试在不同亮度下阅读的速度（因变量），然后通过实验所获得的各项数据，加以处理和分析，即可得到某种光亮度对视觉阅读最适宜的实验结果。

实验室实验法的优点是可以严格控制各种影响因素确保实验过程不受外界干扰，其结果不仅准确，而且可以反复论证。这一方法的缺点在于被试在严格控制的人为情境中的表现与自然情境中的表现有较大差别，在研究情感、意志、个性等问题时有较大的局限性。

2. 自然实验法

自然实验法是在日常生活条件下，对某些条件加以适当控制或改变来研究心理的方法，也称现场实验法。这一方法的实质就是把实验室研究和日常活动结合起来，一方面仍对实验条件有所控制，使之能继续保持实验室实验法的某些优点：能主动获取、探究原因；另一方面又适当放松控制，使之在自然状态下进行，能体现观察法的某些优点，减少人为性，提高真实性。如要研究学生集中复习和分散复习的效果，教师可在条件相同的平行班中采用此法进行对比实验。让甲、乙、丙 3 个班都用 6 个小时复习同一内容，但要提出不同的要求：甲班一次用完 6 个小时；乙班每天用两个小时，3 天用完；丙班每天用 1 个小时，6 天用完。最后测验 3 个班的复习效果，分析复习时间的不同安排对复习效果的影响。结果发现分散复习的效果优于集中复习的效果。

自然实验法已经应用于许多实践活动领域的心理学研究，特别是在教育心理学、儿童心理学、社会心理学中应用较多。当然，自然实验法有时也由于对实验控制不够严格，容易受到各种无关变量的干扰而影响研究结果的有效性。

（三）调查法

调查法是以提出问题的形式搜集被试各种有关材料来研究心理的一种方法。调查的途径和方法很多，主要有以下几种：问卷法、谈话法和作品分析法。问卷法是以书面形式搜集资料的调查，分表格式、问答式和量表式等，可设计为开放式问卷和封闭式问卷。谈话法是以口头交谈形式搜集资料的调查，又可细分为严格按预定计划进行的谈话、允许具有灵活性的谈话和非正式谈话等几种。作品分析法是通过对被试活动的操作成品进行分析的方法。这些操作成品包括笔记、日记、作业、作文、试卷、实验报告、劳动或科技制作等。调查法的优点是能够在较短时间内获取大量的有关研究对象的第一手资料，既为分析问题提供依据，又可能为进一步研究提供有益的线索和新的发现。但它在条件控制方面存在很大的局限性，尤其是涉及有明显社会评价意义的问卷，更易因被试的文饰作用而失真。

（四）测验法

测验法是通过运用标准化的心理量表对被试的某些心理品质进行测定来研究心理

的一种方法。测验的种类也很多。从测验内容上划分，可分为智力测验、能力倾向测验、创造性思维测验、成就测验、人格测验、兴趣测验、态度测验等。如韦克斯勒（幼儿、儿童和成人）智力量表和卡特尔 16 种因素人格量表便是我国目前经常用以进行智力和人格测验的量表。从测验材料上划分，可分为文字测验和非文字测验。前者通常采用填空、选择、是非、问答等文字性材料的测验题，要求被试用口头形式作答。后者则通常采用图形、符号、仪器、模型、工具等实物性材料的测验题，要求被试用操作形式作答。韦克斯勒智力量表就包括文字测验和非文字的操作测验两大部分，而瑞文测验量表就属完全非文字测验。从测验的方式上划分，可分为个别测验和团体测验。前者是对一个被试单独进行的测验，后者是在同一时间里对一组被试一起进行的测验。心理测验的最大优点是能数量化地反映人的心理发展水平和特点，它不仅能作为一种研究方法，使研究更趋精确、科学，而且还能为因材施教、人才选拔、职业指导、心理诊断和咨询提供客观资料。但测验法的有效性在很大程度上取决于测验量表的可靠性，而各种测验量表尚在完善之中，对其结果不能视之绝对，同时它对主持者的要求也比较高，必须受过专门训练，解释结果要谨慎、全面，不可妄断、偏颇。

心理学研究方法除上述介绍以外，还有个案法、思辨法、教育经验总结法等。

以上每种研究方法各有所长，也各有不足，鉴于人的心理现象既是脑的机能，又是客观现实的反映这一特殊情况，研究人的心理活动规律更有赖于多种方法相互配合、相互补充，应根据实际情况加以综合运用，力求准确可信，以便客观地、系统地、发展地说明心理现象的变化规律。

三、心理学研究的基本步骤

心理学研究的问题是极其多样化的，但是就其所经历的一般过程来看，它们的基本步骤却是相同的。心理学研究的基本步骤是：

（一）选择课题和提出假说

选择课题是从事科学研究工作的第一步。科研选题的最基本要求是要有一个有待解决的问题，并且尽可能是具体而明确的，有科学价值的。在选题阶段，研究者的主要工作是查阅文献或实践调查，根据已知的科学事实和原理对问题做出尝试性的推测，提出假说，并摸索出一种用来证实假设的恰当手段和方法。这样就可以确定出明确的科研题目了。

（二）设计研究方案

当课题研究明确之后，便进入了设计阶段。在这一阶段里，研究者必须决定如何去测定假定假说中的自变量和因变量；选择怎样的被试作为研究对象（不仅要确定被试的数量，还要确定他们应具备的特点，如年龄、性别、受教育程度、健康状况等）；考虑如何控制或排除无关因素的干扰；根据研究题目的要求做好研究方案。心理学研究的基本变量是刺激变量、反应变量和机体变量，在设计研究方案时应考虑如何用自变量和因变量的函数关系来表示。

（三）实施阶段

这是研究的具体操作过程，包括收集资料和整理资料两方面。有了一个研究方案之后，研究者应根据此方案，借助适当的工具和方法，来观察和记录资料。不同的研究方案，搜集资料的方法也不同。例如可用实验法搜集资料；可以用调查法和测验法收集资料。研究方案是根据假设作出的，搜集的资料尽量与假设有关。搜集到的原始资料必须进行整理、分类，使之系统化和简约化。对资料的分析最常用的一项工具是统计学。心理学的各研究领域都离不开两类基本统计方法或其中的一种：用来描述和概括研究结果的描述统计；用来推断研究结果的意义并从中引出结论的推论统计。

（四）总结阶段

这是整个研究的最后阶段，是出成果的阶段，包括得出结论和撰写报告两个环节。得出结论是在把研究结果进行整理和评价之后，将研究结果与已知的事实或理论知识联系起来，加以解释，说明研究结果对于研究初始提出的假说证实的情况。如果假说得到了证实，这个假说的可信度便提高了。假说的进一步发展有可能形成理论或定律。如果研究的结果不能或只能部分地证实假说，那么研究者就必须回到先前的研究阶段，对所获得的资料进行认真的分析，重新考虑自己提出的假说，并对它作必要的修正，然后再对这个修正过的假说进行检验。有时假说是正确的，只是由于在某一步骤上出了差错而导致研究的失败。在这种情况下，就必须找出发生错误的环节，及时加以纠正。

撰写报告是课题研究的最后一个环节，其主要的内容包括题目、前言、方法、结果、讨论、结论和参考文献，必要时可加附录和提要。

总之，心理学研究的上述 4 个步骤是互相联系的。我们可以把这 4 个步骤看成是螺旋式的循环过程。

第四节　心理科学的发展

心理学是一门新兴学科，科学心理学的发展从产生至目前日趋成熟已经历了一百多年的时间。在发展过程中，围绕着心理学的对象与理论体系进行了几十年的争鸣，最终在 20 世纪 50 年代达成基本共识，使心理学逐步走向统一和繁荣。当前，随着心理学研究的深入与拓展，心理学的地位越来越重要，显示出心理科学的强大生命力。

一、心理学是一门既古老又年轻的科学

德国著名心理学家艾宾浩斯（H. Ebbinghaus）曾这样概括地描述心理学的发展历程："心理学有一个漫长的过去，但只有短暂的历史。"也就是说，心理学是一门既古老又年轻的科学。

说其古老，是因为作为一门科学的思想史，心理学渊源流长。在古代的哲学、教育、医学等文献中，就有许多关于心理学思想的论述。我国先秦时期的著名思想家孔子、孟

子、荀子等，探讨过人性的本质，在人性与环境的关系问题上有过一系列精辟的论述，对我国心理学思想和教育思想的发展做出过重要的贡献。在欧洲，心理学的历史可追溯到古希腊的柏拉图、亚里士多德的时代。亚里士多德（Aristotle，公元前 384～前 322 年）是一位学问渊博的哲学家，他和当时的哲学家一样，对灵魂的实质、灵魂与身体的关系、灵魂的种类与功能等问题，从理论上进行了探讨。他的著作《灵魂论》是世界上最早的阐述心理现象的专著，至今已有 2300 多年的历史。自那时起，直至 19 世纪中叶，无论在东方还是在西方，都有许多学者论及心理学问题，其中不乏诸多真知灼见。但心理学在这漫长的岁月中始终隶属于哲学的范畴而无独立的地位。

说其年轻，是因为作为一门科学的科学史，心理学的历史却又十分短暂。19 世纪中叶以后，由于自然科学的迅猛发展，为心理学成为独立的科学创造了条件，尤其是德国感官神经生理学的发展，为心理学成为独立的科学起了较为直接的促进作用。1879 年德国生理学家冯特（W. Wundt，1832～1920 年）在德国莱比锡大学建立了世界上第一个专门的心理学实验室，对感觉、知觉、注意、联想和情感开展系统的实验研究，创办了报道心理学实验成果的《哲学研究》杂志，出版了第一部科学心理学专著《生理心理学纲要》（1873～1874 年）。于是，1879 年被称为科学心理学的诞生年，冯特也被视为科学心理学创始人，至此心理学才开始从哲学的母体中分化出来，成为一门独立的科学，迄今为止，只有一百多年的历史。从这一角度说，心理学与其他学科（数学、物理学等）相比是一门年轻的正在蓬勃发展中的科学。

二、心理学发展中的主要学派

反映心理学发展的一个重要侧面是各学派的出现和演变。心理学成为一门独立的科学后，围绕着心理学的对象、任务、方法展开了争论，出现学派林立、理论纷纭的局面。其中主要有内容心理学、意动心理学、构造心理学、机能心理学、格式塔心理学、精神分析心理学、行为主义心理学、人本主义心理学、认知心理学等。各种心理学派别既相互对立，又相互融合。有的学派早已消亡，有的已失去发展的活力，有的则方兴未艾。迄今在世界上影响较大的学派主要有以下几个：

（一）精神分析学派

这是由奥地利维也纳精神病学家弗洛伊德（S. Freud，1856～1939 年）于 19 世纪末创立的一个心理学学派。它的理论主要来源于治疗精神病的临床经验。这一理论体系主要包括潜意识论、泛性论和人格论等。该理论认为人的心理可分意识和潜意识两部分，潜意识虽不能为本人所意识，但它包括原始的盲目冲动、本能及被压抑的欲望，是人精神生活的重要方面，其一旦发生障碍是导致精神疾患的原因。该理论还认为，人的一生行为都带有性的色彩，受"里比多"性能的支配，并随里比多在个体发展过程中集中于身体某一区位的变动而出现口腔期、肛门期、性器期和生殖期，形成 4 个发展阶段。他把人格分为本我、自我和超我三部分，本我与生俱来，即先天本能和原始欲望；自我处于本我和外部现实之间，对本我作缓冲和调节；超我是"道德化了的自我"，即良心和自我理想两部分，以指导自我去限制本我的冲动。

弗洛伊德的精神分析学说的创立扩大了心理学的研究范围，把潜意识、梦等问题引入心理学的研究范畴。在具体的研究工作中深入到精神现象的深处去探讨，重视心理的动力因素如需要、动机等，这对加深心理学的研究有一定的贡献。但他过分夸大了潜意识在人的整个活动中的作用，把本能和欲望视为人类一切的行为动力。这种泛性论观点显然缺乏科学依据，已为大多人所摈弃。以后发展起来的新精神分析学派修正了弗洛伊德的理论，反对本能说和泛性论，强调社会文化因素对产生精神病和人格发展的影响。

（二）行为主义学派

行为主义是 20 世纪初起源于美国的一个西方心理学流派。其创始人是美国心理学家华生（J. B. Watson，1878～1958 年）。行为主义反对对人的心理和意识进行内省研究，主张心理学应对环境作用与人的行为变化之间的关系进行客观研究，并把心理现象简化为刺激—反应模式，即 S-R 模式，认为只有查明环境刺激（S）与行为反应（R）之间的规律性关系，才能根据刺激预知反应，或根据反应推知刺激，达到预测和控制人行为的目的。

行为主义心理学对整个心理学的发展产生了重大影响。由于行为主义强调研究的客观性，使一套行为控制的方法得到发展，促进了心理学研究的精确性和实证性，并在心理学大部分领域得到了广泛应用。但它因无视有机体内部过程而走向了极端，到 20 世纪 30 年代后逐渐被新行为主义所取代。新行为主义者修正了 S-R 模式，在 S-R 之间增加了一个中介变量 O（代表反应的内部过程），形成 S-O-R 模式。

（三）人本主义心理学学派

人本主义心理学不是一个体系严谨的学派，而是一种相同观点学派的广泛联盟，是 20 世纪 60 年代在美国兴起的一场心理学革新运动。影响较大的代表人物是美国心理学家马斯洛（A. Maslow，1908～1970 年）和罗杰斯（C. Rogers，1902～1987 年）。人本主义心理学家既反对精神分析学派贬低人性、把意识经验还原为本能的生物还原论，又反对行为主义否认意识存在的机械决定论，主张心理学应研究人的价值和潜能的发展，被称为心理学的第三势力。人本主义心理学强调，人在充分发展自我潜力时，有力争实现自我的各种需要，从而建立完善的自我，并追求建立理想的自我，最终达到自我实现。人在争得需要满足的过程中能产生人性的内在幸福感和丰富感，给人以最大的喜悦，这种感受本身就是对人的最高奖赏。从探讨人的最高追求和人的价值的角度看，心理学应当改变对一般人或病态人的研究，而成为研究"健康"人的心理学，揭示发挥人的创造性动机、展现人的潜能的途径。在研究方法上，人本主义心理学家主张以现象学的方法研究人的心理现象，扩大了心理科学研究的范围，以解决过去一直排除在心理学研究范围之外的人类信念和价值问题。

以马斯洛、罗杰斯为代表的人本主义心理学试图弥补已有心理学各流派之不足，建立一门不仅涉及心理本身，而且涉及人类诸多精神生活层面的全面的心理学理论。人本主义心理学是一门尚处在发展中的学说，其理论体系还不完备，但却可能代表着心理学发展的一个新的方向。

（四）认知心理学学派

认知心理学是 20 世纪 60 年代在西方兴起的一个心理学的新流派，并已成为当前心理学研究的主要流派。从广义上说，心理学中凡侧重研究人的认识过程的学派都可称为认知心理学派，如皮亚杰（J. Piaget，1896～1980 年）学派也被认为属于认知心理学派。但目前在西方大多数指狭义的认知心理学——用信息加工的观点研究人的认知过程的科学，因而也叫认知加工心理学。确切地说，它研究人接受、编码、操作、提取和利用知识的过程，即感知觉、记忆、表象、思维、言语等。认知心理学把人看成类似于计算机的信息加工系统，认为人脑的工作原则与计算机的工作原理基本是相同的，可以用计算机的工作原理去模拟人脑的活动。它强调人已有的认知结构对当前认知活动的决定作用，试图通过研究人获取知识的内在机制来揭示人类认识活动的规律。把关于人的认知过程的一些设想编制成计算机程序，在计算机上进行实验验证的计算机模拟，也就成为认知心理学的一个重要研究方法。认知心理学的出现和发展具有一定的进步意义。它既反对行为主义的机械决定论，也反对精神分析结构还原论。重视研究人的内部心理过程，强调理性和认识的作用，重视各种心理过程之间的联系。认知心理学也存在一些缺陷，它把人单纯比拟为计算机进行研究，忽视了人的社会属性；过分强调已有知识对当前认识活动的影响，相对忽视了客观环境的作用；此外，认知心理学学家的研究范围主要局限于认知过程，对其他的心理过程研究较少。

需要指出，以上几个学派都是在欧美国家发展起来的，它们对西方心理学有着更为广泛的影响。前苏联自十月革命后，建立了以马克思主义为指导思想的与西方心理学相异的心理学体系，也涌现出不少为西方所知名的心理学家。中国心理学在新中国成立前主要受西方心理学影响，20 世纪 50 年代后基本上采用前苏联的心理学体系。但由于多种原因，直到 20 世纪 80 年代以来我国心理学才得到较大的发展。

知识窗

各心理学派的视角与局限

图 1-2 摸象图

　　　　一个由 4 位知识渊博的心理学家组成的小组来研究一只大象（图 1-2）。他们的方法都是有局限性的：一位精神分析学派信徒径直来到大象的身后，看着选定的部位，解释大象的行为；行为主义者去敲大象的膝盖骨，被踢得老远；认知心理学家开始哄大象做什么，好确定它的发展阶段；人本主义者抚摸大象的耳朵，试图让大象相信他会飞。

　　　　　【资料来源】Ed Labinowicz 著，杭生译：《思危、学习与教学》，人民教育出版社，1985 年版，第 163～164 页。

三、心理学的现状与未来

　　当前，心理学已进入了一个新的发展时期，在广度和深度上都获得了迅速发展。

　　其一，心理科学体系不断发展。随着社会的进步和发展，心理学的研究范围不断扩大。一方面，心理科学在以普通心理学为主干的基础上不断分裂，产生诸如社会心理学、教育心理学、发展心理学、医学心理学等重要分支学科，并在这些分支学科中又进一步分裂。在美国，心理学分支学会已达 40 个之多。另一方面，心理科学与其他科学领域以及心理学内部各分支学科之间又在不断地相互渗透，产生一系列交叉学科。例如，生理学与心理学结合的生理心理学，教育心理学与社会心理学结合的教育社会心理学，大学生心理学与大学教师心理学、管理心理学结合的大学心理学等。这样，心理学便形成了一个分支众多、领域宽广的学科体系。

　　其二，研究方法日益完善，研究手段日益现代化。心理学正是得益于自然科学的研究方法才获得了独立的科学地位。至今心理学仍一直在不断地从其他科学领域里汲取新的思想方法和研究手段的基础上，丰富和完善自己的研究方法。心理学进一步吸取了其他学科尤其是新兴学科的新成果、新技术，并在研究中应用了一些现代尖端技术手段。如用微电极技术成功地记录动物和人的神经系统单个细胞的电活动使人们对神经系统加工外界信息的实际过程有了更深刻地了解；用脑化学的方法使人们认识到某些心理和行为的生化基础；用计算机模拟人类心理机制等。这些现代科学手段和现代科学思想引入心理学研究方法之中，提高了现代心理学科研水平。

　　其三，心理学派系纷争开始平息，学派之间兼收并蓄，新的心理学思想不断涌现。前已述及的各个心理学流派已经摈弃了早期相互纷争的局面，在相互学习和彼此吸收的基础上获得了新的发展。现代认知心理学作为一种范式、一种发展方向影响着心理学的各个领域，表现了当代心理学相互融合的新趋势。而人本主义心理学在批判吸收其他心理学派成果的基础上，又进一步汲取了历史、文学、艺术、哲学、宗教等有价值的成果，产生了一些新的学说，进一步扩大了其研究领域。后现代心理学思想的出现为心理学的发展提供了新的视野。后现代心理学虽然是一个宽泛的概念，但它包含着许多具体形式的心理学理论，如社会建构论或社会建构心理学、叙事心理学、解构心理学、多元文化论思潮、后现代女性心理学等。后现代心理学在现代西方心理学领域异常活跃，受到心理学家的普遍关注。

其四，心理学队伍日益壮大，研究成果极为丰富，实际应用日趋广泛。心理科学诞生之初，从事心理学研究的人员只局限于德国、英国、奥地利等几个国家的极少数心理学家，但到 1980 年出版《国际心理学家名录》时，收录的有来自当代 100 多个国家的 10 000 名有名望的心理学家。在美国，心理学会成为仅次于物理学会的全国第二大学会，被视为科学的七大部类之一，全美 3000 多所大学有心理学学位教育，每年培养心理学博士生 3000 多人，主修和选修心理学的人数超过 300 万。有关心理学及相关学科的期刊在世界上已达 1300 余份，每年发表 30 000 余篇心理学文章。在我国，自 1917 年陈大齐教授在北京大学建立第一个心理学实验室以来，虽几经起落，但从 20 世纪 80 年代后也开始进入空前未有的繁荣时期，已形成从全国性到地方性的各级心理科学研究所、学会网络，每年有近 10 份心理学专业刊物、几百份教育类刊物和大学学报发表数千篇心理学文献。各种心理学书籍更如雨后春笋，不断涌现。现在不仅在所有师范院校和一些综合性院校开设各种心理学课程、在一些师范大学和一些综合性大学设立心理学系，培养本科生、硕士生和博士生，而且各种心理学培训班已从学校扩散到社会，从课堂教学发展到电视和网络教学等。心理学已广泛应用于社会生活的各个领域。我国心理学正在为培养一流的专家和提高全民的心理素质、为和谐社会的建设作出积极的贡献。

诚然，由于心理现象本身的复杂性，迄今为止，心理学尚未发现能与物理科学相提并论的人类行为定律，同物理、数学等学科相比，心理学还不能算是成熟的科学，但却是蓬勃发展的科学。其发展速度之快、研究领域之广、分门别类之多，都远非其他学科所能比拟。因此，一些科学家预言，心理学将成为 21 世纪一个前沿带头学科。许多事实证明，心理学已经日益成为科学中的"热门"、学校中的"主课"、生活中的"常识"。心理学将被越来越多的人认为是值得为之贡献终生的科学。

第五节 | 科学的心理观

人的心理现象究竟是怎么一回事？人的心理是怎样产生的?它依存于什么？它来源于何处，心理的实质究竟是什么？这是学习和研究心理学必须清楚的一个基本问题。在人类漫长的历史中，出于对自身的了解和探究自身精神现象的兴趣，人们一直在寻找着这一问题的答案。远在古代人们由于发现人与动物流血过多而失掉知觉或死去便误认为精神活动主要发生在心脏或其他脏器中，所以就把精神活动称作"心理"。至于人体为什么会发生心理，则有迥然不同的两种看法：一种认为心理是灵魂寄附在肉体器官内的表现，而灵魂又是可以离开肉体而不灭的无形实体。这种"灵魂说"的提出与传播，以致后来演化为各种唯心主义的变种，不仅和人们缺乏科学知识以及宗教迷信有关，而且也与统治阶级借灵魂、天意愚弄百姓以维护其统治的需要密切相关。另一种说法则认为心理是由肉体器官或物质元素自己生发出来的，是物质的属性。这种强调世界是物质的朴素唯物主义和机械唯物主义观点在当时具有一定的进步意义，但对心理的解释不符合现代科学的观点。随着近代科学的发展和辩证唯物主义的出现，这个问题才得到解决。

那么科学的心理观是什么呢？辩证唯物主义认为，物质是第一性的，意识是第二性的。从心理产生的物质基础看心理是脑的机能，从心理反应的内容看，心理是对客观现实的反映。概括地说，心理是人脑对客观现实的主观反映。

一、心理是人脑的机能

（一）心理是物质世界中的一种反映形式

说起"心理"，人们不免产生一定的神秘感。其实，心理并不神秘，它只是物质世界中普遍存在的各种各样反映形式中的一种高级的反映形式而已。反映是指物质相互作用时留下痕迹的过程。由于物质世界中物质性质及其运动形式有低级和高级之分，因此，反映也有不同的层次。无机物质相互作用留下痕迹的过程，是最低级水平的反映形式，称之为反应。如粉笔在黑板上划过留下笔迹、水滴石穿、铁在水里生锈等都是各种机械的、物理的、化学的反映形式。随着生命物质的出现，一种较高级的反映形式——感应性也出现了。感应性是生命物质对其受到的有生物学意义的刺激所作出的一种应答，如植物的花朝向阳光的方向开放、植物的根朝水源的方向延伸、单细胞动物变形虫遇到营养物质的趋向性和遇到有害刺激的趋避性等都是感应性的表现。物质世界的不断变化，物质由低级向高级发展，动物种系演进到一定的阶段，出现协调动物机体各部分活动的神经组织的时候，动物不仅对那些具有直接生物学意义的刺激作出应答，而且还能对有信号意义的刺激作出应答。例如，猛兽的吼叫对于小动物是危险的信号，引起逃避行为；花朵的形状对于蜜蜂是食物的信号，引起采蜜行为；雄性动物的某种气味对雌性动物是求偶的信号，引起交配行为等。当动物神经系统发展到能在信号和信号所代表的刺激物之间建立暂时神经联系时，说明动物具有了更高级的反映形式——心理。当动物进化到人类以后出现了意识活动。意识是心理发展的最高阶段，它的基本特点是人能主观能动地反映客观世界。

总之，心理是一种反映，而人的心理只是物质世界中最高级的反映形式而已。

（二）心理是脑的机能

脑是心理产生的器官，心理是脑的机能。没有脑的心理是不存在的。正常发育的大脑为心理的发展提供了物质基础。列宁早就科学地指出：心理的东西、意识等都是物质（即物理的东西）的最高产物，是叫做人脑的这样一块特别的物质的机能。（《列宁全集》第十四卷，人民出版社 1957 年版，第 238 页。）

前已述及，心理是物质发展到高级阶段的属性。心理现象是动物在适应环境的活动过程中，随着神经系统的产生而出现，又随着神经系统的不断发展和完善，才由初级到高级逐步发展和完善的。无脊椎动物只有简单的感受性，而脊椎动物有了相当完善的知觉能力，而哺乳动物中灵长类则开始具有直观思维的雏形。这种区别的根本原因在于，不同动物的神经系统发展水平不同。人类具有高度发达的神经系统，尤其是大脑皮层的神经联系异常丰富、灵活，构成了人的心理活动的物质基础，心理现象与脑的结构和机能是不可分的。

脑是心理活动的器官，人们获得这一正确的认识经历了几千年。现在这一论断得到了人们生活的经验，临床的事实，以及对心理发生和发展的过程、解剖、生理的科学研究所获得的大量的资料的证明，以至今天"心理是脑的机能"这一论断对大家来说已经是一种常识性的知识了。

但是，必须指出，心理现象与生理现象是异质的概念，决不能把二者混为一谈，认识情感与意志的过程，决不可以等同于神经电活动或化学作用，因为心理现象首先是一种主观经验（体验），而不是一个纯粹客观的物理事实，用生理事实来解释心理现象，很容易犯机械唯物论的错误。

二、心理是对客观现实的反映

人的心理是人脑的机能，这仅仅说明了心理产生的物质基础，指出了心理活动的生理机制，但人脑自身并不能产生心理，它必须在客观现实的作用下，才能实现其机能，即产生心理。客观现实是人的心理活动内容的源泉，心理是对客观现实的反映。

什么是客观现实？客观现实是指独立于人的心理之外的，不依赖于人的心理而存在的一切事物。人所处的客观现实包括自然环境和社会生活条件。各种客观现实以各种不同的形式作用于人的感官，引起神经系统的活动，从而产生感觉、知觉、表象、记忆、思维、情意和个性等心理活动。可以说，人的大脑类似于"加工厂"，客观现实好像是原材料，如果没有原材料，"加工厂"就无法生产出任何"产品"。

在人所反映的客观现实中，社会生活条件是最重要、起决定作用的内容和源泉。因为人是社会动物，人一生下来就进入到一个社会环境当中，对婴儿来说，离开社会偶尔也能活下去，但他绝不会形成社会人的心理。人类历史上有过许多兽养儿童如狼孩、熊孩、猴孩等，这些孩子都是人，也有人的大脑，但由于在幼小时期脱离了人类社会，被野兽抚养，生活在自然当中，他们就没有正常人的心理和行为。如 1920 年，印度的辛格曾在狼窝里发现一狼孩。狼孩被发现时约 8 岁，是一女孩，后取名为卡玛拉。卡玛拉由于从小由狼哺养，脱离了社会生活，回到人类社会时只相当于 6 个月婴儿的心理发展水平。她用四肢爬行，用双手和膝盖着地歇息，舔食流质的东西，只吃扔在地板上的肉，不吃人手里的东西。她害怕强光，夜里视觉敏锐，每天深夜嚎叫。她怕火，怕水，从不让洗澡，即使天气寒冷也撕掉衣服，摆脱毯子。后经辛格夫人的悉心照料与教育，卡玛拉两年学会了站立，4 年学会了 6 个单词，第七年才基本改变了狼的习性。到 17 岁死时，只有 4 岁儿童的智力水平。可见，卡玛拉从小离开了人的社会生活条件，失去了参加劳动和进行言语交往的机会，从而也就失去了获得人类知识经验的可能性，因而也就不可能形成人的心理。

不仅从小脱离人的社会生活条件不能形成人的心理，即使长大后长期脱离人类社会生活也将使其原有的正常心理失常。如抗日战争时期，日本从中国掠走大量劳工，其中之一的刘连仁，因不堪忍受日本矿主的奴役虐待，逃往深山老林，独自一人过了13 年茹毛饮血的穴居野人生活。1958 年被发现时，语言能力严重退化，听不懂，不会说，完全没有正常人的心理状态。回到正常的社会生活环境后，经过一个时期的适应，他才恢复到正常人的心理水平。这说明，人只有生活在社会里，生活在一定社会关系中，不断和他人交往和相互作用，从社会各方面接受影响，汲取知识，掌握生活方式和技能，同时发展能力，培养兴趣，形成自己的理想、信念和性格，才能适应社会生活，提高心理水平。由此可见，社会生活条件乃是人的心理活动中内容与源泉中的决定性组成部分。

三、心理是客观现实的主观映象

人的一切心理现象，从简单的感知觉到复杂的想象、思维，从认识到情意乃至能力、性格等个性特征，都是客观世界的映象，这是说人的心理按其内容来说，具有客观性。但客观现实作用于人脑，形成各种映象，这些映象就其形式来说却是主观的，人的心理是对客观现实的主观映象。因为心理作为一种映象，虽然与被反映的客观现实具有一致性，但毕竟不是客观现实本身，它是一种观念的东西，列宁把这种映象称为"物的复写、摄影、摹写、镜像"。而且人对当前现实的每一反映，都是同他以观点、信念、知识、经验等形式存在的以往的反映成果相融合的。人对当前客观事物的反映，不能不受已经形成的主观世界的影响或"折射"。对同一事物，不同的人在反映倾向上，反映的态度上及反映方式上都会有个别差异。例如，对同一个老师上的课，课堂上不同的学生在学习态度、理解深浅、学习方法上会有很大的差异。甚至同一个人在不同的时间场合对同一事物的反映就不一样。如对甘美的食物，人在饭前和饭后的反映就不相同。这些都说明人的心理是客观现实的主观映象。

四、人的心理是对客观现实的能动的反映

人的心理、意识是对客观现实的反映，但这种反映并不是消极被动的。人的心理是对客观现实的积极能动的反映。

人的心理的能动性主要表现在下列方面：首先，人对现实的反映是具有目的方向性和选择性的。人既不像镜子那样一成不变地、机械地反映客观事物，也不像动物那样仅仅满足生物本能需要，消极、被动地去适应环境，而是有目的、有选择地反映那些人类所需的事物。

其次，人能认识事物的本质与规律。人在反映客观现实的时候，不仅能反映事物的表面现象和外部联系，而且能认识事物的本质和内部规律；不仅能认识现在，还能推测过去、预测未来。这就会使人的活动有了极大的自觉性。

再次，心理或意识的能动性更显著地表现在人改造现实的有目的活动中。人利用规律自觉地拟定活动计划，并通过意志努力来实现计划，能动地改造自然，改造人类社会，使它们更有利于人类生活，发展人类文明，推动社会前进。最后，心理的能动性还表现在人在认识世界和改造世界的同时，能够主动地认识自己、改造自己。人通过自我意识认识到自己的心理过程和个性特征，认识自己主观世界的各个方面，从而能动地改造自己，使自我不断发展与完善。

五、心理是在实践活动中发生发展的

人的心理是对客观现实的反映，这种反映是在实践活动中进行的。实践是人的心理赖以产生和发展的客观基础。

人类发展和意识起源的研究表明，人的心理是在实践中产生的。恩格斯指出："首先是劳动，然后是语言和劳动一起，成为两个最主要的推动力，在它们的影响下，猿的脑髓就逐渐变成了人的脑髓。"也由于劳动，原始人的脑才会发展成为现代人的脑。有了脑，才有了产生人心理的可能。所以，不仅是人的心理，连同人脑本身，也是实践活动的产物。人的心理是怎样产生的呢?只有作为心理的源泉和内容的客观现实和作为反映器官的脑二者相结合才产生心理，而这种结合是通过人的实践活动实现的。人的所有心理现实都是在各种实践活动中、在人们彼此交往过程中发生和发展起来的。人的实践领域越宽广，接触的事物越多，心理生活就越丰富。离开人的社会实践，就不可能有丰富的心理生活，甚至没有人的心理。人的心理反映就是在实践活动任务的要求下产生的。实践活动的不断发展和变化，促使人的心理也随实践活动的发展变化而发展变化。在长期社会活动中，人不断运用大脑反映客观现实，使脑进一步发展，不仅反映内容不断深入，更加丰富，而且反映能力也不断提高。

人的心理不仅在实践活动中发生和发展，同时它也是在实践活动中表现出来的。一个人的兴趣爱好、需要动机、信念与世界观、情绪与性格等，也是在他的各种实践活动中表现出来的。

人的心理、意识是否正确地反映了客观现实，必须由实践来检验。实践是检验人的心理是否正确的唯一标准。

思考与练习

1. 心理学的研究对象是什么？人的心理现象包括哪些方面?
2. 心理学的任务和意义是什么?
3. 心理学研究的原则和方法有哪些?
4. 人的心理的实质是什么?

第二章

心理的神经生理机制

心身关系是心理学的基本命题之一，是心理学各种理论问题的基石。最早人们认为心脏是心理的器官。如公元前 3 世纪在中国医书中就明确记载："心者，五脏六腑之大主也，精神之所舍也。"古希腊也曾认为心理活动是心之功能。随着科学的发展，人类终于认识到心理是神经系统的功能，特别是脑的功能，脑是心理的器官。19 世纪以来，随着相关学科的新理论、新方法、新技术的诞生和在心理的神经生理机制研究中的运用，人类对于心理活动和脑功能的关系的认识从器官水平和细胞水平推进到了分子水平。本章主要探讨心理的神经解剖学基础、心理的神经生理学基础及心理与内分泌系统的关系。

第一节 心理的神经解剖学基础：神经元和神经系统

神经系统是由神经元构成的一个异常复杂的机能系统。神经解剖将神经系统分为两大部分：中枢神经系统和周围神经系统。

一、神经元

神经元是构成神经系统的结构和功能的基本单位，具有接受刺激和传导神经冲动的功能。脑内的神经元数目大约有 $10^{11} \sim 10^{12}$ 个。在神经元和神经元之间有大量的神经胶质细胞，是神经元数量的 10 倍。胶质细胞广泛分布于中枢与外周神经系统内，起支持、营养、形成髓鞘、绝缘、修复等多种功能，对神经系统的发育、构筑、信息传递功能的发挥以及内环境的稳定和可塑性有重要的影响。构成神经系统的神经细胞有神经元和神经胶质细胞两大类。

（一）神经元的结构

神经元由胞体和突起（树突和轴突）构成，如图 2-1 所示。细胞体和树突是接受和整合信息的地方，而轴突是专为把信息传给其他细胞用的。细胞体的大小不一（直径约为 10～30 微米，最大的可达 100 微米）；形状不同（有圆形、梭形、星状等）；胞体结构与其他细胞相似，有细胞核、细胞质和细胞膜；细胞核呈圆形、较大，核内含有染色体，带有遗传指令，称为基因；细胞质内常含丰富的尼氏体和神经原纤维，神经原纤维

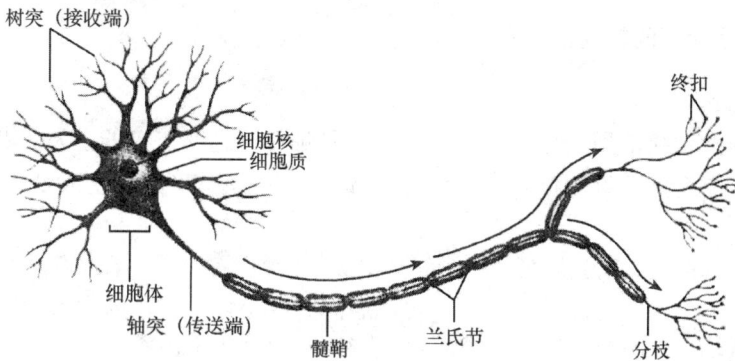

图 2-1　神经元的结构

在细胞质内交错排列成网；在细胞体的膜上有许多极小的区域，其中有的是激素的受体，有的是食物或废物排除的地点。细胞体为神经元的代谢、营养中心。

树突由胞体发出，状如树枝，一般短而分支多。直径从粗到细变化明显，长度为一至几十微米。树突内含尼氏体、线粒体及神经元纤维等。树突表面有大量细小的突起，即树突棘，在树突棘的顶端有突触的连接点。脑内神经元的树突棘能够因动物个体的学习和经历而改变。树突功能为接受其他神经元传来的冲动，再将冲动传至胞体。

轴突也是由胞体发出，每个神经元只有一个轴突。一般分支较少，但有的分出侧枝。轴突很长，其末端分支多，末梢膨大形成终扣。轴突长一至几百微米或更长（1 米）。轴突内的胞质为轴浆，内含细长的线粒体、微丝和微管。轴突的功能为传导神经冲动，可将冲动传递到另一个神经元或所支配的细胞上。轴突被称为神经纤维。

神经元的种类很多，一般根据其形态和功能不同分类。按突起的数目可分为假单极神经元、双极神经元和多极神经元。按细胞体的大小和形状把小的神经细胞分成颗粒的、梭状的或星状细胞；大的细胞有锥体型的、高尔基 I 型的和浦肯野氏细胞。按功能可分为感觉神经元（或传入神经元）、运动神经元（或传出神经元）和中间神经元。

（二）神经元的电信号

神经元能发出电信号，这种现象存在于从最低等的多细胞动物一直到人类和各式各样的动物中。这种神经信号是从简单的运动到复杂的思维，从动手指到作曲，从拿铅笔到解决数学难题，从鼓掌到发怒等等一切活动的基础。神经生理学家研究表明单个的神经元有 3 种状态的电位和变化：静息电位、神经冲动、局部电位变化。

静息电位，或称膜电位。这是神经元在不活动时的电位，一般为 $-70 \sim -80$ 毫伏。产生的离子机制是 K^+ 平衡。神经细胞能将静息电位的变化作为信号传送给其他细胞。

神经冲动，也叫动作电位。这是沿神经元的轴突传导的脉冲式的电位变化。这代表神经元的高度兴奋，有时称为放电，其电位为 $+40$ 毫伏。其离子机制为 Na^+ 平衡。神经冲动的传导遵循"全或无"法则，在传递过程中不减幅，但刺激强度在一定范围内的增加能增加神经冲动的频率，刺激很强时会产生不应期。

局部电位变化，或称为渐变的电位。它们发生在突触后地点，也常常叫做突触后电位。

（三）神经元之间的连接

1. 突触

神经元彼此连接的地方称之为突触。突触是神经元之间在机能上发生联系的部位，是信息传递和整合的关键部位。神经元之间的信息传递是要通过连接处的一段极窄的间隙的。

突触由突触前膜、突触后膜、突触间隙组成，如图 2-2 所示。在电镜下，每个突触都可以看到突触小体，小体内含有线粒体，还有大量的突触小泡。小泡内含有特殊的化学物质，称为神经递质，不同的神经元的突触小泡含有不同的递质。突触小体与突触后神经元的胞体或树突相贴近的一面称为突出前膜，厚度为 5～7 纳米；突触后神经元与突出前膜相对应的部分的膜增厚称为突触后膜，厚度可达 7～10 纳米，突触后膜的表面含有特殊的受体（它能捕捉和反应突触递质的分子）；两膜之间可见一个突触间隙，约 20～30 纳米。这种突触也被称为化学性突触。由于突触间隙，神经冲动不能被直接传递到另一个神经元，在突触间隙中的传递只能借助于各种化学物质进行传递即化学传递。

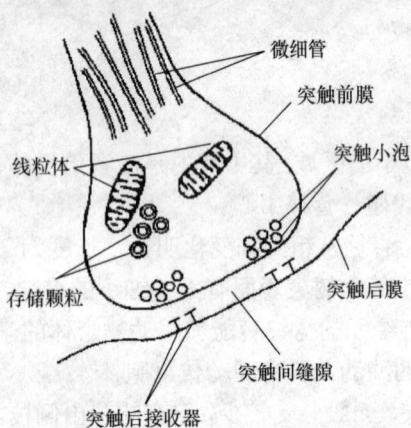

图 2-2　突触的结构

还有一种突触称为电突触，突触间隙很小为 2～4 纳米，电流很容易通过，前一个神经细胞的电冲动，有可能直接跨越小的间隙传递前进。电突触在低等动物中比较多见，哺乳动物的中枢神经系统中也存在着电突触，但高等动物特别是人的脑内，主要是化学突触。在人类出生后，神经细胞不再增殖，但突触却在不断生长和萎缩。

按照两个神经元接触的部位不同，突触的组成可分为 3 类，轴突—胞体型突触，轴突—树突型突触，轴突—轴突型突触。一个典型的神经元可能与其他的神经元有 $1～10^5$ 个突触连接，据估计，在人脑中拥有 $10^{14}～10^{15}$ 个突触。在一个神经元上的所有突触的汇总称为"突触装配"。

2. 神经回路

神经元通过化学突触和电学突触相互连接在一起，组成了极端复杂的信息传递与加工的神经元回路或神经通路。神经回路是脑内信息处理的基本单位，它们的活动是机体行为的基础。如，最简单的神经回路是反射弧，由感受器、传入神经、神经系统的中枢部位、传出神经和效应器 5 个部分组成。

神经元之间的组合形式多种多样，错综复杂，如链形组合、环状组合等。一个神经元可以通过其纤维分支和许多神经元建立突触联系，使得一个神经元的信息可以传递给许多神经元；不同部位、不同区域的神经元末梢也能够汇聚在一个神经元上，使得不同来源的信息集中起来。从而实现脑的信息处理功能——感觉信息的加工、运动反应和情绪反应的编程、学习和记忆等。根据神经回路的特点，现代神经生理学家认为：脑的高级功能如思维，与脑的神经回路的活动有着密切的关系。脑的部位越高级，神经回路越复杂。

二、神经系统

神经系统包括周围神经系统和中枢神经系统，如图 2-3 所示。

（一）周围神经系统

周围神经系统包括脑神经、脊神经和植物性神经。周围神经系统的一端和中枢神经系统的脑和脊髓相连，同脑相连的神经称为脑神经，与脊髓相连的神经称为脊神经；另一端通过各种末梢装置与身体其他器官、系统相联系。周围神经系统可根据功能的不同，分为传入神经和传出神经两部分，传出神经又可以进一步分为支配骨骼肌躯体运动神经和支配内脏器官的植物性神经。

1. 脑神经

脑神经有 12 对，主要分布于头面部。按头尾侧的排列循序，分别用罗马字母表示：Ⅰ嗅神经、Ⅱ视神经、Ⅲ动眼神经、Ⅳ滑车神经、Ⅴ三叉神经、Ⅵ展神经、Ⅶ面神经、Ⅷ听神经、Ⅸ舌咽神经、Ⅹ迷走神经、Ⅺ副神经、Ⅻ舌下神经。其中迷走神经还分布到胸腹腔内脏器官。在 12 对脑神经中，第Ⅰ、Ⅱ、Ⅷ对脑神经是感觉神经，分别传递嗅觉、视觉、听觉和平衡觉的感觉信息；第 Ⅲ、Ⅳ、Ⅵ、Ⅺ、Ⅻ 对脑神经主要是运动神经，分别支配眼球运动、颈部和面部的肌肉运动以及舌的运动；第Ⅴ、Ⅶ、Ⅸ、Ⅹ对脑神经是混合神经，其中第Ⅴ对负责面部感觉和咀嚼肌的运动，第Ⅶ对支配面部表情、舌下腺、泪腺及鼻粘膜腺的分泌，第Ⅸ对负责味觉和唾腺的分泌等，第Ⅹ对支配颈部、躯体脏器的活动，还负责一般感觉的输入。

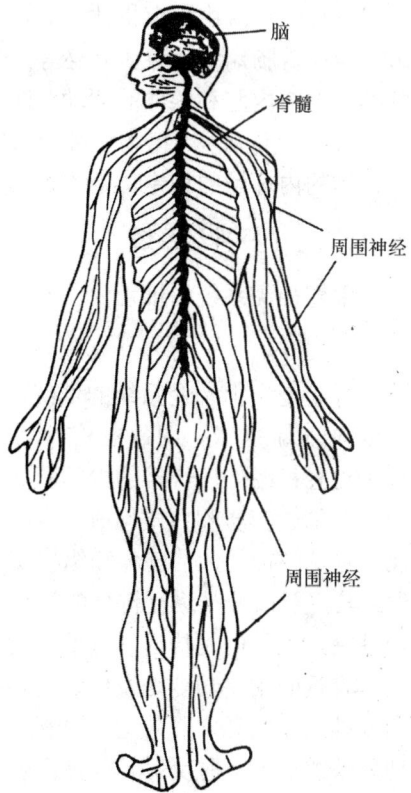

图 2-3　神经系统全图

2. 脊神经

脊神经共有 31 对，发自脊髓。有颈神经 8 对、胸神经 12 对、腰神经 5 对、骶神经 5 对、尾神经 1 对。每对脊神经借前根和后根与脊髓相连，而且在椎间处合并后传出椎管。

脊神经是混合神经。脊神经的纤维成分包括感觉纤维和运动纤维。感觉纤维包括躯体感觉（传入）纤维，分布到皮肤和运动系统；内脏感觉（传入）纤维，分布到内脏、心血管和腺体。运动纤维包括躯体运动（传出）纤维：支配骨骼肌；内脏运动（传出）纤维：支配平滑肌、心肌和腺体。

3. 植物性神经系统

植物性神经系统控制内脏，包括身体各种腺体的活动，例如心跳、呼吸、消化、排泄、体温调节及性活动等。植物性神经系统又分为交感神经和副交感神经两种，在功能上彼此拮抗，共同调节和支配内脏活动。

一般来讲，交感神经系统有动员机体的资源和能量的"促活动性"功能，如加快心率、升高血压、加大吸气量、使血液从外周转入大脑和肌肉、放大瞳孔、准备战斗等；副交感神经系统由保存机体资源和能量的"促营养性"功能，如降低心率、血液入消化道、增加胃肠蠕动、腺体分泌等；二者功能相互拮抗，又相互协调，使神经系统可以更精准地调节内脏和腺体的活动。许多控制内脏活动的中枢位于脑干。下丘脑是植物性神经系统的最高脑区。植物性神经系统不由大脑控制。植物性神经系统的相对独立性维护了机体的内环境的稳定，由不得大脑随心所欲。

（二）中枢神经系统

中枢神经系统由椎管内的脊髓和颅腔里的脑组成。

1. 脊髓

脊髓是中枢神经系统的低级部位，位于脊椎管内（比脊椎管短），成扁圆柱形。脊髓纵向分为 31 节，即颈椎 8 节、胸 12 节、腰 5 节、骶 5 节、尾 1 节。每节左右对称地有 1 对脊神经伸出脊椎的椎间孔。

脊髓由灰质和白质构成。在脊髓的横切面上，可见"H"形区，颜色发暗，此为灰质，它是由神经元的胞体和纵横交织的神经纤维构成；在灰质外围部分颜色较白，为白质，其主要成分是纵行排列的神经纤维束。白质中的纤维大部分是上行和下行的有髓鞘的轴突，上行的是传送感觉信息的，下行的多是传达运动命令的。

脊髓的主要功能是发出运动神经纤维控制身体的肌肉和腺体的活动，以及收集身体的各种感觉信息向脑传送。脊髓中也有一部分自主的反射线路，完成一些简单的反射活动如膝跳反射、肘反射、跟腱反射等。脊髓的活动受高级神经中枢的调节，但它也是脑和周围神经系统的桥梁，是脑神经传入和传出的中间站。

2. 脑

脑是中枢神经系统的高级部位，位于颅腔内。脑由大脑、间脑、脑干（中脑、桥脑、延脑）、小脑组成，如图 2-4 所示。

（1）脑干

脑干的下界与脊髓相连，上界以视束与间脑毗邻，自下而上由延脑、中脑、桥脑三部分组成。整个脑干外形呈前后略扁的扁圆柱状，只是中脑部较为缩窄，而桥脑的腹面及两侧则又膨隆，并明显向外扩展。

延脑下界是脊髓，上接桥脑，背侧覆盖着小脑，是一个狭长的结构，全长 4 厘米左右。延脑有 4 对脑神经，分别是舌下神经、副神经、迷走神经和舌咽神经。延脑被称为"基本活命中枢"，和有机体的基本生命活动有关，它支配呼吸、排泄、吞咽、肠胃等活动。

桥脑下接延脑，上接中脑，随着大脑和小脑的发达而发达，是连接大、小脑的"桥"。

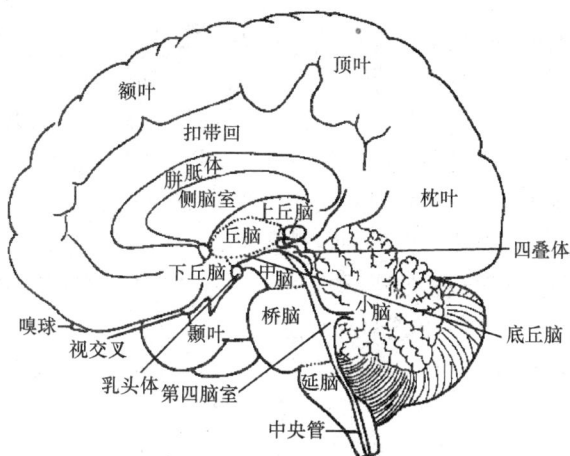

图 2-4　脑半球内侧面

桥脑在灵长类中得到最高度的发育。桥脑中有外展神经、面神经、位听神经。桥脑是中枢神经与周围神经之间传递信息的必经之地，对人的睡眠具有调节和控制作用。

中脑是脑干的一个重要部分。它紧接着间脑的尾端，通常分为两部分：背侧称为顶盖，腹侧称为被盖。

顶盖有上丘和下丘两部分，合称为四叠体。下丘是听觉系统的一个重要部分。传递听觉的神经纤维皆经下丘到内侧膝状体，再到听觉皮质。有许多纤维终止在下丘，和这里的神经元形成突触连接，与听觉反射有重要关系。上丘是视觉系统的一部分。在低等的脊椎动物中，它是重要的视觉中枢。但在哺乳类动物中，因为演化出直接的网膜—膝状体—视觉皮质系统，给上丘留下来的主要功能是视觉定向反应和对运动刺激的动眼反应。然而，最近有人认为这可能低估了哺乳动物上丘的作用。

脑干的背腹之间称被盖，被盖部分有许多运动核和感觉核。许多上行的感觉纤维皆通过被盖部分上至丘脑，最重要的是网状结构。脑干网状结构由纵横交错的神经纤维和散在纤维中的许多大小不一、形态各异的神经细胞组成，其上下行纤维弥散性投射，调节脑结构的兴奋性水平。这个网状结构实际上是从延脑的下端一直延续到中脑的上端的。它占据着整个脑干的中心部分。许多神经科学家认为丘脑的网状的中核线也是这一网状结构的延续（在功能上也是如此）。网状结构从各种通路中接受信息，并发出神经纤维，投射到皮质、丘脑和脊髓中。它在睡眠、惊觉、选择注意、维持肌肉张力和控制各种生命攸关的反射中起重要作用。

（2）间脑

间脑位于大脑与中脑之间，被大脑两半球所遮盖，由丘脑、上丘脑、下丘脑和底丘脑四大部分组成。上丘脑参与嗅觉和某些激素的调节功能。底丘脑是锥体外系的组成部分，调节肌张力，使运动功能得以正常进行。

1）丘脑。丘脑是皮层下除嗅觉外所有感觉的重要整合中枢。它将传入的信息进行选择和整合后，再投射到大脑皮层的特定部位。丘脑位于间脑的背部，它实际上是两大块神经细胞集团。丘脑可分为许多核团，常常是由同样形状的一些神经组成一个核团。这些核团中有的直接接受从初级中枢传来的信息，并把这些信息送到大脑皮质的一级感觉区。这些核可称为感觉中级核，如外侧膝状体核，传送视觉信息到视觉皮质；内侧膝状体核，传送听觉信息到听觉皮质；外腹侧后核，传送躯体信息到躯体感觉皮质。还有一些也是传送信息到皮质的特定区域的，但它们传送的不是单纯的感觉信息。如腹外侧核，纤维是投射到运动皮质的；背内侧核的投射到前额皮质；枕核投射到顶叶皮质；前核的投射到边叶皮质。这些核，如背内侧核、枕核和相应的皮质都有双向的神经纤维联系。其他的一些核，如中线核和网状核，它们的纤维分散地投射到大脑皮质的广泛的区域，也投射到丘脑的其他核中。

2）下丘脑。下丘脑是神经内分泌和内脏功能的调节中枢。下丘脑处间脑的底部，在第三脑室下部的两旁。它是由许多核团组成的一个比较小的结构。但是，其功能是非常重要的。它控制自主神经系统和内分泌系统，整合各种反射活动和组织与种族生存有关的行为，如战斗、摄食、逃遁和交配等行为。下丘脑的腹侧有一突出的垂体，称为脑下垂体，有一茎与下丘脑相连，称为垂体茎，这是下丘脑控制内分泌的枢纽。

（3）小脑

小脑位于脑干的背部，分左右两半球。表面被覆一层灰质，称小脑皮质，由三层细胞组成；内层是白质，称为小脑髓质，在白质的深部也有 4 对核，称之为中央核。小脑有上、中、下 3 只脚连接脑干。小脑的主要功能是调节肌肉的紧张度，以便维持姿势和平衡，顺利完成随意运动。小脑受伤会产生跳跃式的、不协调和夸张的运动。在运动技能的学习中，小脑起重要作用。

（4）大脑

大脑是中枢神经系统的最高级部位。大脑分为左右两半球，中间有胼胝体相连，体积占中枢神经系统总体积的一半以上，重量约为脑的总重量的60%左右。在大脑中，灰质分布在表层，称为大脑皮层；白质在深部，称为髓质。大脑由大脑皮层及其覆盖着的边缘系统和基底神经节组成。

1）基底神经节。在大脑髓质（白质）深部有一些神经核团，称基底神经节，包括尾状核、豆状核、杏仁核和屏状核。尾状核和豆状核组成纹状体，对机体的运动功能有调节作用。

基底神经节大都参与控制运动的机制。它们是锥体外运动系统的主要组成部分。进入纹状体的多巴胺能使神经纤维溃变，常产生走路迈不开步和手脚不由自主地颤抖等症状，临床上称为帕金森氏症。基底神经节也在情绪行为中起着重要作用。一个攻击性很强的猴子，如果破坏了它的杏仁核，会变得很驯服。过去也曾用外科手术破坏躁狂病人的杏仁核以缓解其疯狂。

2）边缘系统。边缘系统是大脑的底面与大脑半球内侧缘的皮层-边缘叶（包括胼胝体下回、扣带回、海马回及其海马回深部的海马结构）、附近的皮质（额叶眶部、脑岛、颞极、海马及齿状回等）及皮层下的一些脑结构（杏仁核、下丘脑、丘脑前核、部分丘脑背侧核以及中脑背内侧区等）构成的一个统一的功能系统。

边缘系统具有内脏脑之称，是内脏功能和机体内环境的高级调节控制中枢，也是情绪、情感的调节中枢。边缘系统也与记忆有关，如边缘系统受伤的病人，不能完成有目的的序列动作，任何细小的干扰，都会使他们忘记所要干的事情。

3）大脑皮层。大脑皮质覆盖着大脑两半球，由 6 层神经细胞和胶质组成。在人类的皮质上有大量的皱起，称为回，回间的浅隙成为沟，深而较宽的沟称为裂。沟回的形成增加了皮质的面积。在人类，大脑皮质的面积约 2200 平方厘米。皮质的厚薄不一，最厚的地方约 4.5 毫米，最薄的地方约 1.5 毫米。大脑皮质与脑其他部分的比例与动物发展的等级有很高的相关度，越是高级的动物其大脑皮质所占的比例越高。大脑皮层是脑的最重要部分，是心理活动的主要物质基础。

根据大脑皮层细胞层次不同，可将皮层分为古皮层、旧皮层和占大脑皮层 90%左右的新皮层。根据解剖部位从前向后，又可将大脑皮层分为额叶、顶叶、枕叶和颞叶。大脑皮质的各叶是由几条重要的沟和裂分界的。在额叶和顶叶之间有一条自上而下的沟，称中央沟，沟前是额叶，沟后为顶叶。顶叶与枕叶之间有一条深沟，称为顶枕裂。侧面有一条自前向后上方伸出的深裂，称为大脑外侧裂，它的上方是额叶和顶叶，下方是颞叶。额叶、顶叶、颞叶和枕叶的皮质在系统上发生的较晚，所以称之为新皮质，边叶的发生较早，称之为旧皮质，它是构成边缘系统的一个重要部分。

大脑皮层各叶与不同的心理活动有关，如图 2-5 所示。颞叶以听觉功能为主，枕叶以视觉功能为主，顶叶为躯体感觉的高级中枢，额叶以躯体运动功能为主。前额叶皮层和颞、顶、枕皮层之间的联络区则与复杂知觉、注意和思维过程有关。此外，在前中央回的下方有一块皮质，称为布洛卡语言区，大多数右利手的人（习惯用右手持工具者），如果左半球的这部分损伤，就不能说话。这些区域不仅在功能上各不相同，在细胞和层次的构筑上也各不相同。据估计人的大脑皮质中可能有 50～100 个不同的区域。

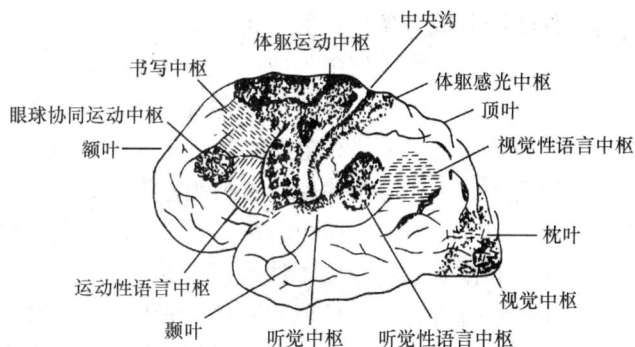

图 2-5　大脑皮质的几个重要机能专区

第二节　心理的神经生理学基础和脑功能学说

一、心理的神经生理学基础

神经系统的生理功能可从脑整体水平和细胞水平上加以分析。在本节中主要介绍脑整体水平上的有关理论和知识，包括巴甫洛夫的条件反射理论和脑表面的整体电位的变化和心理活动的关系。

（一）条件反射理论

经典神经生理学通过实验分析的方法证明，脑活动是反射性的。1863 年俄国著名生理学家谢切诺夫出版了《大脑反射》一书，把反射的概念推广到了脑的全部活动和人的全部心理活动上。他指出："有意识的和无意识的生活的一切活动，按其产生的方式来说，都是反射。"

按照生理学的解释，反射是动物有机体借助神经系统实现的、对环境中一定动因所作的有规律的反应。实现反射的神经结构叫反射弧。反射弧一般由感受器、传入神经、神经系统的中枢部位、传出神经和效应器 5 个基本部分组成。其中感受器、传入神经、神经系统的中枢部位称为分析器。现代科学证明，任何一个比较复杂的反射活动，实际上都不是一次单向的传导所完成的，而是在传入和传出，以及高低级中枢间都有来回往返的传递。从这个意义上来说，反射活动的机能结构应该是一个"环形"结构，或者说，反射活动是由"反射环"来实现的。

19 世纪末到 20 世纪初，俄国的生理学家巴甫洛夫，以反射论为指导思想，运用生理学实验方法研究了中枢神经系统的功能，定量的分析了刺激—反应间的关系，建立了条件反射理论。条件反射理论也成为行为主义心理学建立的重要自然科学基础。

1. 无条件反射和条件反射

反射按照产生的条件不同分成无条件反射和条件反射。

无条件反射是动物有机体在种族发展中形成的，生来就有的，不学而能的反射。如，新生儿遇冷气就哭，手碰到火就缩回等，所以无条件反射也叫生来的反射或种族反射。无条件反射可分为食物的、防御的、性的和定向的等，其中一些是生来就有的，有些是个体发育到一定程度才出现的。引起无条件反射的刺激称为无条件刺激。无条件反射的反射弧是生来就联系好的，是一种固定的神经联系，主要是由神经活动的低级部位实现的。但在正常情况下，人类和高等动物的无条件反射是受大脑皮层调节的。

条件反射是动物个体生活过程中适应环境的变化，在无条件反射的基础上逐渐形成的。条件反射也叫获得反射。动物和人出生后所学习的一切行为都是条件反射，例如、谈虎色变等。引起条件反射的刺激物叫条件刺激物或信号刺激物。条件反射的神经联系是暂时的，可以改变的。

巴甫洛夫通过一系列实验揭示了条件反射的实质，提出了条件反射论的三原则：首先，反射活动与外部刺激有着因果关系，即决定论的原则；其次，脑对外部刺激进行反应时，进行着复杂的分析综合活动，与之相应的在脑内存在着许多分析器；最后，是结构性原则，即脑的反射活动是通过反射弧而实现的。不同性质的外部刺激通过特定的传入神经到达相应的中枢，再沿特定的传出环节完成反射活动。

巴甫洛夫认为，条件反射是脑的高级神经活动，建立条件反射的基本条件是某种无关的刺激与无条件刺激在时间上的重合。它是以大脑皮层上神经联系的暂时接通为基础的。条件反射不仅可以在无条件反射的基础上建立，也可以在已经形成了的条件反射的基础上形成，形成条件反射系统，这种条件反射系统是动物和人的一切学习的基础。巴甫洛夫的条件反射理论被称为经典条件反射。

巴甫洛夫通过条件反射的研究，还发现了高级神经活动的不少奥秘，揭示了高级神经活动的基本过程和基本规律，并提出了动力定型和两种信号系统的学说。

2. 高级神经活动的基本过程和基本规律

高级神经活动的基本过程是兴奋过程和抑制过程，有机体的一切反射活动都是由这两种神经过程的相互关系来决定的。兴奋过程是同有机体的某些活动的发动或加强相联系的；抑制过程是同有机体的某些活动的减弱或停止相联系。兴奋过程和抑制过程性质相反但相互依存相互转化。

抑制过程又分为无条件抑制和条件抑制。无条件抑制是有机体生来就有的先天性抑制，包括外抑制和超限抑制。外抑制是指当额外刺激物的出现，对正在进行的条件反射的抑制；超限抑制是指当刺激过强、过多或作用时间过久时，神经细胞不但不引起兴奋，反而使抑制发展。超限抑制又叫保护性抑制。条件抑制又称内抑制，它是在后天一定条件下逐渐发展起来的，主要有消退抑制和分化抑制。消退抑制是指条件反射由于没有受到强化而发生的抑制，它是条件性抑制的最简单和最基本的形式；分化抑制是指只对条件刺激加以强化，而对与其类似的刺激物不强化，使类似刺激物引起的反应受到抑制。

高级神经活动的基本规律有两条：神经过程的扩散和集中，神经过程的相互诱导。

神经过程的扩散和集中：当大脑皮层某部位产生兴奋过程和抑制过程并不停留在原发点不动，而是向周围扩散开来，这叫扩散。而扩散到一定程度又会向原发点回拢过来，这叫集中。研究表明：弱的神经过程倾向于扩散，中等强度的神经过程倾向于集中，而极强的神经过程又倾向于扩散。

神经过程的相互诱导：大脑皮层上由一种神经过程引起或加强与之相反的另一种神经过程，叫做相互诱导。由兴奋过程引起或加强周围或同一部位的抑制过程称为负诱导；相反由抑制过程引起或加强周围或同一部位的兴奋过程叫做正诱导。诱导过程如果同时发生，称为同时性诱导（发生在不同部位上），如果相继发生，称继时性诱导（发生在同一部位）。

3. 两种信号系统和动力定型

巴甫洛夫认为，客观世界存在两种不同性质的信号刺激物，即第一信号和第二信号，因而也有两种不同的信号系统。巴甫洛夫把用具体刺激作为条件刺激物建立的各种条件反射叫做第一信号系统，具体的刺激就是第一信号，如声音、颜色、气味等。用语词作为条件刺激物建立的各种各样的条件反射叫做第二信号系统，语词就是第二信号。

第一信号系统是动物和人类共有的，人类还有第二信号系统。人类借助于第二信号，才能间接而概括地反映现实，揭露事物的本质和规律，传递知识经验，有意识地控制自己的行为。第二信号系统是人的各种复杂心理活动的基础。两种信号系统是密切联系，协同活动的，第二信号系统永远以第一信号系统为基础，人的第一信号系统又受第二信号系统的调节和支配。

动力定型是由某种刺激系列所形成的反应系统。日常生活中的各种习惯和技巧，就是皮层上建立的各种动力定型。动力定型的建立对机体有重要意义，它可以提高反应效率，并节省活动所消耗的神经能量。

（二）脑表面的整体电位

20 世纪中叶前，经典神经生理学家只能靠动物反射活动的外在表现，推断脑内进行的兴奋和抑制过程。现代神经生理学方法可以从头皮以外记录脑的不同部位的电活动，用以客观测量脑内的生理变化。

脑的电现象可分为自发电活动和诱发电活动两大类，两类脑电活动变化都是在大脑直流电位的背景上发生。在大脑皮质表面所记录的"自发"节律性电活动，称为皮质电图，在头皮表面记录到的，称为脑电图。脑电图是自发电位变化，经 100 万倍放大后所得到的记录曲线。研究证明脑电图记录的是突触电位的总和，包括电极所能拾取的范围内的兴奋和抑制的后突触电位的总和。

1. 自发电位

自发电位是在没有特殊刺激时记录到的脑电位，也称自发节律。人们在不同的心理状态下记录到的自发电位的频率不同，按其频率范围不同划分为 α、β、γ、δ、θ 等几种波形。这几种波形的名称、频率、波幅、最明显的部位和有关的心理状态见表 2-1。

表 2-1　几种脑电波的情况

节律类别	频率范围/赫兹	振幅/微伏	最明显部位	心理状态
α	8～12	5～10	枕、顶叶	醒、放松、闭眼
β	18～30	2～20	前中央回和额叶	醒、不动
γ	30～35	2～10	前中央回	醒、兴奋
δ	0.5～5	20～200	各部	深睡
θ	5～7	5～100	额和颞叶	醒、注意

自发电位的变化在临床上常用来诊断许多种神经功能障碍。脑的生物化学、解剖和生理方面的异常都会反映在脑自发电位的某些性质的变异上。如癫痫发作的脑电图就是一种高波幅的峰波电位。但脑电图技术对于微妙的心理活动来说，实在是太粗糙了。

2. 诱发电位

诱发电位是指刺激引起的电位变化，又称事件相关电位。如，某些特定的刺激，如闪光灯或嗒嗒声，或有意识的活动所引起的脑电位的变化通称为诱发电位。这种电位是微小的，不易从个别记录中看到，因此一般在实验中都是将一系列的诱发电位累加起来，才能看出刺激引起的脑电位变化，这种累加以后的电位叫平均诱发电位。

20 世纪 60 年代以来，在计算机叠加和平均技术的基础上，对大脑诱发电位变化进行了大量研究。大脑平均诱发电位是一组复合波，包括早成分、中成分和晚成分，如图 2-6 所示。早成分是刺激以后 10 毫秒之内出现的一组波，表示接受刺激的感觉器官发出的神经冲动，沿通路传导的过程；中成分是 10～50 毫秒的一组；晚成分是 50～500 毫秒的一组。

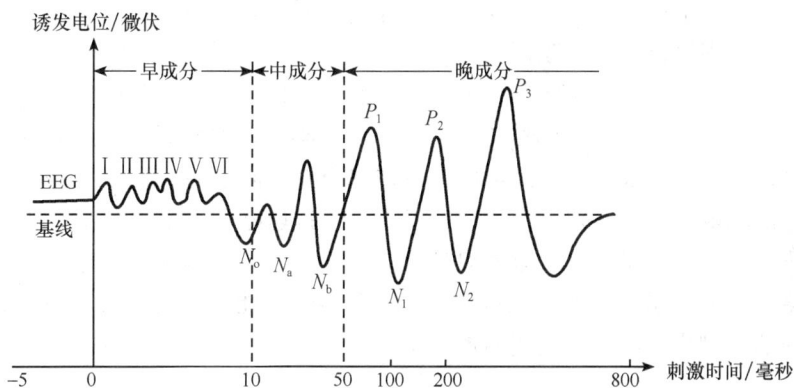

图 2-6 平均诱发电位组成波示意图

根据每种成分出现的潜伏期和电变化的方向性对晚成分进行命名，例如潜伏期在 50～150 毫秒之间出现的正向波称 P_{100} 波，简称 P_1 波；潜伏期在 150～250 毫秒之间出现的负向波称 N_{200} 波，简称 N_2 波；潜伏期在 250～500 毫秒之间出现的正向波称 P_{300} 波，简称 P_3 波。晚成分变化与心理活动的关系是当代生理心理学的热门研究课题。

二、脑功能学说

把心理活动归结于脑的功能是已经被普遍接受的观点，但是，人在进行某种心理活动时，人脑是全面动员呢，还是有所分工，每个部位各司其职呢？关于这个问题的争论，已经有近 200 年的历史了，存在着定位说和等势说之争。

（一）定位说

该理论认为人的神经系统的不同部位各有其功能，并排列在不同的等级上，处于最高等级上的是大脑皮质，以下依次是基底节、间脑、小脑、脑干、脊髓。

19 世纪初的德国医生加尔（Franz Joseph Gall，1758～1828 年）最先把人的精神活动归于脑的活动，提出了颅相学的观点。他认为，大脑皮层的不同区域有着不同的特殊的控制功能。大脑皮层是由不同的专门化功能区镶嵌而成的，甚至高度抽象性的精神活动也发生在某一高度特异的皮层区内，而各个区域的发达程度甚至会影响颅壳的外形，反之，按颅壳的外形则可以来推断人的个性特征，这就是所谓颅相学的基本观点。

1811 年，贝尔（C. Bell）根据高等动物和人的脑形态与功能不同，将脑分为大脑、小脑，又将脊髓分为背根和腹根，这一发现成为脑机能定位理论的发端。1866年，布罗卡（P. Broca）发现了位于额叶的"言语运动中枢"，也称为布罗卡区，它通过邻近的运动区控制说话时的舌和腭的运动，这个区域受损就会发生运动性失语症，即病人能理解语言，但不能说话。1874年，维尔尼克（K. Wernicke）发现了语言感觉区，这个区域在颞叶上方，靠近枕叶处，是一个听觉性言语中枢，与理解口头言语有关。损伤这个区域会引起听觉性失语症，即病人不理解口语单词，不能重复他刚刚听过的句子，也不能完成听写活动。19世纪中叶，加拿大医生潘菲尔德（W. Penfield）根据大量的研究资料和临床案例，绘制出了相当精确的大脑皮层功能定位图，到今天为止，运动、感觉与语言等功能的皮层代表区已比较明确。

20世纪50～60年代，裂脑人的研究引起了人们对于大脑两半球功能的关注。大家知道，大脑两半球具有对称性的结构，但实际上两半球在结构和功能上有明显的差异。当连接两半球的胼胝体被割断，两半球信息传递受到障碍之后，左右两半球就各自表现出不同特点的功能活动来。裂脑人的研究发现：语言功能主要定位在左半球，该半球主要负责言语、阅读、书写、数学运算和逻辑推理等，右半球则主要负责知觉物体的空间关系、情绪、欣赏音乐和艺术等，这就是大脑两半球功能一侧化优势。如图2-7所示。但大脑半球的一侧化优势也不是绝对的。

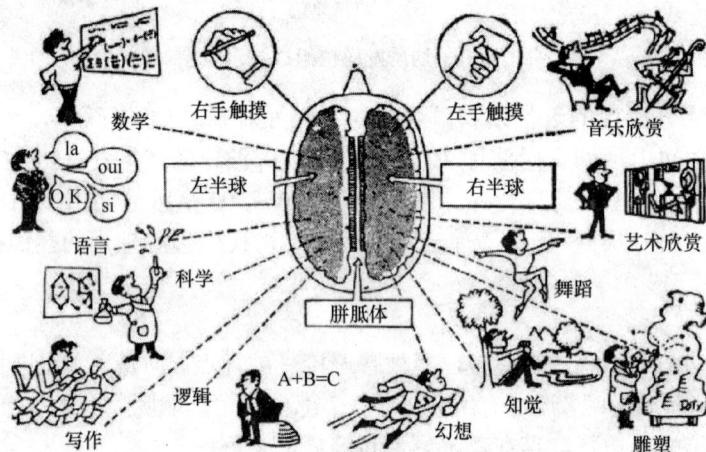

图2-7　大脑两半球功能优势

在脑的定位论理论不断被临床与实验研究验证的同时，另外一种与此相对应的理论也没有停止探索，那就是脑等势学说，它甚至在20世纪上半叶一直占据主导地位。

（二）脑等势说

这种观点认为，精神性功能在大脑皮层上并没有各自独立的代表区，而是均衡地分布其上。法国神经学家弗卢龙（Pierre Flourens，1794～1867年）的论述很有代表性，他说："所有的感知，所有的精神活动，均在大脑中占据同一位置；因此，感知、理解、意愿，就本质而言，仅是一种功能的各种组分而已。"他运用局部脑损毁法，用鸡和鸽子作为实验对象，进行了一系列的实验来验证自己的观点。

脑等势论的另一个代表人物是美国的拉什里（Karl Spencer Lashley，1890～1958年），他对应用细胞构筑的方法来对大脑进行分区深表怀疑。他认为脑的分区构造图几乎是没有价值的，并会产生误导，使人们以为脑在功能上是分区的。他应用迷宫实验研究了各种脑的损伤对大鼠学习能力的影响。发现学习缺陷的严重程度似乎取决于损伤的程度，而非更精细的定位。拉什里及其以后的许多心理学家因此得出结论：学习和其他精神性功能在脑中并无特殊的定位，不能将之与特殊的神经元群联系起来：对脑实现其功能最重要的是脑的整体，而不是特殊的神经元群。他们的这些观点产生了重大影响。

脑等势说的研究方法和实验对象决定了该理论的局限性，但是它从另一个角度探讨了脑的功能。定位说和等势说，都不是绝对正确和荒谬的，他们各自揭示了脑功能特点的不同方面。随着现代科学技术的发展，新的研究技术，如脑层描技术（CT），脑事件相关电位技术（ERP），正电子发射层技术（PET），脑核磁共振技术（NMR）等等技术的应用，人们可以进行活脑的研究及以活人为研究对象，对于脑功能的研究有了新的成果，提出了新的理论。

（三）模块理论

模块理论是 20 世纪 80 年代中期在认知科学和认知神经科学中出现的一种重要理论。模块理论认为，人脑在结构和功能上是由高度专门化并相对独立的模块组成的。这些模块复杂而巧妙地结合，是实现复杂而精细的认知功能的基础。

所谓"模块"，是美国生理学家迈克尔·加扎尼加（Michael Gazzaniga）教授于 1976年提出的概念。他认为脑是由在神经系统的各个水平上进行活动的子系统以模块的形式组织在一起的。

1983 年，美国认知科学家 J.福多（Jerry A. Fodor）出版了《心理的模块性》，从理论计算机科学和人工智能研究角度，提出了智能的模块性。福多的心理模块思想本质上是"功能主义"的。他首先从功能的角度把心—脑划分成两个非常不同的部分："输入系统"和"中心系统"。输入系统（最典型的是知觉系统和语言系统）的功能是将感官所受刺激的信息转换为对外部对象的表征，使之成为适合于中心系统加以处理的信息；而中心系统则是专司演绎推理、思维等的高级处理系统。根据福多的界定，只有输入系统才是模块性的，而中心系统则不具有模块性。

此后，西方心理学界对心理模块性的探索热情一直兴盛不衰，认为它是人类对心理的本质，特别是对"认知加工是怎样被组织起来的"认识的一场革命，它被发展成为"模块论"。到目前为止，认知神经科学的许多新的研究成果，都支持了模块理论，例如，在视觉研究的领域已经发现，猴子的视觉与 31 个脑区有关，颜色、运动和形状知觉是两个大的功能模块，它们之间的精细分工和合作是视觉的神经基础。

同定位说相比，模块说揭示的是人脑的整体性，它不是对脑功能的静态、局部的描述，而是对脑运动的动态的全局性的描述。

知识窗

脑的四次革命

有学者认为，人脑产生后已经经历和正在经历四次革命。第一次为"左脑革命"，即在人类社会处于原始的石器时代时，曾以语言文字的发明来充实原来那种仅以"直接的、天然的方式对环境作超前反应"的非言语的、直觉式的思维方式的过程。正是由于"左脑革命"，即实现了人以逻辑的思维力量协同参与右脑活动那种直觉或反应过程后，才真正造就了人类社会几千年的文明史。第二次革命发生在20世纪50年代，即对人类能力开发又一次产生惊人影响的"计算机（电脑）革命"，这次革命是在计算机科学、心理学、人工智能、神经生理学等众多学科和学者的共同努力和参与下完成的，并对社会的进步起到了重大的推动作用，也向人类的智能提出了严峻的挑战与机遇。但这次革命只是"左脑革命"的进一步延伸，仅仅扩展了人言语的、抽象的逻辑思维能力，而对人类右脑的开发涉及较少。到了20世纪八九十年代，西方发达国家和中国，都曾掀起一股"右脑革命"、"右脑开发"的热潮，这便是第三次革命。学者们认为右脑长期处于未开发和忽略的状态，其实左脑思考的范围非常小，与整个脑子相比，不过是沧海一粟。如果把左脑比做一个人，右脑则教给我们10万个人的智慧。左脑是大多数人每时每刻都在运用着的，而右脑则往往被忽略。一段时间内，人们通常所说的脑潜能开发主要是指右脑革命，但至今没有从科学的角度讲清道理。最近几年，随着脑科学研究取得重大突破，"全脑革命"、"全脑开发"、"全脑教育"已经兴起，这是第四次革命。全脑革命、全脑开发、全脑教育是一项前沿性的系统工程，涉及到许多学科，其中教育科学、心理科学、人体科学和脑科学等领域的研究成果都直接关系到这项工程的进展。有学者提出了"全面开发人脑"的三层含义：第一是指以人脑为核心的整个身心功能的全面开发，因为脑与整个身心密不可分；生理功能与心理功能应一起开发；生理功能与心理功能的开发在同一活动中完成。第二是指脑各个部分的全面开发（全脑开发），因为人脑的脑干和间脑等有着大脑不可替代的功能；大脑左半球和右半球不能某一侧单独开发，应该对左右两半球整体功能进行协调开发。第三是指人脑3个层次水平的全面开发，3个层次是指：现有水平（显能）、潜能水平（潜能）和自我调控水平（"反思"功能）。

【资料来源】全国十二所重点师范大学联合编写：《心理学基础》，教育科学出版社，2002年7月第1版。

第三节　心理与内分泌系统

直到20世纪初，人们总以为身体内部的信息交流和行为的调整完全是神经系统的事。此后研究者们才逐渐认识到内分泌系统在这些功能方面也起着重要作用，由内分泌腺分泌的激素对人类行为和心理有着重要的作用。

一、内分泌系统

内分泌系统是由全身不同部位的多种内分泌腺和组织细胞所组成，是机体内对行为起着重要作用的另一重要系统。人类身上的腺体有两类，一类是有管腺或外分泌腺，如汗腺、胃腺等；另一类是无管腺或内分泌腺，内分泌腺所分泌的物质称为激素，它是由腺细胞直接释放入血液或淋巴液，然后再运输到全身各处的器官组织，以发挥其生理功能。

人体的重要的内分泌腺包括脑垂体（神经垂体与腺垂体）、甲状腺、甲状旁腺、胸腺、胰岛、肾上腺与性腺等，如图2-8所示。

二、激素

激素是内分泌细胞释放的具有高效能的有机物。激素按其化学结构可分为4种类型：类固醇激素，如肾上腺皮质分泌的皮质激素和性腺分泌的雄激素、雌激素；多肽及蛋白质激素，包括下丘脑激素、垂体激素等；氨基酸衍生物，如甲状腺激素、肾上腺髓质激素等；脂肪酸衍生物，这类激素属于不饱和脂肪酸，如前列腺激素。见表2-2。

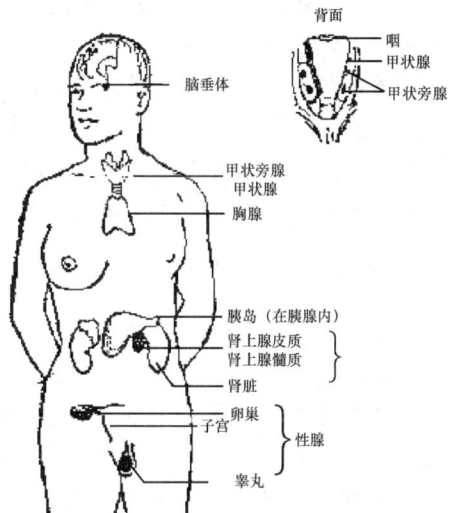

图2-8 人体的重要内分泌腺

表2-2 内分泌腺的主要激素及其机能

内分泌腺		激素	主要机能及对行为的影响
1.脑垂体		脑垂体激素	调节其他内分泌腺的激素分泌
		生长激素（GH）	身体、骨骼的生长
		促肾上腺皮质激素（ACTH）	刺激肾上腺皮质活动，影响情绪行为
		抗利尿激素	对血压和水分的调节
2.甲状腺		甲状腺素	调节新陈代谢、生长、发育等基本生理过程及影响智力发展、情绪兴奋性水平
3.甲状旁腺		甲状旁腺素	调解正常血钙水平，维持神经系统正常活动
4.胸腺		胸腺素	与机体免疫机能有密切联系
5.胰岛		胰岛素	维持正常血糖水平
6.肾上腺	皮质	肾上腺皮质激素	调解盐和碳水化合物的代谢、第二性征（声、阴毛）、应激功能情绪激动时，血糖增加，血压升高、心跳加快、加强、瞳孔放大，紧张感和不安感增加
	髓质	肾上腺素 去甲肾上腺素	
7.性腺	睾丸	雄激素	促进精子生长和男性生殖器的发育，激发并维持男性第二性征
	卵巢	雌激素	刺激子宫、阴道和乳腺的生长和发育，激发和维持女性第二性征
		黄体酮	保证受精卵植入、保胎、促进乳腺发育

【资料来源】黄希庭：《心理学导论》，人民教育出版社，1991年版，第131页。

各种激素对组织细胞的作用有一定的特异性，多数激素只对一定的组织细胞产生作用，这些能被激素作用的组织和细胞称为"靶组织"和"靶细胞"。激素对靶组织或靶细胞发挥特定调节作用是通过靶细胞的受体实现的。特定的"靶细胞"的"激素受体"与相应的激素结合后，能将激素信息转化为一系列细胞内的生物化学反应，从而表现出激素的生理效应。

激素对人类行为和心理有着重要的作用，如一般的代谢活动；身体发育；学习、记忆；生殖；应激等。动物或人体内如果缺少某些激素的正常供应，会使某些行为和心理能力不能发展，有的甚至于致死。相反的，有些激素用量极微就能改变一个人的心情和行为，改变人的饮食爱好、脾气和性的欲求等。

三、神经—体液调节

内分泌系统和神经系统的信息不是相互不相干的，而是互相交流的。两者在结构和机能上密切联系：一方面几乎所有的内分泌腺的活动都直接或间接地受神经系统的调节与控制；另一方面激素也影响着神经系统的功能。神经系统控制内分泌系统，而内分泌系统也控制许多生理现象和行为。神经系统通过内分泌腺分泌的激素影响各种效应器官的活动，叫做神经—体液调节，机体在神经—体液调节下适应机体内外环境的变化。

许多行为需要激素和神经的协作。例如当一种紧急情况通过神经的感觉渠道被察觉之后，激素的分泌就为进行有力地反应作准备。进行战斗或逃跑反应的肌肉是由神经控制的，但为神经肌肉系统动员能量则要通过激素的途径。

在一个既有神经细胞又有内分泌细胞的完整系统中，细胞间的信号传递可能有 4 种方式：神经给神经的；神经给内分泌的；内分泌给内分泌的；内分泌给神经的（见图2-9）。

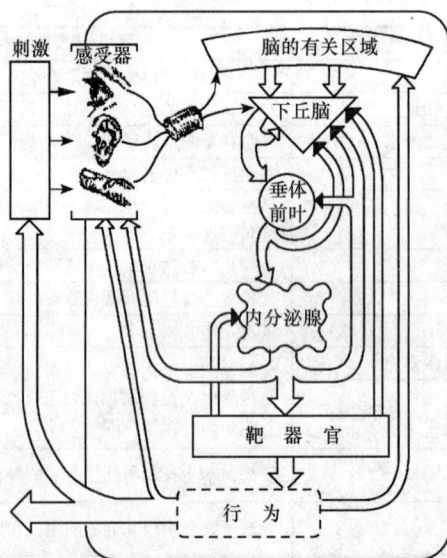

图2-9 内分泌系统和神经系统以及整个身体和行为交互关系

思考与练习

1. 解释下列名词：神经元，突触，神经元回路，静息电位，神经冲动，突触后电位，无条件反射，条件反射，反射弧，两种信号系统，脑电图，自发电位，诱发电位，平均诱发电位，模块，激素。

2. 简述神经系统的结构和功能。

3. 简述大脑皮层的结构和功能。

4. 阐述巴甫洛夫的条件反射理论。

5. 说明脑功能学说的各种理论。

6. 什么是体液调节？内分泌系统和神经系统以及整个身体和行为交互关系是怎样的？

7. 根据本章的内容谈谈如何开发大脑的潜能？

第 三 章
意识与注意

意识是一个古老而又难解的谜。随着科学的进步，对意识的研究早已从纯哲学中摆脱出来，跨入了自然科学研究的行列，并且成为 21 世纪科学界的热点领域之一。本章将对意识的一些基本现象和理论研究作一简单介绍，主要包括意识的基本概念、意识的几种基本状态。同时阐述与意识状态密切相关的注意现象，包括注意的涵义、种类、规律与特征等。

第一节 | 意 识

一、意识

在心理学发展的早期，意识就已经成为心理学研究的中心问题之一。心理学家认为心理学的目的是要研究心理结构，构成心理和意识内容的元素，以及把各种元素组合为意识内容的基本规则。在 1892 年出版的经典教科书《心理学》中，詹姆斯就把心理学界定为"意识状态的解释和描述"。20 世纪初，行为主义强调心理学应当研究可以观察的行为，于是把意识排除在心理学研究的范围之外。直到 20 世纪中叶，认知心理学兴起后，心理学家重新将人的内部心理过程作为研究对象，意识的研究又成为重要问题。同时人本主义心理学，充分肯定了个体的潜能和价值，个体可以通过意识执行其意志和愿望，意识经验因而受到特别重视。而认知神经科学研究将人的认知过程、神经机制以及病理学的临床发现结合起来，对推动意识的研究有重要意义。

由于意识的概念很复杂，加上研究方法和理论的局限性，人类自身认识水平的限制，迄今为止心理学家对意识还没有一个清晰的界定。有时意识表示心理状态，意味着清醒、警觉、注意集中等；有时意识表示心理内容，包括对环境信息的知觉、对往事的回忆、对情绪情感的体验等；有时意识表示一种行为水平，意味着受意愿支配的动作或活动，与自动化的动作相反。事实上，这些说法有一定的一致性，即对任何特定信息的意识，你一定是意识到的。

意识概念本身很复杂，但我们可从意识的 3 种不同的水平进行理解：

基本水平：对内部和外部信息的觉知。在这一水平上，个体可以觉察到某种"现象"或"事物"。例如，你觉察到了汽车的声音、鲜花的芳香、电视里的精彩节目等外界信息，你也可以觉察某些内部状态，如疲劳、焦虑、激情或饥饿等，你觉察到了这些外部事物或内部信息，说明你意识到了。同样，人还能觉察到时间的延续和空间关系等。

中间水平：对所觉知内容的反映。在这个水平上，意识依赖于从真实客体和当前事件的局限中解脱出来的符号知识，你可以思考和操纵不在眼前的客体，想象未来或回忆过去。

高级水平：对自己作为一个有意识、会思考的个体的觉知，即自我觉知。自我觉知赋予人历史责任感和认同感，使人体验到有序、可预测的世界，且使人具有预测未来的能力，可以选择目前最好的行动方案并计划将来。

意识是人类特有的心理现象，是自然界长期发展的产物，也是社会的产物，同时，意识本身具有的功能，对人类的发展又有重要的作用。意识主要通过 3 种方式帮助人类调节和控制自身行为，以便更好地适应环境。

首先，意识对人所觉察的和注意的范围进行限制从而减少刺激输入的流量。意识的这种功能限制了无关信息的输入，无关信息被滤掉或成为背景噪声，因此，人可以将心理活动集中在即刻目标信息上。

其次，意识具有储存功能。意识通过选择一些信息，忽略另一些信息，使个体将事件和经验按照个人的需要分成相关的和无关的，从而使人有选择的储存相关信息，以便进一步对这些信息进行加工。

意识的第三种功能就是让你基于过去的知识和对不同后果的想象来终止、考察、思维不同的行为方案。这种计划或执行控制的功能使人能够压抑那些与道德、伦理和实践要求冲突的强烈愿望。

二、无意识

无意识是相对于意识而言的，是个体不曾觉察的心理活动和过程。实验研究证明，意识与认识有关，无意识与情绪有关。无意识觉知到的刺激比有意识觉知到的刺激对情绪反应的影响更大一些。弗洛伊德发展了最初的有关无意识力量的理论，他认为无意识包括大量的观念、愿望、想法等，这些观念和愿望因为和社会道德存在冲突而被压抑，不能出现在意识中。如果把人的心理比作一座冰山的话，那么意识便是露出水面的冰山一角，它只占人的心理很小的一部分，大部分的心理活动或心理过程是无意识的。人类的无意识潜能远比弗洛伊德所讲的更为广阔和丰富，随着 20 世纪 90 年代以来自然科学日新月异地发展，特别是计算科学、认知科学、神经科学等带头学科的迅猛发展，对于无意识的研究，又有了新的、更为具体的深入认识和理解。

常见的无意识现象有以下两种：

（一）无意识行为

意识对人的行为有调节和控制的作用，但并不是所有的行为都受意识控制。在很多情况下，人的行为是不受意识控制的，特别是那些自动化了的行为，例如，边骑自行车边和别人交谈时，交谈是受意识控制的行为，而骑自行车的行为是不被意识到的；边看电视边打毛衣，打毛衣的动作往往是无意识的。在日常生活中，人有许多小动作、口头禅也都属于无意识行为，如挠头皮、扶眼镜等等。

（二）对刺激的无意识

人在生活中，有些没被人们觉察到的事件或事物，却对人们产生了或大或小的影响。例如，在麦凯（Mckay，1973年）的一项研究中，用耳机向被试的两耳呈现不同的材料，要求被试只听其中一耳的内容，而尽量避免听另一耳的内容。在要求被试听的材料里包含了一些歧义词，而且在所处的语境中不能确定其具体含义。例如：追随耳呈现句子"They threw stones toward the bank yesterday."，其中 bank 是个歧义词，可以指"银行"，也可以指"河岸"，而在另一耳呈现与 bank 有关联的单词，如 money 或 river，随后要求被试解释所听到的句子的含义。尽管被试不记得呈现在非追随耳的单词是什么，但是明显倾向于将歧义词解释为与该单词相联系的词义。

有一类对刺激的无意识是由于脑损伤引起的盲视造成的。韦斯克兰兹（Weiskrantz，1986年）曾报道过一个案例：一个大脑皮层17区受损的病人，其视野的绝大部分变成了一个大黑点。尽管他无法觉察到，也报告不出呈现在这个黑点的刺激，但可以对呈现于这个黑点内的不同刺激进行区分，并超过几率水平。这说明尽管该病人"看"不到刺激，但是可以对刺激进行一定程度的信息加工。

三、意识状态

从无意识到意识是一个逐渐变化的连续体，呈现为不同的状态。在生活的每一天中，多数人都会意识到自己的精力、心情和精神状态的起伏与变化，这些变化与个人身体功能的周期性变化密切相关。人体的基本生理活动、生理过程和心理状态的周期性自然变化，称为人体的生物节律，它是意识状态的生理机制。在正常情况下，生物节律以一天为一个周期。位于海马的视交叉上核，对人体的这种生理功能及心理状态的周期性变化起关键作用。它就像一个"超生物钟"，令其他的内部"生物钟"互相保持同步。当视交叉上核受损伤或它与眼睛的神经通路被破坏时，人体的生物节律会发生紊乱。

以下是几种常见的意识状态：

（一）睡眠与梦

1. 睡眠及其阶段

人的一生中大约有1/3的时间是在睡眠中度过的，睡眠是我们最熟悉的活动之一。我们知道，睡眠状态不同于清醒状态，睡眠时肌肉是在"对健康无碍的瘫痪"状态下，而脑中充满了各种活动。一个人从清醒状态进入睡眠状态时，大脑的生理电活动会发生复杂的变化。通过精确测量这些脑电的变化并绘制相应的脑电图，可以很好地了解和揭示睡眠的本质。人在清醒与睡眠状态时，脑电图的波形是不一致的。

脑电图可以反映出一个人觉醒状态和睡眠深度（见图3-1）。

EEG模式	特征
α波	α波在人们休息或昏昏欲睡时产生，比处于警觉状态或集中注意时慢，但比睡眠状态时快
第一阶段	轻度睡眠，大约持续10分钟
第二阶段　睡眠锭	其特征为间或出现"睡眠锭"，大约持续20分钟
第三阶段	肌肉还逐渐更为放松，脑电波更慢，大约持续40分钟
第四阶段　（δ波）	深度睡眠阶段，这时睡眠者很难被唤醒，出现更大、更慢的δ波
快速动眼睡眠阶段	脑电波与个体外于清醒并放松的状态时类似，绝大多数的梦发生在这一阶段。在第一个睡眠周期中大约持续10分钟，其后逐渐增加，可达1小时

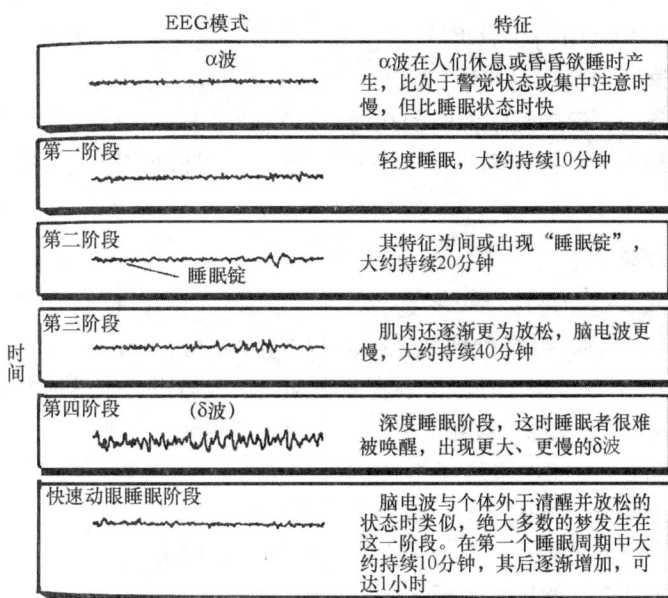

图 3-1　睡眠各个阶段的脑电波纪录

【资料来源】彭聃龄：《普通心理学》，北京师范大学出版社，2001 年版，第 175 页。

清醒状态下的脑电波是一种低幅快波，每秒钟 13 次以上，这种脑电波叫做 β 波。清醒时闭上眼，什么事也不想，这时的脑电波与睁眼时相比稍高稍慢，每秒 8～12 次，这种脑电波叫做 α 波。

脑电波中 α 波逐渐消失，出现一些不规则波型并混有一些振幅很小的波，这就是睡眠第 1 阶段的波型。我们平时犯困，所谓瞌睡期或朦胧期，指的就是这一阶段，其时间的长短因人而异。再进一步就进入了浅睡眠期，这是睡眠的第 2 阶段。这一阶段脑电图的最大特点就是慢波中时时会出现一种所谓纺锤形波，频率 12～14Hz，波幅由小到大，再由大到小。一夜中，人有一半时间处于这种浅睡眠状态（即第 2 阶段睡眠，占总睡眠的 50%）。睡眠再深一些，也就是进入了第 3 阶段睡眠，脑电图比第 2 阶段明显慢，平均频率 4～7Hz，振幅也较大，其中极慢频率（0.5～3Hz），也就是 δ 波（约占 25%～50%）。睡眠最深阶段是第 4 阶段，此时 δ 波占 50% 以上，偶有小波混杂其间。因为第 3 和第 4 阶段脑电波均很慢，所以合称慢波睡眠；因为睡眠均很深，所以又叫做深睡眠。几乎所有的人的睡眠都会经历这 4 个阶段。如果睡眠不遵循这一模式，通常预示着身体或心理功能的失调。

前 4 个阶段的睡眠大约要经过 1 个小时到 90 分钟，之后睡眠者通常会有翻身的动作，并很容易惊醒。接着就进入一个新的阶段，被称为快速动眼时期（REM）。睡眠中不表现 REM 的阶段称为非快速动眼时期（NREM）。快速动眼时期脑的生理电活动迅速改变，δ 波消失，高频率、低波幅的脑电波出现，与个体在清醒状态时的脑电活动很相似。睡眠者的眼球开始快速左右上下移动，而且通常伴随着栩栩如生的梦境。另外心律和血压变得不规则，呼吸变得急促，如同清醒状态或恐怖时的反应，而肌肉则依然松软。

第一次 REM 一般持续 10 分钟，再过大约 90 分钟，会有第二次 REM，持续时间通常长于第一次。而在这周期性的循环中，随着渐渐接近黎明，第四阶段与第三阶段的睡眠会逐渐消失。也就是说，深度睡眠的时间在前半夜要远多于后半夜。大多数的快速动眼睡眠发生在睡眠的后期，持续时间也越来越长。第一次快速动眼睡眠大约持续 10 分钟，而最后一次则长达 1 小时。

2. 睡眠的功能

睡眠的两个基本功能是保存和恢复。动物得以演化的一个重要原因就是睡眠可以使动物在不需要寻找食物、寻找配偶或工作时保存能量（Allison & Cicchetti 1976 年；Cartwright，1982 年；Webb，1974 年）。在睡眠期间，人体也许合成神经递质和神经调质以补充日间活动的消耗，从而使突触后受体的敏感性恢复到最佳水平（Porkka-Heiskanen et al.，1997 年；Rainnie et al.，1994 年）。也有研究表明，脑的能量供应在睡眠期间得到补充（Benington & Heller，1995 年）。

有人认为，可能是睡眠中的某一成分对个体的身心健康有重要作用。例如，有人认为，快速动眼睡眠对个体健康很重要，剥夺这类睡眠会产生有害影响。也有人（如 Webb 等，1971 年）认为，剥夺快速动眼睡眠只是使以后几天里这类睡眠增加。还有人认为快速动眼睡眠也能在心境和情绪的保持过程中起作用，也许需要它储存记忆并将最近的经验整合进先前的信念或记忆中（Cartwrigt，1978 年；Dement，1976 年）。在生理层面上，研究者已经提出，快速动眼睡眠对非快速动眼睡眠之后的脑平衡的恢复也许是必要的。

3. 梦

长期以来，对梦的解释一直是仁者见仁、智者见智，没有一个统一的说法。主要有以下几种观点：

（1）精神分析的观点

精神分析学家弗洛伊德和荣格等人认为，梦是潜意识过程的显现，是通向意识的最可靠的途径。或者说梦是被压抑的潜意识的冲动或愿望以改变的形式出现在意识中，这些冲动和愿望主要是人的性本能和攻击本能的反应。在清醒状态下，这些冲动和愿望因为不被社会伦理道德所接受而受到压抑和控制，所以无法出现在意识中。而在睡眠时，意识的警惕性有所放松，这些冲动和愿望就会在梦中以改头换面的形式表达出来。在弗洛伊德看来，通过分析病人的梦，可以得到一些重要的线索，以帮助发现病人的问题。这种看法颇有吸引力，但是还缺乏可靠的科学依据。

（2）生理学的观点

霍布森（Hobson，1988 年）认为，梦的本质是我们对脑的随机神经活动的主观体验。一定数量的刺激对维持脑与神经系统的正常功能是必要的。在睡眠时，由于刺激减少，神经系统会产生一些随机活动。梦则是我们的认知系统试图对这些随机活动进行解释并赋予一定的意义。

（3）认知观点

有人认为梦担负着一定的认知功能。在睡眠中，认知系统依然对储存的知识进行检索、排序、整合、巩固等，这些活动的一部分会进入意识，成为梦境。福克斯（Foulkes，

1985 年）认为，梦的功能是将个体的知觉和行为经验重新编码和整合，使之转化为符号的、可意识到的知识。这种整合可以将新、旧记忆联系起来。

认知观点为研究梦的功能提供了框架。相关研究表明，剥夺快速动眼睡眠会导致记忆力下降。这在某种程度上支持了梦具有认知功能的主张。

近些年来，随着对梦的研究技术的提高，例如，借助夜晚帽，可以记录个体在梦中的脑电和眼动情况，结合个体的主观报告，可以大大加深对梦的理解。

（二）催眠

早在 18 世纪，奥地利医生麦斯麦就曾用过"动物磁"治疗癔病病人，效果明显。他用的方法就是最早的催眠术。催眠是一种类似睡眠而非睡眠的意识恍惚的状态。被试进入催眠状态后好像是睡着了，但其实并不是睡眠，个体催眠时的脑电记录与清醒状态时是一样的。在催眠状态下，个体的思维、言语、动作等活动是在催眠师的指示或指引下进行的，失去了独立思考和行动的能力。

催眠开始于一组最初的活动，这被称为催眠感应，它能使外部注意力分散减弱到最小并鼓励参与者集中在暗示的刺激上，相信自己正在进入一种特殊的意识状态——催眠状态。感应活动包括想象特定的经验，或对事件和反应进行视觉化。重复的进行这种活动时，感应程序就像一种习得的信号，使参与者可以很快地进入催眠状态。最常用的感应程序是使用使人深度放松的暗示，但还有人可以通过一种活动的警觉的感应而进入催眠状态，如想象自己正在慢跑或骑自行车（Bznyai & Hilgard，1976 年）。

个体对标准化的暗示做出反应并体验催眠反应的程度，称为可催眠性。个体间可催眠性存在差异，有些人容易被催眠，而有些人则很难。人群中大约有10%～20%的人很容易接受催眠，约 10%的人根本不可能接受催眠。可催眠性是相当稳定的特质。成年人在 10 年期间进行多次测量，分数会基本保持一致（Morgan et al.，1974 年）。催眠反应的高峰是在青少年初期，随后减少，所以儿童较成人更容易被催眠。有些证据表明可催眠性受遗传素质的影响，因为同卵双生子的分数比异卵双生子的更相似（Morgan et al.，1970 年）。尽管可催眠性相对稳定，但是它与轻信和顺从这样的人格特质没有任何相关（Fromm & Shor，1979 年；Kirsh & Lynn，1995 年）。可催眠性反映了一种独特的认知能力，即全神贯注于一种体验的能力。

对催眠的解释存在两种主要的观点：

（1）社会认知或角色扮演的观点

这种观点认为，催眠反映了催眠师与被催眠者之间的一种特殊的关系。一般来说，被催眠者事先对催眠已有所了解，在催眠中就会扮演被催眠者的这个角色，顺从催眠师的指挥，作出特定的行为或产生特定的感受。但需要指出的是，被催眠者不是假装或故意欺骗别人，他们的确相信自己在经历另外一种意识状态。例如，当被催眠者被暗示自己的胳膊变成铁条时，他的胳膊就真的不能弯曲了；当被催眠者被暗示不能点头时，他就真的丧失了点头的能力。在进入催眠状态时，被催眠者将无条件顺从催眠师的指示。

（2）意识功能分离的观点

这种观点认为，人的意识有执行和监督两种功能：执行功能是人控制和规范自己的行为；监督功能是人观察自己的行为。在正常情况下，意识的这两种功能是连在一起的，但是催眠可以使两种功能之间的联系断开。在催眠中，个体进入一种特殊的意识状态，其执行功能正常，并接受催眠师的指令，而监督功能不起作用。最近还有人认为，催眠不一定使意识分离，它只是弱化了意识对行为的监控，因而使执行功能超过了意识的其他方面，执行功能能自动地执行催眠师的指示，没有以个体的正常认知系统作中介。

现在催眠已被广泛运用于心理治疗、医学、犯罪侦破和运动等方面。在心理治疗方面，催眠曾用于治疗酗酒、梦游症、自杀倾向、过量饮食、吸烟等。但是除非病人的动机很强，只用催眠一般不会立即获得明显的治疗效果，如能配合其他的心理治疗，催眠的效果会更好。

（三）白日梦

每个人都有精力不集中、走神的时候。例如，上课时，你根本就没有听到老师在讲什么，满脑子都是刚看过的武侠小说中的情节。又如，正在做数学作业时，突然走神了，想起了昨天发生的一件事，随之思绪万千、沉浸于想象之中。这种现象通常称为白日梦。研究表明，每个人都有过白日梦的经历。

对大多数人来说，白日梦的内容一般包括：成功或失败，攻击或敌意，性幻想或浪漫奇遇，内疚等。当然，白日梦的内容并不限于这些。

在很大程度上，白日梦是基于个体的记忆或想象的内容自发产生的。既然记忆主要依赖于我们过去的经历，所以经历过的事件对白日梦的内容有重要影响。研究表明，电视对儿童的白日梦有影响，儿童看电视节目越多，白日梦的频率就越高。

（四）特殊药物下的意识状态

从古代开始，人们就已经通过服用药物来改变他们对现实的知觉。美国和墨西哥西南部使用龙舌兰的种子改变意识状态，距今已有1万多年的历史。古代的阿兹特克人将龙舌兰豆发酵成啤酒。北美和南美人摄取一种被称为"神之肉"的蘑菇，小剂量的这种蘑菇就会使人产生逼真的幻觉。

目前，已发现很多能改变人意识状态的药物，这些药物被称为精神促动药物，可以通过暂时改变对现实的意识觉知来影响心理过程和行为。在脑中，药物中的化学物质依附在突触受体上，会阻断或刺激某些反应，进而极大的改变脑的通讯系统，影响知觉、记忆、情绪和行为。然而，持续地服用某种药物就会产生耐受性——获得同样的效果需要更大的剂量。与耐受性密切联系的是生理依赖——身体变得对药物适应与依赖的过程（见表 3-1）。耐受性和生理依赖的后果是成瘾。成瘾的人在中断药物后会忍受痛苦的戒断症状（颤抖、出汗、恶心，甚至死亡）。因此，长期使用药物作为改变意识状态的方法，有可能是十分危险的。

表 3-1　常见精神促动药物、医疗用途、药效期和依赖性

药　　物		医疗用途	药效期/小时	依 赖 性	
				心理的	生理的
鸦片类（麻醉剂）	吗啡	止痛	3～6	高	高
	海洛因	探索中	3～6	高	高
	可待因	止痛，止咳	3～6	中	中
致幻剂	LSD（麦角酰二乙基酸胺）	无	8～12	无	未知
	PCP（苯环己哌啶，即"天使粉"）	兽用麻醉	变化	未知	高
	仙人球毒碱	无	8～12	无	未知
	裸盖菇素	无	4～6	未知	未知
	大麻	化疗引起的恶心	2～4	低～中	未知
镇静剂	巴比妥酸盐（如速可眠）	镇静，安眠药片，麻醉，抗痉挛	1～16	中～高	中～高
	苯（并）二氮䓬（如安定）	抗焦虑，镇静，安眠药片，抗痉挛	4～8	低～中	低～中
	酒精	防腐，杀菌	1～5	中	中
兴奋剂	安非他明	痉挛，突发性睡眠症，体重控制	2～4	高	高
	可卡因	无	1～2	高	高
	尼古丁	戒烟用尼古丁胶	变化	低～高	中～高
	咖啡因	控制体重，急性呼吸衰竭时的刺激，止痛	4～5	未知	中

【资料来源】理查德·格里格　菲利普·津巴多著，王垒等译：《心理与生活》，人民邮电出版社，2003 年版，第 155 页。

第二节｜注 意 概 述

一、什么是注意

注意是指心理活动或意识对一定对象的指向与集中。当一个人工作或学习的时候，他的心理活动或意识总是指向和集中在某一对象上。例如，学生听课，他的心理活动或意识就指向、集中于教师的讲述；司机开车，他的心理活动或意识便指向、集中于路面变化及交通情况。某件事物对我们有着特殊的意义，我们的心理活动或意识就指向它，并集中心思去观察它、思考它，这就是注意。注意是我们非常熟悉的一种心理现象，"专心听讲"、"聚精会神思考"、"仔细观察"等都包含着注意现象。

注意有两个基本特征：指向性与集中性。

所谓指向性，是指人在每一瞬间其心理活动或意识有选择地朝向一定的对象，而离开其余的对象。在千变万化的世界中，有各种各样的信息作用于人，但人们不可能对所有的信息都作出反映，只能选择一定对象作出反映，这样才能保证知觉的精确性和完整性。在人头攒动的大街上，我们只能同时看清楚几个人的面孔，而不能看清所有人的面

孔；在回忆往事的时候，我们只能同时回忆起少数的往事，而不能回忆起所有的往事；在思考问题时，我们也只能同时思考少数几个问题。因此，注意的指向性是指心理活动或意识在哪个方向上进行活动。指向性不同，人们从外界接受的信息也不同。注意的指向性显示出人们的心理活动具有选择性。

所谓集中性，是指心理活动或意识停留在被选择的对象上的强度或紧张度，它使心理活动或意识离开一切无关的事物，并抑制多余的活动，这样就保证了注意的清晰、完整和深刻。注意越集中，当前的心理活动或意识的强度就越大，从而对所指向的对象的反映必然越清晰。很多科学家、思想家都具有高超的注意集中能力，苏格拉底就是一个典范，苏格拉底曾经在一次行军途中，全神贯注地思考起一个哲学问题，不知不觉地停了下来，当他清醒过来，才知道自己已经在那里站了几个小时，远远地掉队了。

心理活动或意识对一定对象的指向和集中，使少数对象被清晰和完整地反映出来，而其他对象的反映就比较模糊或没有反映。集中注意的对象就是注意的中心，其余对象有的处于"注意的边缘"，多数处于注意的范围之外。注意的对象既可以是外部世界的对象和现象，也可以是自己的行动、观念或内心状态。指向和集中是同一注意状态的两个方面，两者是不可分割的。如学生上课听讲，其心理活动不是指向教室里的一切事物，而是有选择地指向教师的讲解和板书，同时离开一切与听课无关的事物，并且对妨碍听课的活动加以抑制，这样才能对教师的讲解有清晰、完整的反映。

注意不是一个独立的心理过程，而是伴随着心理过程产生的一种心理现象。如果离开了心理过程，注意就失去了内容依托。注意表现在感觉、知觉、记忆、思维、想象等心理过程当中，成为这些过程的一种共同特征而与这些过程分不开。无论在什么情况下，注意都不能离开心理过程而单独起作用。平时我们常说"注意黑板"，"注意老师的讲解"，"注意问题的关键"，"注意别人的发言"，似乎注意可以离开心理过程而独立存在，但仔细分析一下，我们不难发现，实际上我们说的是"注意看黑板"，"注意听老师的讲解"，"注意思考问题的关键"，"注意听别人的发言"，只是在口语中把"看"、"听"、"思考"省略了。我们平时所说的"没有注意"，并不是说人在清醒状态下什么也不注意，而是说人的心理活动没有指向并集中于当前应该注意的对象，而指向并集中于当前不应该注意的对象上去了。总之，注意是伴随着认识、情感和意志等心理过程发生的，是这些心理过程的共同特征，任何心理过程离开了注意也将无法进行。

注意是和意识紧密相连的，人的注意所指向的内容，一般处于意识活动的中心，因此，对于注意指向的内容人的意识比较清晰。然而注意又不等同于意识。一般来说，注意是一种心理活动或"心理动作"，而意识主要是一种心理内容或体验。注意的指向性决定了什么成为意识的内容，从这个意义上说，注意比意识更为主动和易于控制（Baars，1997 年）。但在人们将注意集中于特定事物或活动时，通常也包含无意识的过程。人们可以有意识地选择所要注意的活动或对象，但在很多情况下，这种选择并不是有意识的，而是由刺激和事件本身引起的，是一个无意识过程。

二、注意的生理机制和外部表现

（一）注意的生理机制

注意和其他心理现象一样，是由神经系统不同层次、不同脑区的协作活动来完成的。从 19 世纪中叶以来，生理学家和心理学家进行了多方面研究，试图揭示注意活动的复杂的神经机制。

从其发生来说，注意是有机体的一种朝向反射。每当新异刺激出现时，人便产生一种相应的运动，将感受器朝向新异刺激的方向，以便更好地感知这一刺激，巴甫洛夫把这种特殊的反射称为"朝向反射"。朝向反射是由周围环境的变化引起的，客观事物的出现、增强、减弱、消失及性质上的变化，都会引起朝向反射，但若刺激持续作用或多次重复，朝向反射则会消失。因此，可以说朝向反射是对新异性事物的反应。朝向反射发生时，除了感受器官朝向刺激物，身体还会出现其他的一系列变化（见表 3-2），这些变化有助于提高有机体感受器的感受性，并能动员全身体的能量资源以应付个体所面临的活动任务。

表 3-2　在朝向反射时身体出现的变化

局部运动反应	朝向刺激物，正在进行的活动受到抑制
一般运动反应	肌肉活动和肌肉弹性上升
脑电（EEG）	皮层失同步的觉醒模式
血管变化	四肢血管收缩，头部血管舒张
心率	通常变缓慢
皮肤电活动	出现皮肤电活动
呼吸	呼吸短暂停止，然后出现短暂的深呼吸
瞳孔	瞳孔扩散

人在注意某些对象时，大脑皮层相应区域就产生一个优势兴奋中心，它是大脑皮层对当前刺激进行分析和综合的核心，这里具有适度的兴奋性，旧的暂时神经联系容易恢复，新的暂时神经联系容易形成和分化，因而能充分揭露出注意对象的意义和作用，对客观事物产生清晰而完善的反映。

当大脑皮层一定区域产生一个优势兴奋中心时，由于负诱导大脑皮层的其他区域或多或少地处于相对抑制状态，使落在这些相对抑制区域的刺激，不能引起应有的兴奋。负诱导愈强，注意就愈集中，因此，当人的注意集中于某一事物时，对于其他事物就会"视而不见"或"听而不闻"。优势兴奋中心会随着一定的主客观条件而转移，优势兴奋中心的转移，就引起注意方向的转移。

注意必须在有机体觉醒的状态下才能进行，脑干上部组织和中脑网状结构在觉醒状态中起着重要的作用。实验表明，在中脑部位切断脑干或破坏脑干网状结构而保留感觉上行特异传导通路，动物就陷入沉睡状态。临床上，脑干上部损伤的患者出现睡眠或梦样状态，选择性注意产生严重障碍。因此，脑干网状结构的上行激活系统被认为是保证觉醒和注意的最泛化状态的脑结构。

大脑的觉醒状态是选择性注意的必要条件。但觉醒并不等于注意，只用网状结构的激活作用不能充分解释注意的选择性。选择性注意必须有更高位的脑组织——边缘系统和大脑额叶的参与。

边缘系统是由边缘叶、附近皮层和有关的皮层下组织构成的一个统一的功能系统，它既是调节皮层紧张性的结构，又是对新旧刺激物进行选择的重要结构。边缘叶中的海马和尾状核是有机体实现选择性注意的重要器官，即像"过滤器"那样，抑制无关的习惯化的刺激的信号进入大脑，而对新的有意义的刺激作出反应。这些组织的失调，将引起整个行为选择的破坏。临床观察表明，这些部位的轻度损伤，将使患者出现高度分心的现象；这些部位严重损伤，将造成精神错乱和虚构现象，意识的组织性与选择性也会因此而消失。

大脑皮层的额叶在调节有意注意方面起着重要作用。人在注意高度集中时，额叶的生物电会发生明显的变化。鲁利亚等人的研究表明，大脑额叶严重损伤的病人不能将注意集中在所接受的言语指令上，也不能抑制对任何附加刺激物的反应。麦科沃思等人的研究表明，额叶能抑制大脑不需要区域的活动，因此人能将注意集中在重要的事物上。

人由于有了第二信号系统，所以能按照自己的或别人的提醒，坚持注意或转移注意的方向，使注意带有意识的特点。

总之，注意既与大脑皮层的活动有关，也与皮层下结构的活动有关，但它们所起的作用是不同的。注意是中枢神经系统多种水平的整合活动。

（二）注意的外部表现

人在集中注意于某个对象时，常常伴有特定的生理变化和外部表现。注意时最显著的外部表现，有下列几种：

1. 适应性运动

人在注意听一个声音时，耳朵转向声音的方向，所谓"侧耳倾听"；人在注意看一个物体时，视线集中在该物体上，所谓"目不转睛"；当沉浸于思考或想象时，眼睛常常是"呆视着"，好像看着远方一样，周围的对象就被感知得模糊起来而不分散注意了。

2. 无关运动的停止

当注意力集中时，一个人会自动地停止与注意无关的动作。最典型的例子是当学生注意于教师的讲课时，他们会停止做小动作或交头接耳，表现为异常的安静。

3. 呼吸运动的变化

人在注意时，呼吸变得轻微而缓慢，呼与吸的时间比例也改变。一般是呼长吸短；在注意高度集中时，甚至会出现呼吸暂时停止的情况，即所谓"屏息"现象。

静止是紧张注意的特征，当演员能够抓住观众的注意的时候，观众就会停止身体的运动，剧院里出现一片寂静。在紧张注意时，还会出现心跳动加速、牙关紧闭、握紧拳头等现象。

可以根据一个人的外部表现来推断他的注意情况，但注意的外部表现，有时和注意的真实情况不一致，如貌似注意一件事而实际上心理活动却指向和集中于另一件事上。上课时有的学生貌似注意听讲，实际上已陷入想入非非或处于分心的状态。

三、注意的功能和作用

（一）注意的功能

注意是心理活动的一种积极状态，对人类具有十分重要的意义。注意具有 3 种主要功能：

1. 选择功能

注意使人们在每一瞬间选择有意义的、符合需要的、与当前活动任务相一致的各种刺激，同时避开或抑制其他无意义的、附加的、干扰当前活动的各种刺激。即注意将有关信息区分出来，使心理活动具有一定的指向性。许多心理学家把注意看作认识选择性的高度表现。

2. 保持功能

注意使人们的心理活动较长时间保持在选择的对象上，维持一种比较紧张的状态，从而使活动顺利进行。

3. 对活动的调节和监督功用

注意使人的心理活动沿着一定的方向和目标进行，并且还能提高人们的意识觉醒水平，使心理活动根据当前的需要做出适当的分配和及时的转移，以适应千变万化的环境。

（二）注意的作用

在人们的生活、学习和工作中，注意起着非常重要的作用。俄国教育家乌申斯基特别强调注意在教学中的作用，他说："注意正是那一扇从外部世界进入到人的心灵之中的东西所要通过的大门。"如果没有注意这扇大门，知识的阳光就照射不进来。许多专家和有经验的老师都认为：在同一个年龄段，同一个班级里常常会有学习成绩差别很大的两个极端，除了学习动机、学习态度以及学习方法等因素外，一个很重要的因素就在于这两部分同学的注意力有很大的差距。一项研究表明，用两种不同态度学习12 个无意义音节，一种态度是注意地学习，另一种态度是随便看看，学习效果大不一样（见表 3-3）。

表 3-3 两种学习态度效果的对比

学 习 态 度	学习 12 个无意义音节的次数	
	甲	乙
注意学习，希望从速学习	9	12
随便看看，并不注意学习	89	100

人类的许多生产实践活动，都需要注意集中才能完成，如操作机床、驾驶、安全检

测等等。在这些活动中注意力分散，就不能很好地完成任务，甚至发生危险。由弗吉尼亚州科技运输协会和美国全国高速公路安全局共同完成的一项为期 1 年的调查研究表明：在已经发生的交通事故中，开车人注意力不集中是最重要的原因。研究报告说，在已经发生的车祸中，属注意力不集中引起的占 80%，而在差一点发生车祸的交通事件中，有 65% 都是由于开车人的注意力不集中造成的。

四、注意的理论

20 世纪 60 年代以来研究者发明了各具特色的注意实验研究技术，在实验的基础上，提出了心理学中的三大注意理论：过滤器理论、资源限制理论和特征整合理论。这些理论试图解释注意的选择作用的实质，以及注意如何协同不同的认知任务或认知活动。

（一）过滤器理论

注意的过滤器理论是有关注意机制最易于理解的理论解释，该理论最早是由布罗德本特（Broadbent，1958 年）提出来的，后来的研究者们又对这个理论进行了补充和发展。该理论认为，既然注意在行为上的特点就是人们能选择一部分信息进行加工，而忽略其他信息，因此，不妨将注意理解为人类信息加工系统中的一个瓶颈或阀门，来自外界的大量信息中只有少量能通过这个瓶颈，注意就像过滤器一样只允许一部分信息通过瓶颈。注意过滤器对信息进行选择的位置究竟是在感觉阶段、分析阶段，还是反应阶段，根据对这个问题的不同回答，又将过滤器理论细分为：早期选择模型、中期选择模型（衰减模型）和晚期选择模型。

1. 早期选择模型

1958 年英国著名心理学家布罗德本特，设计了最早的双耳分听实验对注意进行了研究，并据此提出了早期选择模型。该模型认为，注意瓶颈位于信息加工的早期阶段，以避免中枢系统超载。在这个瓶颈中作为过滤器的注意对进入的信息加以调节，选择一些信息进入高级分析阶段，其余信息则可能暂存于记忆中，然后迅速衰退。通过过滤器并进入高级分析水平的信息再接受进一步的加工，从而被识别和存贮。这种过滤器是按"全或无"方式进行工作的，即接通一个通道的同时关闭其他所有通道。韦尔福德（Welford，1959 年）因此称其为单通道模型。在这个模型中，过滤器的选择作用不是随机的，只有新异的、较强的和具有生物意义的刺激才易于通过，并最终受到注意。后来布罗德本特又强调期待的作用，凡被人所期待的信息容易受到注意。另外，他还进一步指出，该过滤器位于语义分析（知觉）之前。故而布罗德本特的过滤器模型被称为早期选择模型。

2. 中期选择模型（衰减模型）

特雷斯曼（Treisman，1964 年）对双耳分听技术进行改进，设计了追随耳实验，并提出了注意的衰减模型。所谓追随耳实验，就是要求被试在双耳分听过程中始终复述某一个耳朵听到的信息，并且忽略所有来自另一耳朵的信息。这两个耳朵被分别称为"追随耳"和"非追随耳"。按照早期选择模型，非追随耳信息应当完全被忽略，不可能得到高级的语义加工。但是追随耳实验的结果却显示：非追随耳的信息也可以得到高级分析。由此特雷斯曼认为，过滤器并非以"全或无"的原则工作，而是按衰减方式进行；不是只允许一个通道（追随耳）的信息通过，而是既允许追随耳的信息通过，也允许非追随耳的信息通过，只是非追随耳的信号受到衰减，强度减弱了。但若这些减弱的非追随耳信号具有特别的意义（比如自己的名字），具有较低的阈值，那么仍可得到高级加工而被最终识别。她还提出，影响记忆中各个项目阈限的因素不仅包括上下文、指示语等刺激特点方面的情境因素，还包括个性倾向、项目意义以及熟悉程度等高级分析水平的状态因素。可见，特雷斯曼与布罗德本特不同，她重视了中枢系统的二次选择功能。

特雷斯曼的模型强调：信息是大量输入的，这与早期选择模型一致；加工过程是"衰减"式的；过滤器的位置有两个，一为语义分析之前的外周过滤器，一为语义分析之后的中枢过滤器。可见，特雷斯曼强调了中枢过滤器的作用，因而又被称为中期选择模型。

3. 晚期选择模型

晚期选择模型是由多伊奇（Deutsch，1963 年）等人首先提出的，后由诺曼（Norman，1968 年）加以完善。多伊奇等人认为，多个输入通道的信息均可进入高级分析水平，得到全部的知觉加工。信息加工瓶颈位于知觉和工作记忆之间。因此，注意不在于选择知觉刺激，而在于选择对刺激的反应。中枢的分析结构可以识别一切输入，但输出是按其重要性来安排的，只对重要的刺激反应，对不重要的刺激则不反应。此外，这种重要性的安排有赖于长期的倾向、上下文和指示语等，并且其衡量标准还随新刺激的不断输入而变动。后来，诺曼又进一步对此模型进行了修订。他认为，一些东西之所以未被注意、未被说出，是因为个体一味地注意和反应其他东西，而使它们在识别之外未得到继续加工（如从记忆中提取等）的缘故。晚期选择模型由于强调反应的选择，因而又被称为反应选择模型。

注意的选择到底是发生在早期还是晚期是有争论的，而中期选择模型则是一个折中的理论。但是要在两种理论中说出哪一个正确，是很困难的，因为很可能两者都不完全正确。例如，在默瑞的实验中，要求被试跟随一只耳朵中呈现的信息而忽略另一只耳朵中的信息。结果被试往往不能记住非追随耳中呈现的信息，但是却可以觉察并记住自己的名字。晚期选择理论认为这一结果表明注意是在知觉完成之后起作用的，因为非注意信息的语义内容可以影响它是否被记住。但是，早期选择理论的支持者却认为：人们对熟悉的刺激（如自己的名字）有更低的感觉阈限，结果，对非注意刺激的部分感觉的衰减导致对大多数感觉输入的操作很差但不会导致对自己名字的操作变差。可见，对选择位点的研究是有困难的，要真正了解注意阀门在信息加工中的位置，还有赖于实验方法的不断改进。

（二）资源限制理论

资源限制理论最初是由卡纳曼提出的。他把注意看作心理资源，认为人的心理资源总量是有限的，注意的有限性不是过滤器作用的结果，而是受到了从事操作的有限心理资源的限制。注意的功能就是资源分配（因此该理论也称为资源分配理论）。如果一个任务没有用尽所有的资源，那么注意可以同时指向另外的任务。

后来，诺曼和博布罗又通过对资源限制的区分进一步精确化了心理资源的概念，提出了"材料限制"和"资源限制"。所谓材料限制是指其作业受到任务的低劣质量或不适宜的记忆信息的限制，即使分配到较多的资源也不能改善其作业水平。例如，在强噪声背景下觉察某一特定声音，如果该声音特别弱，那么即使分配较多的资源，也是难以觉察的。而资源限制是指其作业受到所分配资源的限制，一旦得到较多的资源，这种过程便能顺利进行。两个同时进行的作业，若对资源的总需求量超过中枢能量，就会发生干扰。这时两个作业水平由互补原则决定，即一个作业应用的资源增加多少就会使另一个作业可得到的资源减少多少。

虽然资源分配理论适用性很强，但批评者仍指出有限资源的性质通常是不明确的，这一理论仅仅说明了不同任务组之间共享同一个资源到何种程度，而没有探明资源的机制。更重要的是，资源分配理论是不能被证伪的，而可证伪性一向被科学实验研究者奉为科学理论的必备性质之一。按照资源分配理论，如果两个任务无法在任务作业水平不下降的情况下被同时执行，那么它们需要同一个资源；如果没有观察到任务作业水平下降，那么它们不需要同一个有限资源。这样一来，似乎所有注意机制都是资源分配机制，没有哪种数据不能用这种理论来解释。

（三）特征整合理论

特征整合理论是由特雷斯曼提出的。在解释该理论之前，必须先理解客体和特征这两个概念。特征是某个维量的一个特定值，而客体则是一些特征的结合。例如，图形和颜色是维量，正方形和蓝色则分别是这两个维量的值，而蓝色正方形是蓝色和正方形这两个特征组成的客体。那么隶属于同一客体的各个特征是如何结合在一起，使人们正确认识客体的呢？这就是所谓的捆绑问题。例如，当呈现一根红色竖直棒和绿色水平棒时，可以知觉到颜色维量上的红色和绿色这两个特征以及空间朝向维量上的竖直和水平这两个特征，它们可以组合成红色竖直棒和绿色水平棒，也可以组合成红色水平棒和绿色竖直棒，那么人是如何作出正确组合（捆绑）的呢？特征整合理论正是对捆绑问题给出了答案——注意的作用是特征正确组合的关键。

特征整合理论认为：在空间知觉中，是由注意把客体的特征捆绑在一起的。特征整合理论的核心是将客体知觉过程分为两个阶段：一个是前注意阶段；一个是特征整合阶段。在前注意阶段，知觉对特征进行自动的平行加工，无需注意；而在整合阶段，通过集中注意将各个特征整合为客体，其加工方式是系列的，即对特征和客体的加工是在知觉的不同阶段实现的。

围绕着特征整合理论，特雷斯曼做了大量的实验研究。例如，他的一个视觉搜索实验。实验时，向被试视觉呈现 1~30 个不同颜色的字母，要求他们从中搜寻某一特定靶子（客体或特征），同时记录被试的反应时。结果发现，客体靶子受项目数量的影响很大，项目数越多反应时越长；而特征靶子则几乎不受项目数量的影响。这个结果证明了特征整合理论，因为特征的加工是平行的，而客体的加工则是系列的，所以前者反应时的变化不及后者大。

第三节 注意的种类和规律

根据产生和保持注意有无目的和意志努力的程度不同，可以把注意分为无意注意（不随意注意）、有意注意（随意注意）和有意后注意（随意后注意）3 种。在日常生活和实践活动中，特别是在教师的教学工作中，了解注意的种类及规律，具有重要的意义。

一、无意注意

无意注意，又称不随意注意，是指事先没有预定的目的，也不需要意志努力的注意。例如，教室中学生正聚精会神地听课，忽然一个人推门进来，这时学生们都不由自主地把视线朝向他，引起了对他的注意，这就是无意注意。无意注意的产生和保持，不是依靠意志努力，而是取决于刺激物本身的性质，是人们自然而然地对那些强烈的、新颖的和感兴趣的事物所表现出来的心理活动的指向和集中。

在心理学的文献中有时把无意注意称为消极注意，有时把无意注意称为情绪注意。把无意注意称为消极注意，是因为无意注意发生时缺乏个人的意志努力和积极性。把无意注意称为情绪注意，是突出无意注意同情绪、兴趣、需要之间的关系。

在实际生活中，引起无意注意的原因常常是综合在一起、彼此紧密联系的，为了叙述的方便，下面分开来阐述。引起无意注意的原因可以分为两个方面：一是刺激物的特点；二是人本身的状态。

（一）刺激物的特点

1. 刺激物的强度

刺激物的强度是引起无意注意的重要原因。强烈的刺激物如巨大的声响、强烈的光线、浓郁的气味、鲜艳的颜色等，都容易引起人的无意注意。无意注意的产生基本上服从于刺激的强度法则，有人用强度不同的声音作用于被试，并记录由定向反射引起的血管容积的变化。结果发现，用 60 分贝的声音比用 50 分贝的声音能引起更大的血管反应。但也有例外，有时候刺激物的物理强度虽然很弱，也可以引起人的无意注意，这是因为刺激物对人有特殊意义或具有新颖性。除了刺激物的绝对强度外，刺激物的相对强度（即刺激物强度与周围物体强度的对比）在引起无意注意上有重要意义。例如，在夜深人静时，室内时钟的滴答声、冰箱马达的嗡嗡声、轻微的耳语声，都能引起人们的注意，而在噪声较大的白天，这些声音就不易引起人们的注意。

2. 刺激物之间的对比关系

刺激物在强度、形状、大小、颜色、持续时间等方面与其他刺激物存在显著差别，构成鲜明对比时，会引起人们的无意注意。例如，绿草中的红花很容易引起人们的注意，但绿草中的青蛙就不容易引起人们的注意。教师讲课时声音突然提高或降低，可以起到集中学生注意的作用。我国心理学工作者应用这一原理，在工人挑选电子零件的流水线上把无色的零件放置在黑色的背景上，这样不仅提高了劳动效率，还降低了废品率。

3. 刺激物的活动和变化

活动的、变化的刺激物比不活动、无变化的刺激物更容易引起人们的注意。例如，活动的玩具很容易引起儿童的注意；天空划过的流星、闪烁的霓虹灯，都很容易引起人们的注意；教师在讲课时，声调抑扬顿挫，并配以必要的手势，也有助于引起学生的无意注意。

4. 刺激物的新异性

新异的东西很容易成为注意的对象，而千篇一律的、刻板的、多次重复的东西，就很难吸引人们的注意。因此教师讲授新内容时，或利用新的教学方法时，可以更好地吸引学生的注意力。

所谓刺激物的新异性是指刺激物的异乎寻常的特性。新异性可分为绝对新异性（人们从未经验过的事物及其特征）和相对新异性（各种已熟知的刺激物的异常变化或各种特性的异常结合）。研究表明，注意更多的是由刺激物的相对新异性引起的。

（二）人本身的状态

无意注意不仅由外界刺激物被动地引起，而且也由人本身的状态决定。同样一些事物，可能引起一些人的注意而不引起另一些人的注意。研究表明：个性倾向性在人的无意注意中起着重要的作用，它决定了一个人无意注意的方向。

引起无意注意的主观原因主要表现为：

1. 人对事物的需要、兴趣和态度

凡是能满足人的需要和引起人的兴趣的事物，都容易成为无意注意的对象。例如，书架上不同的书籍引起不同人的注意，这就是由于人本身的兴趣不同造成的。

直接兴趣是引起无意注意的主要原因。直接兴趣通常又分两种：

1）专业的兴趣：热爱自己工作的人，他对有关工作的一切事物都觉得有兴趣，都能引起无意注意。例如，建筑师由于职业的需要，在外出旅游时，各式各样的建筑物都会自然而然地引起他们的注意。

2）一般的兴趣：凡是与一个人已有知识有联系的事物以及能增进一个人新知识的事物，都容易引起人们的兴趣和注意。人的需要和兴趣，影响着人对事物的态度。对事物抱有漠不关心的态度，不容易引起无意注意；对事物抱有积极的、富有感情的态度，则容易引起无意注意。

2. 人当时的情绪和精神状态

人的情绪状态，在很大程度上影响着无意注意。如果一个人心境开朗，心情愉快，平时不大容易引起注意的事物，这时也很容易引起他的注意。如果一个人心境抑郁，平常容易引起注意的事物，这时也不易引起他的注意。此外，一个人对某人或某物有着特殊的感情，则与之有关的人和事，都容易引起他的注意。

人的精神状态也对无意注意有重大影响。人在过度疲劳情况下，常常不能觉察到那

些在精神饱满时很容易引起注意的事物；人在精神饱满时，最容易对新鲜事物发生注意，同时注意也容易集中和持久。

二、有意注意

有意注意，又称随意注意，是指有预定目的、需要一定意志努力的注意。在心理学文献中也把有意注意称为积极注意或意志注意，因为有意注意需要个人的积极性和意志努力。

有意注意是一种主动地服从于一定活动任务的注意，它受人的意识的自觉调节和支配。有意注意的对象不易吸引人的注意，但又是应该去注意的事物。因此，要集中注意在这种事物上就必须有一定的意志努力。例如，学生写作业时，有些课程并不是自己感兴趣的，有时环境中还会出现干扰，如电视正播放自己喜欢的节目，这时仍能有意识地去克服干扰，把注意力集中在写作业上。这就是有意注意。

有意注意是在人类社会实践过程中发展起来的。劳动是一种复杂持久的工作，其中总有一些人们不感兴趣而又非做不可的作业，也必然有困难和单调的因素，这就要求人们有意识地把注意集中并保持在作业上。在这种实践活动中人们发展了有意注意的能力。马克思说："除了从事劳动的那些器官紧张之外，在整个劳动时间内还需要有作为注意力表现出来的有目的的意志，而且，劳动的内容及其方式和方法越不能吸引劳动者……就越需要这种意志。"

有意注意是人类所特有的一种心理现象，它是在词成为心理活动的组成因素的时候产生的，人能够通过词来按照一定的任务确定自己的活动，注意于一定的对象，这时人的心理活动的指向和集中，即使在当前没有具体事物存在的情况下，也能借助于语词的刺激而实现。

引起和保持有意注意的主要条件如下：

1. 加深对目的任务的理解

有意注意是有预定目的的注意，所以人们对于活动的目的和任务的重要意义理解得越清楚、越深刻，完成任务的愿望越强烈，与完成任务有关的事物就越能引起和保持人的有意注意。

2. 培养间接兴趣

间接兴趣对于保持有意注意具有很大作用。间接兴趣是指对活动目的、活动结果的兴趣。尽管活动本身和活动的过程不能直接吸引人，但活动的结果对人有重要意义或能引起人的兴趣。间接兴趣越稳定，就越能对活动的对象产生有意注意。例如，开始学习外语时，对记单词、学语法感到单调和枯燥，但认识到掌握外语的重要意义后，就能克服困难，专心致志地学习。

3. 合理地组织活动

在明确目的、任务的前提下，合理地组织活动也有助于集中有意注意。

1）根据任务的需要，提出一定的自我要求，常常会加强有意注意。特别是在要求加强注意的紧要关头，向自己提出"必须注意"的要求尤其重要，这种及时提醒，可以起到集中注意的作用。

2）提出问题有利于加强有意注意。为了回答问题，人们就必须注意有关事物。在教学中向学生提问，不仅可以检查学生的学习效果，发展思维，而且对保持有意注意也有重要意义。教师向全班学生提问，然后点名让学生回答，并且要求一个学生回答后其他学生进行补充，这样就会引起全班同学自始至终的注意。

3）智力活动与实际操作活动相结合，有利于引起与保持有意注意。在教学过程中让学生多活动，比让学生被动地听课更容易集中注意。课堂上要求学生做笔记或做实验等，都比教师自始至终地讲解更有助于引起和保持学生的有意注意。

4. 用坚强的意志与干扰作斗争

有意注意不仅在没有干扰的情况下是可能的，有时在有干扰情况下也是可能的。干扰可能是外界的刺激物，也可能是机体的某些状态（如疾病、疲倦和一些无关的思想或情绪等）。为了保持注意除了要采取一定的措施排除干扰，还要以坚强的意志与干扰作斗争，这样既能锻炼意志又能培养有意注意。

避免干扰有助于集中有意注意、提高工作和学习效率。但是某些微弱的附加刺激不仅不会干扰人们的有意注意，而且会加强有意注意。如学习时听听轻音乐、室内钟表的滴答声等有时会加强有意注意。实验表明：人处于绝对的安静环境中不但不能有效地工作，而且会逐渐地进入睡眠状态。俄国生理学家谢切诺夫（Н. М. Сеченов）说：绝对的"死气沉沉的"寂静并不能提高反而能降低智力工作的效果。

三、有意后注意

有意后注意，又称随意后注意，是指事前有预定的目的、但不需要意志努力的注意。有意后注意是由前苏联心理学家多勃雷宁（Н. Ф. Добрынин）提出的，多勃雷宁认为除了无意注意和有意注意这两种基本的注意形态外，还有极其重要的第三种注意形态——有意后注意。有意后注意不同于无意注意，因为这种注意仍然有自觉的目的；有意后注意也不同于有意注意，因为这种注意不需要用意志努力来维持。

有意后注意是心理活动或意识对个人认为有意义、有价值的对象的指向和集中，它是在有意注意的基础上发展起来的。例如，我们开始从事一种生疏的、不感兴趣的工作时，往往需要通过一定的意志努力才能把自己的注意保持在这项工作上。但是，经过一段时间工作之后，对这项工作熟悉了，对工作本身也发生了兴趣，就可以不需要意志努力而继续保持注意，这时，有意注意就转化为有意后注意。熟练地阅读课文，熟练地骑自行车等活动中的注意都是有意后注意。

研究表明：有意后注意是一种高级类型的注意，它具有高度的稳定性，是人类从事创造性活动的必要条件。一切有成就的科学家和艺术家都会高度专注于自己的事业，废寝忘食地为科学或艺术作出创造性的贡献。

在实践活动中，无意注意、有意注意和有意后注意紧密联系、协同作用。有意注意可以转化为有意后注意，而无意注意在一定条件下可以转化为有意注意。例如，一个人偶然被某种活动吸引而去从事这种活动,后来通过活动认识到它的重大意义,就自觉地、有目的地去从事这种活动,并在困难时仍能保持对活动的注意,这时无意注意就转化为有意注意。

第四节 注意的特征

一、注意的广度

注意的广度也叫注意的范围,是指在同一时间内能清楚地把握对象的数量。注意广度很早就受到了心理学家的重视,是心理学中最早进行实验研究的问题之一。1830 年哈密顿(W. Hamilton)最先做了示范实验,他在地上撒一把石子,让被试在一瞬间辨认。结果发现被试不容易立即看清 6 个以上的石子,或者最多不过看到 7 个石子。但如果把石子 2 个、3 个或 5 个一堆,被试能够同时把握石子的堆数和单个石子的数目几乎一样多,因为人们会把一堆看为一个单位。1871 年耶文斯(W. S. Jevons)进行了类似的实验。抓一把黑豆撒到一个放在黑色背景上的白盘子中,只有一部分豆粒落在盘子上,其余豆粒滚到黑色背景上,等盘子中的豆粒刚一稳定下来,便立刻报告所看到的盘子上豆粒的数量。耶文斯这样重复了一千多次实验,结果发现:在盘子上有 5 个豆粒的时候,开始发生估计上的误差;在不超过 8~9 个豆粒的时候,错误估计的次数在 50% 以下;但豆粒数超过 8~9 个的时候,错误估计的次数便超过 50%。

后来用速示器做实验,在不超过 1/10 秒的时间内,在速示器上呈现一些印有数字、图形或字母的卡片,由于呈现时间很短,眼睛来不及移动,被试对刺激物的知觉几乎是同时进行的。在此时间内,受试者所能知觉的数量就表示了他的注意广度。实验结果表明,在 1/10 秒的时间内,成人一般能够注意到 8~9 个黑色圆点或 4~6 个彼此没有联系的外文字母,3~4 个几何图形。我国心理学工作者的汉字实验表明,对没有内在联系的单字只能看清 3~4 个,对有内容联系的词或句子一般可以看到 5~6 个字。

人的注意广度并不是固定不变的,影响注意广度的因素主要有 3 个方面:

1. 知觉对象的特点

当知觉任务相同时,知觉对象的特点不同,注意的广度会有所变化。知觉的对象越集中,排列得越有规律,越能成为相互联系的整体,注意的范围就越大。例如,对颜色相同的字母要比颜色不同的字母的注意范围要大些;对排列成一行的字母要比分散在各个角落上的字母的注意数目要多些;对大小相同的字母感知的数量,要比对大小不同的字母感知的数量要大得多;对组成词的字母所注意的范围,要比对孤立的字母所注意的范围大得多。

2. 个人知觉活动的任务与性质

对同样的知觉对象,由于个人知觉活动的任务和知识经验的不同,注意的范围也会有一定的变化。如果知觉活动的任务多，注意范围就小；知觉活动的任务少，注意范围就大。例如，在速示器上呈现一定数量的外文字母，要求被试不仅辨认出字母的数量，同时还要指出字母的书写错误，这时被试所能知觉到的字母数量比他在只辨认字母数量时要少得多。

3. 个体的知识经验

一般来说，知识经验丰富，注意范围就大，知识经验贫乏，注意范围就小。注意的广度随一个人的年龄增长而增长。例如，刚学习阅读的学生的阅读速度很慢，注意的范围也较小，但随着知识经验的积累，注意范围逐渐增大，阅读速度也就随着加快了。

注意的广度除了有同时广度外，还有继时广度，即一个人把握在时间上连续出现的刺激物的数量。这是注意广度的另一种形式。在现代化生产中，要求人们把握高速连续呈现的刺激物，这就涉及到注意在时间上的广度问题。塔伯曼（R. E. Taubman，1950年）等人研究了连续闪光刺激和连续声音刺激的注意广度，呈现1～10个短促的闪光或声音，每次呈现的刺激数量不等，呈现频率也不相同，然后要求被试说出看到或听到的数目。实验表明：在一般情况下，刺激数量越多，呈现速度越快，判断的错误越多，而且越趋向于低估，这种倾向对于视觉刺激来说更为明显（见表3-4）。

表 3-4 对连续刺激物的注意广度

闪　　光		声　　音	
每秒钟闪光次数	注意广度	每秒钟发声次数	注意广度
2	大于10	8 或 10	大约10
3	大约6	12	大约7
4	大约4	14	大约5
5	大约4	16	大约4
7	大约3		

注意在时间上的广度也受知觉对象的特点和主体状态的影响。

扩大注意的广度，可以提高学习和工作效率。在学习过程中，"一目十行"就能够在同样的时间内接受更多的信息。在生活实践中，排字工人、打字员、电报员、驾驶员等都需要较大的注意广度。

二、注意的稳定性

注意的稳定性，也称为注意的持久性，是指对同一对象或同一活动所持续的时间。这是注意的时间特征。但衡量注意的稳定性，不能只看时间的长短，还要看这段时间内的活动效率。

注意的稳定性有狭义和广义之分。

狭义的稳定性是指注意保持在同一对象上的时间。如长时间看电视、长时间读一本书等。但是人在注意同一事物时，很难长时间地对注意对象保持注意固定不变。

在听觉方面，把一只表放在耳边，保持一定距离，使他能隐约听到表的滴答声。结果被试时而听到表的滴答声，时而又听不到。注意的这种周期性变化，叫做注意的起伏。在视觉方面，当知觉图3-2时，可以明显体验到注意的起伏。当我们注视该图时，会觉得小方形时而凸起（在大方形之前），时而下陷（在大方形之后），在不长的时间内两个方形的相互位置会跳跃式地变换。注意的起伏是不随意的，是意识很难直接控制的。注意起伏是正常的注意现象，它具有防止疲劳、提高注意稳定性的作用。

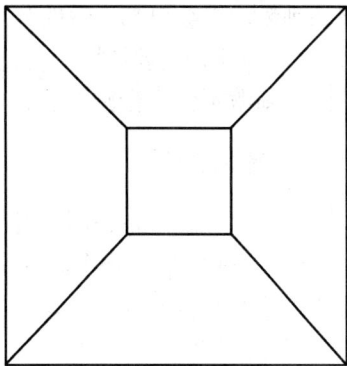

图 3-2　注意的起伏

广义的稳定性是指注意保持在某项活动上的时间。在广义的稳定性中，注意的具体对象可以不断变化，但注意指向的活动的总方向始终不变。例如，学生在听课的时候，跟随教师的教学活动，一会儿看黑板，一会儿记笔记，一会儿读课文，虽然注意的对象不断变换，但都服从于听课这一总任务。在许多学习和工作中，我们都强调广义的注意的稳定性。

影响注意的稳定性的因素有如下 3 个方面。

1. 注意对象的特点

注意对象本身的一些特点，如刺激物的强度、持续时间、复杂性等，都会影响注意的稳定性。一般来说，提高刺激的强度和延长刺激的作用时间有助于保持注意的稳定性；内容丰富的对象比单调的对象、活动的对象比静止的对象，更能维持注意的稳定性。相对于一幅静态的画，活动的电视画面有可能引起人们更长时间的关注。在一定范围内，注意的稳定性程度是随注意对象的复杂性的增加而提高的，但并不是说事物越复杂，刺激越丰富，注意力就越稳定。过于复杂、变幻莫测的对象，容易使人产生疲劳，导致注意的分散。因此，对象过于复杂或过于单调都不利于注意的稳定。

2. 主体的精神状态

除了外部刺激物的特点之外，个体的主观状态也影响注意的稳定性。一个人身体健康，情绪良好，精力充沛，抱着积极的态度，就会在学习和工作中全力投入，有助于保持注意的稳定性。相反，一个人处于失眠、疲劳、疾病状态，或者情绪受挫的情况下，注意无法保持稳定，活动效率也会大大降低。

3. 主体的意志力水平

注意的稳定性实际上就是保持良好的有意注意，因此也需要有效地抗拒各种干扰。主体具备坚强的意志力，就可以战胜各种困难，克服自身的缺点和不足，始终如一地保证活动的进行和活动过程的高效率。

同注意的稳定性相反的状态是注意的分散。注意的分散，又称分心，是指注意离开了当前应当指向和集中的对象，而指向和集中于其他无关的对象上。注意的分散是由无关刺激的干扰或单调刺激的长期作用引起的。此外，其他使人发生兴趣的或强烈影响情绪的刺激，也会引起注意的分散。但是，并非任何附加刺激都会引起注意的分散。在没有任何外界附加刺激时，大脑皮层兴奋性降低，保持注意也是困难的。因此，有时微弱的附加刺激不仅不会减弱注意，反而会加强注意。

三、注意的分配

注意的分配是指在同一时间内把注意指向于不同的对象。学生上课时，一边要听讲，一边要记笔记，有时还要看课文和黑板；汽车司机在开车时，既要注意来往行人和车辆，又要注意操作方向盘和监视各种仪表；演奏手风琴，右手奏主旋律，左手伴奏。这些活动都需要分配注意。

要想使注意分配的效果比较好，同时从事的几项活动必须符合一定的条件。注意分配的条件有：

1. 同时进行的几种活动至少有一种应是高度熟练的

当一种活动达到自动化的熟练程度时，个体就可以集中大部分精力去关注比较生疏的活动，保证几种活动同时进行。我们可以做到边听报告边记笔记，显然是由于写字已经达到熟练甚至自动化的程度。驾驶技术高超的司机可以边驾车边为乘客报站名，也是这个道理。

2. 同时进行的几种活动必须有内在联系

有联系的活动才便于注意分配。因为活动间的内在联系有利于形成固定的反应系统，经过训练就可以掌握这种反应模式，达到同时兼顾几种活动。例如，歌唱演员有时自弹自唱同一首歌，甚至能够边唱歌边剪纸，也是借助了活动间的内在联系或人为建立起活动间的联系，以达到注意的分配。

四、注意的转移

注意的转移是指根据活动任务的需要，主动地把注意从一个对象转移到另一个对象上。例如，在学校课程安排上，如果先上语文课，再上数学课，学生就应根据教学需要，把注意主动及时地从一门课转移到另一门课上。

注意的转移不同于注意的分散。前者是根据任务需要，有目的地、主动地转换注意对象，为的是提高活动效率，保证活动的顺利完成，如看完一堂录像教学课，要求学生转而互相讨论。后者是由于外部刺激或主体内部因素的干扰作用引起的，是消极被动的。注意的分散违背了活动任务的要求，偏离了正确的注意对象，降低了活动效率。如两个学生在看教学录像的过程中交头接耳，互相说笑，显然是注意分散的表现。

良好的注意转移表现在两种活动之间的转换时间短、活动效率高上。影响注意转移的因素有以下 4 个方面：

1. 对原活动的注意集中程度

个体对原来活动兴趣越浓厚，注意力越集中，注意的转移就越困难。一个沉迷于电脑游戏的孩子很难让他转移注意力，去拿起书本温习功课。当然，如果对原活动的注意力本来就不够集中，就比较容易随活动任务的要求而转移。

2. 新注意对象的吸引力

如果新的活动对象能够引起个体的兴趣，或能够满足他的心理需要，注意的转移就比较容易实现。假如那个正玩电脑游戏的孩子，听到自己喜欢的电视动画片开演了，可能会离开电脑，将注意力转移到电视上。

3. 明确的信号提示

在需要注意转移的时候，明确的信号提示可以帮助个体的大脑处于兴奋和唤醒状态，灵活迅速地转换注意对象。文艺演出中报幕员，就是发挥着促使观众注意转移的作用。这种提示信号，既可以是物理刺激（如铃声、号角），也可以是他人的言语命令，甚至是自己的内部言语的提醒。

4. 个体的神经类型和自控能力

神经类型灵活性高的人比不灵活的人更容易实现注意的转移，自控能力强的人比自控能力弱的人更善于主动及时地进行注意的转移。

主动而迅速地进行注意的转移，对各种工作和学习过程都十分重要。有些工作要求在短时间内对各种新刺激作出迅速准确地反应，对注意转移的要求尤其高。例如，一个优秀的飞行员在起飞和降落时的五六分钟之内，注意的转移就达 200 多次。

在实际工作和活动中，注意的分配与转移是密切联系的。在注意分配的实验中，也并没有排除注意迅速转换的可能性。所谓注意转移是人能根据一定的目的，主动顺利完成某项复杂的活动，注意中心在不同对象间迅速往返转移，就构成了注意分配现象。如果这种往返转移的速度要求太快，超过了注意转移的能力，注意的分配也就难以实现。因此，同时完成的两种活动所需要的注意很可能既有注意的转移也有注意的分配，是注意的转移和分配的配合。

思考与练习

1. 什么是意识？什么是无意识？
2. 常见的意识状态有哪几种？
3. 注意的生理机制和外部表现是什么？
4. 简述注意的三大理论。
5. 注意分哪几种？影响着集中注意的条件是什么？
6. 简述注意的特征。

第 四 章
感 觉

　　人类认识世界是从感觉开始的。在本章中，我们先讨论感觉的一般概念，包括感觉的神经过程、感觉在人类认识世界中的意义、感受性等。然后介绍感觉的基本规律，包括感觉适应规律、感觉的相互作用规律、感觉能力发展的规律。最后介绍感觉的类别，重点介绍视觉和听觉，其他感觉如皮肤觉、温觉和冷觉、触压觉、动觉、平衡觉和内脏感觉等作简略介绍。

第一节　感 觉 概 述

一、感觉的定义

　　感觉是人脑对直接作用于感觉器官的客观事物的个别属性的反映。任何事物都有许多个别属性，这里所说的个别属性即物体单一的物理、化学属性及有机体的生理特征。例如，物体的颜色、形状、大小、硬度、气味，有机体的疼痛、舒适、凉、热、饥、渴、饱等。

　　在日常生活中，外界的许多刺激物作用于我们的各种感觉器官，经过神经系统的信息加工，在我们的头脑里就产生了各种各样的感觉。我们看到某种颜色、听到某种声音、闻到某种气味、感受到一定的温度等等。同时，感觉也反映机体内部的刺激。我们觉察到自身的姿势和运动，感受到内部器官的工作状况——舒适、疼痛、饥渴等等。不论是对外部刺激的反映还是对内部刺激的反映，感觉是对刺激给予感觉器官的直接感受，是对刺激物个别属性的反映。

　　人对刺激物个别属性的反映，总是与其过去经验联系在一起的。例如，当我们看到某种颜色时，我们说"这是苹果的红色"、"这是草的绿色"；当我们用手接触某个物体时，会说"这是又硬又冷的东西"、"这是一块石头"。这些回答都说明，在我们的日常生活中单纯的感觉是不存在的（除非是新生儿或在特殊的条件下）。感觉信息一经感觉器官传达到脑，知觉也随之产生了。

二、感觉的神经过程

　　感觉是在刺激作用下分析器活动的结果。分析器是人感受和分析某种刺激的整个神经结构。它由感受器、传递神经（包括传入神经和传出神经）与大脑皮层相应区域三部分组成。

凡是作用于有机体并引起其反应的任何因素，都称为刺激物。刺激物施与有机体的影响叫做刺激。由有机体外部给予的刺激称为外部刺激，如光、声、热等。由有机体内部的变化而引起的刺激叫内部刺激，如肠胃痉挛、膀胱胀等。但并不是任何刺激作用于任何感觉器官都能产生感觉。大多数感觉器官只对一种固定的刺激物产生感觉，如眼睛对光波，耳朵对声波，鼻子对气味等。对某一感受器来说，感受敏感的那种能量刺激，叫适宜刺激。由刺激引起感受器产生相应变化的整个过程，叫刺激过程。刺激过程的实质是感受器把刺激能量（机械的、物理的、化学的等）转化为神经冲动的过程。不同类型的刺激能，如光的、声的和机械的，由不同的感受器将其转化为神经冲动，并反映刺激的不同性质和强度，然后通过传入神经达到大脑皮层的相应区域，从而产生各种感觉。

在感受器和大脑皮层中枢之间除了传入神经之外，还有从中枢返回到感受器的传出神经。中枢通过传出神经调节感受器等的活动。

分析器的所有部分都是作为一个统一整体而活动着。其中任何一个部分受到损伤，就不能产生感觉。例如，视觉的产生就是视网膜上的视细胞、视神经和大脑皮层枕叶视觉中枢联合活动的结果。如果眼球、视神经完好无损，而视觉中枢受到损伤，那么这个人也有可能成为瞎子。

三、感觉的意义

感觉虽然是一种最简单的心理现象，但它在人们的生活和工作中却有着极为重要的意义。

首先，感觉提供了内外环境的信息。只有通过感觉，人们才能认识外界物体的颜色、明度、气味、软硬等，从而能够了解事物的各种属性。工人操纵机器生产工业产品，农民种植庄稼提供粮食和蔬菜，科学家们观测日月星辰，发现宇宙的奥秘，都离不开感觉提供的信息。通过感觉我们还能认识自己肌体的各种状态，如饥饿、寒冷等，因而有可能实现自我调节，如饥择食，渴择饮。没有感觉提供的信息，我们就不可能产生对客观世界的认识。正如列宁指出的："不通过感觉，我们就不能知道实物的任何形式，也不能知道运动的任何形式。"

其次，感觉是人正常心理活动的必要条件。人们要正常的生活，必须和环境保持平衡，其中包括信息的平衡。有机体对周围环境的适应，是以经常的信息平衡为前提的，信息超载或不足，都会破坏信息的平衡，给机体带来严重的不良影响。有人认为，大城市中由于信息超载，会使人产生"冷漠"的态度；相反，由"感觉剥夺"造成的信息不足，会使人无法忍受由此产生的不安和痛苦。由此可见，在人们的日常生活中，感觉是非常重要的。如果没有刺激，没有感觉，人不仅不能进行正常的认识活动，而且正常的心理机能也将遭到破坏。

再次，感觉是一切较高级、较复杂的心理现象的基础，是人的全部心理现象的基础。从动物种系进化过程来看，感觉是动物心理发展中最早出现的心理现象。随着动物的进化，在感觉的基础上出现了知觉和具体思维。从人的个体心理发展看，婴儿出生后最初一段时间，只能对事物的个别属性做出反映，随着个体的发展，在感觉的基础上，逐渐出现其他更为高级的认识活动。感觉是我们认识客观世界的第一步，是我们关于世界一切知识的最初源泉。没有感觉就不可能产生知觉、记忆、想象、思维等一系列复杂的心理过程。人只有通过感觉，才有可能逐步认识不依赖于他而存在的客观世界。

四、感受性

对刺激的感受能力，叫感受性。感受性的大小是用感觉阈限的大小来衡量的。每种感觉都有两种感受性和感觉阈限：绝对感受性与绝对感觉阈限，差别感受性与差别阈限。

（一）绝对感受性与绝对感觉阈限

感觉是在客观事物的个别属性的刺激下产生的。但是，并不是任何强度的刺激都能引起我们的感觉。刺激物只有达到一定的强度才能引起人们的感觉。例如，我们平时看不见空气中的尘埃，当尘埃落在我们的皮肤表面时，我们也不能觉察到它的存在。但是，当细小的尘埃聚集成较大的尘埃颗粒时，我们不但能看见它，而且能感觉到它对皮肤的压力。这种刚刚能觉察到的最小刺激量称为绝对感觉阈限。人的感官觉察这种微弱刺激的能力，叫绝对感受性。

绝对感受性可以用绝对感觉阈限来衡量。绝对感觉阈限越大，即能够引起感觉所需要的刺激量越大，感受性就越强。相反，绝对感觉阈限越小，即能够引起感觉所需要的刺激量越小，则感受性越大。例如，一个人能听到比别人弱一倍的声音，那么，此人的听觉阈限比别人小一倍，听觉的绝对感受性就比别人高一倍。也就是说，绝对感受性与绝对感觉阈限在数值上成反比关系。用公式表示为

$$E=1/R$$

其中，E 代表绝对感受性；R 代表绝对感觉阈限。

在历史上，人们曾经把绝对感觉阈限理解为一个固定的刺激量。超过这个数量，就能引起人的感觉；低于这个数量，人就不能觉察到它的存在，也不会对它有任何反应。后来人们发现，这个阈限值并不是绝对不变的。在不同的条件下，同一感觉的绝对阈限可能不同。人的活动的性质，刺激的强度和持续时间，个体的注意、态度和年龄等，都会影响阈限的大小。因此，有人认为，把绝对阈限看成某个固定的刺激量是不妥当的。

人与人之间的绝对感受性是有个别差异的。同一个人对同一种刺激强度的感受性，也会受时间、环境条件等因素的影响而发生变化。在一般条件下，人的绝对感受性是很高的。例如，在空气完全透明的条件下，人能看见1公里远的千分之一的烛光。如果用这个能量把1克水加热1℃，要花6千万年的时间；人能嗅到1公升空气中所散布的一亿分之一毫克的人造麝香的香味。

知识窗

感觉剥夺实验

第一个以人为被试的感觉剥夺实验是由贝克斯顿（Bexton）、赫伦（Heron）、斯科特（Scott）于 1954 年在加拿大的一所大学的实验室进行的。被试是自愿报名的大学生，每天的报酬是 20 美元（当时大学生打工一般每小时可以挣 50 美分），所以大学生都极其愿意参加实验。

所有的被试每天要做的事是每天 24 小时躺在有光的小屋的床上，时间尽可能长（只要他愿意）。被试有吃饭的时间、上厕所的时间。严格控制被试的感觉输入。给被试戴上半透明的塑料眼罩，可以透进散射光，但没有图形视觉；给被试戴上纸板做的套袖和棉手套，限制他们的触觉；头枕在用 U 形泡沫橡胶做的枕头上，同时用空气调节器的单调嗡嗡声限制他们的听觉。感觉剥夺实验如图 4-1 所示。

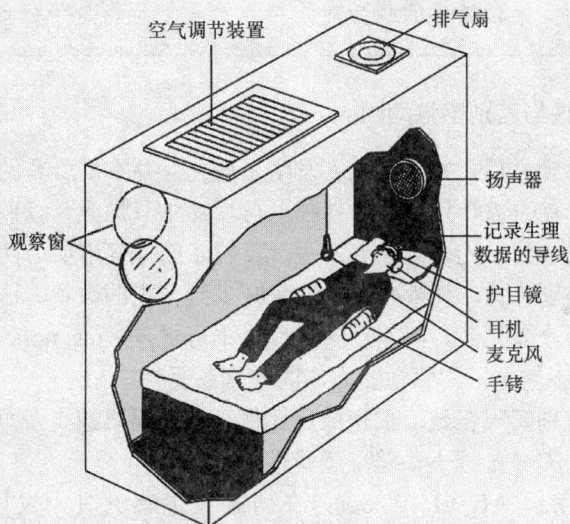

图 4-1　感觉剥夺实验示意图

实验前，大多数被试以为能利用这个机会好好睡一觉，或者考虑论文、课程计划。但后来他们报告说，对任何事情都不能进行清晰的思考，哪怕是在很短的时间内。他们不能集中注意力，思维活动似乎是"跳来跳去"的。感觉剥夺实验停止后，这种影响仍在持续。

具体地，对于简单的作业，如词或数字的记忆，感觉剥夺没有影响；对于中等难度的作业，如移动单词中的字母问题，感觉剥夺也没有什么影响；对于复杂的问题，如需要高水平语言能力和推理能力的创造测验、单词联想测验，接受过感觉剥夺的被试不如未接受感觉剥夺的被试的成绩好。感觉剥夺影响了复杂的思维过程或认识过程。

从感觉剥夺实验中，还发现一个意想不到的现象，那就是接受感觉剥夺实验的被试中有 50％报告有幻觉，其中大多数是视幻觉，也有被试报告有听幻觉或触幻觉。视幻觉大多在感觉剥夺的第三天出现，幻觉经验大多是简单的，如光的闪烁，没有形状，常常出现于视野的边缘。听幻觉包括狗的狂吠声、警钟声、打字声、警笛声、滴水声等。触幻觉的例子有，感到冰冷的钢块压在前额和面颊，感到有人从身体下面把床垫抽走。

结果，尽管报酬很高，却几乎没有人能在这项感觉剥夺实验中忍耐 3 天以上。最初的 8 个小时好歹还能撑住，之后，被测学生有的吹起了口哨，有的自言自语，显得有点烦躁不安。对于那些 8 小时后结束实验的被测学生，即使实验结束后让他们做一些简单的事情也会频频出错，精神也集中不起来了。

被测学生参与完实验后，实验者再继续进行追踪调查，发现被测学生在实验结束后，需要 3 天以上的时间才能回复到原来的正常状态。

这个实验说明，来自外界的刺激对维持人的正常生存是十分重要的。

（二）差别感受性与差别感觉阈限

在刺激物引起感觉之后，如果其强度发生了变化，并不是所有的变化都能被我们觉察出来。例如，在原有的 200 只烛光的基础上再增加 1 只烛光，我们是感觉不出光强的变化的，一定要增加 2 只烛光，或者更多些，我们才能觉察出前后两种光在强度上的差异。为了引起一个差别感觉，刺激必须增加或减少到一定的数量。这种刚刚能引起差别感觉的刺激物间的最小差异量，叫差别阈限或最小可觉差（just noticeable difference，简称 JND）。对这一最小差异量的感觉能力，叫差别感受性。

差别感受性与差别阈限在数值上也成反比例。差别阈限越少，即刚刚能引起差别感觉的刺激物间的最小差异量越小，差别感受性就越大。

德国生理学家韦伯（E. H. Weber）在研究重量感觉时，发现感觉的差别阈限随原来刺激量的变化而变化，并且表现出一定的规律性。例如举重实验中，原重量是 100 克时，差别阈限是 3 克，如果原重量是 200 克，差别阈限就增至 6 克，当原重量是 300 克时，差别阈限便是 9 克。差别阈限与原重量的比值，在很大范围内是一个常数。后来他又在其他感觉中也发现了这种规律。也就是说，为了引起差别感觉，刺激的增量与原刺激量之间存在着某种关系。这种关系可以用以下公式来表示：

$$K = \Delta I / I$$

其中，I 为标准刺激的强度或原刺激量；ΔI 为差别阈限；K 为一个常数。

这个公式叫韦伯定律（或韦伯分数、韦伯比值、韦伯常数）。不同感觉系统的韦伯分数相差很大。表 4-1 是在中等强度刺激的条件下不同感觉系统的韦伯分数。

表 4-1　不同感觉系统的韦伯分数（中等强度范围）

感 觉 系 统	韦伯分数（$\Delta I/I$）
视觉（亮度、白光）	1/60
动觉（提重）	1/50
痛觉（皮肤灼热引起）	1/30
听觉（中等音高和响度的音）	1/10
压觉（皮肤压觉）	1/7
嗅觉（橡胶气味）	1/4
味觉（咸味）	1/3

根据韦伯分数的大小，可以判断某种感觉的敏锐程度。韦伯分数越小，感觉越敏锐。

韦伯定律虽然揭示了感觉的某些规律，但它只适用于刺激的中等强度。也就是说，只有使用中等强度的刺激，韦伯分数才是一个常数。刺激过弱或过强，比值都会发生改变。

德国物理学家费希纳在韦伯研究的基础上，进一步探讨了刺激强度与感觉强度的关系。费希纳确定了接近绝对阈限时韦伯分数所发生的变化，进一步假设一个最小可觉差为一个感觉单位，并在韦伯定律的基础上推导出下式：

$$P=K\lg I$$

其中，I 指刺激量，P 指感觉量。这就是费希纳的对数定律。按照这个公式，感觉的大小（或感觉量）是刺激强度（或刺激量）的对数函数。也就是说，刺激强度按几何级数增加，而感觉强度只按算术级数增加。

费希纳定律也不是通用的，也只具有近似的意义。费希纳定律以韦伯定律作基础，由于韦伯定律只适用于中等强度的刺激，因此，费希纳定律也只有在中等强度的刺激时才适用。

第二节　感觉的基本规律

一、感觉适应规律

感受器在刺激物的持续作用下，引起感受性发生变化的现象叫做适应。适应既可以表现为感受性的降低，也可以表现为感受性的提高。

各种感觉都有适应现象，但其表现和速度是不同的。

视觉适应。视觉的适应可以分为暗适应和明适应。从明亮的阳光下进入到漆黑的电影院中时，开始什么也看不清楚，"伸手不见五指"，过了一段时间之后，我们就不是眼前一片漆黑，而能分辨出物体的轮廓来了。这种现象叫暗适应。暗适应是环境刺激由强向弱过渡时，由于弱光的持续刺激，使分析器对弱光的感受性不断提高了。实验结果表明：人们在暗处停留一小时，对光的感受性可提高 20 万倍。反之，当我们从黑暗的电影院走到阳光下时，开始我们会觉得两眼发眩，什么都看不清楚，可是经过几秒钟后，我们的视力就会恢复常态，能清楚地看到周围事物了。这种现象叫明适应（对光适应）。明适应是环境刺激由弱向强过渡时，由于一系列的强光刺激，使视分析器对强光刺激的感受性迅速降低的缘故。

听觉适应。与视觉的适应比较，听觉的适应一般表现的不太明显，但是在日常生活中也常常可以观察到听觉适应现象。例如，工厂里强烈的机器声长时间持续的作用于人，就会引起听觉感受性的降低，甚至出现听觉感受性明显的丧失；去参加一个舞会，刚到舞会现场时会觉得音乐声很强，呆一会儿后，会觉得音乐声没有刚开始听起来那么大。一般认为，听觉适应会使听觉感受性暂时降低，而且听觉适应具有选择性。也就是说，在一定频率的声音作用下，人耳对该频率声音及邻近频率声音的感受性会降低，而对其他频率声音的感受性不会有影响。听觉适应比其他感觉适应较难发生，这是由于声音刺激的强度一般都比较大，因而大脑皮层有关神经细胞不容易立即转入抑制状态。

嗅觉适应。"入芝兰之室，久而不闻其香；入鲍鱼之肆，久而不闻其臭。"这是嗅觉适应。嗅觉的适应速度，以刺激物的性质为转移。一般的气味，经过 1～2 分钟就可以适应；强烈的气味要经过十多分钟才能适应。特别强的气味（带有痛刺激的气味），难于适应，甚至完全不能适应。嗅觉的适应带有选择性，即对某种气味适应后，并不影响对其他气味的感受性。

味觉适应。味觉的适应较为明显。例如，厨师由于连续的品尝，到后来做出来的菜会越来越咸。现实生活中，我们都有味觉适应的经验。如果我们把一种物质放进嘴里，很快，物体的味道实际上消失了。而且，对一种味道的适应能显著地影响到随后吃进的东西的味道。例如，当我们吃了甜的食物，再吃酸的食物时会觉得更酸。

触压觉的适应很明显。例如，戴手表的人平时不觉得手腕上有重物；冬天，我们刚刚穿上棉衣时，会感到有些压力，经过几秒钟后，这种压力的感受性很快降低，甚至消失了。实验证明，只要经过 3 秒钟左右，一般人的触压觉感受性就会下降到原来的25%左右。

温度觉的适应也很明显。例如，我们在河里游泳时，开始感到河水是冷的，但经过三四分钟之后，就感到河水不再是那样冷了。反之，我们在热水中洗澡，最初感到水很烫，经过几分钟后，就会感到水不再那么烫了。研究表明，温度觉的适应时间大约需要3～4 分钟，但对特别热和特别冷的刺激，适应现象则很难发生或不能发生。

感觉适应对于有机体来说具有积极的意义（即使是难以适应的痛觉，对于有机体来说，也是具有积极意义的），有机体能够在变化的环境中不断感知外界事物，进而调整自己的行为，以便更好地生活、工作。

二、感觉的相互作用规律

事物是互相联系，互相影响的。对某种刺激的感受性不仅决定于该刺激的性质，同一感受器接受的其他刺激以及其他感受器的机能状态，都会对这一刺激的感受性发生影响。同一感受器接受的其他刺激以及其他感受器的机能状态对感受性发生的影响，叫感觉的相互作用。感觉的相互作用有两种形式：一是同一感觉中的相互作用；二是不同感觉之间的相互作用。

（一）同一感觉的相互作用

同一感觉的相互作用是指同一感受性中的其他刺激影响着对某种刺激的感受性的现象。例如，在黑暗中要看某个小光点，如果视野中还有其他一些小光点，那么，就比较容易看到那个光点，这时其他一些光点好像在增强这对那个光点的感觉；如果视野中有强光刺激，就难以看到那个光点，这时强光的刺激好像在削弱着对那个光点的感觉。

同一感觉相互作用的突出事例是感觉对比。感觉对比指感受器因接受不同刺激而产生的感受性发生变化的现象。这是同一感受器中不同刺激效应相互影响的表现。感觉对比包括同时对比和继时对比。

不同刺激同时作用于同一感受器时，便产生同时对比。例如，把一个灰色小方块放在白色背景上，看起来小方块就显得暗些；把相同的一个灰色小方块放在黑色背景上，看起来小方块就显得明亮些，同时在相互联结的边界附近，对比特别明显。如果把一个灰色小方块放在绿色背景上，看起来小方块显得带红色；把相同的灰色小方块放在红色背景上，看起来小方块显得带绿色。彩色对比在背景的影响下，向着背景色的补色方面变化，同时在两色的交界附近，对比也特别明显。"月明星稀"也是感觉对比的现象。

不同刺激先后作用于感受器时，便产生继时对比。例如，吃了糖果后再吃苹果，会觉得苹果是酸的；吃了苦药之后，接着喝口白开水也觉得有点甜味。凝视红色物体之后，再看白色物体，就会出现青绿色的后像等。

研究对比现象在现实生活中具有实践意义。在工业生产中，各种机器设备，工艺管道等彩色的设计，要考虑到对比现象。例如，机器设备的表面，采用浅灰、浅蓝或浅绿色，可以用背景色调和，削弱对比，以减少视觉的疲劳。机器的重要操作部分采用淡黄色或白色，加强对比，便于识别，以提高工效。布置在角落中的设备、阀门、交通梯等，宜用明亮的色调，加强对比，便于识别，以免发生事故。

（二）不同感觉的相互作用

对某种刺激的感受性，不仅决定于对该感受器的直接刺激，而且还决定于同时受刺激的其他感受器的状态。在一定条件下，各种感受器的机能状态都有可能发生相互影响、相互作用。不同感觉的相互作用指不同感受器因接受不同刺激而产生的感觉之间的相互影响，也就是说，对某种刺激的感受性会因其他感受器受到刺激而发生变化。不同感觉的相互作用的规律尚未揭示，但一般表现为：对一个感受器的微弱刺激能提高其他感受器的感受性，对一个感受器的强烈刺激会降低其他感受器的感受性。例如，微弱的声音刺激可以提高视觉对颜色的感受性，强噪声会降低视觉的差别感受性。生活中，我们能体验到味觉和嗅觉的相互作用。如果闭上眼睛，捏住鼻子，我们将分不清嘴里吃的是苹果，还是土豆；感冒的人常常味觉不敏感。

不同感觉的相互作用还有一种特殊表现——联觉，指一种感觉兼有另一种感觉的心理现象。例如，切割玻璃的声音会使人产生寒冷的感觉；看见黄色产生甜的感觉，看见绿色产生酸的感觉；红、橙、黄色使人产生暖的感觉，绿、青、蓝使人产生冷的感觉。

三、感觉能力发展的规律

人的各种感受性都是在生活实践中发展起来的。在儿童时期，各种感觉能力没有明显的差异，但是，随着个体年龄的增长和生活实践的丰富，人的感受性会随之逐渐发展，不同的人的感受性呈现出极大的差异。例如，专门研究黑色纺织品的技术员能辨别40种甚至60种黑色的色度，而小学生仅能区别出2～3种色度；有经验的汽车司机根据发动机的声音能精确的断定故障发生部位；熟练的面粉工人凭借触觉能正确的评定面粉的品质。

盲人、聋人由于丧失了视、听重要感觉通道，生活实践需要他们发挥其余的感觉功能以补偿缺失的感觉。例如，盲人由于不能用眼睛来了解这个世界，因而他们多依赖于听觉、触觉等来获得信息，于是，盲人的听觉、触觉比一般人要敏锐，就像我们在生活中可以看到的，盲人可以依靠触觉识别人民币、盲文，可以凭着手杖敲击地面的声音来判断路况。有些聋人振动觉特别发达，甚至可以把手放在钢琴盖上感受振动来欣赏乐曲。有些聋哑人可以"以耳代目"，学会"看话"。前苏联有一位聋盲的科学候补博士斯柯罗霍道娃，她依靠触觉、嗅觉和振动觉来认识周围世界，不但精通文字，还会写诗，发表过几部专门研究聋盲人如何认识周围世界的著作，在智慧和审美的发展上达到了很高的成就。这种某一感觉系统的技能丧失后而由其他感觉系统的技能来弥补的现象，叫做感觉的代偿作用。

人的各种感受性都有极大的发展潜力。某些特殊职业要求从业者长期使用某种感觉器官，因而这些从业者相应的感觉比一般人敏锐。例如，有经验的磨工能看出 0.0005毫米的空隙，而常人只能看出0.1毫米的空隙；有经验的飞行员能听出发动机每分钟1300转与每分钟1340转的差别，而常人只能听出每分钟1300转与每分钟1400转的差别；音乐家的听觉比常人敏锐；调味师的味觉、嗅觉比常人敏锐。

上述事实说明，人的感觉能力，可以在生活之中通过训练得到提高。一般来说，人们的各种感觉能力远未达到应有的发展高度。只要感觉器官健全，我们的各种感觉都有很大发展的可能性。

第三节 | 感觉的类别

根据刺激的来源不同，我们可以把感觉分为外部感觉和内部感觉两大类。

外部感觉是由机体以外的客观刺激引起、反映外界事物个别属性的感觉。外部感觉包括视觉、听觉、嗅觉、味觉和皮肤觉。

内部感觉是由机体内部的客观刺激引起、反映机体自身状态的感觉。内部感觉包括运动觉、平衡觉和机体觉。

一、外部感觉

（一）视觉

视觉是人类最重要的一种感觉。在人类获得的外界信息中，80%来自视觉。人的大部分活动是在视觉控制下进行的。

1. 视觉的适宜刺激

视觉的产生是由于光波作用于视分析器而产生的。宇宙间充满着各种电磁波。从波长小于几个皮米的宇宙射线，到波长达上千米的无线电波都属于电磁波的范围。在这些波长的范围内，只有很小一部分才能产生视觉。视觉的适宜刺激是波长为 380 纳米到 760 纳米的光波，也叫可见光。它只占整个电磁波范围的一小部分。超出可见光谱两端的电磁波，人眼是通常感觉不到的，如图 4-2 所示。

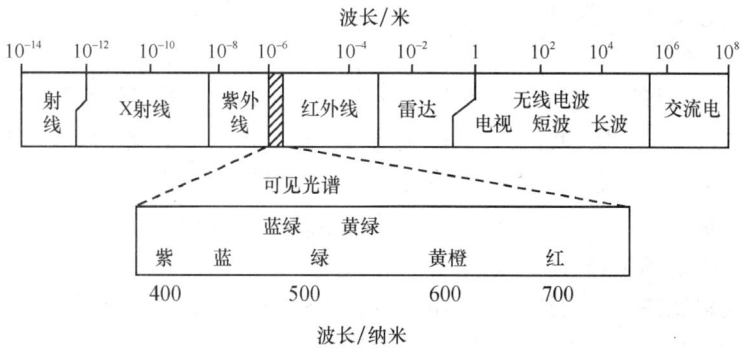

图 4-2 电磁波与可见光谱

2. 视觉的生理机制

视觉器官是人的眼睛。眼睛的构造颇似照相机，具有完善的光学系统以及各种使眼睛转动并调节光学装置的肌肉组织。人眼的外形接近球形，称为眼球（图 4-3），按功能可分为折光系统和感光系统。折光系统包括角膜、晶体和玻璃体等，其功能是将外界物体所反射的散光聚集在视网膜上形成一个清晰物像。感光系统是视网膜，其外层为视细胞层，视细胞分为视感细胞和视锥细胞两种，前者是微光视觉的感受器，后者是昼光视觉和色觉的感受器。

光刺激引起视觉的过程，首先是光线透过眼的折光系统到达视网膜，并在视网膜中

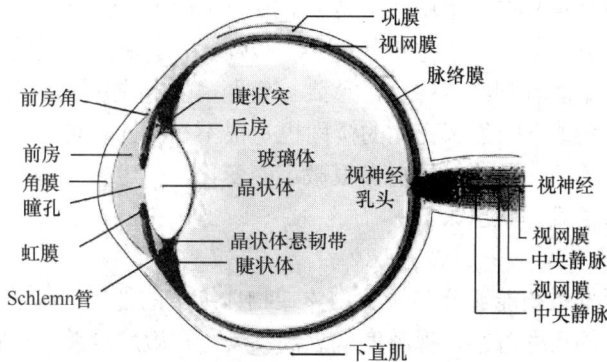

图 4-3 眼球断面示意图

形成物像，同时兴奋视网膜的感光细胞；然后冲动沿视神经传导到大脑皮质的视觉中枢产生视觉。

视觉不仅依赖于视觉感受器的活动，而且依赖于中枢对视觉器官的反馈性调节，如瞳孔的变化、眼朝光源方向转动，水晶体曲度的改变等，以保证在视网膜上形成清晰的物像。也就是说，由感受器输入的外界信息，经过头脑的加工，将通过传出神经调节视觉器官的活动，使视觉器官更有效的感知外部世界。

3. 视觉现象

（1）视觉感受性和视敏度

1）视觉感受性。

① 对光的强度的感受性。在适当的条件下，视觉对光的强度具有极高的感受性，其感觉阈限是很低的。实验证明，人眼能对 7～8 个光能量子发生反应，甚至在某些情况下，2 个光能量子就能引起人眼对其发生反应。视觉对光的强度的差别阈限在中等强度时符合韦伯定律，即 $\triangle I/I$ 近似于 1/60。但在光刺激极弱时，比值可达 1/1，光刺激极强时，比值可缩小到 1/167。

眼睛的光感受性与光的波长、刺激强度、在视网膜上的刺激位置以及眼睛本身的功能状态等因素都有密切的关系。眼睛对暗适应越久，对光的反应越敏感。波长 500 纳米左右的光比其他波长的光更容易被察觉。光刺激与中央凹成 8°～12° 角时，视觉有最高的感受性；刺激盲点时，对光完全没有感受性。

② 对光波长的感受性。视觉对光波长的感受性不同于对光强度的感受性。一般说来，看见哪里有光总比说出光的颜色要容易些。

在明视觉条件下，人眼对波长 550～560 纳米的光最敏感，但在暗视觉条件下，人眼最敏感的波长范围是 500～510 纳米。

人眼对色调的感受性在视网膜内不同的部位是不同的。视网膜的中央凹对颜色的感受性最高，能感受和分辨各种颜色。从中央凹到边缘部分，锥体细胞减少，棒体细胞增多，对颜色的辨别能力逐渐减弱。先丧失红绿色的感受性，最后黄蓝色的感受性也丧失。视网膜的边缘几乎看不见任何颜色，成了全色盲，因为这个部位只有棒体细胞。这种现象可以用下面的简易实验加以证明。在桌子上放一张白纸，白纸中央划一"十"字符号，用一只眼睛在 30～40 厘米处盯着"十"字，然后把一小块红或绿色纸片由"十"字出逐步向外移动，开始能看到红或绿色，移到一定距离看起来就成了灰色。

同时，人眼对光谱不同色调变化的辨别也是很不相同的，对一些色调如 494 纳米的青色和 585 纳米的黄色，眼睛能区别出很微小的变化，但对另一些色调，如光谱上的紫端和红端的变化却很难觉察出来。

2）视敏度。

视敏度是指视觉系统能够分辨最小物体或物体细节的能力，医学上称之为视力。一个人辨别物体细节的尺寸愈小，视敏度就愈高；反之视敏度愈差。视敏度与视网膜物象的大小有关，而视网膜物象的大小决定于视角的大小。所谓视角，即物体通过眼睛节点所形成的夹角。同一距离，物体的大小同视角成反比；同一物体，物体距离眼睛的远近同视角成反比。视角大，在视网膜的物像就大。分辨两点的视角愈小，表示一个人的视敏度愈高，视力愈好。

影响视敏度的因素很多，如视网膜受刺激的部位、明度、物体与背景之间的对比、眼睛的适应状态等。研究表明，视网膜上的锥体细胞是分辨细节刺激的主要感受器。由于锥体细胞主要分布在视网膜中央部分，因此，如果光线恰好落在中央凹，视敏度最大；偏离中央凹越远，由于锥体细胞的数量减少，视敏度越小。

（2）颜色混合、色觉缺陷和色觉理论

1）颜色混合。

① 颜色。颜色是光波作用于人眼所引起的视觉经验。在日常生活中，有广义和狭义两种颜色。广义的颜色包括非彩色（白色、黑色和各种不同程度的灰色）和彩色（如红、绿、黄、蓝等）；狭义的颜色仅指彩色。

颜色具有 3 个基本特性，即色调、明度和饱和度。色调主要决定于光波的波长。对光源来说，由于占优势的波长不同，色调也就不同。对物体表面来说，色调取决于物体表面对不同波长的光线的选择性反射。如果反射光中长波占优势，物体呈红色或橘黄色；如果短波占优势，物体呈蓝色或绿色。

明度是指颜色的明暗程度。色调相同的颜色，明暗可能不同。例如，酱紫色与粉红色都含有红色，但前者显暗，而后者显亮。颜色的明度决定于照明的强度和物体表面的反射系数。光源的强度越大，物体表面的反射率越高，物体看上去就越亮。

饱和度是指某种颜色的纯、杂程度或鲜明程度。纯的颜色都是高度饱和的，如，鲜红、鲜绿等。混杂上白色、灰色或其他色调的颜色，是不饱和的颜色，如粉红、黄褐等。完全不饱和的颜色根本没有色调，如黑白之间的各种灰色。

② 颜色混合。颜色混合分为两种：色光混合和颜料混合。色光混合是将具有不同波长的光混合在一起。颜料混合是指颜料在调色板上的混合，或油漆、油墨的混合，如将红与黄的颜料混合配成橘红色、把各种颜色的颜料混合得到黑色等。

人们很少能看见单纯的、只有一种波长的光。在绝大多数情况下，人们看见的都是由不同波长的光线混合起来的光。从牛顿时代开始，人们就研究颜色混合的现象，现已确定的色光混合律主要有以下 3 条：互补律：每一种色光都有另一种色光与之混合而产生白色或灰色（无彩色）的光觉，这两种相互中和的色光叫做互为补色。如红色光与青绿色光互为补色，黄色光与蓝色光互为补色等等。间色律：两种不是互为补色的色光相混合，便产生一种新的、介于它们两者之间的中间色的色觉。如蓝色光和红色光相混合产生紫色色觉；红色光与黄色光相混合产生橙色色觉。代替律：由其他色光混合而成的色光，与相同的纯光谱的色光，只要两者产生的色觉相似，都可以互相代替，取得同样的视觉效果。如黄色光和蓝色光，不论它们本身各自是纯光谱的，还是由其他色光混合而成，它们相互混合同样能产生白色或灰色的色觉，它们都互为补色。

我们这里讲的色混合现象，是波长不同的光在视觉系统中的混合，不是在调色板上调色那种颜料的混合。颜料混合所遵循的规律与色光混合所遵循的规律是不同的。不同的色光相混合，是遵循加法的原则，如红、绿、蓝三原色的光同等地混合起来，成了白光，照在白纸上，白纸面能把白光中的红、绿、蓝三原色的光反射出来，所以看起来是白色的。红色光加绿色光照在白纸上，白纸面能把红、绿相混的光反射出来，所以看起来是黄色的；红色光加蓝色光照在白纸上，白纸面能把红、蓝相混的光反射出来，所以看起来是紫色。把黄色光和蓝色光相混合而成了白光，照在白纸上，白纸面能把黄、蓝相混的光反射出来，所以看起来是白色的，黄色光和蓝色光就互为补色。但是，不同的颜料相混合，所遵循的原则是减法原则，如白纸上涂了蓝色，白光照在蓝纸上，纸面上的蓝颜料就把白光中的红色光、绿色光都吸收掉，只剩下蓝色光及一些在光谱上与蓝色相邻近的光反射出来，所以看起来主要是蓝色；如果在调色板上把黄颜料和蓝颜料相混合，白光照在上面，看起来是绿色的，这与黄色光和蓝色光相混合而成白光的情况就大不相同。

最常用的颜色混合的实验仪器是色轮。用红、绿、蓝 3 种基本色以适当的比例加以混合，可以得到光谱上的各种颜色。如果在这 3 种基本色中适当加上白色，就可以得到各种不同色调、明度和饱和度的颜色。

2）色觉缺陷。色觉缺陷包括色弱和色盲。各种颜色对于一个色觉正常的人，一般都可以用红、绿、蓝三原色光的相加混合来表示。或者，可以用三种颜色的混合匹配出光谱上的各种颜色，虽然某些匹配出的颜色的饱和度可能差些。因而，一个色觉正常的人可以说具有三色视觉，称为三色觉者。三色觉者能够分辨各种颜色。有人虽然用三原色能匹配光谱的各种颜色，但匹配的结果与视觉正常的人不同，他们对某些颜色的辨别能力较差，这种人叫做异常三色觉者，或称为色弱患者。色弱患者在男性中占 6%，是一种常见的色觉缺陷。

另一种色觉缺陷为色盲。色盲又分为全色盲和局部色盲两类。患全色盲的人只能看见灰色和白色，丧失了对颜色的感受性。这种人一般缺乏锥体系统。无论在白天还是晚上，他们的视觉都是棒体视觉。这样的人为数极少，在人口中只占 0.001%。局部色盲包括红—绿色盲和黄—蓝色盲。前者是最常见的色盲类型，后者则少见。红—绿色盲的人在光谱上只能看到蓝和黄两种颜色，即把光谱的整个红—橙—黄—绿部分看成黄色，把光谱的青—蓝—紫部分看成蓝色；在 500 纳米附近，他们看不出它的颜色，只觉得是白色或灰色的样子。黄—蓝色盲的人把整个光谱看成是红和绿两种颜色。

色觉理论主要有三色理论、拮抗色理论和阶段学说。

3）色觉理论。

① Young-Helmholtz 的三色理论。1807 年，杨（T. Young）和赫姆霍尔兹（H. L. F. von Helmholtz）根据红、绿、蓝 3 原色可以产生各种色调及灰的颜色混合规律，假设在视网膜上有 3 种神经纤维，每种神经纤维的兴奋都引起一种原色的感觉。光作用于视网膜上分别能同时引起 3 种纤维的兴奋，但由于光的波长特性，其中一种纤维的兴奋特别强烈。例如，光谱长波端的光同时刺激"红"、"绿"、"蓝" 3 种纤维，但"红"纤维的兴奋最强烈，而有红色感觉。中间波段的光引起"绿"纤维最强烈的兴奋，而有绿色感觉。同理，短波端的光引起蓝色感觉。光刺激同时引起 3 种纤维强烈兴奋的时候，就产生白色感觉。当发生某一颜色感觉时，虽然一种纤维兴奋强烈，但另外两种纤维也同时兴奋，也就是有 3 种纤维的活动，所以每种颜色都有白光成份，即有明度感觉。1860 年赫姆霍尔兹补充杨的学说，认为光谱的

不同部分引起 3 种纤维不同比例的兴奋。赫姆霍尔兹对这个学说作了一个图解。图中给出 3 种神经纤维的兴奋曲线，对光谱的每一波长，3 种纤维都有其特有的兴奋水平，3 种纤维不同程度的同时活动就产生相应的色觉。"红"和"绿"纤维的兴奋引起橙黄色感觉，"绿"和"蓝"纤维的兴奋引起蓝紫色感觉。这个学说现在通常称为杨—赫姆霍尔兹学说，也叫做三色学说。

杨—赫姆霍尔兹学说的最大优越性是能充分说明各种颜色的混合现象。赫姆霍尔兹用简明的 3 种神经纤维的假设，使颜色实践中颜色混合这一核心问题得到满意的解释。他在一个世纪以前提出的 3 种神经纤维的兴奋曲线预示了色度学中光谱三刺激值的思想。现代色度学的根源追溯到杨—赫姆霍尔兹的三色学说。

但是，这个理论也有明显的缺陷。例如，它不能解释红—绿色盲。红—绿色盲的患者把光谱的短波部分看成蓝色，长波部分看成黄色，因而没有红、绿经验。按三色理论，这种患者应该缺乏感红和感绿的锥体细胞。由于三色理论假定黄是由红、绿混合产生的，因此，缺乏感红和感绿装置的人，不应该具有黄色经验，这和患者的实际色觉经验是不符合的。

② Hering 的拮抗色理论。赫林（E. Hering）的拮抗色理论也叫做四色学说。1878 年赫林观察到颜色现象总是以红—绿，黄—蓝，黑—白成对关系发生的，因而假定视网膜中有 3 对视素：白—黑视素、红—绿视素、黄—蓝视素。这 3 对视素的代谢作用包括建设（同化）和破坏（异化）两种对立的过程。光刺激破坏白—黑视素，引起神经冲动产生白色感觉。无光刺激时白—黑视素便重新建设起来，所引起的神经冲动产生黑色感觉。对红—绿视素，红光起破坏作用，绿光起建设作用。对黄—蓝视素，黄光起破坏作用，蓝光起建设作用。因为每种颜色都有一定的明度，即含有白色成分，所以每一颜色不仅影响其本身视素的活动，而且也影响白—黑视素的活动。

当补色混合时，某一对视素的两种对立过程形成平衡，因而不产生与该视素有关的颜色感觉，但所有颜色都有白色成分所以引起白—黑视素的破坏作用而产生白色或灰色感觉。同样情形，当所有颜色都同时作用到各种视素时，红—绿、黄—蓝视素的对立过程都达到平衡，而只有白—黑视素活动，就引起白色或灰色感觉。

对负后像的解释是，当外在颜色刺激停止时，与此颜色有关的视素的对立过程开始活动，因而产生原来颜色的补色。当视网膜的一部分正在发生对某一视素的破坏作用，其相邻部分便发生建设作用，而引起同时对比。色盲是由于缺乏一对视素（红—绿或黄—蓝）或两对视素（红—绿、黄—蓝）的结果。这一解释与色盲常是成对出现（即红—绿色盲或蓝—黄色盲）的事实是一致的，缺乏两对视素时便产生全色盲。

赫林学说的最大困难是对三原色能产生光谱上的一切颜色这一现象没有给予说明。而这一物理现象正是近代色度学的基础，一直有效地指导着颜色技术的实践。

③ 阶段学说。杨—赫姆霍尔兹的三色学说和赫林的四色学说一个世纪以来一直处于对立的地位，如果要肯定一个学说似乎非要否定另一个学说不可。在一个时期，三色学说曾占上风，因为它有更大的实用意义。然而，最近一、二十年，由于新的实验材料的出现，人们对这两个学说有了新的认识，证明二者并不是不可调和的。事实上，每一个学说都只是对问题的一个方面获得了正确的认识，而必须通过二者的相互补充才能对颜色视觉获得较为全面的认识。

颜色视觉过程可以分成几个阶段。第一阶段，视网膜有 3 组独立的锥体感色物质，它们有选择地吸收光谱不同波长的辐射，同时每一物质又可单独产生白和黑的反应。在强光作用下产生白的反应，无外界刺激时是黑的反应。第一阶段，在神经兴奋由锥体感受器向视觉中枢的传导过程中，这 3 种反应又重新组合，最后形成 3 对对立性的神经反应，即红或绿、黄或蓝、白或黑反应。总之，颜色视觉的机制很可能在视网膜感受器水平是三色的，符合杨—赫姆霍尔兹的学说；而在视网膜感受器以上的视觉传导通路水平则是四色的，符合赫林的学说。颜色视觉机制的最后阶段发生在大脑皮层的视觉中枢。在这里产生颜色感觉。颜色视觉过程的这种设想常叫做"阶段"学说。我们看到，两个似乎完全对立的古老颜色学说，现在终于由颜色视觉的阶段学说统一在一起了。

（3）视觉后像和闪光融合

光刺激作用于视觉器官时，在眼睛内所产生的兴奋并不随着刺激的终止而消失，而能保留一短暂的时间。这种在刺激停止后暂时保留下来的感觉印象称为后像。

视觉后像分为正后像和负后像两种。正后像是一种与原来刺激性质相同的感觉印像。如果后像是一种与原来刺激相反的感觉印象，如光亮部分变为黑暗部分，黑暗部分变为光亮部分，则为负后像。正负后像的发生是由于神经兴奋所留下的痕迹的作用。请你在灯前闭上眼睛二三分钟后，睁开眼睛注视电灯 3 秒钟，再闭上眼睛，就会看见眼前又一个灯的光亮形象出现在暗的背景上。因为后像和灯一样，都是亮的，即品质相同，所以是正后像。随着正后像出现以后，如果继续注视，就会看见一个黑色的形象出现在亮的背景上，因为后象和灯光在品质上是相反的，所以是负后像。

彩色视觉也有后像，不过正后像很少出现，而负后像却很清楚。如果我们看到的是一个有颜色的光刺激，则负后像是原来注视的颜色的补色。例如，注视一个红色的正方形之后，再看一张灰白纸，在这张灰白纸上就可以看到一个蓝绿色的正方形。

后像的持续时间受刺激的强度、作用时间、接受刺激的视网膜部位及疲劳等因素的影响。

在视觉中，如果光刺激断续出现就会引起闪光的感觉，如果断续达到一定频率则会引起连续的光感觉。引起连续感觉的最小频率叫做闪烁临界频率（CFF）。这时产生的心理效应是闪光融和现象。即看到的不再是闪光而是融合的不闪动的光。如，当市电频率为 50 次/秒时，日光灯每秒钟闪动 100 次，但是我们却看不出它们是断续出现的。不同的人的 CFF 的差异相当大，一般达到 30～55 周/秒时，就不再有闪烁感觉。

在中等强度下，视觉后像保持的时间大约是 0.1 秒。因此，一个闪烁的光源每秒钟闪烁超过 10 次，就会产生闪光融和现象。但是，CFF 还受许多因素的影响，如光的波长、刺激强度、接受刺激的视网膜部位、刺激的面积以及机体的生理心理状态等。

（二）听觉

人的感觉除视觉外，另一种最重要的感觉就是听觉。人们通过听觉可以和别人进行言语交际，可以欣赏音乐。许多危险信号也是通过听觉传递给人的。因此，听觉在动物和人的适应行为中有重要的作用。

1. 听觉刺激

空间任何一个物体振动时，都影响周围空气周期性的压缩和稀疏，这就产生了声波。声波是听觉的适宜刺激。声波通过空气传递给人耳，并在人耳中产生听觉。

声波的物理性质包括频率、振幅和波形。在心理学上听觉与此相应，也有 3 种特性：即音调、响度和音色。

频率就是发声物体每秒钟振动的次数，单位是赫兹（Hz）。声波的频率决定着我们听觉的音调。频率越大，音调越高。一般来说，女性的音调比男性的高，童声的音调比成人高。人耳能感受的声波频率范围是 16～20 000 赫兹，以 1000～4000 赫兹最为敏感。

振幅的大小表示振动的强度，振动越强，其声波的振幅越大。发声体振幅大小不一样，对空气形成的压力大小也不一样。振幅大，压力大，我们听到的声音就强；振幅小，压力小，我们听到的声音就弱。声波的压力大小以分贝量表来衡量。声波的振幅引起的听觉经验是响度。如敲锣打鼓时，用力大，锣或鼓发出的声波的振幅就大，声音就很响；轻轻敲打振幅就小，声音就轻。我们主观上感觉到声音的强弱程度，这就是响度。响度是声波强度的心理反应。一般说来，声波的振幅越大，听到的声音就越响。但由于我们的耳对于所有频率的声音并非同等的敏感，所以响度也取决于声音的频率。

每一种声音都有其特殊的波形，有简单和复杂两种形式。最简单、最单一振动所产生的声波为纯音，如音叉的声音就是纯音。物理学上用频率和振幅两个特征来说明纯音的性质。复杂的波形是由几个简单的波形融合而成。不同频率和振幅的纯音相混合可以获得一切声音，由这些纯音混合而成的声音称为复音（如乐器的声音）。

全部声音按照它们是否有周期性而分成两类，即乐音和噪声。乐音是周期性的声音振动。如音叉声、提琴声、歌唱家的歌声等属于乐音。噪声是非周期性的声音振动。如流水声、敲打声、沙沙声等属于噪声。噪声超过一定的强度（85 分贝），较长时间作用于听觉器官时，就会影响人们的工作效率和健康。

2. 听觉的生理机制

（1）传声途径

作为听觉器官的耳，由外耳、中耳和内耳组成（见图 4-4）。

在空气中运动的声波，由耳廓收集经过外耳道首先作用于鼓膜。鼓膜的振动通向内耳小孔(卵圆窗)，内耳有螺旋状的骨组织——耳蜗。耳蜗在正中心分为两部分，其中以小孔相通连。第二部分的末端同样也有以膜覆盖着的小孔（正圆窗）。耳蜗内部充满着液体，空气的振动引起鼓膜的振动，从而传向听小骨

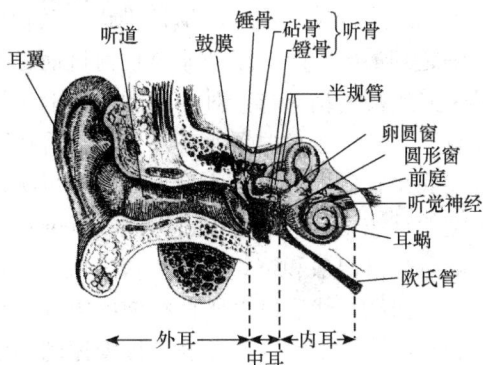

图 4-4　耳的构造

系统，并推至卵圆窗。这就推动耳蜗中的液体，引起正圆窗膜的振动，毛细胞顶端的毛同盖膜接触而被刺激，产生同声波同频率的电位变化，再刺激听神经末梢，发出神经冲动（动作电位），经听神经到达大脑皮层颞叶上回，引起听觉。这是声传导

的全过程。此外，声波还可以通过颅骨直接传入内耳，这叫声波的骨传导。骨传导效率差，但也排除了体内各种噪声的干扰。否则，人们在呼吸、咀嚼时发出的声音将影响人耳对外界声音的正常听觉。

（2）听觉信息的编码

听觉信息是如何进行编码的呢？对这个问题的解释，19世纪以来，科学家们提出了各种不同的学说。

1）听觉的位置学说（place theory）。关于听觉器官如何对声音进行分析的问题，有许多假说，而以位置学说受到多数人的赞同。位置学说的基本观点认为：不同音调引起耳蜗基底膜不同部分的振动，音频分析首先决定于基底膜的振动位置。位置学说中又以共振学说（resonance theory）提出最早和流行最为广泛。赫姆霍尔兹（H. VonHelmholtz）于1867年首次提出共振学说，他把耳蜗基底膜视为对不同频率声波的共振元件。这些元件选择性地对一定频率的声波发生共振。近蜗底的横纤维短，与高频音共振；近蜗顶的横纤维长，与低频音共振。哪一部分基底膜共振，哪里的毛细胞就兴奋，声音就由此转为神经冲动，经听神经传入中枢，引起音调的感觉。根据共振学说，每秒16～20 000次的声波就认为是由基底膜上大约24 000条横纤维分别予以共振而得到初步分析。共振学说在实验及临床上也得到证明，如蜗底受伤，则高音感受发生障碍；蜗顶受损，则低音感受消失。上述理论有可取之处，但对一些事实难以说明，如声音频率辨别的广大范围和基底膜纤维长短的比例不相适应，基底膜纤维彼此很少孤立作用。

应当指出：共鸣学说称为一种听觉学说是不恰当的，只能算作关于音高辨认的刺激过程的部分理论。要建立完整理论，必须考虑分析器的中枢部分。

至20世纪40年代，横纤维的共振现象因一些实验事实而受到怀疑。贝克西（Bekesy，1951年）对去世不久的人的尸体的耳蜗进行了直接观察，未发现基底膜的横向纤维有足够产生共振的张力。因此认为，将基底膜的横向纤维视为共振元件是不正确的。他采用人工方法代替镫骨以不同频率振动卵圆窗时，有一大段基底膜以行波的方式随之振动。振动从蜗底开始，逐渐向蜗顶推进，其幅度也随之逐渐加大，直到基底膜的某一部位，振幅达到最大值时，振动即停止前进而逐渐消失。就像人在抖动一条绸带时，有行波沿绸带向远端传播一样，对不同的频率的声波刺激，基底膜最大振幅所在部位也不同。声波频率越低，最大振幅所在部位越靠近蜗顶；声波频率越高，其最大振幅所在部位越靠近蜗底镫骨底板。因此认为频率的分析决定于基底膜行波的最大振幅所在部位，这就是听觉的行波学说（travelling wave theory）。行波学说认为，声波振动传到卵圆窗后，使前庭阶外淋巴液和蜗管内淋巴液发生振动；内淋巴的振动，首先在靠近卵圆窗处引起基底膜的振动，然后再以所谓行波的方式，沿着基底膜向耳蜗的顶部传播；基底膜上的振动，自蜗底产生后，在行进过程中振动幅度逐渐增大，到基底膜的某一部位振幅达到最大，在最大振幅出现后，行波很快消失，不再往前传播。声波频率不同，行波传播距离和最大行波振幅出现的部位也不同：声波频率越高，行波传播越近，最大振幅出现的部位越靠近耳蜗底部。反之，声波频率越低，行波传播距离越远，最大振幅出现的部位越靠近耳蜗顶部。所以，当耳蜗底部受损，主要影响高频声波的听力；当耳蜗顶部受损，主要影响低频声波的听力。行波学说为位置学说的一个流派，也可说是共振学说的发展，目前已为大多数学者所公认。

2）频率说，也叫电话理论。1886 年，物理学家罗·费尔提出了频率说。这种理论认为：内耳的基底膜是和镫骨按相同的频率运动，振动的数量与声音的原有频率相适应。如果我们听到一种频率低的声音，连接卵圆窗的镫骨每次振动次数较少，因而使基底膜的振动次数也较少。如果声音刺激的频率提高，镫骨和基底膜都将发生较快的振动。基底膜与镫骨的这种关系，类似于电话机的送话机和收话机的关系。当我们向送话机说话时，它的膜片按话音的频率产生不同频率的振动，使线路内的电流出现变化。在另一端，收话机的薄膜因电流的变化而震动，并产生与送话端频率相同的语音。

人们很快发现，频率理论很难解释人耳对声音频率的分析。人耳基底膜不能作每秒1000 次以上的快速运动。这是和人耳能够接受频率超过 1000 赫兹的声音是不符合的。

3）神经齐射理论。20 世纪 40 年代末，韦弗尔提出了神经齐射理论。他认为：当声音频率低于 400 赫兹时，听神经个别纤维的发放频率是和声音的频率对应的，当声音频率提高，个别神经纤维无法单独对它作出反应。在这种情况下，神经纤维将按齐射原则发生作用。个别纤维具有较低的发放频率，它们联合"齐射"就可以反应频率较高的声音。韦弗尔指出，用齐射原则可以对 5000 赫兹以下的声音进行频率分析。声音频率超过 5000 赫兹，位置理论是对频率进行编码的唯一基础。

3. 听觉的基本现象

（1）音调

音调主要是由声波频率决定的听觉特性。具有正常听觉的成年人可以听到每秒振动16～20 000 次的声波，通常把这样一个宽的频带范围叫做人的可听声频。低于每秒 20次的声波叫次声，高于每秒 20 000 次的声波叫超声。次声和超声人们都听不到。除频率这一条件外，声音还必须具有一定的强度才能被听到，这个最小可听强度就是听觉的绝对阈限。研究证明，人对不同频率的声音的感受性是不同的。由于外耳道的自然共振频率在 3000 赫兹左右，加上中耳机械传导的特点，使得人对 1000～4000 赫兹范围的中高频声音特别敏感。但是，人对频率非常低和非常高的声音的感受性则大大降低，其听觉阈限与中频声相比可以相差几十个分贝。

人耳对一个声音的强度或频率的微小变化也是极其敏感的，这种在强度或频率上的最小可觉察到的变化叫做强度或频率差别阈限。宽带或一定频率范围的带噪声的强度差别阈限符合韦伯定律。也就是说，如果用 R 代表带噪声的强度，ΔR 代表最小可觉察到的强度变化，那么 ΔR/R 近似于一个常数，大约为 0.5～1。纯音强度的差别阈限随刺激强度的增加而降低。例如，1000 赫兹的纯音强度在 20 分贝时差别阈限为 1.5 分贝；在40 分贝时为 0.7 分贝；而在 80 分贝时则降低到 0.3 分贝了。频率的差别阈限是频率的函数，1000 赫兹纯音在中等强度时，大约有 3 赫兹的变化人便可觉察到。也就是说，人耳能够分辨 1000 赫兹于 1003 赫兹两种音调的差别。随着年龄的增长，听觉的感受性将会大大降低，对高频声尤为突出（老年聋）。60 岁以上的老年人，对 8000 赫兹的声音听力平均损失约 40 分贝。

（2）音响

音响主要是由声音强度决定的一种听觉特性。对声音强度的绝对感受性，下阈为 0 分贝，上阈约 130 分贝。

音响还与声音频率有关。在相同的声压水平上，不同频率的声音响度是不同的。但不同的声压水平却可以产生相同的音响。音响与频率的关系，可以从等响曲线上看出来（见图 4-5）。

图 4-5 最下方的一条曲线代表听觉阈限，也叫可听度曲线。对不同频率的声音来说，听觉阈限是不一样的。1000 赫兹声音的听阈是 0 分贝，而 30 赫兹声音的听阈是 65 分贝。可见，不同的声压水平产生了同样的响度。反之，一个 30 赫兹的声音，声压水平为 70 分贝，这个声音听起来很弱，而一个 3000 赫兹的声音，处在同样的声压水平（70 分贝）上，听起来就非常响了。可见，相同的声压水平产生了迥然不同的音响。图内最上方的曲线代表了情感阈限。声压超过这个水平将使人耳产生痛觉。由上、下曲线所规定的范围就是人的听觉范围。

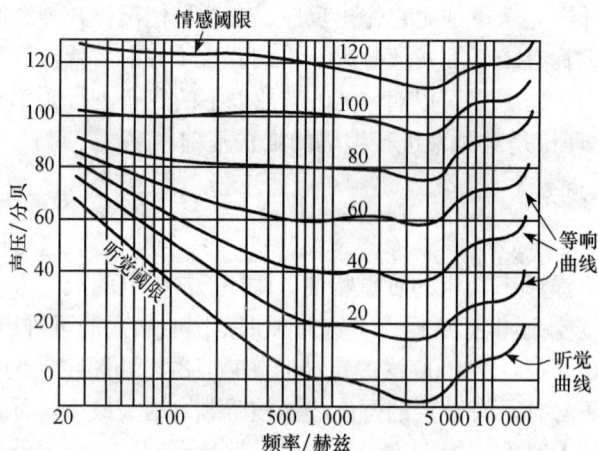

图 4-5　等响曲线

对声音强度的差别阈限，受声音强度和频率两种因素的影响，一般说，强度的差别阈限值的大小随强度而降低。声音频率对强度辨别的影响较复杂。声音频率 2500～3000 赫兹时，韦伯分数最小；随着声音频率升高或降低，韦伯分数都变大。声音频率在 1000 赫兹 100 分贝时，响度的韦伯分数为 1/11。

（3）声音的掩蔽

一个声音由于同时起作用的其他声音的干扰而使听觉阈限上升，称为声音的掩蔽。在一个喧闹的环境中，人们的讲话很难听清楚，也就是说，我们的言语声被周围环境的噪声掩蔽掉了，这就是声音的掩蔽现象。在这种情况下，要使讲话能被听清，必须提高说话的声音，这个提高的量就是掩蔽阈限。

声音掩蔽包括下列几种：纯音掩蔽；噪声对纯音的掩蔽；纯音和噪声对语音的掩蔽。声音的掩蔽依赖于声音的频率、掩蔽音的强度、掩蔽音与被掩蔽音的间隔时间等。

纯音掩蔽现象的研究表明，与掩蔽声频率接近的纯音易被掩蔽；低频声对高频声的掩蔽大于高频声对低频声的掩蔽；掩蔽声的强度提高时掩蔽效果也随之增大。但是，当掩蔽声和信号之间的频率非常接近时，又会出现两者交替地增强和减弱的音拍现象。这种现象和两种声音之间相位关系的不断变化有关。在掩蔽过程中，除了频率的因素以外，还有时间的作用。当信号与掩蔽声同时存在时为同时掩蔽，而当掩蔽声在信号前或信号后出现时为前掩蔽或后掩蔽，如果信号和掩蔽声分别作用于不同的耳时，所产生的掩蔽叫中枢掩蔽。

（三）其他外部感觉

视觉和听觉是我们的主要感觉，我们关于外部世界的绝大多数信息都来自视觉和听觉。虽然其他感觉不像视觉和听觉那样丰富多彩，但它们对于有机体的生存仍然是很重要的。

1. 皮肤感觉

刺激作用于皮肤所引起的各种各样的感觉，叫肤觉。皮肤感觉有 4 种基本形态：触压觉、冷觉、温觉和痛觉。肤觉感受器在皮肤上呈点状分布，称触点、冷点、温点和痛点。身体的部位不同，各种点的分布及数目也不同（见表 4-2）。

表 4-2　肤觉感受器的分布

身体部位	痛点数量	触点数量	冷点数量	温点数量
额	184	450	48	0.6
鼻尖	444	100	13	1.0
胸	196	429	49	0.3
前臂掌面	203	415	46	0.1
手背	188	414	47	0.5
拇指球	460	120		

皮肤作为一种感觉器官，虽然不如眼睛和耳朵那样重要，但对动物和人来说是不可缺少的，具有重要的生物学意义，对于调节有机体与环境平衡起着重要的作用。例如，痛觉有保护性作用，以防御反射的动作，躲避伤害性刺激；温度觉在有机体体温调节上，对维持有机体体温恒定起着重要作用。

在实践中肤觉也有重要的意义。在一定意义上，皮肤是向人们提供各种情报的器官。在儿童知觉的发展中，在确定对象的位置和形式上肤觉起着重要作用。如果成人视觉和听觉受到损坏时，可以靠肤觉来认识客体，获得知识，如盲人可以用触觉来认字，聋哑人可以利用振动感觉，分辨客观事物。

（1）触觉

触觉是皮肤感觉的一种。狭义的触觉，指刺激轻轻接触皮肤触觉感受器所引起的肤觉。广义的触觉，还包括增加压力使皮肤部分变形所引起的肤觉，即压觉。一般统称为"触压觉"。

已知有几种感受末梢同触觉有关，如毛囊感受器、梅氏小体为触觉感受器的感觉末梢。如眼的角膜，有自由神经末梢，有触觉作用；指端皮肤中有丰富的梅氏小体，它的触觉十分敏感。

触压觉的绝对感受性在身体表面的不同位置有很大的差别。一般说来，越活动的部分触压觉的感受性越高。如果以背部中线的最小感受性作为比较单位，身体其他各部分的感受性如下：腹部中线为1.06；胸部中线为1.39；胸部侧表面为1.79；肩部上表面为3.013；脚背面为3.38；挠腕关节区为3.80；上眼皮为7.16。

（2）温度觉

皮肤表面温度的变化，是温度觉的适宜刺激。温度觉包括两种独立的感觉——冷觉和温觉。一种温度刺激引起的感觉，是由刺激温度与皮肤表面温度的关系决定的。皮肤表面的温度称为生理零度。刺激温度高于皮肤温度时引起温觉，低于皮肤温度时引起冷觉。但生理零度能随皮肤血管膨胀或收缩而变化。因而同一温度刺激在生理零度变化前和变化后所引起的温度觉有所不同。

温度觉的产生是同皮肤分析器皮层部分的工作分不开的。这可以通过条件反射的方法引起温度感觉来证明。光、声、颜色等都可以成为温度的信号。例如，在实验室中先给被试者以光的刺激，随后以43℃的刺激物接触手的皮肤，在光和热结合若干次之后，建立了条件反射，单是光的出现即可引起温觉，而且手的血管也同时舒张。

皮肤表面对温度变化速度的敏感性，和皮肤受刺激表面积的大小有直接关系。受刺激的皮肤表面积越大，温度感觉阈值就越低。实验证明，在全身皮肤都受到刺激时，温度只要每秒升高0.0008℃，就可以引起人们的温度觉。

超过45℃以上的刺激物作用于人的皮肤表面，就会产生热觉或称烫觉。温度达45℃以上的刺激物作用于人的皮肤表面时，痛觉的神经纤维就积极地参与活动而兴奋起来，从而产生痛觉（烫的感觉）。

（3）痛觉

痛觉是有机体对具有伤害性的刺激的反映。皮肤痛觉感受器是广泛分布在皮肤中的自由神经末梢，痛觉没有一定的适宜刺激，电刺激、机械刺激、极冷和极热以及化学刺激都可以引起皮肤痛觉。

痛觉达到一定强度时，常常伴有痛反应出现，如肌肉收缩，呼吸暂停或加快，出汗等。痛觉是保护性的，它引起的反应常常是防御性条件反射。而其他几种皮肤觉都是情报性的或认识性的，痛觉的产生往往是不愉快的，有较大的情绪性，甚至有时因疼痛而作出鲁莽的动作。

身体不同部位痛觉感受性是不同的，背部和颊部感受性最高，而手指尖端和手掌皮肤痛觉感受性较低。

大脑皮层对痛觉起调节作用。动物在切除皮层后，痛觉感受性降低，这可以通过建立条件反射来证明皮层的作用，如用铃声和痛刺激（零上63℃的温度）结合起来，使铃声成为痛的信号，以后铃声单独出现，就能引起痛觉，并出现血管收缩反应。

2. 嗅觉和味觉

（1）嗅觉

嗅觉的适宜刺激是能溶解的、有气味的气体分子。物体发散于空气中的物质微粒作用于鼻腔上的感受细胞而引起嗅觉。在鼻腔上鼻道内有嗅上皮,嗅上皮中的嗅细胞,是嗅觉器官的外周感受器。嗅细胞的粘膜表面带有纤毛,可以同有气味的物质相接触。每种嗅细胞的内端延续成为神经纤维,嗅分析器皮层部分位于额叶区。

人类嗅觉的敏感度是很大的,通常用嗅觉阈来测定。所谓嗅觉阈就是能够引起嗅觉的有气味物质的最小浓度。对于同一种气味物质的嗅觉敏感度,不同人具有很大的区别,有的人甚至缺乏一般人所具有的嗅觉能力,我们通常称其为嗅盲。就是同一个人,嗅觉敏感度在不同情况下也有很大的变化。如某些疾病,对嗅觉就有很大的影响,感冒、鼻炎都可以降低嗅觉的敏感度。环境中的温度、湿度和气压等的明显变化,也都对嗅觉的敏感度有很大的影响。

味觉和嗅觉器官是我们的身体内部与外界环境沟通的两个出入口。因此,它们担负着一定的警戒任务。人们敏锐的嗅觉,可以避免有害气体进入体内(战争中毒气、石油液化气等)。

在听觉、视觉损伤的情况下,嗅觉作为一种距离分析器具有重大意义。盲人、聋哑人运用嗅觉就像正常人运用视力和听力一样,他们常常根据气味来认识事物,了解周围环境,确定自己的行动方向。

(2)味觉

味觉的适宜刺激是能溶解于水的化学物质。味觉的感受器是分布在舌表面、咽的后部及软腭的味蕾,其中在舌面上分布得特别多。每个味蕾都含有 2~6 个味觉细胞。儿童的味蕾较成年人分布的要广。老年人的味蕾由于萎缩,其数量在减少。

科学实验证明,味觉的敏感度往往受刺激物的温度的影响。一般说来,在 20~30℃之间味觉的敏感度最高。所以,在我们日常生活中,食品味道的品尝既不能温度太高,也不能温度太低,太高和太低都影响对食物味道的敏感度。除食物的温度外,味觉还受血液中化学成分变化的影响。如肾上腺皮质功能低下的病人,由于氯化钠的排除量的增加,致使血液中钠离子含量减少,病人则主动选择含盐量较大的食物。可见,味觉的生理意义不仅仅在于营养方面,而且也与维持机体内环境的动态平衡有关。

一般认为,有4种基本味觉:酸、甜、咸、苦。实验证明,用食盐、白糖、草酸和奎宁4种东西,按不同比例配合可得到不同的味道。人的舌的不同部位,对各种味的敏感性是不同的。舌尖对酸、甜、苦都敏感,尤其对甜味最敏感,舌中、舌两侧和舌后分别对咸、酸和苦最敏感。成人舌面的中间部位不感受任何味觉刺激。

味觉和嗅觉的关系是很密切的,通常我们感到多种多样的味道的感觉,是由于味觉和嗅觉协同作用的结果。假如没有嗅觉的作用,茶、咖啡、奎宁等溶液的味道便没有什么区别了。例如感冒时,鼻子不通气,便降低了对食物的味觉感受性。

二、内部感觉

(一)动觉

动觉是对身体运动和位置状态的感觉。我们闭上眼睛,能够感知自己是站着、坐着或躺着,能够感知手和脚的位置,这就是靠运动感觉。

接受动作刺激的器官是本体感受器，包括肌肉组织、肌腱、韧带和关节。动觉的适宜刺激有二：一为机械力，二为运动。当本体感受器，即肌肉中肌棱，肌腔中的高尔基器官、韧带和关节中的帕氏环层小体受到外部机械力或运动刺激时，便产生动觉。

运动分析器皮层中枢感受各种本体刺激，把它们联系起来，并同来自其他分析器的刺激一起反应，实现着严格确定的运动。人的运动分析器皮层中枢对接受来的各种刺激进行分析综合的结果，是把运动分析器信息和其他分析器信息进行加工整合。如篮球运动员的打球运动，身体在不停的活动，眼睛时刻注意着球，耳听着同伴的呼唤，四肢进行复杂的动作，而且呼吸、血液、心脏等也在活动，各种活动的信息都同时传到大脑皮层，由运动分析器的中枢协同其他分析器的中枢共同调节，来完成打球的动作。

动觉同其他感觉经常相联系。同触觉或压觉相联系，形成辨别物体软硬、凹凸、光滑、粗糙等特性的触压觉。眼球内外肌肉运动同视觉相联系，形成目测物体远近和大小的能力。言语器官肌肉运动同言语听觉和字形视觉相联系，是形成内部言语（不出声的言语）的基础。

本体感受器对人的活动是特别重要的，不论工人做工，农民种田，战士打枪，医生做手术……只有通过本体感受器才能得到训练和提高。谢切诺夫认为，人主要是通过肌肉运动来认识和改造客观世界的，人如果没有达到高度精确的动觉，就不可能实现任何严格确定的运动。

动觉与触觉的联合产生触摸觉，它是人手接触物体的动态过程产生的。沿着物体运动，跟物体接触，肌肉紧张的运动感觉结合着皮肤感觉，发出了关于物体的属性，如弹性、软、硬、光滑、粗糙等信号。手臂运动和手指的分开程度发出关于物体大小的信号。手提起物体时所需肌肉的屈伸，发出关于物体重量的信号。人的手是认识的器官。在人类的发展中，手脚分工是从猿到人进化中的一个重要因素。猿猴的"手"只是一种抓握器官而已，而人类的手则成为一种机能复杂的复合分析器官，在人的生活实践中起着非常重要的作用。特别是对丧失视觉的盲人来讲，触摸觉就尤其重要，他们可以通过触觉感知人的面孔、感知周围的物体，还可以用手识别盲文，进行阅读，他们的触觉会比正常人更为发达。

（二）平衡觉

平衡觉也叫静觉。它是和人体的位置、身体的平衡状态相联系的。

平衡觉感受器是内耳的前庭器官。前庭器官由半规管和椭圆囊组成，半规管里有淋巴液和纤毛细胞。椭圆囊是充满液体的结构，内含耳石，也有纤毛细胞。纤毛细胞是平衡觉感受细胞。平衡觉冲动从前庭器官的感受细脑传入脑干前庭神经，在脑中终止在前庭神经核，冲动从这里被中转到眼部、肌肉、内脏和小脑，同时传到大脑皮层额叶。

人们对头和身体的移动，上下升降以及翻身、倒置等运动的辨别，都依靠平衡觉。它特别发生在乘船、乘车、乘飞机和跳伞、跳水的时候，对保持身体平衡有重要作用。至于前庭器官受强烈刺激时，可引起恶心和呕吐等内脏反应。

平衡觉对航空、航海事业是很重要的。前庭器官过于敏感的人就难以适应飞行和航海活动，而发生晕眩和其他不良反应；相反，过于迟钝的人，就不可能在高空和海洋准确地判断方位和发出敏捷的动作。

（三）机体觉

反映内脏各器官活动状况的感觉叫内脏感觉或机体觉。由于内脏器官的活动和变化，我们便产生了饥饿、口渴、饱胀、恶心、喘息、疼痛等感觉。

内脏觉的感受器是分布在内脏壁上的神经末梢。内脏觉的特点是定位不精确，分辨力差，因此又叫"黑暗"感觉。

当各种内脏器官工作正常时，各种感觉融合为一种感觉，称自我感觉。在工作异常或发生病变时，个别的内部器官就能产生痛觉或其他感觉。内感受器的神经末梢比较稀疏，一般强度的刺激信号，在从内感受器到达大脑时常被外感受器的信号所掩盖，因而引不起内脏感觉。只有在强烈的或经常不断的刺激作用下，内脏感觉才较鲜明。内脏感觉在调节内脏器官的活动中起重要作用。它能及时报道体内环境的变化和内部器官的工作状态，使有机体能更好地适应环境，维持生命。

思考与练习

1．什么是感觉？感觉在人类的生活和工作中有什么意义？
2．试分析感觉阈限与感受性的相互关系。
3．什么叫色觉的拮抗色理论？它和传统的色觉理论有什么联系和区别？
4．试说明明适应与暗适应的特点及机制。
5．试说明音调与频率的关系。
6．简要评述听觉的频率理论和位置理论。
7．肤觉在人类生活中有什么重要意义？
8．温度对味觉感受性有什么影响？

第 五 章

知 觉

外部事物直接作用于感官，人脑会通过感知获得外部世界的信息。如果这一信息仅仅是关于客观事物的个别属性，我们就称为感觉；如果人脑对客观事物的各种外部属性进行组织加工，从而反映事物的整体属性，这就是知觉。知觉是有规律的，具体表现为整体性、选择性、理解性和恒常性。根据知觉的对象，我们一般把知觉划分为空间知觉、时间知觉和运动知觉。在各种知觉中，如果人们错误地反映了事物的属性，就构成了错觉。观察是与知觉密切相关的一种认知技能。

第一节 | 知觉的概述

一、什么是知觉

知觉是人脑对当前直接作用于感觉器官的客观事物的整体的反映。例如，看到一个人，听到一首歌等等，都属于知觉。

在感觉阶段，呈现在我们面前的各种刺激是零散的、无序的；而到了知觉阶段，呈现在我们面前的各种刺激就是系统的、有序的。所以说，尽管知觉以感觉为基础，但是，知觉并不是个别感觉信息的简单总和。例如，呈现一个正方形，我们的感觉只会看到四条边，不可能发现这四条边的关系，当然也就不可能辨认出这是个正方形。而我们的知觉不仅会看到四条边，而且能够把握这四条边之间的关系，同时，提取我们头脑中储存的关于正方形的知识经验，最终辨认出这是个正方形。

作为一种活动过程，知觉包含互相联系的 3 种作用：觉察、分辨和确认（Moates，1980 年）。觉察是指发现事物的存在，但不知道它是什么；分辨是指把一个事物或其属性与另一个事物或其属性区别开来；确认是指利用已有的知识经验和当前信息，确定当前事物是什么，给它命名，并且把它纳入一定的范畴。在知觉过程中，人们对事物的觉察、分辨和确认的阈限值是不一样的，一般而言，觉察的阈限值最小，而确认的阈限值最大。

二、知觉的生理基础

20 世纪初，巴甫洛夫用条件反射的方法研究了大脑皮层的系统性功能。他发现，动物不仅可以对单个刺激形成条件反射，而且可以对复合刺激形成条件反射。巴甫洛夫认为，动物对复合刺激的反应服从强度法则，也就是说，在复合刺激物中，强度大的部分具有较大的作用，当它单独作用时，可以引起与整个复合刺激物所具有的同样的效果，并对强度小的部分产生抑制作用。

巴甫洛夫还发现，动物也能对刺激物之间的关系建立条件反射。例如，经过训练使动物对两种频率的声音（120 赫兹和 60 赫兹）形成分化。其中，较高频率的声音引起阳性反应。然后呈现另外两种频率不同的声音（80 赫兹和 40 赫兹）。在这种情况下，动物能对 80 赫兹的声音做出阳性反应。这说明，动物不是反应声音本身，而是反应声音之间的关系。

根据这些发现，巴甫洛夫认为，正是大脑皮层的这种系统性功能保证了知觉的正常进行。

另外，巴甫洛夫还特别强调刺激物的"过去痕迹"在知觉中的作用，并且认为这是知觉与感觉的重要区别。在他看来，感觉是一种较单纯的刺激作用，而知觉是当前的某种刺激与过去的痕迹相联系，在头脑中产生的东西。

20 世纪 50 年代以来，由于对感受野的研究，人们对于神经系统的分析综合功能即神经网络的编码作用有了更新的了解。在神经系统的不同水平上，存在着各种不同的特征觉察器，它们分别反映客观事物的各种属性。在进行特征觉察的同时，人的神经系统也在不同水平和不同层次上实现着对刺激性质的整合。以视觉系统为例，外侧膝状体细胞在网膜上的感受野是"中心周围"对抗的圆形感受野，它接受来自网膜感受器和视神经节细胞的输入信息，并对细小的光点敏感。当一系列外侧膝状体细胞会聚到同一"皮层简单细胞"上，并和这个细胞发生突触联系时，便形成了皮层细胞左右排列的感受野，它对光棒或直线敏感。在这里，外侧膝状体细胞整合了由视神经节细胞输入的神经兴奋，并对光点作分析；而皮层细胞又整合了外侧膝状体细胞输入的信息，并对直线做出反应。在皮层细胞的更高层次（复杂细胞和超复杂细胞）上，由于皮层细胞的整合水平提高，因而对刺激特征的分析也变得更概括了。

现代神经生理学和神经心理学也揭示了大脑皮层不同区域的不同功能。感觉皮层的一级区实现着对外界信息的初步分析和综合。这些区域受损，将引起某种感觉的丧失。感觉皮层的二级区主要负责整合的机能，它受损，个体会丧失对复合刺激物的整合知觉能力。感觉皮层的三级区是视觉、听觉、肤觉、动觉和静觉的皮层部位的"重叠区"，它在实现各种分析器间的综合作用方面起着特殊的作用。这个区域受损将引起复杂的空间综合能力的破坏（鲁利亚，1975 年）。

除了皮层感觉区外，额叶在人的知觉活动中也有重要的作用。额叶损伤的患者常常失去主动知觉的意图，不能对知觉客体作出合理的假设，并且不能对知觉的结果进行正确的评定。

近年来一些研究发现，在人的视觉系统中存在着两个功能不同的子系统：一个是确认系统，负责处理物体是什么的信息，由枕叶到颞叶的通路组成；另一个是位置系统，负责处理物体在哪里的信息，由枕叶到顶叶的通路组成。

三、感觉与知觉的区别、联系

感觉和知觉同属于认知过程的初级阶段，二者既有区别也有联系。

从区别上看，首先，反映对象不同，感觉反映客观事物的个别属性；知觉反映客观事物的整体；其次，产生过程不同，客观刺激物作用于感受器，经传入神经传到感觉中枢，最后产生感觉，这是感觉的产生过程；而知觉的产生过程是觉察、分辨和确认；第三，赖以产生的因素不同，感觉的产生条件是一定强度的客观刺激物和机能正常的分析器；知觉的产生主要依赖主体的知识经验。

从联系上来看，首先，感觉是知觉的前提和条件，知觉过程的第一步是觉察，而觉察的实际意义是个体对某一客观刺激物的某个别属性产生感觉，同时，知觉产生所要提取的知识经验最初也是由感觉提供的；其次，二者同属于感性认识，感觉和知觉都是对直接作用于感觉器官的客观事物的反映，这种反映只能反映事物的外部属性，不能反映事物的本质特点；再次，二者密不可分，对于儿童和成人来说，不存在纯粹意义上的感觉，人们对客观事物的认识，第一步往往就是知觉，难以从知觉中分离出感觉。

四、知觉过程的信息加工

对客观事物的知觉首先依赖直接作用于感官的刺激物的特性，如：颜色知觉依赖于光波的波长；音调知觉依赖于声波的频率；形状知觉依赖于物体的原始特征和线条朝向；运动知觉依赖于物体的位移等。对这些特性的加工叫自下而上的加工或数据驱动加工。

知觉还依赖感知的主体，如知觉者对事物的需要、兴趣和爱好，对活动的预先准备状态和期待，他的一般知识经验等等，都在一定程度上影响到知觉的过程和结果。人的知觉系统不仅要加工由外部输入的信息，而且要加工在头脑中已经存储的信息。后面这种加工叫自上而下的加工或概念驱动加工。

一般来说，在人的知觉活动中，非感觉信息越多，他们所需要的外部信息就越少，所以自上而下的加工就占优势；相反，非感觉信息越少，就需要越多的外部信息，所以自下而上的加工就占优势。

以两种方向的信息加工为线索，现代认知心理学对知觉研究最活跃的领域是模式识别。

所谓模式是由若干元素集合起来的结构，一个物体、图像、字符和语言都可视为一种模式。模式识别是指人们把当前的输入信息同过去已经储存的信息进行匹配，从而辨认出该刺激属于什么范畴。认知心理学中有许多表达模式识别概念的观点，但它们都假定刺激由感受器觉察，对刺激做出分析并保存在记忆中，和已有的知识相比较便能实现对模式的识别。概括地说，认知心理学关于模式识别的理论主要有 3 种：

第一，模型匹配说。这种理论认为，模式是对环境中物体的心理描写，它储存在长时记忆中。模式识别就是把输入的信息同已经储存的模式相匹配以做出决策。

第二，原型匹配说。原型是指一类事物共有的形式，它具有一类事物的关键特征。这种理论认为，信息是以原型的形式存储在记忆之中，如杯子的原型、鸟的原型等等。模式识别就是个体将物体与原型中的基本形式相匹配，如果匹配成功，物体就得到了确认。

第三，特征分析说。这个理论认为，刺激由一些基本特征组成。例如，英文字母包括水平线、垂直线、斜线、交叉线、开口曲线和闭口曲线等，像大写字母 A 就可以被看作两条成 45°角的斜线和一条水平线组成。特征分析说认为，模式识别由特征分析器系统完成。特征分析器系统又可以形象的叫做群魔堂系统。该系统由一系列分析特征的小妖组成，每个小妖担任不同的角色。形象小妖负责记录事物的形象，然后把这一形象交与特征小妖去分析，特征小妖寻找该形象中是否具有某种线条、某种角度或某种曲线。认知小妖综合特征小妖的反应。每个认知小妖负责识别一种特定模式，如一个小妖识别字母 A，另一个小妖识别字母 B 等。认知小妖一旦找到了一个合适的特征，就开始"叫喊"。最后，负责决策的决策小妖把喊得最响的认知小妖挑出，就是对外界刺激的识别。因此，这种理论是把模式识别理解为对象的基本特征与存储于记忆中的特征相匹配的过程。这种理论是模型匹配说和原型匹配说的发展，由于它所强调的特征比较简单明显，又能减少所需模型的数量，所以成为模式识别的主导观点。

第二节 ┃ 知觉的种类

根据知觉时起主导作用的感官，可以把知觉区分为视知觉、听知觉、嗅知觉、味知觉、触知觉等。例如，形状知觉、大小知觉等都属于视知觉；乐音知觉、噪声知觉等都属于听知觉。在这些知觉中，除了起主导作用的感官外，常常也有其他感官的参加，例如，在形状知觉中，有时会伴随触觉和动觉的参加。

根据知觉的对象，可以把知觉区分为空间知觉、时间知觉和运动知觉。知觉的一种特殊形态叫错觉，人在出现错觉时，知觉的映像与事物的客观情况不相符合。

一、空间知觉

空间知觉反映事物的空间特性，包括形状知觉、大小知觉、深度知觉、方位知觉等。

（一）形状知觉

形状是事物最显著的属性。形状知觉是视觉、触觉和动觉协同活动的结果。通过视觉，人们得到了物体在网膜上的投影形状；通过触觉和动觉，人们探索物体的外形。它们的协同活动，提供了物体形状的信息。

1. 轮廓与图形

图形可以定义为视野中的一个面积，它借助于可见的轮廓而从周围刺激中分离出来。因此，在图形中，轮廓代表了图形及其背景的一个分解面，它是在视野中邻近的成分出现明度或颜色的突然变化时出现的。

一个物体的轮廓，既受空间上邻近的其他物体轮廓的影响，如图 5-1 所示，受其他轮廓的影响，难以在图中发现 3 个平行四边形；同时，也受时间上先后出现的物体轮廓的影响，如图 5-2 所示，如果在屏幕上先呈现一个圆形，持续时间为 20 毫秒，100 毫秒后，再在屏幕的同一位置呈现一个圆环，持续时间也为 20 毫秒，结果，我们只能看到一个圆环，圆形却消失不见了。这是因为呈现时间过短，圆形的轮廓尚未形成，因而被圆环所掩蔽。这种现象叫轮廓的掩蔽，它说明人们在知觉物体形状时，轮廓的形成是需要时间的。

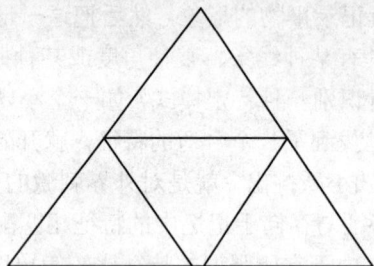

图 5-1　轮廓间的影响　　　　　　　　图 5-2　轮廓掩蔽

当客观上不存在刺激的梯度变化时，人们在一片同质的视野中也能看到轮廓，这叫做主观轮廓，如图 5-3 所示。

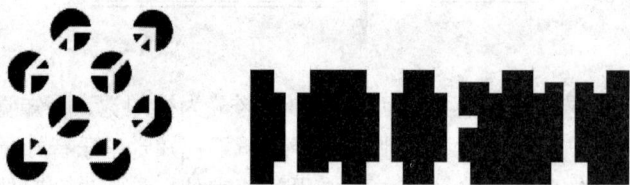

图 5-3　主观轮廓

2. 图形识别

人们利用已有的知识经验和当前获得的信息，确定知觉到的图形是什么形状，叫做图形识别，这是形状知觉中的高级阶段。

图形识别不仅依赖当前输入的信息，而且依赖人们已有的知识经验。例如，给被试呈现一个正方形，被试必须依靠视觉来把握图形的四条边和四个直角以及发现四条边等长，同时还需要借助于头脑中已有的关于正方形的知识，使输入的信息和已有的知识经验相匹配，最后才能判断出当前图形是一个正方形。

（二）大小知觉

1. 大小—距离不变假设

根据常识，大的物体在网膜上的投影大，小的物体在网膜上的投影小。所以，网像大，说明物体大，网像小，说明物体小。但是，网像的大小还和物体到网膜的距离有关：距离远，同一物体在网膜上的投影小；距离近，同一物体在网膜上的投影大。概括地说，网像的大小与物体的大小成正比，与距离成反比。可以用公式表示为：

$$a=A/D$$

其中，a 指网像的大小，A 指物体的实际大小，D 指物体与视网膜（或眼睛）的距离。这个公式表明，在距离相等时，网像大，则物体大；网像小，则物体小。而在网像大小恒定时，距离大，则物体大；距离小，则物体小。也就是说，人们在知觉物体大小时，似乎不自觉地解决了大小与距离的关系，即物体大小＝网像大小×距离。这就是大小—距离不变假设，意即一个特定的网像大小说明了知觉大小和知觉距离的一种不变的关系。

根据大小—距离不变假设，大小知觉既依赖网像的大小，也依赖距离的长短。

2. 经验对大小知觉的作用

日常生活中，许多物体是人们熟悉的。例如，一支铅笔大约长 16 厘米，一个茶杯大约高 12 厘米，某同学的身高大约为 180 厘米，等等。当物体距离改变时，虽然网像的大小随之改变，但经验使人们较准确地知觉到物体的实际大小。

（三）深度知觉

深度知觉包括距离知觉和立体形状知觉，与大小知觉相互制约。人们赖以产生深度知觉的线索有三类：

1. 肌肉线索

人眼在观看物体时，随着距离的不同，眼部肌肉会有不同的变化。

调节。距离近时，睫状肌收缩，水晶体曲度变大；距离远时，睫状肌舒张，水晶体曲度变小，从而提供了距离信息。但是，调节作用对于深度知觉的贡献较小，它只在 1～2 米的范围内有效，而且也不很准确。

辐合。无论物体的距离远近，两眼的视轴总是汇聚到被注视的物体上，这就叫做辐合。物体近，辐合角就大；物体远，辐合角就小。根据辐合角的大小，人们也能获得距离信息。

2. 单眼线索

单眼线索是只用一只眼睛就能感受到的深度线索。

线条透视。两条长的平行线在远处看起来有相交的趋势，就是线条透视。例如铁路，近处看起来宽，远处看起来窄，所以线条的宽窄就成了深度的信号。

空气透视。空气中存在着灰尘、水蒸气等，越远的地方，被灰尘和水蒸气等挡住的机会越多，所以，远处的物体看起来模糊。因此，视像的模糊程度也可以成为距离的信号。

运动透视。坐在行驶的火车上向外观看时，会发现近处的物体迅速的后退，而远处的物体则缓慢的前行，这就是运动透视。根据我们所观察到的物体的移动速度和方向，我们也能得出一定的深度线索。

对象重叠。遮挡物位于被遮挡物之前。

3. 双眼线索

就距离知觉而言，双眼看远处则视轴较为平行，而看近处则两视轴势必相交。这种辐合既是肌肉线索，也属于双眼线索。

就立体知觉而言，两只眼对于一个立体物得到的视像是有差别的，这就是双眼视差。例如，将自己的右手掌侧置于鼻子的正前方，闭左眼只用右眼看，会看到手背；若闭右眼只用左眼看，会看到手心。这说明，两只眼睛所注视的虽然是同一个物体，但是，看到的内容是有差异的。这种双眼视差是双眼立体知觉的主要信号，再加上双眼辅合，就构成了双眼立体知觉的复合信号。

（四）方位知觉

方位知觉是指对物体的上下左右前后的知觉。人们的视觉、听觉、嗅觉、味觉和触觉等各种感觉通路都可以用作方位定向。

视觉的方位定向主要依赖原始的参照物。例如，太阳升起的方向是东，落下的方向是西；位于自身左手一侧的物体在左边，位于右手一侧的在右边，面对的物体在前方，背后的物体在后方，等等。

听觉的方位定向当然要依赖耳朵所提供的线索。人耳之所以能够确定声源的方向，是因为人的两只耳朵分别在头部两侧，中间相隔约 27.5 厘米，这样，同一声源到达两耳的距离不同，便产生了两耳刺激的时间差、强度差和位相差。这是人耳进行声音定向的主要因素。

二、时间知觉

时间知觉反映事物的时间特性，是对客观事物和事件的连续性和顺序性的知觉。

（一）时间知觉的形式

时间知觉具有 4 种形式：

1. 对时间的分辨

知道此时刻不是彼时刻，例如，早晨不是中午，也不是晚上，这就是对时间的分辨。

2. 对时间的确认

知道此时刻是此时刻，彼时刻是彼时刻，例如，现在是晚上九点，昨天是星期三，新中国成立于 1949 年，等等，这就是对时间的确认。

3. 对持续时间的估计

知道从某一时刻开始，一直到另一时刻，总共经历了多长的时间。例如，从上课开始一直到现在大约半小时了，这个会议已经开了 3 天，就是对持续时间的估计。

4. 对时间的预测

知道在未来的某一时刻做某事，例如，两个月后放暑假，3 年后就毕业了，等等，都是对时间的预测。

时间知觉与空间知觉不同。空间知觉是对事物的现在的各种空间属性的认识，而时间是不可逆的，所以，我们只能知觉过去发生过的事件，而不能知觉已经过去的时间。

（二）时间知觉的依据

因为只有在事件进行之后，才能对时间做出推论，所以，时间知觉必须通过各种媒介间接地进行。

1. 自然界的周期性现象

太阳的升落、月亮的圆缺、四季的变化等周期性自然现象，为时间知觉提供了客观依据。例如，日出日落为一天，月圆月缺为一个月，从一个春季到下一个春季是一年等等。

2. 有机体的各种节律性活动

身体组织的节律性活动，也叫生物钟，它给人们提供了时间的信息。例如，根据自己的饥饿感，判断现在大约是中午 12 点了；根据身体的疲倦程度，判断现在大约是凌晨 1 点了，等等。

3. 计时工具

例如，日历、钟表等。借助于先进的计时工具，我们不仅可以准确的估计世纪、年、月、日等较长的时间，也可以准确的测量和记录极其短暂的时间。

（三）影响时间知觉的因素

1. 感觉通道的性质

在时间知觉的准确性方面，听觉最好，触觉其次，视觉最差。例如，两个声音相隔 1/100 秒，人耳就能分辨；触觉分辨两个刺激物间的最小时距为 1/40 秒，视觉为 1/10～1/20 秒。

2. 一定时间内事件的性质和数量

在一定时间内所发生的事件，性质越复杂，数量越多，当时人们就越倾向于把时间估计得较短；如果事件的性质简单数量少，在当时人们就倾向于把时间估计得较长。在回忆往事时，情况恰好相反，同样一段时间，经历越丰富，人们在回忆时越觉得时间长；经历越单调，就越觉得时间短。

3. 兴趣和情绪

如果人们正在做自己感兴趣的事情，就会觉得时间过得快，出现对时间的低估；如果正在做自己厌恶的事情，就会觉得时间过得慢，出现对时间的高估。考试时，由于情绪紧张，会觉得时间过得比平时快一些。

三、运动知觉

运动知觉反映事物的运动特性，与空间知觉和时间知觉密切相关。例如，对运动速度的知觉依赖于空间变动所经历的时间，同样的空间变动经历的时间长，表明速度小；经历的时间短，表明速度大。

（一）真动知觉

真动即真正运动，是指物体按特定速度或加速度，从一处向另一处作连续的位移，对物体的真正运动的知觉称为真动知觉。

运动是相对的，运动知觉也是相对的。选择不同的参照物，人们产生的运动知觉会有所不同。例如，晚上，以云彩为参照物，会认为月亮在动；如果以月亮为参照物，会认为云彩在动。

运动知觉有阈限，对一个真正运动的物体能否产生真动知觉，取决于物体运动的速度。太慢的运动看不出来，例如我们能够发现手表上的秒针运动，但不能发现分针和时针的运动。物体的运动速度可以用单位时间内物体运动的视角（角速度）来表示，刚刚可以觉察的物体运动的角速度（弧度/秒），称为运动知觉的下阈，低于这个速度，人们只能看到相对静止的物体。同样，太快的运动也看不出来，例如，对于快速转动的电扇的叶片，人们不能产生真动知觉，只能看到弥漫性的闪烁，看到闪烁时的速度称为运动知觉的上阈。对中国人的测定发现，在两米距离时，运动知觉的下阈是 0.66 毫米/秒，上阈是 605.2 毫米/秒（荆其诚等，1957 年）。

（二）似动现象

似动是指在一定的时空条件下，人们在静止的物体间看到了运动，或者在没有连续位移的地方，看到了连续的运动。似动的主要形式包括：

1. 动景运动

当两个刺激物（光点或直线等）按照一定的空间和时间间隔相继呈现时，我们会看到一个刺激物向另一个刺激物的连续运动，这叫做动景运动。例如给被试呈现两条线段，一条垂直，一条水平，当两线段呈现的时距低于 30 毫秒时，人们会看到两条线段同时出现；当时距超过 200 毫秒时，人们会看到两条线段相继出现；当时距为 60 毫秒左右时，人们会看到直线倒下来，如图 5-4 所示。

动景运动也称最佳运动或 Phi 运动，电影电视就是根据动景运动的原理制作的，在逼真性方面，难以与真正运动区别开来。

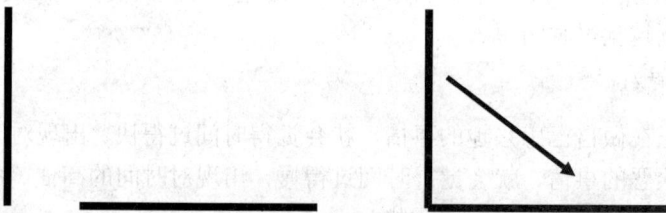

图 5-4　动景运动示意

2. 诱发运动

由于一个物体的运动，使人对与之邻近的另一个静止的物体产生运动的知觉，叫做诱发运动。例如，天上的太阳是相对静止的，而云彩是运动的。可是，由于云彩的运动，人们会看到太阳在动，而云彩是静止的。

3. 自主运动

在暗室里，如果点燃一支熏香，我们注视熏香的光点，不久就能看到这个光点在游动，这种似动叫做自主运动。

4. 运动后效

在注视一个运动的物体之后，如果将视线转向另一个静止的物体，就会看到这个静止的物体在朝相反方向运动。例如，注视瀑布以后，再看周围静止的树木，会觉得树木在向上飞升，这就是运动后效。

四、错觉

在空间知觉、时间知觉、运动知觉中，如果我们的知觉没有正确地反映外界事物的特性，出现了某种歪曲，就叫做错觉。错觉可以定义为，在一定条件下，人们对客观事物的歪曲的、错误地知觉，例如认为早晨和傍晚的太阳比中午的太阳大，就是错觉。

（一）错觉的种类

1. 大小错觉

人们对几何图形的大小或线段长短的错觉，叫做大小错觉。

缪勒—莱伊尔错觉。有两条长度相等的直线，如果一条直线的两端加上向外的箭头，另一条直线的两端加上向内的箭头，人们就会觉得前者比后者长（见图 5-5 A）。

潘佐错觉。在两条辅合线的中间有两条等长的直线，人们会觉得上面的直线比下面的直线长（图 5-5 B）。

垂直—水平错觉。两条垂直相交且等长的直线，垂直线看上去比水平线长（见图 5-5 C）。

贾斯特罗错觉。两条等长的曲线，下面的一条比上面的一条看上去长（见图 5-5 D）。

多尔波也夫错觉。两个同样的圆形，一个在大圆的包围中，另一个在小圆的包围中，前者显小，后者显大（见图 5-5E）。

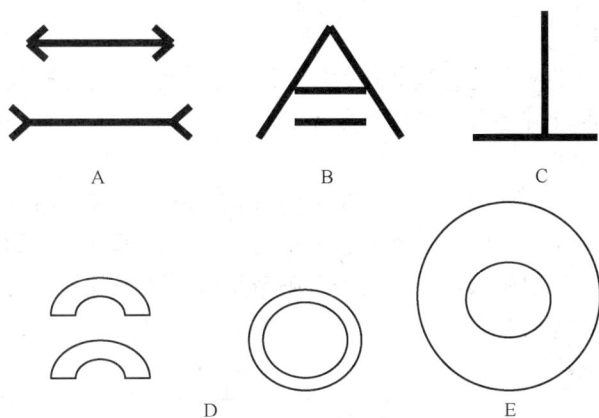

图 5-5　大小错觉

2. 形状和方向错觉

佐尔拉错觉。一些平行线由于附加线段的影响而看成不平行的（见图 5-6 A）。

冯特错觉。两条平行线由于附加线段的影响，而是中间变宽两端变窄，直线似乎弯曲了（见图 5-6 B）。

爱因斯坦错觉。在许多环形曲线中，正方形的四条边略显弯曲（见图 5-6 C）。

波根多夫错觉。被两条平行线切断的同一条直线，看上去不在一条直线上（见图 5-6 D）。

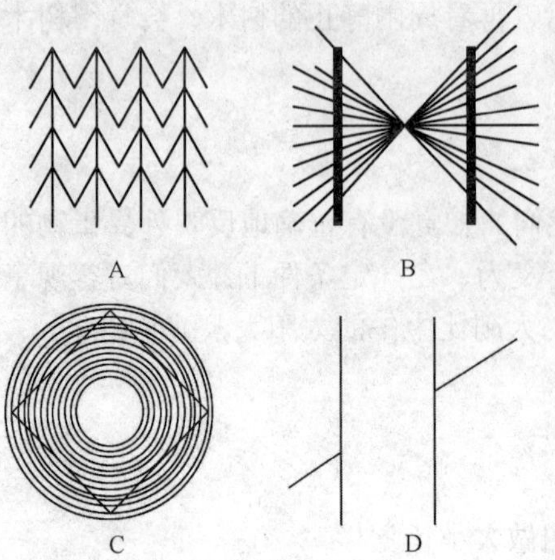

图 5-6　形状和方向错觉

（二）错觉的理论

一般说来，心理学对错觉的产生有 3 种解释，从而构成了错觉的 3 种理论。

1. 眼动理论

这种理论认为，我们在知觉几何图形时，眼睛总是沿着图形的轮廓或线条做有规律的扫描运动。当人们扫视图形的某些特定部分时，由于周围轮廓的影响，改变了眼动的方向和范围，造成了取样误差，所以产生了错觉。根据这种理论，垂直—水平错觉是由于眼睛作上下运动比作水平运动困难一些，看垂直线比看水平线费力，所以垂直线看起来长一些。同样，在缪勒—莱伊尔错觉中，看箭头向外的线段眼动距离大，而看箭头向内的线段眼动距离小，所以前者看起来长一些。

眼动理论似乎有道理，但是，有些现象用这一理论不能解释。例如，用很快的速度呈现刺激图形，使眼动无法产生，人们也会出现大小错觉。为了克服眼动理论的困难，后来人们提出了准备性假说。这种理论认为，错觉是由于神经中枢给眼肌发出的不适当的运动指令造成的，只要人们有这种眼动的准备性，即使眼睛没有实际的运动，错觉也要发生。但是，这种假设目前还没有得到充分的实验证明。

2. 神经抑制作用理论

这种理论认为，当两个轮廓彼此接近时，网膜内的侧抑制过程改变了由轮廓所刺激的细胞的活动，因而使神经兴奋的中心发生了变化，结果，人们看到的轮廓发生了相对位移，引起了形状和方向的错觉。

这种理论强调了网膜水平上感受器的相互作用，但是忽视了错觉和神经中枢的融合机制的关系，所以，对于某些错觉现象也不能做出合理的解释。例如，在波根多夫错觉中，如果给一只眼睛呈现倾斜线，给另一只眼睛呈现两条平行线，人们仍然能够产生错觉，用这个理论是不能解释的。

3. 深度加工理论

这种理论认为，错觉具有认知方面的根源。大小知觉取决于网像和距离，人们在知觉物体的大小时，如果错误的应用了深度线索，就会产生错觉。以潘佐错觉为例，由于两条辅合线提供了线条透视，人们会认为上面的线段比下面的线段更远一些，而它们的网像相等，根据大小—距离不变假说，人们就会把"远处"的线段知觉为较长一些。

深度加工理论的影响很大，但是有些事实也不能解释。例如，在图 5-7 中，两线的

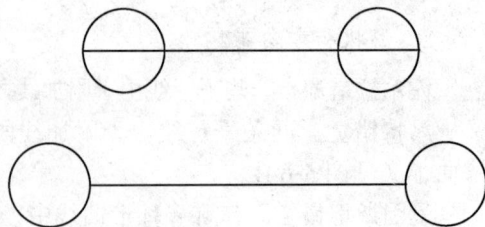

图 5-7　对深度加工理论的挑战

长度相等，根据深度加工理论，由于有 4 个圆所提供的深度线索，应该认为上面的线段长，但是，人们没有产生潘佐错觉，而是产生了与缪勒—莱伊尔错觉相类似的错觉，认为下面的线段长。

（三）研究错觉的意义

首先，研究错觉具有重要的理论意义。错觉虽然奇怪，但并不神秘。错觉的产生，既有客观原因，也有主观原因。研究错觉的成因有助于揭示正常知觉的规律。

其次，研究错觉也有重要的实践意义。从消极方面来看，有助于消除错觉对人类实践活动的不利影响。例如，飞机在大海的上空飞行时，由于水天一色，有时会不能区分上下，容易产生"倒飞"，从而出现事故。搞明白错觉的成因，在训练飞行员时就可以有的放矢，积极避免事故的发生。从积极方面来看，我们可以利用某些错觉为人类服务。例如，利用缪勒—莱伊尔错觉，把衣领竖起来，可以使脖子显得短一些；利用多尔波也夫错觉，眼镜框小一些，会使别人觉得眼睛大一些，等等。

第三节 ┃ 知觉的基本特征

一、知觉的整体性

知觉反映事物的整体，不是事物的个别属性，这就是知觉的整体性。例如，看到一只苹果，我们知觉到的就是一只苹果，而不仅仅是苹果的颜色、气味或其他个别属性。对于任何事物，我们的知觉所给出的都是事物的整体，是对整体的反映。

知觉的整体性主要表现为，对于以前知觉过的事物，如果这个事物的个别属性再次作用于我们的感官，那么，我们就会对这个事物产生完整的映像。例如，过去在看见汽车的同时，也听见了汽车的喇叭声，现在，如果只是听见了汽车的喇叭声，我们就会产生对整辆汽车的知觉。

（一）知觉中整体与部分的辩证关系

在知觉活动中，整体与部分既对立又统一，二者的关系是辩证的。

首先，整体由部分组成，对整体的知觉离不开各部分的特点。如图 5-8 A 所示，尽管这些黑点没有用线段连起来，但是我们仍然能看到一个三角形和一个长方形。

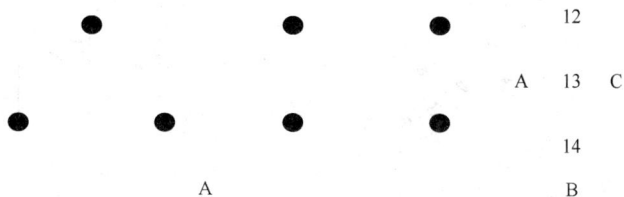

图 5-8　整体与部分的辩证关系

在这里，我们的知觉把视野中的个别成分组织成为一个整体结构。由于黑点的数量不同，空间分布不同，所以，我们知觉到的形状也就不同。可见，部分的特点对整体具有重要影响。

其次，对部分地知觉，也离不开整体的特点。如图 5-8 B 所示，同样的一个部分"13"，如果它处在数字系列里，就被知觉为"13"，如果处在字母系列里，就被知觉为"B"。可见，整体的特点对于部分也有重要影响。

（二）整体性所依赖的条件

1．知觉对象的特点

20 世纪初以来，认知心理学陆续提出了一些图形组织原则，认为，在视野中的各个部分，如果具备了以下特点之一，就容易被我们的知觉组织成为一个整体。

邻近性。在其他条件相同时，空间彼此接近的部分，容易被知觉为一个整体，如图 5-9 A 所示，左面的三条线段被视为一个整体，右面的两条线段被视为一个整体。

相似性。视野中相似的成分容易被知觉为一个整体，如图 5-9 B 所示，两列圆被视为一个整体，两列叉被视为一个整体。

对称性。在视野中，相互对称的部分容易被知觉为一个整体，如图 5-9 C 所示，两个月牙形由于对称，而被视为一个整体。

良好连续。在视野中，连续的部分比离散的部分容易被知觉为一个整体，如图 5-9 D 所示被视为两条曲线，而非四条线或 14 个黑点。

共同命运。在视野中，同方向运动的部分容易被知觉为一个整体。例如，马路上，同时前行或同时后行的几辆车容易被看作一个车队，而一辆前行和一辆后行的车，则难以被看作一个车队。

封闭。在视野中，封闭或具有封闭趋势的几个部分容易被知觉为一个整体，如图 5-9 E 所示被视为一个整体，而不是 4 个大括号。

简单性。视野中的具有简单结构的部分，容易被知觉为一个整体，如图 5-9 F 所示被视为一个矩形和一个弧形，而不是一个不规则图形。

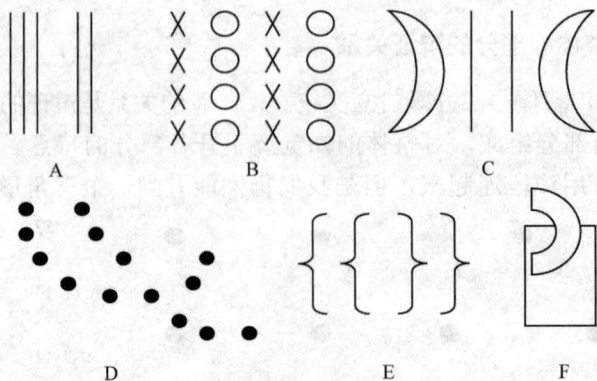

图 5-9　图形的组织原则

2. 知觉者的知识经验

一个人能否把呈现在面前的刺激知觉成为一个整体，不仅仅与这些刺激有关，而且和知觉者的主观状态，特别是知识经验有密切关系。例如，我们听见了汽车的喇叭声，之所以能够在头脑中产生一辆汽车的知觉而不是一辆自行车的知觉，是因为我们的知识经验告诉我们，这种喇叭声是由汽车发出的，自行车的铃声与汽车的喇叭声不同。如果传入耳边的声音是我们从来没有听见过的，那么，我们也绝不可能产生知觉。可见，知识经验对于知觉的整体性具有重要意义。

二、知觉的选择性

知觉的选择性是指，在知觉时，尽管同时接受了很多刺激，但是，我们总是把这些刺激分成两类，一类作为知觉对象，其余的都作为知觉的背景。例如，学生在上课时，就同时接受了许多刺激，只以听觉刺激为例，不仅有教师讲课的声音，同学翻书的声音，还有教室外边的声音，学生对这些刺激并不是一视同仁的，而是在知觉选择性的作用下，将教师的讲课声音作为知觉对象，其他声音都作为知觉背景。

（一）知觉中对象和背景的关系

在知觉中，对象和背景互相转化、互相依赖。

知觉对象从背景中分离，与注意的选择性有关。当注意指向某种事物的时候，这种事物就成为知觉对象，其他事物就成为知觉背景。当注意从一个对象转向另一个对象时，原来的知觉对象就成为背景，原来的背景就成为知觉对象。因此说，知觉的对象和背景是可以互相转化的，如图 5-10，以黑色为对象，可以看到一个男士；若以白色为对象，就会看到人脸。

知觉对象的确定，不仅取决于对象本身的特点，而且受对象所处背景的影响。例如，若教室内很安静，那么，即使教师用很低的声音讲课，学生也能听清楚；若教室中噪声很

图 5-10　对象和背景的转化

大，那么教师用相同强度的声音讲课，学生就听不清楚了。可见，对象与背景的关系是互相依赖的，强度大的刺激容易被作为知觉对象，强度小的刺激容易被作为知觉背景。

（二）选择性所依赖的条件

什么样的刺激物容易从背景中分离出来作为对象，这和刺激物的特点有关，也和知觉者的主观状态有关。前边已经说过，知觉的选择性与注意的选择性有关，其实可以认为，知觉的选择性特征来源于注意的选择性功能。所以，知觉选择性所依赖的条件就是引起人们对某一事物发生注意的条件。

1. 刺激物的特点

刺激物的强度。环境中强烈的刺激容易引起人们的注意，从而被选择为知觉对象，微弱的刺激往往作为背景。

刺激物的对比。对象和背景之间差别越大，对象越容易从背景中分离出来；差别越小，分离就越困难。

刺激物的变化。如果在我们所接触到的各种刺激中，有一个刺激是运动的，其他刺激都是静止的，那么这个运动着的刺激就会被作为知觉对象。

刺激物的新异性。在众多刺激中，有一个刺激具有与其他刺激明显不同的特点，这个新异的刺激就容易被作为知觉对象。

2. 知觉者的主观状态

知觉者的需要、愿望、目的任务、兴趣爱好、知识经验等都会影响知觉的选择性。

三、知觉的理解性

在知觉当前事物时，人们总是根据过去的知识经验，对知觉对象做出某种解释，使它具有一定的意义，这就是知觉的理解性。知觉理解性的主要表现是用一个概念把当前事物标志出来，因为能够对某一事物进行命名，就说明我们理解了这一事物；如果不能命名，就说明没有理解。

（一）理解性所依赖的条件

知觉的理解性主要依赖主体，依赖知觉者的知识经验。知觉者之所以能够对知觉对象做出某种解释，是因为他具有这方面的知识经验，否则不可能做出解释。例如，我们进入一间教室，马上就能指出黑板、讲台、桌子、椅子，就是因为我们的知识经验帮助我们理解了当前事物。即使我们缺乏必要的知识经验，我们也试图运用我们已有的知识经验对当前事物尽可能的作出解释，如图 5-11 所示。

（二）理解性的意义

1. 有利于知觉的整体性

在不理解的情况下，知觉的整体性经常会受到破坏，在看一些不完整的图形时，知觉的理解性可以帮助我们把缺少的部分补充起来，看成一个整体，如图 5-12 所示，正是理解性告诉我们这是三角形和矩形，我们才有了完整的知觉。

图 5-11　不可能图形　　　　　　　　　　图 5-12　不完整图形

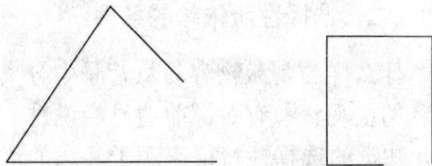

2. 使知觉更清晰更精确

知觉的理解性可以使我们的知觉更精细，把握更全面更准确的信息，如图 5-13 所示，如果把两个图形都理解为长方体，那么知觉就是清晰精确的。

四、知觉的恒常性

当知觉条件在一定范围内发生变化时，我们的知觉会保持不变，这就是知觉的恒常性。例如，一个人的头发看起来总是黑色的，如果某人的头部一边向光，另一边背光，那么从刺激的物理分析来看，给予我们的刺激当然是半白半黑的，但是我们怎么看也看不出这个人的头发一半白一半黑，而总是看成全黑的。其实，这就是恒常性所导致的。

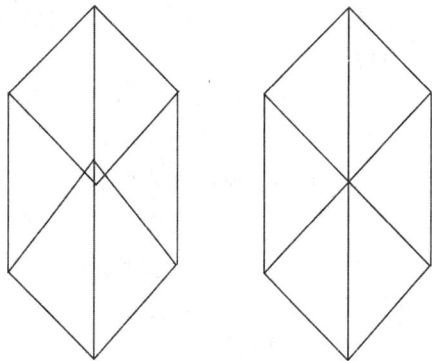

图 5-13　长方体

（一）恒常性所依赖的条件

1. 知觉条件的变化范围要适当

知觉条件在一定范围内变化时，知觉才能保持恒常性。如果知觉条件的变化超出了一定范围，知觉的恒常性就会被破坏。例如，在 5 楼上往下看行人，和在马路上看行人是一样的，这是由于知觉的恒常性；但是，坐在飞机上往下看地面上的人，人就和蚂蚁一样大小了，这是因为距离太远，恒常性被破坏所导致的。

2. 知觉者的知识经验

知觉之所以具有恒常性，是因为我们过去知觉过这个东西，过去的知觉在头脑中留下了知识经验，这种经验就会影响当前的知觉，使知觉具有了恒常性。例如，我们由于过去多次的经验，发现人的黑头发在不同照明条件下，会显出不同的黑白变化。现在，在某种照明情况下，看到人的头发有的地方发白时，在知识经验的作用下，我们仍然会认为他的头发是全黑的。

（二）恒常性的意义

知觉的恒常性可以保证知识的确定性。辩证唯物主义认为，事物总是发展变化的，这种变化包括质变和量变两种。如果我们的知觉不具有恒常性，那么事物所发生的任何一点微小的量变，都会使我们的知觉发生变化，使我们认为当前事物是一个新事物，那么我们就不可能获得确定的信息了。正是因为知觉具有恒常性，我们才能认识用楷体、宋体、草体等书写的同一个字；才能知道一个人无论穿什么样的衣服，都是同一个人，这样就保证了信息的确定性。

第四节 ┃ 观 察

一、什么是观察

观察是在感知觉得同时，通过积极的思维，有目的有计划较持久地认识事物的方法，基本特点是主动性、理解性和持久性。观察不是走马观花，走马观花以任意而为、不求甚解为特征，观察则是有目的有计划的，通过观察，人们要弄清楚当前事物是什么，有什么特点，为什么有这个特点，将来会有什么发展等等，而且由于有思维的参与，观察所获得的感性认识是比较系统的。例如，球迷和教练看同一场足球比赛，球迷是欣赏球员的精彩表现，要求球赛要好看；而教练是通过观察两支球队的表现，从而对两支球队的实力和所擅长的打法等做出判断，并以此为根据，制定出与他们作战的方案。

观察是求知的雷达。在科学研究、艺术创作以及日常学习和工作中，观察都具有重要的作用和意义。一切科学发现都是建立在周密的、精确系统的观察基础之上的。巴甫洛夫十分重视观察，根据他的建议，前苏联科学院"巴甫洛夫生理研究所"的建筑物上，写着他的题词："观察、观察、再观察。"达尔文在总结自己的成就时曾说，"我没有突出的理解力，也没有过人的机智，只是在观察那些稍纵即逝的事物，并对其进行精确观察的能力上，我可能在众人之上。"瑞士著名心理学家皮亚杰对心理学的贡献，也是他大量观察的结果。

观察力就是观察的能力，是智力结构的组成部分，是分辨事物细节、把握事物整体，发现事物典型与不典型的、显著与不显著的特征的能力。

观察力是在经常观察的基础上逐渐发展起来的。长期的系统的观察和训练，可以使观察力从不稳定的、间断的表现，转变为稳定的、经常的表现，这种表现逐渐形成了带有个性特点的观察力。求知欲是发展观察力的主要基础，知识经验是发展观察力的重要条件。具有敏锐、深刻观察力的人，往往能从平常的现象中发现不平常的东西，从表面上貌似无关的东西中发现相似点和因果关系。例如，牛顿观察苹果落地发现了万有引力，巴甫洛夫观察狗流唾液发现了条件反射等等。

二、观察的品质

良好的观察应该具有下列品质：

客观性。良好的观察所得到的应该是事物的本来面目，要正确地如实地反映客观事物，防止主观经验的消极影响。

动态性。事物总是发展变化的，所以不能用静止的观点来对待事物。随着事物的发展变化，要随时改变观的角度、重点和方法。

创造性。良好的观察应该能够在别人习以为常的现象中发现新问题。例如，在发现青霉素之前，许多细菌学家都看到了同类现象，但是他们对这一司空见惯的现象没有足够重视，只有弗莱明在别人习以为常的现象中发现了青霉素的存在，这说明弗莱明的观察具有创造性。

全面性和精细性。观察时要全面仔细，既要把握事物的整体，也不能遗漏细节，既要见到森林，也要见到树木。

准确性与敏捷性。观察时要能辨别事物之间的差别，防止错觉的出现，而且要能抓住稍纵即逝的现象，因为这类现象往往对整个事物的发展起着承前启后的作用。

三、观察力的培养

人的观察力是在观察实践中发展起来的。培养观察力，主要是在观察实践中培养良好的观察品质。

（一）明确观察目的，端正观察态度

组织观察活动时，要明确观察的目的。例如，组织学生去工厂参观，就要提前告诉学生，这次参观是为了写作去体验生活，还是为了学习某个物理学理论去寻找事实根据。到大自然中去观察，是为了欣赏祖国的大好河山，进行爱国主义教育，还是为了学习地理课上的某个理论。这样，明确了观察目的，观察时就会有所侧重，可以防止盲目观察。

观察的态度也要端正。观察时，不能仅凭自己的兴趣去观察，在观察过程中，要时刻注意这次观察的目的任务，要经得起成功和失败的考验。

（二）形成浓厚的观察兴趣

兴趣是最好的老师。一个人对某件事物有了浓厚的兴趣，就会愿意付出较多的时间和精力去了解它，在观察时，就会津津有味地进行细致的观察；如果没有兴趣，往往会敷衍了事，最后只能获得肤浅的印象。

要培养观察兴趣，最好采用设置问题的方法，让观察者带着问题去观察。

（三）制定观察计划

在观察前，应该按照观察的目的，制定出周密的计划，计划的重点是规定详细的观察步骤。这样在观察时，就可以按照计划一步步地进行，不至于遗漏重点。如果没有观察计划，所谓观察就成了随意的浏览，最终只能获得杂乱无章的印象。

（四）准备相关知识

知识经验是发展观察力的重要条件。观察者所具有的关于观察对象的知识越丰富，观察就会越深入。例如，带领学生去动物园观察老虎，如果学生事先预习了猫科动物的相关知识，有相对充分的理论准备，观察的效果就好。如果观察前毫无知识准备，观察的效果就会受影响。

（五）掌握观察技能

1. 选择适当的观察顺序

根据不同的观察对象和观察目的，选择不同的观察顺序，或者采取整体—部分—整体的顺序，或者采取部分—整体—部分的顺序。

2. 多角度观察

一个事物要从不同的角度去观察才能认清它的真实面目。有时，从另一个角度向自己所探索的这个领域进行观察，反而可以看到埋头于这个领域时所看不到的东西。例如，魏根纳是一个气象工作者，他在观察地图时，把大陆板块看作天上的浮云，于是，提出了著名的"大陆漂移说"。

3. 多感官观察

在观察时，不仅要看、要听，还要摸、要闻，这样才可以有效的提高观察力，全面把握观察对象的各种属性。

除此之外，培养观察力时，还应教育观察者注意随手写观察记录，边观察边思考等等。

思考与练习

1. 什么是知觉？
2. 分析感觉与知觉的关系。
3. 简述认知心理学关于模式识别的理论。
4. 简述深度知觉的线索。
5. 简述时间知觉的依据和影响因素。
6. 什么是似动现象？
7. 简述错觉的理论。
8. 简述知觉的基本特征。
9. 简述图形组织原则。
10. 什么是观察？观察的品质是什么？如何培养观察力？

第六章

记 忆

记忆就是过去经历过的事物在大脑这块特殊物质上留下的痕迹。记忆是人的重要的心理品质之一，它在人的工作、学习和生活中都具有非常重要的意义。本章将讨论什么是记忆，记忆有什么作用；记忆的种类有哪些，记忆的生理机制如何；探讨记忆的过程与规律，以及提高记忆力的有效策略等问题。

第一节 | 记忆的概述

一、记忆的概念

（一）什么是记忆

记忆是人脑对经历过的事物的反映。用信息加工的观点看，就是人脑对所输入的信息进行编码、贮存和提取的过程。人们在生活中感知过的事情、思考过的问题、体验过的情绪、经历过的事件、做过的动作、学习过的知识，都可以成为人的经验而保持在头脑中。在以后生活的适当时候能回想的起，或把它们再认出来，这就是记忆。

记忆和感觉、知觉一样，都是人脑对客观事物的反映，同属于人的认识过程。但它又和感觉、知觉不同：感觉和知觉是人们对当前直接作用于感官的事物的认知，相当于信息的输入，而记忆是对过去经历过的事物的认知，相当于信息的编码、存储和提取。记忆是刺激作用后人脑中留下的"痕迹"与印象。例如，分别多年的朋友，不在我们眼前时，仍能想起他的音容笑貌、言谈举止，再见到他时还能认出来。

记忆是保持个体经验的重要形式。个体经验包括两部分：直接经验和间接经验。直接经验是个体亲身经历后的结果，间接经验是人类在长期历史实践中形成的，有时又叫社会文化历史经验。亲口吃梅子知道青梅酸是直接经验，通过他人介绍或阅读知道青梅酸是间接经验。人类保存个体经验的形式是多种多样的。如通过书籍、雕塑、图画、建筑物、电脑光盘等也可以保存经验。但是，只有在人脑中保存经验的过程才叫记忆。

（二）记忆的作用

洛克在《人类理解论》之中说："在有智慧的生物中，记忆之为必要，仅次于知觉。它的关系是很重要的，因此，我们如果缺少了它，则我们其余的官能便大部分失去了效用。因此，我们如果没有记忆的帮助，则我们在思想中、推论中和知识中，便完全不能超越眼前的对象。"可见，记忆在人的心理生活中起着极其重要的作用。

记忆是对客观世界的直接感知过渡到抽象思维的一个中间环节，是人脑积累经验的功能表现。个体经验的积累和行为的逐渐复杂化是靠记忆实现的。离开记忆就不可能形成和积累经验，也不可能有心理的发展。古人有"思而不学则殆"、"终日而思不如须臾之所学"的论断，即是就此而言的；离开了记忆，甚至连最简单的动作都不可能实现，因为，任何活动即使是最简单的条件反射活动都必须以在一定的时间内保留它先前出现过的映像为前提。一旦丧失记忆，人将无法正常生活。正如谢切诺夫所说，"离开了记忆任何现实的动作是不可思议的，因为任何心理活动，即使是最简单的心理活动都必须以保留它的每一个当前的要素为前提，从而把它与随后的要素'联结起来'。没有这种'联结'的能力，发展是不可能的——人便会'永远处于新生儿的状况'"。

二、记忆的种类

人类的记忆现象也是多种多样的，而且随着记忆领域研究的不断拓宽，对记忆种类的揭示和归纳也会相应增多。就最近研究所及，我们可以从3个维度上划分记忆的种类。

（一）记忆的内容分类

依据记忆映象的性质和记忆内容的不同，可以把记忆分为形象记忆、语言—逻辑记忆、情绪记忆和运动记忆。

1. 形象记忆

它以过去感知过的事物形象为内容。它保持了事物的感性特征，具有明显的直观性。如登过泰山，方知泰山的雄伟高大；听过袁阔成的评书，方知他的语言风格；嗅过法国香水，方知它的特殊气味；吃过荔枝，方知它香甜可口的味道等。这些都属于形象记忆。正常人的视觉记忆和听觉记忆通常发展的较好，而且在生活中起着主导作用。触觉记忆、嗅觉记忆与味觉记忆，虽然一般正常人也都有一定的发展，但只有从事某种职业的人由于特殊活动的需要，这些非视、非听的记忆才会获得优势的功能。在缺乏某些记忆形式的人的身上，如盲人和聋哑人等，其触觉、嗅觉、味觉记忆得到了惊人的高度发展。

2. 语言—逻辑记忆

它以语词、概念、命题、思想等为内容，具有概括性、理解性和逻辑性的特点。这种记忆所储存的不是事物的具体形象，而是反映事物的内涵、意义、性质、规律的那些定义、公式、定理、规则等。语言—逻辑记忆是人类储存知识的最主要形式，是人类特有的记忆。学生学习科学知识，主要依靠语言—逻辑记忆。因而记忆心理学也涉及此方面的研究成果最为集中。

3. 情绪记忆

它以体验过的某种情绪、情感为内容。当某种情境或事件引起人强烈的情绪、情感体验时,对情境、事件的感知,同由此而引发的情绪、情感结合在一起,都可储存在头脑中,一旦日后有所触发,当初的情绪、情感体验会再度出现。情绪记忆不仅在文艺创作和表演艺术中起了重要的作用,而且也是一个人情感发展过程中所不可缺少的情绪体验积累的心理机制。

4. 运动记忆

它以过去做过的动作或经历过的运动为内容。如我们会骑自行车、会弹奏多首名曲、会编织美丽的毛衣图案、会写一手漂亮的钢笔字等,都离不开运动记忆。运动记忆在获得时较难,但一旦形成,则容易保持、恢复而不易忘记。动作记忆对戏剧、舞蹈、电影演员、体育运动员和技术工人尤为重要。它是人们获得言语和其他各种技能的基础。

(二)记忆的时间分类

20世纪60年代以后,随着信息科学的发展,一些心理学家提出了解释记忆储存的三存储模型(见图6-1)。该模型认为记忆加工有3个不同的阶段,它们分别是感觉记忆、短时记忆和长时记忆。三者的关系可以由图6-1表示出来。来自环境的信息首先到达感觉记忆。如果这些信息被注意,它们则进入短时记忆。正是在短时记忆中,

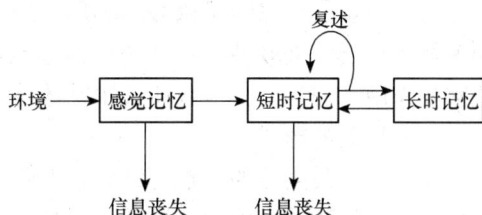

图6-1 记忆的三存储模型

个体把这些信息加以改组和利用并作出反应。为了分析存入短时记忆的信息,你会调出储存在长时记忆中的知识。同时,短时记忆中的信息如果需要保存,也可以经过复述存入长时记忆。在图6-1中,箭头表明信息流在三存储模型中的运行方向。

1. 感觉记忆

它是指当感觉刺激停止以后头脑中仍能保持瞬间映像的记忆。也就是说,当作用于我们的感觉器官的各种刺激消失后,感觉并不随着刺激的消失而立即消失,仍有一个极短的感觉信息保持过程,故而它又称为瞬时记忆。

研究表明,视觉的瞬时记忆一般在1秒以下,听觉的瞬时记忆在4~5秒以下。生活中瞬时记忆最明显的例子是视觉后像,人们在看电影时之所以把一系列断续的画面看成是连续不断的画面,就是视觉后像这种瞬时记忆的作用;而把别人的话语知觉成连贯的谈话,便是瞬间的听觉记忆现象。感觉记忆是人类记忆系统的第一阶段。外界信息通过感觉器官进行感觉,在那里信息被登记,所以感觉记忆也叫感觉登记。关于感觉记忆,研究得较多的是图像记忆和音响记忆。

瞬时记忆最明显的特点就是:信息的保存是形象的;保持的时间很短;信息保持量大。在瞬时记忆中呈现的材料如果没有受到注意就很快消失,如果受到注意就能转入短时记忆。人们生活中的所见所闻可谓多矣,然而由于不可能对每一信息加以注意,故许多信息便仅存留很短的时间就消失了。

2. 短时记忆

它是指对信息的贮存在一分钟之内的记忆。如打电话时查过电话号码后，你就可以凭借这种短时记忆去拨，但拨完后可能就忘了。

短时记忆也称工作记忆，是信息加工系统的核心。在感觉记忆中经过编码的信息，进入短时记忆后经过进一步的加工，再从这里进入可以长久保存的长时记忆。信息在短时记忆中一般只保持 20～30 秒，但如果加以复述，便可以继续保存。复述保证了它的延缓消失。

短时记忆中储存的是正在使用的信息，在心理活动中具有十分重要的作用。首先，短时记忆扮演着意识的角色，使我们知道自己正在接收什么以及正在做什么。其次，短时记忆使我们能够将许多来自感觉的信息加以整合构成完整的图像。第三，短时记忆在思考和解决问题时起着暂时寄存器的作用。例如在做计算题时每做下一步之前，都暂时寄存着上一步的计算结果供最后利用。最后，短时记忆保存着当前的策略和意愿。这一切使得我们能够采取各种复杂的行为直至达到最终的目标。正因为发现了短时记忆的这些重要作用，在当前大多数研究中被改称为工作记忆。

（1）编码的形式

短时记忆最明显的特点是：信息主要以声音代码的形式储存，少量的是视觉的或语义代码。当信息进入短时记忆后，短时记忆倾向于对言语材料、数字、字母等材料的听觉编码，所以声音相似的项目在这种记忆中极易混淆，如"S"和"X"。

除语音代码外，人们在短时记忆中也有视觉代码和语义代码。有实验（莫雷，1986年）表明，汉字的短时记忆以形状编码为主。对于绘画、脸和身体动作以及视觉观察事件所属范畴的短时记忆，倾向于用视觉编码和语义编码。因此，短时记忆的编码方式似乎是随记忆材料而相应变化的。但一般在短时记忆中，听觉编码占主导地位，尤其对言语信息。

（2）储存的容量

短时记忆的信息容量可用组块作为单位来测量。所谓组块是指人们最熟悉的认知单元，是人们通过对刺激的不断编码所形成的稳定的心理组合，如一个字母、一个单词、一个数字、一个成语等。米勒（G. A. Miller，1956 年）认为短时记忆的信息容量为 7±2 个组块，这个数量是相对恒定的。这就是短时记忆的组块理论。

对一个人来讲，不同长度的材料组块数可能相同；而相同材料对不同的人，所构成的组块数也可能差异很大，这取决于人们对材料的熟悉程度。所以组块的大小是可变的，学会将更多的项目组成一个有意义的组块，可以大幅度地提高记忆广度。我国心理学工作者测定的短时记忆的广度是：无联系的汉字，平均一次能记住 6 个，十进位的数字是 7 个，线条排列是 5 个。但如果增加每个组块的信息量，可增加记忆的实际广度。例如，数字 934157860327，虽然刺激组块超过了 9 个，但若把它分成 4 组：934-157-860-327，就能减轻记忆负担，扩大记忆容量。

（3）储存的持久性

在短时记忆中，信息的保持时间是有限的。如果它们得不到复述，就会很快消失掉。

要想使短时记忆中的信息保持长久，即进入长时记忆，必须对短时记忆中的信息进行复述、运用或进一步的加工。

复述是使信息保存的必要条件，对信息的短时保持乃至长时储存都具有十分重要的作用。复述分两种：保持性复述和精细复述。保持性复述是指一遍遍地重复识记材料，可以将信息在短时记忆中保持一段时间，使之处于活动状态。但不一定能将信息编入长时记忆永久保存。精细复述是指将识记的材料与长时记忆中储存的信息建立起联系，便可以长期保存，到需要时比较容易地回忆起来。

3. 长时记忆

它是指信息在头脑中贮存时间超过一分钟，直至数日、数周、数年，乃至终生的记忆。长时记忆是从感觉记忆和短时记忆中获得的所有体验、事件、信息、情感、技能、单词、范畴、规则和判断等的仓库。长时记忆构成了每个人对于世界和自我的全部知识。进入长时记忆中的信息一方面是靠了对短时记忆的重复、运用或加工，把新的材料纳入个体已有的知识系统中，对信息进行一定的分析、归类；另一方面则是因为有些信息十分特殊，由于印象深刻一次就形成了。长时记忆的容量是个天文数字，几乎是无限的。在长时记忆中，信息可能保存至永远。短时记忆是 20 世纪 60 年代后才引起人们广泛研究的。自 19 世纪德国心理学家艾宾浩斯首先系统地研究记忆以来，长时记忆一直是心理学家关注的焦点。

（1）编码形式

一切信息都是通过短时记忆才转换到长时记忆中去的。将信息转入长时记忆的一条重要的有效途径是进行精细的复述，也就是将当前的信息和已有的知识联系起来，赋予它一定的意义，并对信息进行组织。事实上，有的信息似乎不需要意识努力，是自动编码进入长时记忆中的。

1）语义代码。将信息成功地编码进入长时记忆是相对深度水平加工的结果。为了做到深度加工，人们往往忽略了刺激的物理特征或其他细节，集中在信息的意义方面。因此，在短时记忆中主要涉及的是听觉代码，而在长时记忆中主要涉及的是语义代码。或者说，在长时记忆中，人们更多地对一般意义或一般的观念编码，而不是去记事物的特定细节。

2）视觉代码。长时记忆中，人们也将视觉表象编入长时记忆。例如，人们能够较容易地记住图画，一个原因是由于图画具有许多明显的特征，容易吸引人们的注意，进而被接收和编码。另一个原因是，人们对这些刺激同时使用了视觉和语义两种代码进行编码，利用两种代码表征比仅仅使用一种代码在提取时可利用的线索多，所以记忆效果更好。有些人具有很强的遗觉象或称照片式记忆。他们对所看到的一切几乎都具有自动的、长时的、详细而鲜明的表象。大约 5% 的学龄儿童具有遗觉象，而在成人中几乎没有人具有这种记忆。这种储存详细图像的能力为什么随着年龄的增长而消失，至今还是个谜。

（2）长时记忆的储存模型

长时记忆容量大、保持时间长，一般被认为是无限的。但记忆并不是对信息的被动接收与保存，从某种程度上说，它的储存是一个对信息的建构过程。

长时记忆中的大量信息不像一个非常规范、整齐的图书馆，它的特点是有一个各种关系混合的大杂烩式的框架。通过以下几个例子可能有助于我们对它的理解。

首先，你试着记一下表6-1中的30个单词，过一段时间你去回忆时，就会发现长时记忆中的组织工作，即那些单词已被归入4个类别之中：动物、蔬菜、文具和花。归类表现为对于相关或相似的项目，无论在有序或无序的条件下呈现，都是按一定的类别组织起来记忆的。其次，当各种信息在概念上有一定层次的逻辑关系时，在记忆中就会按照它们的共同特性构成一个多层次的概念体系，如图6-2所示。研究证明，这种有层次的组织结构可以有力地提高记忆效果。但是，并非所有的信息都能很好地组织在一个层次化的系统框架里，有些知识被组织在体系不大清晰的框架中，称为语义网络（见图6-3），它包含了表征各种概念的节点和彼此相联系的连线，连线的长短代表着联系的密切程度。依据语义网络，当你想到一个单词的时候，很容易地会想起与之有联系的其他各词，这个过程在理论上叫做扩散激活。

表6-1　记忆实验用词表

斑马	菊花	土豆	野猪	狐狸	玫瑰	书架	骆驼	铅笔	白菜
冬瓜	老虎	香菜	墨水	日历	山羊	丁香	茶花	海豚	牡丹
橡皮	书包	洋葱	大象	腊梅	番茄	水牛	老鼠	茉莉	豌豆

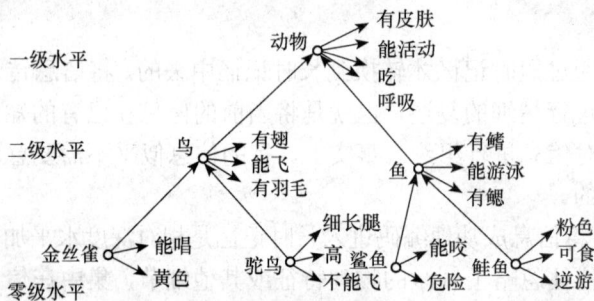

图6-2　长时记忆中概念的层次化组织

通过上述几种组织方式，人的各种知识经验就在长时记忆中构成了一个比较稳定的网络（见图6-3），在心理学中称为图式。图式是一种心理网络结构，它表示的不是许许多多的具体事物，而是各种知识要素的相互联系和相互作用。由于每个人的知识经验不同，所具有的图式也不同。图式对记忆有重要影响，一方面，图式中的一般性知识为编码新信息提供了基础，有助于接受新事物并具有个人特点。另一方面，图式中的一般性知识极大地影响着信息的回忆效果，它使长时记忆中的信息得到激活后，往往不是直接地简单向外提取，而是经过推理进行建构，提取出来的是按照图式改造过的信息。例如，人们根据自己的经验、知识、兴趣、观点重新组织学习的材料，对自认为无关紧要的细节进行删除，夸大感兴趣的内容，将自己不熟悉的事物代之以熟悉的事物，等等。总而言之，人们利用现有的知识组织新的信息，并将新的信息和原有的图式结合起来，不断地建构和发展着庞大而有序的记忆系统。

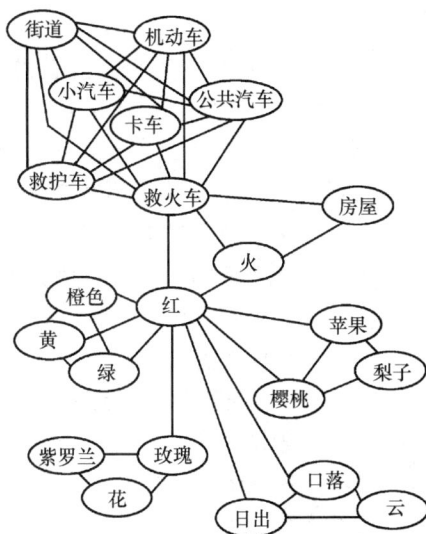

图 6-3 语义网络示例

（三）记忆的意识性分类

根据个体能否意识到自己的记忆，可将记忆分为外显记忆和内隐记忆。这一区分，是近 20 年来记忆研究领域中的最引人注目的成就（见表 6-2）。

这种划分最早是由麦独孤（M. McDougall，1871～1938 年）提出的，自 20 世纪 60 年代末 70 年代初以来，随着人们对内隐记忆现象的研究不断增多而逐渐受到重视。

1. 内隐记忆

内隐记忆指个体在无法意识的情况下，过去经验对当前作业产生的影响，又叫自动的无意识记忆。内隐记忆强调的是信息提取过程的无意识性，而不管信息识记过程是否有意识。也就是说，个体在内隐记忆时，没有意识到信息提取这个环节，也没有意识到所提取的信息内容是什么，而只是通过完成某项任务才能证实他保持有某种信息。正因为如此，对这类记忆进行测量研究时，不要求被试有意识地去回忆所识记的内容，而是要求被试去完成某项操作任务，被试在完成任务的过程中不知不觉地反映出他曾经识记过的内容的保持状况。

知识窗

内 隐 记 忆

心理学对记忆的研究是沿着两条线路展开的：一条是传统的研究——注重对外显的、有意识的记忆研究；另一条便是对内隐记忆的研究，这是当前记忆研究的重点，代表了记忆研究的最新动向。

内隐记忆现象是在遗忘病人身上首先发现的。1854 年，一位英国医生（R.Dunn）报告，一位因溺水昏迷而患遗忘症的妇女，虽然她已完全忘了自己曾学过做衣服这件事，但不久后在学裁剪衣服时却无意中表现出某些裁剪记忆方面的记忆痕迹。1865 年，又有人（E.Clapaede）报告，一位接受针灸治疗的遗忘症病人，治疗结束后，尽管已压根儿忘记了遭受针刺这件事，但她却拒绝与为她实施治疗的医生握手。1889 年，对遗忘症病人的内隐记忆现象进行系统调查者（S.Korsakoff）报告，一位接受过电休克治疗的遗忘症病人早忘了曾受过电击这件事，但当她再次见到电击仪时，却露出了相应的行为表现。20 世纪 60 年代，研究人员（E.K.Warrington & L.Weiskrantz）发现，这种现象在健忘症患者身上都有发现：他们没有意识到自己拥有某方面的学习记忆，但在他们完成有关任务的操作上却表现出了记忆效果。这种现象被心理学家科费（C.C.Cofer，1967 年）称为启动效应。其后，对正常人进行大量实验研究发现，启动效应是普遍存在的，这是一种自动的、不需要有意识回忆的记忆现象。格雷夫和斯科特（P.Graf & D.L.Schacter，1985 年）把这类记忆称为内隐记忆，而把传统的、需经有意识回忆的记忆现象称为外显记忆。从 20 世纪70 年代起，一大批从事实验心理学和认知心理学研究的主流心理学家对内隐记忆研究表现出极大的兴趣，以借此不仅深入理解人类的记忆过程的本质，而且将给教育和教学改革带来许多新的启示和指导作用。

【资料来源】卢家楣主编：《心理学》，上海人民出版社，2005 年版，第 139 页。

沃灵顿和魏斯克伦兹（Warrington & Wriskantz，1967 年，1974 年）在对健忘症患者的记忆研究中发现，他们虽不能有意识地保持学习内容，在再认测验中不能辨别出现前学习阶段呈现过的单词，但在补笔测验中却不知不觉地再现出对这些单词有一定的保持程度。这一发现也就激发起人们对这类记忆现象的研究兴趣。

大量研究结果表明，内隐记忆具有不同于外显记忆的特征。它似乎不完全遵循外显记忆的遗忘规律；内隐记忆的启动效应随时间的推移没有或很少降低；内隐记忆也不明显受干扰因素的影响（Craf & Schacter，1987 年）；学习加工的类型和水平对内隐记忆和外显记忆会产生不同的影响；学习和测验阶段不同的感觉通道对两种记忆也会产生不同的影响（Jacoby & Dall，1981 年）；另外 Tulving（1985 年）还发现，两种记忆的效果在统计上为零相关。

2. 外显记忆

外显记忆指在意识控制下，过去经验对当前作业产生的有意识影响。又叫受意识控制的记忆。使用回忆和再认法所测量的记忆就属于外显记忆。它强调的是信息提取过程的有意识性，也不论信息识记过程是否有意识性（见表 6-2）。简单地说，区别内隐记忆和外显记忆的一个明显的标志就是记忆的提取（检索）阶段是否有意识参与。

内隐和外显记忆的区分大大地扩展了研究者致力于记忆过程所必须解决的问题的范围（Buchner & Wippich，2000 年；Roediger，1990 年）。在艾宾浩斯所建立的传统中，大部分研究关注信息的外显获得。实验者经常提供新的信息给被试让他们保持，而且记忆理论主要致力于解释被试在这些情景下能记住什么和不能记住什么。然而，研究者们现在也发明了研究内隐记忆的方法。因此，我们可以更为全面地认识记忆的各种用途。我们同时也知道，编码和提取信息的大多数情景是记忆的内隐和外显作用的混合（Toth et al.，1994 年）。

表 6-2 以意识为纬度的记忆分类

记忆种类			识记（输入）	提取（检索）
	内隐记忆		无意识	无意识
			有意识	
	外显记忆	不随意记忆（无意识记）	无意识	有意识
		随意记忆（有意识记）	有意识	

三、记忆的神经生理机制

随着生理科学的发展，20 世纪以来，记忆的神经生理机制的研究有了很大的进展。生理学家们对此提出了许多假说。

（一）巴甫洛夫条件反射理论的假说

根据巴甫洛夫条件反射理论，记忆被认为是在大脑皮质上暂时神经联系的接通、巩固和恢复。暂时神经联系的接通，就是识记。暂时神经联系一经形成便会在大脑皮质中留下痕迹；这些痕迹因受到强化而得到巩固，因不强化而消退。这就是保持和遗忘。回忆和再认则被认为是暂时神经联系的痕迹在一定条件下的重新活动。

目前关于暂时神经联系接通机制的研究，主要集中在神经元水平上和分子水平上探讨。例如，有一种假说把暂时神经联系的接通看成是在这条神经通路上的突触发生了某种解剖的或生化的变化；或者是突触前神经末梢的体积增大、变长、数量增多，从而同突触后神经元能更好地接触；或者是突触后细胞发生生化变化，对特定的递质产生有选择性的敏感，从而有助于以后神经递质的传递。但这种假设机制尚缺少明确的证据。

（二）记忆的神经元回路说

记忆的神经元回路说认为，一个记忆对应于一个伴随特定刺激传给脑的冲动的信息群，这些冲动的信息群沿着脑中的神经元依次传递就构成了特定的神经元回路群，特别是冲动碰巧返回到原来的神经元时，就形成了闭合回路。这时该电信号便在其回路内循环，循环传递持续一定时间后，便开始衰减，直到消失。短时记忆就是神经系统反响回路中的反响效应。如果持续的反响活动引起某种比较持久的结构上的变化（如神经元树突数量的增多，突触间隙的变小、生化成分的改变等）便形成了长时记忆。

根据神经元回路说，识记是由电冲动在脑神经闭合回路中反复循环而引起的。如果在闭合回路内的突触及与此相联系的突触中，较短的时间内有很多信号反复流过。这样，闭合回路内的突触就比闭合回路外的突触更容易传递信息。前一种突触称为被易化了的突触，也就是形成了识记。如果被易化了的突触搁置不用，就会恢复到原来未易化状态。

这时即使来了电信号也不能传递，也不能构成易化了的回路。这就是遗忘。因此，我们识记的事情越多、越复杂，脑内就形成越多、越复杂的神经网络。

长时记忆是神经系统中一种相对持久的结构上的变化。一般认为与神经元的结构变化有关。要使短时记忆转入长时记忆，有机体在获得一种经验之后需要持续一段时间对它编码，使神经系统结构上发生变化或使这种变化更加牢固。这种假设称为记忆"巩固"说。记忆巩固说的主要证据来自在经验登记之后，立即对大脑进行干扰的研究。把白鼠置于栅极地板上的一个小平台上。一开始白鼠几秒钟内便跳下小平台。它跳下后便受到栅极地板的电击疼痛，之后第二次它便不会跳下平台了（即它学会了回避反应）。但是，在脚受到电击之后立即给予电痉挛休克，动物似乎"忘记了"电击疼痛，第二天仍很快跳下平台。实验表明，动物学习之后给予电痉挛休克的时间推迟 30 秒钟，电痉挛休克就不会引起遗忘，即动物"记住"不跳平台；延迟的时间越短（0.5，2，5，10 秒），产生的遗忘效应越强（S. L. Chorover & P. H. Schiller，1965 年）。这说明记忆巩固有一个过程。

（三）记忆的神经细胞化学假说

记忆的神经细胞化学假说把核糖核酸（RNA）看作是记忆分子。已有大量的行为证据给这个假说以支持。例如，人脑细胞中 RNA 的浓度，跟人的学习能力一样，起先随年龄而增长，然后又随年老而下降。当神经细胞受到反复刺激时，RNA 在这些神经细胞中的浓度会增加（H.Hyden & E.Egyházi，1962 年）。RNA 的合成被阻断，动物的记忆就遭到破坏。

RNA 的分子相当长（可能有几千个单元），非常易变化，可能的各种特殊变化数目为 $10^{15} \sim 10^{20}$。这就是说，一个 RNA 分子能潜在地编码极大量的信息。但是，记忆信息是否确实在 RNA 中编码？是如何编码的？这种编码又是什么？至今仍是一个谜。因此，目前我们只能说 RNA 可能是记忆分子。

（四）记忆的脑定位说

关于记忆在脑内是否都有特殊的定位的问题，学者们的看法并不一致。目前一般的看法是：记忆是不同脑部位都参与的复杂的联合活动（信息多数存贮在大脑皮层，也有信息存储在边缘系统、丘脑、脑干网状结构等部位），但是不同的脑部位存贮信息的功能是不同的。

上述记忆神经生理机制的假说，都有一定的实验依据，但也有不足之处。可以相信，随着现代科学技术的进步，人类终有一天会揭开记忆生理机制之谜。

第二节 | 记忆过程及规律

记忆的基本过程由识记、保持、再认和回忆 3 个环节组成。从信息加工的观点来看，记忆就是信息的输入、编码、储存和提取的过程。

一、识记

识记是人们识别并记住该事物的过程。它是记忆的第一个环节。

从信息加工的观点来看，识记是信息的输入和编码过程。在编码时，人试图将当前经验同某一名称相联系。这一过程通常是自动的迅速的，因而未被意识到。进一步的编码过程是使新输入的信息同已有的知识经验建立广泛的联系，从而形成知识网络。

（一）识记的种类

1. 无意识记和有意识记

根据学习者是否按预定的目的任务进行识记，可把识记分为有意识记和无意识记。

（1）无意识记

无意识记是指事先没有预定目的，也没有经过任何意志努力的识记，也称不随意识记。它最典型的表现就是人们在日常生活中不知不觉地记住了某些东西。我们生活中的好多事情都是靠无意识记记住的。如看一场精彩的电影，听一段妙趣横生的相声，中间许多内容便被记住，虽然自己并没有给自己提出识记的目的，也未采取必要的方法。

无意识记的特点是不易疲劳，但有很大的被动性、偶然性和片段性。

无意识记具有很大的选择性。一般来说，那些在生活中具有重大意义的事物，适合人的需要、兴趣、活动的目的与任务的事物，激起强烈情绪的事物，尤其是造成强烈印象的事物，往往容易被无意地记住。像初次走进大学校门的情景，某位教师首次登台的讲话，常常一下就进入了人们的记忆中，并保持良久。

（2）有意识记

有意识记是事先有预定目的，并经过一定意志努力的识记，又称随意识记。它最典型的表现就是人们在工作、学习中去用心记住某些东西。由于它具有主动性特点，适宜完成系统性和针对性的识记任务，是学习活动最主要依靠的识记类型。

有意识记对人们的作用更大。可以说，学生要掌握系统的科学识记，主要是通过有意识记实现的。如学生上课要认真听讲，并做好笔记，课后对教授内容进行分门别类地整理加工，通过不断地读、写、背等手段，达到对所学知识的牢固保持。在这个过程中是要付出很大的意志努力的。

在一个实验（Gleitman & Gillett，1957年）中，向两组被试呈现相同的材料，如用相同的时间播放一个单词词表的录音，要求有意识记组记住单词并告诉他们学习后要进行测验，要求无意识记组评价每个单词的发音（被试注意到词表，但没有记忆任务）。识记完后，两组都进行回忆测验，结果表明，有意识记组的回忆成绩明显优于无意识记组。进一步的研究表明，这是因为学习动机使有意识记组对学习材料进行了复述并将它们构成较有意义的大组块之故。

2. 意义识记和机械识记

根据识记材料有无意义或识记者是否了解其意义，可把识记分为意义识记和机械识记。

（1）机械识记

机械识记是指在不理解材料意义的情况下，只根据材料的外部联系或表面形式，采取简单重复的方式进行的识记。例如材料本身没有内在的必然联系或材料本身是有意义的，有内在联系的，但由于学习者知识经验水平的局限，一时对材料不能充分理解，如外语生词、仪表数字、人名地名、化学元素等等。从学习的效果看，机械识记不如意义识记，但机械识记在人们的生活、工作和学习中又是必不可少的，因为学习过程中总会有些材料对个人来说是少有意义的，只得先采用机械识记。有时材料本身富有意义，但学习者一时难于理解，也只能先机械识记，随着知识经验的积累再逐步加以理解。

（2）意义识记

意义识记是指在理解材料意义的基础上，依靠材料本身的内在联系进行的识记。如科学概念、范畴、定理、规律、历史事件和文艺作品等都是有意义的材料，在识记这类材料时，一般不会采取逐字逐句强记硬背的方式，而是先理解其基本含义，借助自己已有的知识经验，通过思维的分析和综合活动，把握材料各部分的特点和内在逻辑关系，使之纳入认知结构而保持在记忆中。这种识记和积极的思维活动密切联系，又往往运用已有的知识经验，提高了识记的效率和巩固性。一个人意义识记的全面性、精确性、牢固性及迅速有效性，主要是依靠主体对识记材料理解的程度。肯斯莱（Kingsley）用 3 种不同的记忆材料比较识记的效果，结果如表 6-3 所示。

表 6-3　3 种不同材料识记效果的比较

识 记 材 料	回忆的平均数/个
15 个无意义音节	14.47
15 个由 3 个字母组成的孤立的英文单词	19.95
15 个彼此意义相关联的英文单词	13.55

实验结果表明，在识记材料数量相等的情况下，彼此有意义且相关的英文单词识记效果好，3 个字母组成的孤立的英文单词次之，无意义的音节最差。可见，意义识记涉及了两方面的问题：一是材料本身是否反映事物的本质及其内在联系；二是识记者本人所具有的知识经验及思维活动水平。只有当识记材料能被纳入到学习者已有的知识系统之中，学习材料才容易记住。因此，意义识记的基本条件是理解。

（二）影响识记的条件

识记效果的好坏受许多条件的限制，概括起来有以下几个方面：

1. 识记的目的

有无明确的识记目的，直接影响识记的效果。明确的识记任务及相应的目的有利于调动一个人的识记积极性和针对性，从而增强识记效果。一般说来，识记目的越明确，对材料的识记也越精确。不仅如此，识记材料保持的持久性也依赖于目的。识记目的定得越长远，识记的效果往往越持久。

2. 识记的态度

对识记内容采取积极的态度,识记时注意力集中并积极地进行思维活动,识记往往进行得迅速,保持也牢固。实践证明,高度集中注意地阅读两遍课文,比漫不经心地浏览十遍的识记效果好得多。

当集中注意时,大脑皮层的相应区域就处于优势兴奋状态,从而保持对信息的顺利加工。否则,注意不集中地学习无异于浪费时间。识记时积极思维的成分越多,识记效果往往越佳。

前苏联著名心理学家斯米尔诺夫曾做过这样一个实验:给被试提出一系列成对的句子,其中每一对句子都符合一种文法规则,要被试指出每一对句子所符合的文法规则,并按照文法规则独立地造一个句子。当时并未提出识记句子的要求。但次日要他们回忆主试所给的句子,自己所造的句子。结果,被试对自己所造的句子的回忆效果比对实验者所提出的句子的识记效果高 3 倍。可见,越是经过积极思维的材料,越易记住。

3. 材料的性质和数量

识记的效果受识记材料的性质、难易和数量所制约。材料的性质不同,识记效果也就往往不同。一般来说,直观形象的材料比抽象的词汇、符号易记,视觉形象比听觉形象易记。

另外,难易不同的识记材料在记忆进程中是不同的。如果识记的材料是容易的,一般开始时进展较快,后来逐步缓慢,成一减曲线。如果识记艰深难懂的材料,常在开始时进展较慢,后来逐步加快,成一加曲线。

研究表明,识记的材料数量越多,识记所用的平均时间和次数也就越多,如表 6-4 所示。

表 6-4　识记材料数量与识记时间

课文词句字数/个	识记总时间/分	100 字平均时间/分
100	9	9
200	24	12
500	65	13
1 000	165	16.5
2 000	350	17.5
5 000	1 625	32.5
10 000	4 200	42.0

4. 对材料的理解程度

理解是识记的必要条件。理解了的识记比较迅速和牢固,这是因为它与主体已经掌握的知识、与人的过去经验发生了内容丰富的联系。为了理解识记的材料,应该先对材料进行分析,把它的基本观点、论点、论据以及逻辑结构标示出来,然后以自己的语言把它们概括而确切地叙述出来,这就是通常学习时所做的提纲。由于识记的材料经过自己的分析综合,并用自己的语言加以表述,使材料获得了明确的、有条理的逻辑关系,因此就比较容易记忆和保持。

5. 识记方法

识记方法对识记效果有重大影响。

(1) 意义识记优于机械识记

以理解为基础的意义识记比机械识记的效果好得多。对此，有学者指出："关于人类识记，经过一个世纪的充分研究，我们所能说的最基本的东西也许就是，除非把一件事情放进构造好的模型里面，否则，很快就会忘记。"鲍斯菲尔德（W. A. Bowsfield，1953 年）通过实验，让被试学习一个字表，上面印有：长颈鹿、萝卜、斑马、潜水员、菠菜、掮客、面包师、黄鼠狼、打字员等 60 个单词。被试可以自由地研究和分析，当被试发现这些词分属四个范畴动物、植物、人名和职业时，其识记效果便显著提高。

在理解中，新旧知识相互作用，新知识得到组织加工，形成一个系统并被纳入已有的认知结构中去。现代认知心理学关于记忆编码的研究有力地支持了这一结论。而各种形式的编码和贮存的实质即是对材料的意义进行分析、组织加工，从而形成某种知识网络的过程。

(2) 综合识记优于整体识记和部分识记

识记的一般方法有：整体识记法、部分识记法和综合识记法。整体识记法是将识记材料整篇阅读直至成诵为止。部分识记法是将识记材料一段一段阅读，到分段成诵后再合并整篇成诵。综合识记法是将整体局部材料相结合，即先进行整体识记再进行部分识记，最后再进行整体识记直至成诵。在一项实验中，让被试分别采用上述 3 种方法记忆同一首诗篇，结果如表 6-5 所示。

表 6-5 3 种记忆方法识记效果的比较

识记方法	识记效果	
	所需时间/分	20 天后再现时平均需要提示的次数
整体识记	8	4
部分识记	16	7
综合识记	6	1.5

实验表明，识记效果最好的是综合识记法，最差是部分识记法。不过上述 3 种识记方法的优劣并不是对所有材料都是一样的。一般来说，材料较短且具有意义联系的可采用整体识记法；如果材料意义联系较少，可采用部分识记法；如果材料有意义联系但较长又较难，则采用综合识记法。

二、保持与遗忘

(一) 保持

保持是识记过的经验在脑中的储存和巩固过程。它是记忆的第二环节，是实现回忆的必要前提。

保持是一个富于变化的过程，一是数量的变化，随时间流逝，保持的量会越来越少；二是质量的变化，原来识记过的材料在保持过程中会出现与原先不一致的现象。

英国心理学家巴特莱托（F. C. Bartlett）做了一个实验：拿一幅画给第 1 个人看后，要他画出，然后这个人画出的画给第 2 个人看，这样下去，直到第 18 个人，图 6-4 就是 1、2、3、8、9、10、15、18 个被试画出的图形。我们从图中可以看到，记忆中图形有了显著的变化。

记忆的恢复也是保持内容变化的表现。美国心理学家巴拉德（P. B. Ballard）曾让 12 岁左右的儿童识记一首诗，结果发现延缓记忆的数量超过直接回忆的数量。这种现象称为记忆的恢复现象。如以直接回忆定为100%，并在此基础上计算出延缓回忆的百分数，就能得到图 6-5 的结果，回忆成绩曲线上有一段隆起。

图 6-4 保持中信息的变化

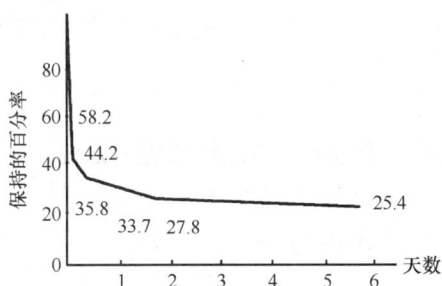

图 6-5 艾宾浩斯遗忘曲线

记忆恢复现象儿童比成人普遍；学习困难材料时比学习容易材料时更为常见；学习不充分时比学习纯熟时更容易出现；并且记忆恢复的内容大部分处于学习材料的中间部位。

记忆恢复现象之所以发生，是由于识记时抑制的积累影响识记后的记忆成绩。过了一定时间，抑制解除，回忆成绩可能增高。不过，产生这种现象的原因也可能由于记忆在识记之后需要有一个巩固发展的过程。

（二）遗忘

1. 遗忘的概念

对于识记过的材料，不能再现或再认，或者错误地再现和再认，就叫遗忘。遗忘是与保持相反的过程。遗忘有不同种类：能再认不能回忆的叫部分遗忘，不能再认也不能回忆的叫完全遗忘，一时不能再认或回忆叫临时性遗忘，永远不能回忆或再认叫永久性遗忘。

2. 遗忘的规律

德国心理学家艾宾浩斯（Ebbinghaus，1885 年）运用无意义音节来考察遗忘的规律。他以自己为被试，以无意义音节为材料，以再学时的时间节省率为保持量的指标，根据表 6-6 的实验结果，绘制成艾宾浩斯曲线（见图 6-5）。这条曲线表明，遗忘进程是不均衡的，在识记后遗忘得较快，经过一定时间间隔后，遗忘逐渐缓慢下来，即遗忘的进程是先快后慢。

表 6-6　不同时间间隔后的记忆成绩

时间间隔	重学时节省时间的百分数/%	时间间隔	重学时节省时间的百分数/%
20 分钟	58.2	2 日	27.8
1 小时	44.2	6 日	25.4
8~9 小时	35.8	31 日	21.1
1 日	33.7		

遗忘的进程受许多因素制约，如识记材料的性质、数量，识记的方法及识记的程度等。研究表明，在人的生活和活动中不占主要地位的、引不起人的兴趣，不符合人的需要的东西，容易被遗忘；有关事物的细节部分易忘而使人感兴趣又具有情绪作用的东西却不易忘；比较复杂的材料，两头不易忘而中间易忘。因此，并不是所有识记的东西同样地被遗忘。

3. 影响遗忘的因素

（1）材料的意义

最先遗忘的材料是对识记者没有重要意义的、不感兴趣的、不符合需要的、在工作学习生活中不占主要地位的那些材料 。

（2）材料的性质和数量

一般说来，熟练的动作和形象的材料遗忘得慢。形象的材料也比较容易记住。有意义的语文材料比无意义的材料保持得更好。在学习程度相等的情况下，识记的材料越多，忘得越快；材料少，则忘得较慢。所以，学习时不要贪多求快。

（3）学习的程度

学习一种材料，达到完全正确背诵后仍然继续学习，称为过度学习。过度学习有利于识记材料的保持。学习程度 100% 是指被试学习达到首次完全正确的背诵；学习程度 150% 是指原来学习 1 小时后能正确背诵一次，再学习进行半小时的过度学习；或者是指学习 10 遍后能正确背诵一次，再学习 5 遍，其余类推。

（4）识记后的休息

识记后的休息情况是否良好，也会影响保持的效果。因为识记所引起的个体大脑内的记忆"痕迹"，需要一定时间才能巩固，否则就难以保持。

国外学者 Idzikowski 在 1984 年进行了这样的实验：以大学生为被试，识记由 16 个无意义音节组成的音节表。然后将被试分成两组，一组被剥夺当天夜里的睡眠，另一组则照常睡眠。结果发现，剥夺睡眠组保持效果明显低于未剥夺组（见表 6-7）。进一步实验发现，只要识记的当天夜里保证睡眠休息，那么第二天夜里若无睡眠，其保持效果也不会有明显下降（见表 6-8）。这表明，识记后最初阶段的休息尤为重要，它对保持效果有直接影响。

表 6-7　识记后当天睡眠剥夺对记忆的影响

	当夜无睡眠	睡　　眠
初学遍数	26.83	29.00
重学遍数	18.33	14.00
节省百分数	69.88	85.54
自由回忆	17.17	19.33
预期回忆	15.00	18.54

表 6-8　识记后当天睡眠对记忆的影响

	第二天无睡眠	睡　　眠
初学遍数	35.62	35.08
重学遍数	5.31	5.62
节省百分数	83.85	83.01
自由回忆	7.92	8.08
预期回忆	10.15	9.92

（5）识记材料的系列位置

识记材料的系列位置不同，遗忘的情况也不一样。一般是系列材料的开始部分最容易记住，其次是末尾部分，中间偏后一点的项目则容易遗忘。材料开头部分回忆率较高，被称为首因效应；材料末尾部分回忆率也较高，被称为近因效应；而材料中间部分回忆率最低，是因为受前摄抑制和倒摄抑制影响的缘故。所谓前摄抑制，是指先学习的材料对识记和回忆后学习的材料的干扰；而倒摄抑制指后学习的材料对保持、回忆先学习材料的干扰作用。这种材料顺序对回忆效果的影响叫系列位置效应。系列位置效应在日常生活中也很常见。例如，学习一篇课文，一般总是开头和结尾部分容易记住，而中间部分则容易忘记。其原因是，课文的开始部分只受倒摄抑制的影响，不受前摄抑制的影响；结尾部分只受前摄抑制的影响，不受倒摄抑制的影响；中间部分则受两种抑制的影响，因而最易遗忘。

4. 遗忘的原因

遗忘可以分为暂时性遗忘和永久性遗忘两类。暂时性遗忘是指已经进入长时记忆的内容一时不能提取，但只要有适当的条件还可能再认或回忆，经验还可以恢复；永久性遗忘是指记忆的材料未经复习而消失。

关于遗忘的原因，心理学家提出了各种不同的看法，我们称之为遗忘理论。

（1）衰退说

这是一种最古老的遗忘理论。这一理论认为遗忘是记忆痕迹得不到强化而逐渐减弱，以至于最后消退的结果。如果记忆中的信息经常获得复习或提取使用，其痕迹就会得到巩固，但如果长时间不复习，也不使用，就会"日渐淡忘"。这种理论较符合常识，但难以用实验证实。

（2）干扰说

这一理论认为，遗忘是由于记忆材料之间的干扰，产生了相互抑制，使所需要的材料不能提取。这种学说强调了新旧材料之间的相互干扰。一旦排除了这些干扰，记忆就能够恢复。

（3）提取失败说

这种理论认为，遗忘不是由于记忆痕迹的衰退，而是失去了提取线索或线索错误所致。就如我们明明知道试题的答案，一时就是想不起来；明明知道某人的姓名或某个字，可是就是想不起来一样。一旦有了提取的线索，信息就可以被提取出来。这种明明知道某件事，但就是不能回忆出来的现象称为"舌尖现象"。

国外多项研究表明，人确实有未被意识到的记忆保持着。我们感觉已经被"遗忘了"的材料，实际上仍然被保持着，只是没有被提取出来。所以，我们的长时记忆像一个巨大的图书馆，储存着成千上万的图书，如果没有正确地加以储存，即使是最好的检索线索也不会帮助我们。很多记忆的失败很可能是编码不准确或缺乏检索线索，而非真正的遗忘。

（4）动机说

这种理论认为，任何遗忘都有动机，遗忘是因为我们不想记，于是便把信息压抑到潜意识中去。如果这种压抑被解除，记忆就可以恢复。

弗洛伊德在给精神病人施行催眠术时发现，许多人能回忆起早年生活中的许多琐事，而这些事情平时是回忆不起来的。它们大多与罪恶感、羞耻感相联系，因而不能为自我所接受，故不能回忆。也就是说，遗忘不是保持的消失而是记忆被压抑。这种理论也叫压抑理论。

（5）同化说

上述 4 种理论都把遗忘看成是一种消极现象。但美国心理学家奥苏伯尔（D. P. Ausubel）却对遗忘持一种积极的态度。他认为，人在记忆中具有积极能动性。遗忘是知识的组织和认知结构的简化过程。在有意义学习中，新旧知识之间通过相互作用建立起非人为的、实质性的联系，新知识同化到原有的认知结构之中。人们在长时记忆中储存的不是零碎的知识，而是经过转换的较为一般性的观念结构。人们遗忘的往往是一些被较为高级的观念所替代的低一级的观念，从而减轻了记忆的负担。这种理论与有意义学习中的具体事实容易遗忘，而一般概念和原理不易遗忘的情形吻合。

5. 加强保持的方法

遗忘不以人的意志为转移。为防止遗忘，加强保持，可采取下述方法：

（1）组织有效的复习

复习是同遗忘做斗争的首要方法。中国古代教育家孔子就十分重视复习的作用，提出了"学而时习之"和"温故而知新"等学习原则。要做到有效的复习，为了提高记忆的效果，必须做到以下几点：

1）及时复习。由于遗忘的进程先快后慢，所以复习必须及时，在遗忘尚未大规模开始前就进行。俄罗斯著名教育家乌申斯基说过：我们应当巩固建筑物，而不应当等着去修补已经崩溃了的建筑物。及时复习可以阻止通常在学习后即发生的遗忘。像对外语单词的复习最好在识记后 24 小时内进行，第一天晚上学过的材料最好在次日上午进行复习。

2）合理分配复习时间。复习时间的合理分配是复习获得良好效果的重要条件。连续进行的复习称为集中复习，复习之间间隔一定时间称为分散复习。一般来说，分散复习优于集中复习，但优异程度，视下列因素而定：①材料的意义性。意义性低的材料比意义性高的材料分散复习效果更佳；②材料的难度。难的材料比较为容易的材料，更适合分散复习方式。分散复习之所以优于集中复习，是因为分散复习有较多的时间间隔，可使记忆联系得到巩固，有利于解除重复学习产生的疲劳与厌倦，在不同情境下学习可建立较多的提取线索等。至于分散复习时间间隔的长短，要根据材料的性质、数量、识记的巩固程度等而定。一般说，最初复习时，各次复习的时间分布应当密一些，因为材料的初步识记所保持的时间较短，以后，各次复习的间隔可逐渐拉长，每次复习的时间逐渐减少。

3）反复阅读和试图回忆相结合。反复阅读和试图回忆相结合就是通常所讲的"看一看，想一想"，这种阅读和尝试回忆交替进行，可提高复习的效率。盖兹（A. I. Gates）的实验证实这是一种积极的复习方法。他要求被试识记 16 个无意义音节和 5 段传记文章，各用 9 分钟，其中一部分时间用于试图回忆。诵读和回忆的时间分配不同，记忆的效果也不同。结果见表 6-9。

表 6-9 诵读时试图回忆的效果

时间分配	16 个无意义音节回忆百分数/%		5 段传记文回忆百分数/%	
	立刻	4 小时后	立刻	4 小时后
全部时间诵读	35	15	35	16
1/5 用于回忆	50	26	37	19
2/5 用于回忆	54	28	41	25
3/5 用于回忆	57	37	42	26
4/5 用于回忆	74	48	42	26

盖兹认为，最好的比例是 20%阅读，80%背诵。前苏联心理学工作者伊凡诺娃的实验也获得了类似的结果（见表 6-10）。

表 6-10 单纯重复与结合试图回忆两种识记方式的对比

识记方式	回忆的意义单位数量（百分数）		
	1 小时	24 小时后	10 天后
单纯重复学习 4 次	52.5	30	25
2 次学习 2 次回忆	75.5	72.5	57.5

反复阅读和试图回忆之所以能够提高记忆效果，是因为试图回忆是一种更积极的认知过程，要求大脑更积极的活动；同时它又是一种自我检查的过程，让人集中精力学习不能回忆的部分和改正回忆中的错误。

4）采用多样化的复习方法，动员多种感官参加复习。多样化、新颖的复习方法，能够引起和加强学习者的兴趣，调动其学习的积极性，从而提高复习效果。如复习时将学过的知识写出提纲，画出图表，就可以使知识系统化。系统化的知识是成"块"的知识，这种知识容易记住，也容易提取。运用所学知识分析和解决问题也是复习的重要方式，这样做，不仅加深理解，也巩固了记忆。

动员多种感官参加复习活动，也是提高识记效果的一个重要条件。有人让大学生用3种方式识记10张画片，结果如表6-11所示。

表6-11　3种识记方式效果的对比

组别	识记方式	识记效果的百分数/%
1	视觉识记	70
2	听觉识记	60
3	视听结合识记	86.3

一般认为，80%以上的信息是通过视觉识记的，10%以上的信息是通过听觉识记的。因此，动员多种感官参加复习，首先要把视觉和听觉动员起来。视听结合能提高记忆的效果。言语材料和视觉形象结合是储存大量信息的基础。巴拉诺夫曾指出：鲜明的形象是材料特别是困难材料回忆的支柱。在应用图片时外语词汇能识记92%，在翻译性解释情况下，同样的词汇只能识记76%。

5）活动有助于记忆。在教学过程中，把识记的对象作为活动的对象或活动的结果，能使学生积极地参与活动，记忆效果就会明显地提高。

（2）利用外部记忆手段

为了更好地保持记忆的内容，人们还可采取一些外部记忆手段，如记笔记、记卡片和编提纲等，有时还可以将需要保持的内容存入计算机等。

（3）注意脑的健康和用脑卫生

人脑的健康状况直接影响到记忆的好坏。严重的营养不良，特别是缺乏蛋白质，将使记忆力下降。吸毒、酒精中毒及脑外伤等，也会给记忆带来不良影响。另外，用脑卫生也很重要，可采用一些方法使大脑皮层在学习时保持警觉与兴奋状态，如给自己规定明确的学习目的和任务，学思结合，满怀信心地去学习，使不同类型和不同性质的学习在一定时间内交替进行，劳逸结合。

三、再认和回忆

（一）再认

1. 什么是再认

再认是指人们对感知过、思考过或体验过的事物，当它再度出现时，仍能认识的心理过程。再认和回忆没有本质区别，但一般说来，再认比回忆简单和容易。

2. 影响再认的因素

再认的速度和准确性受许多因素的影响，主要有：

1）对旧事物识记的巩固程度。若保持巩固，再认就容易；若保持不巩固，再认就困难。

2）当前出现的事物与以前识记过的有关事物的相似程度。事物总是在发生变化，如果变化不大，再认就容易；如果事物发生了很大变化，再认就困难。

3）材料的性质和数量。材料相似程度越高，再认时就越容易混淆。材料的数量对再认速度也有影响。研究表明，再认英语单词时，每增加一个单词，再认时间就增加38 秒。

4）学习与再认的时间间隔。再认效果随学习与再认时间间隔而变化，间隔越长，效果越差。夏佩德（Shepard，1978 年）给被试呈现 612 张图片，然后从识记过的这些图片中选出 68 张，再将这些图片与从未识记过的图片混在一起，进行再认测验。时间间隔有 1 小时、2 小时、3 天、7 天，直到 12 天。结果表明，再认效果随时间延长逐渐下降。

5）思维活动的积极性。对于不熟悉的材料进行再认时，积极的思维活动（比较、推论等）可提高再认效果。

6）期待和情绪状态。期待可以促进再认，也可以造成再认错误。例如，在合适的情境中识别事物或在合适的语境中识别词，比识别孤立的事物或词要快。文章的作者在校对自己的稿子时却往往难以发现错误。人在惊慌或恐惧时也容易发生再认错误。

7）人格特征。威特金等人（Witkin et al.，1977 年）将人分为场依存型和场独立型。场独立型的人不易受周围环境影响，场依存型的人易受环境影响。这两种人在识别镶嵌图形时具有明显差异。场独立型的人比场依存型的人成绩更好。

在再认发生困难的情况下，就转化为回忆。这时，开始只是对目前呈现的事物产生一种熟悉感，还不能确认这一事物同以前所经验过的事物是否一样。后来，通过回忆，发现了这一事物同先前的印象有共同的特征，这时就再认了这一事物。

再认要依靠各种线索（事物的部分、特点等）来进行，这些线索可以唤起对其他部分的记忆。如再认一个人的姓名时，常常依靠记忆中的这个姓名和他的面貌、举止、声调乃至职务等形成的联系，面貌、举止等就是再认一个人的线索。

（二）回忆

1. 什么是回忆

回忆是指经验过的事物不在面前时，能把它重新回想起来。例如，考试中的问答题就是通过回忆来完成的。

根据回忆是否有预定的目的任务，可以把回忆分为有意回忆和无意回忆。

1）有意回忆，又叫随意回忆。是指有意回忆有回忆的目的和任务，是自觉进行的回忆。例如，学生在考试时为解答问题回忆以往学过的材料；向领导汇报工作的情形等，都属于有意回忆。心理学中把那种根据有关线索，使用一定的策略，通过不断推论和探索，在意志努力下完成的有意再现成为追忆。追忆是一种特殊的回忆形式，它兼有有意回忆和间接回忆的特点。追忆需要思维活动的参与，有时需要巨大的意志努力。

2）无意回忆，又叫不随意回忆。无意回忆是没有明确的目的和任务，是自然而然地产生的回忆。例如，一件往事涌上心头，"触景生情"等，都属于无意回忆。

根据回忆是否需要中介，可以把回忆分为直接回忆和间接回忆。

1）直接回忆。是由当前事物直接唤起旧经验的回忆。例如十分熟悉的乘法口诀、外语单词，通常可以直接地回忆起来。

2）间接回忆。是以其他事物为中介，经过一系列推理过程，回忆起旧经验的回忆。例如，我们如果一时不能直接想起五四运动的年份，就可以利用十月革命和中国共产党的成立等历史事件进行联想：它是在1917年十月革命的影响下发生的，肯定在1917年之后，它又为中国共产党的成立作了准备，所以肯定发生在1921年中国共产党成立之前。通过这样的联想，就能回忆起五四运动发生在1919年。间接回忆含有积极的思维成分。

2. 回忆的条件

回忆的好坏与回忆时的主客观条件有很大关系。识记材料的巩固程度，回忆者的定向、兴趣和情绪状态，回忆者的智力和个性品质，都会影响回忆效果。所以识记的材料巩固性越高，回忆成绩就越好。因此，学生欲对所学知识达到有效回忆，必须在识记和巩固上狠下工夫。活动的定向和兴趣也会影响回忆。从事某种职业的人，往往"三句话不离本行"。人在愉快情绪状态时往往会回忆起令人愉快的往事。当回忆碰到困难需要追忆时，就需要回忆者有足够的机智和判断力。回忆者还需要耐心、冷静、有毅力，不受急躁情绪的干扰，坚持不懈地去寻找有关线索。

3. 回忆的策略

回忆过程中，人们所采取的策略，也会直接影响回忆进程和效果。回忆策略主要有：

（1）联想策略

回忆常以联想的形式出现。由一个事物想到另一个事物的心理活动就叫联想。联想可以分为接近联想、相似联想、对比联想和因果联想等形式。

1）接近联想。空间或时间上接近的事物，容易形成接近联想。例如提到天安门，就会想起人民大会堂；提到春夏，就会想到秋冬。前一种联想是空间上的接近，后一种联想是时间上的接近。空间上的接近和时间上的接近又是经常联系在一起的。运用接近联想可以加强识记和引起回忆。

2）相似联想。性质和形式上相似的事物易于产生联想。如由李白想到杜甫，由柳絮想到雪花。修辞中的比喻，一般借用相似联想来加强其形象性，如似傲雪的红梅坚贞不屈。在学习中，运用相似联想可以提高识记和回忆的广度和深度。

3）对比联想。事物间相反的特性也容易产生联想。如由黑暗想到光明，由真、善、美想到假、恶、丑。通过对比联想更容易看到事物的对立面，对认识事物有重要作用。在学习和记忆中运用对比联想可以提高学习效率和促进记忆。

4）因果联想。事物之间的因果关系也易于形成联想。如由阳光想到温暖，由瑞雪想到丰年。因果联想表现了人更复杂的思维活动。

（2）情境策略

研究表明，呈现与回忆内容有关的情境线索，有助于记忆的恢复。呈现情境与事件或学习发生的情境越相似，恢复就越容易。

（3）双重提取

在回忆过程中，借助表象和词语的双重线索，可以提高回忆的完整性和准确性。

（4）再认策略

在追忆时，可有意想象一些与回忆内容相似的事物，然后从中再认出我们所要追忆的对象。一旦在我们想出的事物中有追忆对象，就会较容易地将它识别出来。

（5）延缓策略

在苦苦思索而回忆不起来时，最好的办法是转移注意，暂时停止回忆。延缓一段时间以后，等抑制解除了，再进行回忆。此时，要回忆的事物便可以油然而生。"踏破铁鞋无觅处，得来全不费功夫"；"众里寻它千百度，蓦然回首，那人却在，灯火阑珊处"，回忆时有这样的情况。所以，有经验的考生在考试时，不是急于做题，而是先从头至尾粗略看一遍，做到胸中有数，未雨绸缪，这样做有利于信息的激活和提取；碰到不会做的题目时，不是去苦苦思索，而是先做会做的题目，过一段时间后，很可能会想起答案。

第三节 提高记忆力的有效策略

一、记忆的品质

人与人之间在记忆方面存在很大差异。有人读书"一目十行"且"过目不忘"，有人能背诵圆周率的小数点后两万位，有人对童年时代的见闻终生不忘，有人刚刚发生的事情转眼就忘记了。

人们常常羡慕那种过目成诵的人，以识记的速度来衡量记忆的好坏，其实速度只是记忆的品质之一，记忆的品质应包括以下几个方面：

（一）记忆的敏捷性

敏捷性是指识记材料储存的速度。对同一种材料，有些人很快就能记住，有些人则需要很长的时间。然而，记得快并不说明记忆力强，因为还要看其他的记忆品质如何。

（二）记忆的持久性

持久性是指识记材料保持的时间。有些人识记过的材料能保持很久而不易遗忘，或很少遗忘；有些人刚刚识记过的东西很快就忘记了。

（三）记忆的准确性

准确性是指材料的识记、保持、再认和回忆的正确性。识记材料时，记得快，保持的时间长久，但如果信息是不准确的，其他的记忆品质也就失去了价值。

（四）记忆的准备性

准备性是指对保持材料的提取速度。有些人学富五车，却难于解决生活中的具体问题；有些人读书破万卷，却下笔费煞神。这些都是记忆准备性差的表现。

二、记忆规律在教育中的应用

（一）记忆规律在教学中的应用

1. 注意教学安排的合理化

（1）要注意合理安排课程

教师应尽可能避免性质相近的课程排在一起。例如，不要把文科类课程或理科类课程都集中在一起上，最好做到文科类与理科类课程交叉安排，其间若插入音、体、美、劳等课程则更好，因为这样能减少由于材料相似而引起的前后抑制对记忆的影响。

（2）要保证课间休息

教师不要延长课堂教学，占用学生休息时间。因为课间休息几分钟，有利于学生巩固上一节课中记忆活动所留下的"痕迹"，提高保持效果。同时也有助于减少由于前后课上的记忆材料的间隔时间过短引起的前后抑制对记忆活动的影响。

（3）要适当调节教学进度

教师应控制每堂课的信息投入量，注意克服教学中比较普遍的"信息量越大越好"的错误倾向，这不仅有利于学生课上的消化、吸收，也会因识记材料数量的适当控制而提高识记的效率。

2. 创设良好的教学心理背景

（1）让学生处于良好的情绪状态

情绪对记忆活动有明显影响，尤其是识记和回忆两个环节，最易受到过分紧张、焦虑等负性情绪干扰。因此教师要善于调节课堂情绪气氛，尽可能消除不利于记忆活动的负情绪干扰。

（2）要使学生具有明确的识记目的

有意识记是教学活动中最主要的识记种类。教师应根据不同的教学内容，提出明确的记忆任务，这样有助于增强学生记忆的针对性。

（3）提高学生对记忆意义的认识

如果记忆的意义仅在于检查和考试这样的近期目标，不利于所学知识的巩固；只有提高对与长远目标相联系的识记意义的认识，即使同样的精力投入，也会大大延长保持时间，改善记忆效果。因此，教师在向学生提出明确的识记任务时，应向学生提出该识记内容的意义和重要性，使之成为学生长久的识记任务，而非短时的识记任务。

3. 改进教学方法和手段

（1）运用记忆规律组织教学内容

从信息加工的角度来看，组块可以说是人们对信息进行的组织或再编码。可见，要想增加短时记忆的容量，提高课堂识记效率，组块是关键。

1）问题组块引导识记。根据教学内容设计一系列相关的问题，形成问题组块，可以帮助学生整体加工和储存信息，达到"整体大于部分之和"的效果。

2）归类组块促进识记。美国近代心理学家杰罗姆. S. 布鲁诺认为，人类的记忆的首要问题不是储存，而是检索，检索的关键在于组块。大脑是记忆的仓库，只有让知识组块有条理地储存在大脑已有的知识结构中，才便于今后的加工、提取。这就提示教师在上课时：精心设计导语，以学习者的期望促进记忆；精心设计提问，以学习者的思考促进记忆；精心设计板书，以学习者的视觉促进记忆；精心设计归类，以学习者的知识网络促进记忆。

（2）结合学科内容教学传授记忆策略

针对理科等逻辑性强、抽象的学科知识，可以运用列表格对比法、归纳网络图法、形象记忆法等，这样有利于消除单调感，增强兴趣性。针对文科的学习，像历史学习中的有串联记忆法，比如归类比较记忆法、提纲要领记忆法、随时强化记忆法等。

（二）记忆规律在自我教育中的运用

运用记忆策略可以改善记忆效果，提高学生学习活动的自觉性，提高记忆的敏捷性、持久性、准确性和准备性。

1. 记忆个体的心身调节策略

任何心理过程都是各个方面相互联系、相互影响的综合心理活动，记忆也不例外。因此，要发掘记忆潜能、提高记忆效果，必然涉及影响记忆的各个方面。

（1）要增强信心

在识记材料时，首先要有自己一定能记住它的信心，如果对自己的记忆力都缺乏信心，则会导致真正的失忆和健忘。因为这种信心缺乏与否的意念会对自己产生暗示作用，引起大脑皮层相应的兴奋或抑制，从而影响个体内在潜能的发挥。

（2）要调动积极性

这涉及个性动力系统的调节，但主要集中于动机的激发上。怀有明确的记忆目的，确定具体的记忆目标，计划长久的记忆任务等，都是旨在调动个体记忆积极性的具体有效的措施。

（3）要调动情绪状态

情绪不仅对认知活动具有动力功能，而且还有调节功能。如前所述，过分紧张或低沉的情绪会抑制人的记忆活动，只有在愉快、有兴趣而较平静的情绪背景下，带有对当前记忆适度的紧迫感和焦虑感，才能更有利于提高记忆的效率。并且每人应该根据自己的特点，调节其最佳点。

（4）要集中精力

注意是心灵的门户，其对心理活动的选择、保持和调节作用同样表现于记忆过程之中。特别是注意的集中程度，对识记的效果有直接影响。因此，在记忆时，要尽力做到集中注意力。

（5）要保证充分睡眠

睡眠的充分与否不仅取决于时间，也取决于质量，尤其是看睡眠中含快速眼动波的多少。睡眠是由快速眼动波和慢速眼动波两种状态反复交替组成的，其中快波睡眠也即梦睡眠，与恢复大脑机能关系密切，青少年的快波睡眠约占 20%～25%。充分的睡眠对识记时的注意和保持的巩固有积极作用，是提高记忆力不可忽视的方面。

2. 记忆材料的优化处理策略

对记忆材料的加工处理，是决定记忆效率和效果的关键，记忆规律的运用，记忆方法的选择，也主要集中于此。该策略还可细分为四个方面，或称四条子策略：

（1）记忆材料的性质转化

如前所述，记忆材料性质是影响记忆的一个重要因素，因此，在对记忆材料进行加工处理时，要尽可能转化为有利于记忆的性质。

1）记忆材料的操作化。即把要记忆的材料转化为操作活动的对象。例如，活动记忆法——通过手操作来记住有关材料，笔记记忆法——通过抄写、批语、做卡片等笔记形式来记住有关材料，朗读记忆法——通过出声朗读来记住有关材料等。

2）记忆材料的形象化。即把要记忆的材料转化为形象材料。例如，在记一些易写错的字，如"纸"时，头脑中就可能出现一张白纸的形象，心里马上想到："白纸怎么会有污点呢？"这样把"纸"字中"氏"的下面就不会多加一点了。

3）记忆材料的诗歌化。即把要记忆的材料转化为诗歌。例如，我国历史朝代比较复杂，硬记不易，但编成诗歌则琅琅上口而不忘："夏商周秦西东汉，三国两晋南北朝，隋唐五代有两宋，元明以后是清朝。"教学中流传的《英语字母歌》、《汉语拼音歌》、《珠算口诀》等都是运用此法的成果。

4）记忆材料的意义化。即把要记忆的材料转化为意义材料，也就是赋予机械性材料以一定的意义性。例如，采用谐音法，借助谐音赋予材料以意义，把化学中用石蕊试纸鉴定碱性溶液呈蓝色的规律用"橄榄"（碱蓝）这一谐音词记忆，不仅不会忘记，而且"酸红"的记忆也简单化了。

（2）记忆材料的数量简化

如前所述，记忆材料的数量是影响记忆效率的一个因素，一次识记的数量越多，记忆的效率越低。同时，人的记忆潜力虽然很大，但毕竟时间和精力有限。因此在对记忆材料进行加工时有必要加以简化。

1）记忆材料的概括化。即对记忆材料进行提炼、抓住关键进行记忆。它包括主题概括、内容概括、简称概括、顺序概括、数字概括、文字概括等。例如，将中国古代的井田制方面的内容概括为：国君所有、诸侯享用、奴隶耕作、形成文字。也就可以进一步概括为：君有、侯用、奴耕、井形。

2）记忆材料的规律化。即对记忆材料进行分析、抽象，以便抓住规律进行记忆。例如，三角函数中有 54 个诱导公式，孤立记忆这些公式比较繁复。但仔细分析能从中找出一个共同的规律——奇变偶不变，符号看象限。记住这句话，便可推导出全部诱导公式。

3）记忆材料的特征化。即抓住记忆材料中的特征来加强记忆。例如记忆戊、戌、戍 3 个字时，抓住它们的共同特征和区别特征来记，效果要好得多。在一些历史年代的数字中也有特征可寻：努尔哈赤建立后金是 1616 年，马克思诞生是 1818 年，共产国际建立是 1919 年。

（3）记忆内容的系统化

头脑中记忆的储存犹如资料室里的文件存放，资料室里的文件只有按顺序分类分目摆放，才能方便寻找，否则缺乏系统管理，则无法查找；人们头脑中的记忆材料同样需要有条有理储放，否则很快就会忘记。这里就涉及记忆材料内容系统化的问题。所谓记忆材料的内容系统化，就是在头脑中把识记的材料归入一定的顺序，使之彼此发生一定的联系。

1）记忆材料的归类化。即把识记材料按一定的标准组成或纳入不同的类别。其中把记忆材料组成类别，也就是分类记忆，而把识记材料纳入类别，便是归类记忆。可把已识记的材料归入头脑中已有的类别，使之保持长久，使用方便。例如，在英语单词学习中，可以把所学得的 preserve 一词，归入头脑中 reserve、observe、deserve 这一词形相似类里储存，把 acquire 一词，归入 get、obtain、gain 这一词义接近类里储存；把 black、short、fat 等词分别与头脑中 white、long、thin 等相反词义的词联系，归入由此组成的词义对比类里储存。

2）记忆材料网络化。即把记忆材料编成或织入某一网络。其中把识记材料编成网络，也就是形成一种认知结构，而把识记材料织入网络，便是纳入认知机构。

在教学实践中，恰当的运用记忆规律可以起到事半功倍之效。教师教学、学生学习的过程是负载着大量记忆活动的过程，要想取得高效率的教学或学习效果，就得遵循记忆规律，因人而异制定教学或学习计划，真正使心理学为教育所用，促进学生身心和谐健康发展。教师在教学的同时，应注意对学生记忆策略的培养，最终使学生自己能按照记忆规律自主安排和指导学习。

思考与练习

1．从信息加工的观点说明记忆过程中 3 个阶段的特点与相互关系。

2．何为识记？影响识记的条件有哪些？谈谈如何搞好识记？

3．结合遗忘的规律，谈如何组织复习？

4．谈如何运用记忆规律提高学习效率？

第七章

表象与想象

在人类认识客观事物的过程中，除了借助于语言的描述和概括总结外，头脑中直观生动的事物形象也是人类认识外界事物不可缺少的感性支柱，它使人类的心理活动更加形象生动。其中表象是过去感知过的事物的形象在头脑中的再现，想象则是对头脑中已有的表象进行加工改造形成新形象的过程。本章将对这两种心理现象的概念、特征、种类及作用等方面进行探讨。

第一节 | 表　　象

人们的头脑中经常会出现某些事物的形象，曾经畅游过的大海、攀登过的山峰、见过的人、想象出来的各种景象等等。这些在人的头脑中出现的各种各样的事物形象，我们就把它称之为表象。

一、什么是表象

表象，广义的是指在人的心理活动过程中头脑中所产生的各种事物形象，包括记忆表象和想象表象。人在感知客观事物后，其形象保存在脑中，即记忆表象。根据记忆表象产生的感觉通道的不同，可以将其划分为视觉表象、听觉表象、味觉表象等等。记忆表象经人的加工、改造、分解和重新组合，转化为新形象，即想象表象。想象表象中的事物形象是个体在原有记忆表象的基础上经过思维加工、改造而形成的事物的新形象，这些新形象可能是其从未经历过的，也可能是世界上根本就不存在的，是个体运用自己的思维创造出来的，因此，想象表象具有新颖性的特点。两类表象均保持着感性的、直观的特点。狭义的表象仅指记忆表象。表象是事物形象在头脑中的反映，是人类信息加工的成果。

二、表象的特征

（一）直观性

表象离不开人的感知觉，是在感知觉的基础上产生的。无论是记忆表象还是想象表象，构成表象的材料均来自过去知觉过的内容。因此表象和感知觉一样，都是对事物的直观形象的感性反映。例如，当我们游览了一处名胜之后，那里的湖光山色、亭台楼阁都会在我们头脑中留下清晰而深刻的印迹；在回忆时，这种印迹就会表现为鲜明的表象。回忆一节课堂教学的情景时，教师讲课的形象、大致的教学内容以及同学们在课堂上的活动等都会浮现在我们的头脑里，这些都说明表象具有形象性的特征。

但表象又与感知觉不同，它只是感知觉的概略再现。与感知觉比较，表象有下列特点：①表象不如知觉完整，不能反映客体的详尽特征，它甚至是残缺的、片断的；②表象不如知觉稳定，是变换的，流动的；③表象不如知觉鲜明，是比较模糊的、暗淡的，它反映的仅是客体的大体轮廓和一些主要特征。然而在某些条件下，表象也可以呈现知觉的细节，它的基本特征是直觉性。例如，在儿童中可发生一种"遗觉象"（eidetic image）现象。向儿童呈现一张内容复杂的图片，30秒后把图片移开，使其目光投向一灰色屏幕上，他就会"看见"同样一张清晰的图片。儿童还能根据当时产生的映像准确地描述图片中的细节，就好像图片仍在眼前一样。在表象的分类上，反映某一具体客体的形象，称为个别表象或单一表象，上述遗觉象就属于个别表象。反映关于一类对象共同的特征称为一般表象。一般表象更具上述与知觉相区别的那些特点。

（二）概括性

在我们的生活实践中，往往有这样的情况：对于过去多次感知过的同类事物，在表象中留下的只是这些事物的一般特点，而事物的个别特点都消失了。例如，种种树木、种种房屋、种种人等都是我们多次感知过的。当重新提到它们时，我们头脑里出现的常常不是哪一座具体的房屋、哪一棵具体的树木和哪一个具体的人，而分别是他们的一般的概括的形象。因此，表象是多次知觉概括的结果，它有感知的原型，却不限于某个原型。因此表象具有概括性，是对某一类对象的表面感性形象的概括性反映，这种概括常常表现为表象反映的常常是对象的大体轮廓和主要特征而不是细节。

表象的概括性有一定的限度，对于复杂的事物和关系，表象是难以囊括的。例如，上述产生遗觉象的图片，如果是表征一个故事的片断，那么，关于整个故事的前因后果，人物关系相互作用的来龙去脉，则不可能在表象中完整地呈现，各个关于故事的表象不过是表达故事片断的例证，要表达故事情节和含义，则要靠语言描述中所运用的概念和命题。对连环画的理解是靠语言把一页页画面连贯起来，漫画的深层含义也是由词的概括来显示的。

表象是记忆的主要形式。回忆总是凭借表象实现的，记忆的内容多是过去感知过的事物的表象。有了表象，才可能有更复杂的心理活动。有了表象，人们就能再现过去认识的成果，才能拿过去的事物和当前的事物进行比较和联系，才能进行思维。因此，表象是感知与思维之间的一种过渡反映形式，是二者之间的中介反映阶段。作为反映形式，表象既接近知觉，又高于知觉，因为它可以离开具体对象而产生；表象既具有概括性，又低于词的概括水平，它为词的思维提供感性材料。从个体心理发展来看，表象的发生处于知觉和思维之间。

（三）表象在多种感觉道上发生

表象可以是单一的。视觉表象、听觉表象、触觉表象等是单一的表象。单一的表象在不同的人身上可能有不同的特点。有些人有着鲜明的视觉表象，对以前看过的东西的色彩、轮廓都能有清晰的形象。如画家的视觉表象常常是十分鲜明、稳定的，他们好像"在内心中看到"当时不在眼前，而过去曾经感知过的熟悉的事物。有些人有着鲜明的听觉表象，对以前听过的声音有着清楚的印象，甚至到"余音绕梁，三日不绝"的地步，如音乐家的听觉表象常常是异常清晰和稳定的。有些人则有着鲜明的运动表象，对别人表演过的动作能清晰地回想起来，准确地模仿出来。

表象也可以是综合的。通常，各种单一的表象，由于感知时感觉器官的相互作用，可以互相结合起来，这就形成了综合的表象。例如，在回忆一位熟人时，他的音容笑貌、谈吐举止，都会浮现在我们的脑中。这种表象就是综合的表象。

在有表象活动的时候，常常发生一定的运动反应。例如，由于视觉表象而发生微弱的眼肌运动。这些运动可以用精密仪器（示波器）记录下来。关于手的运动表象，也总是伴随着不显著的运动。这一点可以用一个简单的实验来证明：倘若拿一个小球连上一条线，在闭上眼睛之后用手握住连在球上的细线并把球提起来，同时想象球在沿着圆周运动。那么很快地这个球就真正会作出圆周运动，这是由于产生小球转动的表象时，手臂的微弱运动引起的。请运动员作赛跑的表象，同时记录他腿上的电流；请提琴家作演奏的表象，同时记录他手臂上的电流，都可以看出在表象活动时，有关的肌肉电流都会有显著的增强。

三、表象的脑机制

关于表象的脑机制的研究是认知神经科学的研究领域。目前研究的主要问题是表象是否和知觉有着相同的大脑机制。

Kosslyn 等人在 1993 年用正电子发射断层扫描技术（PET）研究表象定位。实验采用了知觉任务和表象任务，发现由表象任务激活的脑区比由知觉任务激活的脑区更多些，研究表明，知觉任务和表象任务都能引起大脑枕叶的激活，除此之外，表象任务还能引起大脑半球两侧许多脑区的激活，如两侧的额叶、顶叶和颞叶等。由此可见，表象任务相比较知觉任务活动要复杂得多，所需要的大脑参与表象任务活动的区域也要比知觉任务复杂得多。

四、表象的作用

（一）表象对知觉的促进作用

Hayes（1973 年）的实验研究表明，如果当前要知觉的字母的大小与事先表象出的该字母的大小一致时，识别所需要的时间要少于大小不一致的字母。表象所携带的方位信息也可在一定条件下有利于知觉加工。可以说，表象为知觉相应的客体做了准备，成为知觉加工的一个重要方面。

（二）表象对学习记忆的作用

表象作为一种信息表征在学习记忆中起重要作用。Pavio（1969 年）进行成对联想学习实验中发现，表象在一些字词识记中起着中介作用，是有利于学习和记忆的。过去经历过的事物有很大一部分是以表象的形式储存在人的头脑中，并且过去感知过的事物在回忆时多数是以表象的形式出现的。

（三）表象在思维中的作用

心理学家把借助于表象而实现的思维活动称为形象思维，以区别于逻辑思维。Shepard 等的心理旋转实验也令人信服地表明，人在完成某种作业或解决某些问题时，表象起着很重要的作用。

1. 表象思维（形象思维）

就是凭借表象进行的思维操作。"心理旋转"研究是一项有说服力的证据。在一项心理旋转的实验（R. Shepard，1973 年）中，每次给被试呈现一个旋转角度不同的字母 R，呈现的字母有时是正写的（R），有时是反写的（Я）。被试的任务是判断字母是正写的还是反写的。结果表明，从垂直方向旋转的角度越大，做出判断所需的时间越长。对这一结果解释为：被试首先必须把呈现的字母在头脑中进行旋转，直到它处于垂直位置，与被试头脑中所储存的表象相一致的时候，然后才能做出判断。进行心理旋转—表象操作所用的时间上的差异，证明了形象思维—表象操作的存在。

2. 表象与词是思维成果的两种存在形式

在更多情况下，信息在脑中可以以词、符号等形式进行编码，也可以以图像进行编码。表象不仅是思维所凭借的工具，也是思维内容的一种存在形式。在一定条件下，图像和词是可以互译的。头脑中的表象可以通过语言提取、描述和组织，例如，电影剧本作者通常进行图像编码，最后通过语言存储起来，这就是剧本；同时，导演按照剧本再生图像，这就是表演，也就是通过语言使图像恢复。

3. 表象是语言的思维操作的支柱

语言的思维操作需要表象的参与和支持，表象为概念的形成提供了感性基础。例如，儿童最初学习概念时，要把概念与具体的事物结合起来，先在头脑中形成这一概念的表象，表象与概念的多次结合，最后达到掌握概念。表象可以促进问题的解决。例如，几何学在运算中，很大程度上依赖图像操作的支持，图形操作是几何运算的必要支柱。

第二节　想象概述

一、什么是想象

想象是指对头脑中已有的表象进行思维加工改造，形成新形象的过程，是人的一种高级心理活动过程。想象是人的大脑的一种思维过程，是一个改造旧表象，创造新形象的过程，想象主要处理的是图形信息，而不是语词、符号。因此，想象具有形象性和新颖性的特点，是人的创造性的源泉。想象在人的生活中随处可见，想象自己的未来，想象小说中人物的形象，想象使我们的生活丰富多彩，也使我们的生活充满希望，更是社会发展和人类进步的基石。

想象是思维的一种特殊形式，是借助于形象或头脑中的表象而进行的一种思维活动过程。因此，想象与思维密不可分。人类思维既可以反映过去、现在和未来，也可以反映遥远的、内隐的事物，想象同样也可以，只不过在想象过程中实现的对客观现实的反映是以具体形象或鲜明表象的形式出现，形象选择的可能性是想象的基础。

在现实生活中，面临的问题情境的明确性有大有小。一般认为，想象是在问题情境非常不明确的认识阶段上发挥重要作用。情境越是习以为常，越是清楚明确，它为想象力提供的活动场所也就越小。只有那些情境极为粗略的材料，借助思维很难解决的问题，这时，想象会发挥它的积极作用。

二、想象的功能

（一）预见功能

想象具有预见功能。心理学的研究表明，人从事任何活动（包括学习活动）之前，都必须首先在头脑中确立定向目标，即能够想象出活动过程及其结果，就像把这个活动过程在头脑中提前预演了一下一样，并根据想象来制定行动计划、步骤。一旦活动过程结束，将是头脑中预定观念的实现。想象使人的活动具有了主动性、预见性和计划性，这有助于活动的顺利完成。科学家的发明、工程师的设计、作家的人物塑造、艺术家的艺术造型等活动都离不开人的想象，都是想象预见性的体现。学生的学习也是一样，一个想象力贫乏的学生，他考虑问题的思路必然狭窄，也不可能有很高的分析问题和解决问题的能力，其智力发展也是不充分的。

（二）补充功能

想象具有补充功能。在现实生活中，由于时间、空间的限制以及人的认识活动的局限性，有许多事物是人们不可能直接感知到的。如原始社会的生活情景、千百万年前发生的地壳变动和历史变迁、遥远的事物、各种宏观世界与微观世界的结构与运动状况等，我们要直接感知是很困难的，有的甚至是不可能的。在这种情况下，我们可以借助想象，弥补人类认识活动的时空局限和不足，超越个体狭隘的经验范围，扩大人的视野，对客观世界产生更充分、更全面、更深刻的认识。

（三）替代功能

想象具有代替功能。在现实生活中，当人们的某种需要不能实际得到满足时，可以利用想象从心理上得到一定的补偿和满足。例如，儿童想当一名医生，但由于现实条件和能力所限目前还不能实现，于是儿童就在游戏中，通过自己的想象来扮演医生的角色，满足了自己当医生的愿望。在日常生活中，人们也常常从想象中得到某种寄托和满足。因此，生活因梦想而升华，因梦想而完美。

总之，想象是人类创造活动的一个必要因素，是科学发明和艺术创作的重要条件。在人类的生活、学习、工作中都有重要作用。人的想象力是智力的组成部分之一，在人的智力活动中起着巨大作用。就像爱因斯坦所说的："想象力比知识更重要，因为知识是有限的，而想象力概括着世界上的一切，推动着进步，并且是知识进化的源泉，严格地说，想象力是科学研究中的实在因素。"

三、想象的过程

想象是依据现实生活中的形象以及头脑中的表象经过思维加工，按照新的构思重新组合，从而创造出新的形象的过程。想象是对头脑中的表象或现实生活中的形象分析综合的过程，一般有以下几种形式。

（一）黏合

黏合是指抽取几个客观事物中的部分属性和特征，把它们重新组合，在头脑中形成新形象的过程。黏合是想象活动中的一种主要形式。通过黏合这种想象活动，人们创造出了许多新事物、新形象。大家可能都听过《鲁班造伞》的故事：很久以前，世界上没有伞。那时候，人们出门很不方便，鲁班想帮人们解决这个困难。他跟几个木匠一起在路边造了许多亭子，这样，走路的人就方便多了。雨来了，躲一躲；太阳晒得难受了，歇一歇，喘口气儿。可是，要是雨不停，人们不能老蹲在亭子里呀。鲁班心想：要是能把亭子做得很小，让大家带在身上，该多好啊。有一天，天气特别热，鲁班发现一个孩子摘了一张荷叶，倒过来顶在脑袋上。受此启发，鲁班把荷叶的特征与凉亭的特征结合起来，从而创造出了世界上的第一把伞。另外，美人鱼的形象，猪八戒、孙悟空等都是通过把几个客观事物中的某些特征分析出来，再加以重新组合、配置，而形成的新形象。生活中的许多科学创造也是通过黏合的形式发明的，例如，水陆两用的坦克，就是坦克与船的某些特征的结合。

（二）夸张

夸张又可以称为强调，是指通过突出事物的某些特点而在头脑中形成新形象的过程。通过对事物的特征、形象、作用进行夸大或缩小，从而创造出新的形象。例如，某些文学作品中所创造的形象，《白雪公主》里的 7 个小矮人，《西游记》里的九头妖怪等等都是运用夸张的手法想象出来的。

（三）典型化

典型化是根据一类事物所具有的共同特征创造新形象的过程。这也是文学作品中经常运用的一种想象形式。文学作品中的人物形象是作家综合某些人物的特点而创造出来的新形象。例如，作家赵树理笔下的农民形象不是哪一个具体农民的真实写照，而是综合了中国几百个、几千个甚至几万个农民所具有的典型的、共同的特征而创造出来的。

（四）联想

联想是心理学一个很重要的概念。人们由当前感知的事物回忆起有关的另一事物，或由想起的一个事物又想起另一事物，都是联想。联想有相似联想、对比联想、接近联想、因果关系联想等多种形式。联想在想象活动中起着很重要的作用。比如，相似联想是指由对一件事物的感知或回忆，而想起了和它在性质上接近或相似的事物。相似联想在武器的发现和发明中做出了很大贡献。公元1510年，现代步枪的发明者科尔纳发现：尾部装有三根鸡毛的箭离弦之后，就沿着一条有规则的线快速地旋转飞行，比不装鸡毛的箭要射得远、射得准。由此他想到使子弹也能像箭那样旋转，根据这一联想，他发明了枪管中刻上螺旋线的来复枪。一战其间，英国工兵上校斯温顿由农用拖拉机的载重、越野等功能想到造一种移动式堡垒，就这样发明了坦克。20世纪50年代，导弹专家博格纳受眼睛已经退化的响尾蛇利用热敏感器官扑食小动物的启示，在导弹的头部装一个类似响尾蛇"颊窝"的红外线装置，发明了空对空"响尾蛇"导弹。越战期间，美国一名专家由矿井瓦斯爆炸联想到制造气体炸药，这一联想使威力巨大的"青春女神"炸弹问世。

在运用联想进行想象时，要想更好地发挥你的想象力，要注意以下几个问题。

首先，要善于对事物进行分析比较。对所接触的事物进行细致分析、相互比较，找出事物之间有哪些相同之处，有哪些不同之处。

其次，善于归纳总结。如事物的优点、缺点，功能如何，事物的特性如何等等，通过这些简单归纳，就会既便于记忆，又便于联想。

再次，要将清单印入大脑。善于把经过分析比较、归纳总结的事物，根据其不同特性、功能有机地形成一个思维清单，并且能用对比的方式把清单内容记住，为联想建立一个存储器，这样在思维活动中，才能使联想力活跃，得心应手。

第三节 | 想象的种类

根据想象有无预定目的，可以把想象分为无意想象和有意想象。

一、无意想象

无意想象是没有预定目的，不自觉产生的想象。

在无意想象中，新形象是在脑中无意的、自然而然产生的。例如：天空晴朗时，仰望天空中的云朵，把它看成是羊群、棉花、山峦。听故事时，也会不由自主地随着故事内容想象故事中主人公的形象、故事的场景等。这些都是无意想象。

梦是无意想象的典型形式。梦是大家熟悉而又感兴趣的一种现象。自古以来，人们就对梦有着种种猜测，种种解释。现代科学研究证明：梦是人睡眠后必然出现的一种心理活动，梦与睡眠都是人必要的生理过程和心理现象，从未做梦和整夜都在做梦的说法都是不对的。现代科学研究认为，做梦对人体无害，而且有益，做梦有恢复大脑细胞的功能，有助于调节人的心理平衡，做梦有时也有助于问题的解决。梦同任何想象一样，不管梦境多么新奇，甚至荒诞不经，但仍然是客观现实的反映。

除了梦之外，由意识的病理紊乱引起的幻觉也是无意想象。如患有精神分裂病的病人，大脑颞叶损伤而引起的癫痫病人，都有由于疾病而引起的无意想象。

还有一种是由药物引起的无意想象。人在服用大麻烟或迷幻药（LSD）后，会产生各种奇怪的幻觉。这种无意想象对青少年的身心健康是极为有害的。

二、有意想象

有预定目的，自觉产生的想象叫有意想象。在有意想象中，根据创造性水平和新颖程度不同，可把有意想象分为再造想象、创造想象和幻想。

（一）再造想象

1. 什么是再造想象

再造想象是指根据语言的表述或非语言的描绘（图样、图解、符号记录等）在头脑中形成相应事物的形象的过程。这种想象在人的各种活动中应用很广，在教学中应用也很普遍。例如，在阅读过程中，再造想象占据突出的地位，读者正是根据作者所提供的语言信息，唤起头脑中的有关表象，并根据作者的提示进行新的组合，从而再造出作者所描述的人物形象、景物或场景。"两弯似蹙非蹙罥烟眉，一双似喜非喜含情目。态生两靥之愁，娇袭一身之病。泪光点点，娇喘微微。……"读了这段话，一个娇柔、忧郁的女孩子形象就会在读者的头脑中浮现出来。

在再造想象中，事物的形象都是再造别人想象过的事物，都是"再造"出来的新形象。再造想象有两方面特点，一方面再造想象的形象不是自己创造出来的，而是根据别人的语言描述或图样示意再造出来的。例如读者根据文学作品的描述再造出其中的人物形象，工人根据机器的图纸想象出机器的立体和运转时的形象，这些想象都是再造想象。另一方面，再造想象是通过自己的大脑，根据当前的任务，在词的调节下，运用个人已有的知识经验再造出来的。例如，我们读李白的《早发白帝城》这首诗时，每个人再造出来的形象各不相同，都在各自的知识经验以及头脑中的表象范围内来形成新形象。因此，再造想象与个体的知识经验以及个体所储存的表象有直接关系。

2. 再造想象产生的条件

（1）丰富的表象储备

表象是想象的基本材料，一个人的知识经验越丰富，表象储备越多，再造想象的内容也就越丰富。再造想象不仅依赖于已有表象的数量，而且也依赖于已有表象的质量，正确反映客观现实的材料越丰富，再造出来的想象内容就越正确。如果缺乏必要的表象材料，在想象时就有可能歪曲事物形象，或者无法产生所要求的形象。

（2）为再造想象提供的词语及实物标志要准确、鲜明、生动

准确、鲜明、生动、形象的语言描述及实物标志便于人们理解并正确地再造想象，而含糊不清、模棱两可的东西，人们就很难正确、逼真地进行想象。例如，古代描写女子用"樱桃口""杏核眼"、"柳叶眉"等作比喻来描述，显得十分形象、逼真，想象起来也比较容易。一个建筑设计师设计的建筑图纸中所使用的有关符号、标志必须准确清楚，才能在建筑工人头脑中形成相应的建筑物的形象，否则别人看

不懂或造成曲解。

（3）正确理解词语与实物标志的意义

再造想象是依赖语言的描述和图样的示意而进行的。一个人读小说，如果读不懂文字，他头脑中就不可能有小说中主人公的形象出现；一个建筑工人，如果不懂建筑符号的表现法，他也无法看懂建筑图，头脑中也不会出现相应的建筑物的形象；一个刚入学的儿童，在他识字和掌握词汇不多的情况下，让其阅读古诗文，是很难形成丰富的再造想象的。可见，正确理解有关事物的描述，了解图样、图解的表现法和各种符号的含义是形成再造想象的重要条件。

3. 再造想象在教育中的作用

在政治思想教育过程中，当学生通过介绍在头脑里出现英雄人物的光辉形象时，这些形象就会指导他们的行动，成为学生学习的榜样。再造想象在青少年道德品质的培养上有重要作用。

再造想象在教学过程中也具有重要意义，它是理解和掌握知识的必不可少的条件。真正掌握知识必须有积极的想象参加，这是因为学校里的知识多半是通过教师、书本用词或图表、模型介绍给学生的，只有使这种介绍让学生在头脑里形成与概念相应的形象，才能理解和掌握知识，否则只能停留在机械识记的水平上。可见，任何学科都要求学生具有丰富的想象力，才能深刻地领会教材，系统和牢固地掌握知识。

近来的研究表明，在轻松气氛中学习比在紧张气氛中学习效果要好得多，而想象能够帮助学生放松思想，在想象过程中人变得舒适、灵活。G.卡斯蒂罗运用想象进行 8 个月的教学实验证明，儿童的注意范围也扩大了，人也变得更活泼了。

（二）创造想象

创造想象是不依据现成的描述而独立地创造出新形象的过程。文学家文学作品中所创造的新形象，设计师所设计的新作品以及科学家的新发明，都是创造想象的产物。这些事物的形象也许是在生活中根本就没有存在的，或者是创造者没有见过，没有尝试过的。创造想象与创造思维密切联系着，它是人类创造性活动的一个必不可少的因素。创造想象所创造出来的形象具有新颖性和独创性的特点。

创造想象产生的条件有以下几个方面。

（1）创造动机

人在社会生活、社会实践中，社会不断地发展，向人们提出创造新事物、解决新问题的要求，当这种要求一旦被人接受，就会在人脑中变成创造性活动的需要和愿望。如果这种创造的需要和愿望与活动结合，并有实现的可能，就会转化为创造性活动的动机，人们就获得了创造想象的动力，也就会进行创造想象。

（2）丰富的表象储备

进行创造想象，首先要对有关事物进行细致观察，储备丰富的表象材料。因为，想象决定于已有表象材料的数量和质量。表象材料越丰富，质量越高，人的想象也就会越广、越深，其形象也会越逼真；表象材料越贫乏，其想象越狭窄、肤浅，有时甚至完全失真。鲁迅曾说过："如要创作，第一须观察，第二是要看别人的作品……必须博采众家，取其所长，这才后来能够独立。"所以，创造想象来自于丰富的表象储备。

（3）积累必要的知识经验

表象的储备为创造想象提供了丰富的感性认识，但是仅有丰富的表象并不能完成有效的创造，因为，要进行创造想象，还必须对有关领域进行深入研究，掌握必要的知识。例如，一个没有建筑学知识的人，即使头脑中储存有世界各地各种各样建筑的表象，也设计不出一座实用、新颖的建筑。每一个发明创造都是发明者对相应领域深入研究的结果。假如牛顿没有一定的物理学知识，看到苹果从树上掉下来，也不会发现万有引力定律。可见，只有就某一领域深入研究，掌握必要的知识，才能在相应的领域展开想象的翅膀，进行创造想象。

（4）原型启发

所谓原型，就是起启发作用的事物。任何一个人对某一项目的发明创造或革新，都不是凭空想象出来的，在开始时总要受到某种类似的事物或模型的启发。例如，鲁班从丝茅草割破手得到启发，发明了锯子；阿基米德原理是阿基米德在洗澡时看见水溢出盆外得到启发而发现的；瓦特发明蒸汽机是受到蒸汽冲开壶盖的启发；现代仿生学则是在生物的某些结构和机能的启发下，进行科学想象，研制出许多精巧的仪器。原型之所以有启发作用，是因为事物本身的特点与所创造的事物之间有相似之处，存在某些共同点，可以成为创造新事物的起点。某一事物能否起到原型启发的作用，还取决于创造者的心理状态，特别是创造者当时的思维状态。当人的思维积极而又不过于紧张时，往往能激发人的灵感，从而导致人的创造活动。

（5）积极的思维活动

创造想象不是一般的想象，而是一种严格的构思过程，必须在思维的调节支配下进行。积极的思维活动就是在创造想象过程中，要把以表象为基础的形象思维与以概念、判断、推理为手段的逻辑思维结合起来。一方面，有理性、意识的支配调节；另一方面，积极捕捉生活经历中各种有利于主体目标形象产生的表象，并迅速地把它们组合配置，完成新形象的创造思维活动。

（6）灵感的作用

在创造想象的过程中，新形象的产生往往带有突然性，这种突然出现新形象的状态，称为灵感。例如，我们有的时候写文章，虽然经过长期构思酝酿，但久久不能落笔，突然某一天灵感来了，思路有了，文章一气呵成。灵感出现时的特征：注意力高度集中于创造的对象上，意识活动十分清晰、敏锐，思维活跃。"思如泉涌"指众多新事物、新形象、新观念，不知不觉涌入脑中，它们相互结合、聚集或强调、突出，很多旧有的记忆被唤起，新形象似乎由天而降，使人突然茅塞顿开。灵感并不是什么神秘物，它是想象者个人在长期生活实践中勤于积累经验的结果。由于注意力高度集中于要解决的问题，过去积累的大量表象被唤起，并且迅速结合，构成了新的形象。正如大发明家爱迪生所说，天才，就是百分之一的灵感加百分之九十九的汗水。柴科夫斯基说得好，灵感是这样一位客人，他不喜欢拜访懒惰者。

此外，创造思维能力、高水平的表象改造能力、丰富的情绪生活，正确的理想和世界观也是创造想象的条件。

（三）幻想

幻想是与个人愿望相联系并指向未来的想象，是创造想象的一种特殊形式。幻想在人们当前的实际生活中无法立即得以实现，而只是体现了人们对未来的一种向往，寄托着人们的希望，是科学预见的一部分。有时人们的幻想会随着社会的发展和科技的进步在实际生活中变为现实。如神话故事里的嫦娥奔月，在以前会被人们讥笑为痴人说梦，但社会发展到今天，这已经成为了现实。列宁在《怎么办？》一书中以赞赏的态度引用了皮萨列夫的言论，同意他关于"有益的幻想是工作的推动力"的见解："如果一个人完全没有……幻想的能力，如果他不能间或跑到前面去，用自己的想象力来给刚刚开始在他手里形成的作品勾画出完美的图景——那我就真是不能设想，有什么刺激力量会驱使人们在艺术、科学和实际生活方面从事广泛而艰苦的工作，并把它坚持到底……"所以，建立在事物发展的客观规律基础上的想象，对人的活动具有强大的推动力，只要条件具备，时机成熟，完全具有实现的可能性，这种对未来的想象又称为理想。但有时，人们对未来的一些想象，不遵循客观事物的发展规律，甚至违背客观事物发展规律，因此，是永远也不可能实现的，是空想。

思考与练习

1. 什么是表象？它有何特征？
2. 表象在心理活动中的作用是什么？
3. 想象的作用是什么？
4. 想象的种类有哪些？
5. 结合实际谈谈创造性想象在科学发明中的作用。

第 八 章

思维与创造

　　人不仅能认识事物和现象的外部联系，而且能认识事物和现象的内在联系和规律。这种认识是通过思维过程来进行的。思维作为人类区别于其他动物的本质特点之一，被恩格斯誉为"地球上最美丽的花朵"。本章我们就从思维的概述开始，相应的介绍思维、概念、问题解决和创造思维的相关内容。

第一节　思维的概述

一、思维的概念

　　思维是人脑借助于言语、表象或动作而实现的，是对客观事物的性质及关系的概括的和间接的反映。它是认识的高级形式。

（一）思维的特征

1. 间接性

　　人们借助于一定的媒介和一定的知识经验对客观事物进行间接的认识。思维的间接性使人的思维具有无限的认识能力。例如，医生没有直接看到病毒对人体的侵袭，但是根据对病人的各种检查和有关资料，就能诊断病情；尽管我们无法觉察光的运动，但是我们可以通过思维活动推算出光的速度；气象工作者根据已有气象资料就能预知今后天气的变化等等。

2. 概括性

　　在大量感性材料的基础上，把一类事物共同的特征和规律抽取出来，加以概括。思维的开阔性极大的扩大了认识的范围。思维的概括性表现在两个方面：

　　第一，它反映事物的本质属性或一类事物的共同特征。例如，人们把形状、大小各不相同而能结出枣子的树称为"枣树"；把枣树、梨树、苹果树等依据其根、茎、叶、果等共性归称为"果树"等。

　　第二，它反映事物之间的关系与规律。例如，在月晕和刮风、墙基潮湿和下雨之间形成的规律性联系，就能得出"月晕而风，础润而雨"的思维结论。

　　思维的间接性是以人对事物概括性的认识为前提的。人之所以能够得出"月晕而风，础润而雨"的结论，是因为知道下雨和屋基潮湿之间的因果关系，而这种认识正是先由思维的概括性所获得的。因此，思维的概括性和间接性这两个特征有密切关系。

（二）思维和感知觉的关系

思维不同于感觉和知觉。感觉、知觉只能反映客观事物的外部特征及其外在联系，是对直接作用于感觉器官的刺激的反映。而思维则是一个抽象的过程，是对客观事物关系的间接的概括的反映。感知觉和思维之间的区别如表 8-1 所示。

表 8-1　思维与感知觉区别

	认 识 阶 段	特　　性	反 映 内 容	反 映 方 式
感知觉	低级阶段	直接性、具体性	个别属性、整体属性	直接作用于感官
思维	高级阶段	间接性、概括性	本质属性、内在联系	媒介物推断 通过分析、综合反映一类事物的共性、事物间的规律

思维与感知又是密切联系在一起的。思维是在感知的基础上产生的。没有感知觉提供的原始材料，人们就不能进行任何形式的思维活动。反过来，思维对感知觉起着指导作用。感性认识的材料，若不经过思维的加工，就只能停留在对事物的表面的、现象的、片面的、非本质的认识上，不能使人掌握事物的本质和规律。

知识窗

动物有思维吗？

英国年轻的女科学家珍妮发现，黑猩猩马伊克能巧妙的用两个空煤油桶作武器，向猿王戈利亚挑战。空煤油桶发出猿类从未听过的声音，使群猿俯首称臣，戈利亚也心存恐惧，不战而败，让出王位。

可见，猿类已有了思维。但是，猿类的思维与人的思维有本质区别。

首先，猿类的思维缺乏抽象概括性。最聪明的黑猩猩经过训练后，虽然能够舀水灭火，但它只能从用于训练的缸中取水，缸中无水，它决不会到河里去取水。因为它还不能对事物加以概括。

其次，猿类的思维也缺乏能动性。它们只是消极地去适应环境。例如，人用树枝烤火取暖，猩猩也会靠在猎人生火的地方取暖。但当树枝即将燃尽时，它们不会将干树枝放入火中，只会看着火熄灭后怏怏离去。

再次，猿的思维也缺乏明确的目的性和预见性。它们只是在边摆弄具体实物时边思维。

最后，只有人类才能以概念、判断、推理的形式进行逻辑思维。动物的思维是低级的思维，它们的概括只是知觉水平的，最多是表象水平的。

二、思维和语言

思维和语言是两种相对独立又密切联系的现象。

（一）思维与语言的区别

1. 本质特征不同

语言是由词按照一定的语法规则构成的符号系统，是作为人类交际工具的社会现象，具有物质性。语言与客观事物之间没有必然的联系，是标志与被标志的关系；思维是一种心理现象，是人脑对客观事物的本质及其规律的揭露过程，思维与客观事物之间有着本质的必然的联系，是反映与被反映的关系。

2. 基本单位不同

语言的基本单位是词，思维的基本单位是概念，词和概念不完全等同。概念是由词来表达的，但同一概念可以用不同的词来表达，不同的概念也可以用同一个词来表达。

另外，语言的语法结构具有民族性，不同民族的语言的语法结构有着重大差异。而思维规律不存在民族间的差异，全人类的思维规律具有相同性，都是由具体到抽象、由感性到理性等。

（二）思维与语言的联系

思维与语言又是密切相联的，表现在以下两个方面：

1. 思维是借助于语言来实现的

（1）语言是思维的工具，这是由语言本身的间接性和概括性决定的

语言的间接性和概括性为人的思维活动提供了可能性，只有语言才能把思维的结果标志出来和概括出来。通过思维活动所揭露的客观事物的本质特征和规律性的联系必须由语言中的词或句子标志出来，如"笔"这个词，与一切笔相联系，概括了一切不同颜色、不同形状和不同材料制造的笔的本质属性（书写工具）。如果没有标志一般东西的词，思维就无法进行间接的、概括的反映，离开了词、语言，人的抽象思维就不能进行。

（2）语言是人类交流思想的工具

斯大林说："语言是工具、武器，人们利用它来互相交际，交流思想，达到互相了解。语言是直接与思维联系的。它把人的思维活动的结果，认识活动的成果，用词及由词组成的句子记载下来、巩固起来，这样就使人类社会中思想交流成为可能了。"（斯大林：《马克思主义与语言学问题》人民出版社，1950年版，第20页）。

2. 语言离不开思维，思维赋予语言以内容和意义

构成语言的词汇和语法规则是思维的结果，词义是概括的思维或概念。语言只是思维的物质外衣，是思维的载体。如果没有人的思维，语言就只是一个物质空壳。如鹦鹉学舌，只是对某种声音的模仿，而不包含思维的内容，所以不是语言。任何一种语言，

也只有人用它来进行思维时，才是有价值、有意义的。如不懂外语的人，虽然也能感知外语的字音和外形，但不理解外语的内容和意义，所以就不能用外语来思维，也不能用外语来交际，外语对他来讲就失去了语言的意义。

那么语言是否是思维唯一的工具？是人类交际的唯一工具？是思维的唯一载体呢？研究表明：思维除了借助语言之外，还可以借助手势、表象进行思维。手势也是一种符号，具有同正常人的有声语言一样的功能，可以作为进行思维的工具，可以表达和交流思想。在个体心理发展过程中，思维是先于语言的。有的心理学家研究证明：儿童在没有掌握和理解各类名称以前，即未能给事物命名以前，就能将图片上的衣服、植物或器皿归类，按事物的本质特征进行概括。语言思维只是思维的一种类型。现代心理学也已假设，人的思维除了语言载体以外，还可能有其他的载体。到底是什么，还在探索中。

三、思维的种类

思维极其复杂，我们可以从不同的角度对思维进行分类。

（一）根据思维的凭借物，把思维分为直观动作思维、形象思维和逻辑思维

1. 直观动作思维

直观动作思维是以实际动作为支柱的思维，又称为操作思维或实践思维。例如，电视机坏了，维修工就需要查看电视机的有关部件，直到找到损坏的原因并修复；3岁前的儿童只能在动作中思考，他们的思维基本上属于直观动作思维。动作停止了，思维也随之停止。成人有时也需要运用动作思维，如体操运动员一边进行运动操作，一边进行思维。动作思维是人类与高等动物共有的一种思维形式，但是人的动作思维与动物的动作思维具有本质的区别。

2. 形象思维

形象思维是以事物形象为支柱的思维过程。例如一个人在考虑沿着哪条路可以更快的到达目的地时，在他的头脑中会出现若干条通向目的地的道路，并运用其形象进行分析和比较，最后选择一条最短、最方便的路线。具体形象思维突出表现在学前期（3～6岁）。这种思维在文学家、艺术家、影视导演、摄影家和设计师的工作中具有特别重要的地位。

3. 逻辑思维

逻辑思维是以概念、判断、推理等形式进行的思维。例如，学生运用数学符号和概念进行数学运算或推导；科学家根据试验材料进行某种推理、判断，产生新思维成果等等。它是人类特有的一种思维形式。

（二）根据思维探索问题答案的方向，把思维分为聚合思维和发散思维

1. 聚合思维

聚合思维也称为集中思维、求同思维，是把问题所提供的各种信息聚合起来得出一

个正确的或最好的答案的思维。例如，学生解数学题就要用到聚合思维。

2. 发散思维

发散思维也称为分散思维、求异思维，是从一个目标出发，沿着不同途径寻求各种答案的思维，其主要特点是求异和创新。例如，要求人们根据"海"字把想到的一切有关"海"的词组都说出来，这时人们就想出了海洋、海鸥、海参、海燕、海魂等。吉尔福特认为，发散思维有 3 个方面的指标：思维的流畅性、变通性、独特性。

（三）根据思维活动的结果将思维分为常规思维和创造思维

1. 常规思维

常规思维是人们运用已有的知识经验，按现成方案和程序解决问题的思维方式。如学生运用长方形面积公式求某一长方形的面积。这类思维创造性水平低，对原有知识不需要进行明显的改组，也没有创造出新的思维成果。

2. 创造思维

创造性思维是指以新异、独创的方式来解决问题的思维。例如，剧作家创造一个新的剧目，设计师发明一部新的机器等。创造思维是人类思维的高级过程。

（四）根据思维的进程将思维分为直觉思维和分析思维

1. 直觉思维

当人们面临新的问题、新事物和新现象时，能迅速理解并做出判断，这种思维就是直觉思维。例如，达尔文在阅读马尔萨斯人口论著作时突然悟出"自然选择"理论等。直觉思维具有敏捷性、直接性、简缩性、突然性等特点。

2. 分析思维

分析思维是遵循严密的逻辑规律，逐步推导，最后得出合乎逻辑的正确答案或做出合理的结论的思维。例如，学生通过多步的推理和论证解决数学难题。

四、思维的过程

思维是通过一系列复杂的操作来实现的。思维是人们运用已有的知识经验，对输入信息进行分析、综合、比较、抽象、概括的过程。

（一）分析与综合是思维的基本过程

分析是指在头脑中把事物的整体分解为各个部分或各个属性。如把一篇文章分解为段落、句子和词；把一棵树分解为根、茎、叶、花等。分析是人认识事物、解决问题的开端。

综合是在头脑中把事物的各个部分、各个特征、各种属性结合起来，了解它们之间的联系，形成一个整体。如把一篇文章的各个段落综合起来，就能把握全文的中心思想。

分析与综合是相反而又紧密联系的思维过程的不可分割的两个方面。分析是综合的基础，任何一种思维活动都既需要分析，又需要综合。

（二）比较

比较是把各种事物和现象加以对比，确定它们的相同点、不同点和关系。它是以分析为前提的，只有在思想上把不同对象的部分特征区别开来，才能进行比较。同时，比较还要确定它们之间的关系，所以比较也是一个综合的过程。

比较是一个重要的思维过程，也是重要的思维方法。毛泽东说过："有比较才有鉴别。"鲁迅先生也说过："比较是医治受骗的最好方式。"世界上任何事物都相比较而存在。没有假、恶、丑，就不会有真、善、美。

（三）抽象和概括

抽象是在思想上抽出各种事物与现象的共同的特征和属性，舍弃其个别特征和属性的过程。例如，只有在对"鸟类"的各种属性进行分析，并把麻雀、鸵鸟、蝙蝠、蜻蜓的属性进行比较后，才能抽取出"有羽毛"、"有翅膀"、"卵生"等本质属性，舍弃"会飞"等非本质属性。可见，抽象有助于人们认识事物的本质与内部规律。

在抽象的基础上，人们就可以对事物进行概括性的认识。概括就是把抽取出来的事物的本质属性综合起来的思维过程。抽象和综合是概括的基础。例如，我们把"有羽毛"、"有翅膀"、"卵生"等鸟类的本质属性抽取出来，然后把它们加以综合，得到"鸟是有羽毛、有翅膀、卵生的动物"的认识，这就是概括。

抽象和概括也是相互依存、相辅相成的。抽象是概括的前提，没有抽象就没有概括；概括又影响抽象，没有概括的思维无法抽取一类事物的本质属性。

五、思维的品质

不同的个体在具体的思维过程中表现出差异性，这种差异主要体现在思维品质上。思维的品质主要有：

（一）广阔性

广阔性指能全面细致的思考问题，既注重问题的整体，又注重细节；既考虑问题本身，又兼顾与问题有关的其他条件。与广阔性相对的不良思维品质是片面性和狭隘性。

（二）深刻性

深刻性反映了思维的深度，指个体能够深入到事物的本质去考虑问题，即不容易被事物的表面现象所迷惑，善于透过现象把握本质。如苹果落地是司空见惯的事情，牛顿却在此基础上提出了万有引力定律。与深刻性相对的不良思维品质是肤浅性。

（三）敏捷性

敏捷性反映了思维的速度，是指个体在短时间内提出解决问题的正确方案，即能够单刀直入的直指问题的核心与关键，迅速的把握事物的本质与规律。与敏捷性相对的不良思维品质是优柔寡断。

（四）灵活性

灵活性反映了思维随机应变程度，指个体的思维活动能根据客观情况的变化而变化，即不仅善于根据客观实际及时提出符合实际的解决问题的假设和方案，还善于根据具体情况的改变及时修改、调整原有的假设与方案。与灵活性相对的不良思维品质是因循守旧和固执己见。

（五）批判性

指个体在思维过程中以客观事实为依据，严格根据客观标准判断是非与正误，能考虑正反两方面意见，坚持正确观点，摈弃错误观点。与批判性相对的不良思维品质是刚愎自用和人云亦云。

第二节 | 概　念

概念是知识的基本单元，人们获得的知识主要由概念组成；概念是思维的基本单位，通过概念，可使人们把握事物的本质与规律。

一、概念的含义

（一）什么是概念

概念是人脑对客观事物的本质特征的认识。事物的本质特征是决定事物的性质，并使一事物区别于其他事物的特征。非本质特征则是对事物不具有决定意义的特征。例如，"鸟"的概念，其本质特征是有羽毛、卵生、无齿有喙的动物，这 3 个特征就是鸟的本质特征；而毛色、大小、能否飞翔、生活地区等属于非本质特征。

每一个概念都包括内涵和外延两个方面。内涵是指概念的质，即概念所反映的事物的本质特征。外延是指概念的范围，即具有该概念本质特征的一切事物。概念的内涵和外延之间成反比例关系：内涵越少，外延越大；内涵越多，外延越小。例如，"生物"这一概念的内涵是有生命，它的外延包括了一切生命物种，如鸟兽虫鱼、花草树木、飞禽走兽等；而"脊椎动物"这个概念的内涵是有生命和脊椎，它的外延指包括一切有脊椎的动物，如蛇、狼、虎、豹等。

概念具有不同的等级或层次，如"玫瑰花"是一个概念，"花"、"植物"、"生物"也是一个概念，它们所处的层次不同。"植物"这个概念在层次上要比"花"这个概念高些，比"生物"这个概念低些。

（二）概念的分类

1. 概念根据属性的抽象和概括程度可分为具体概念和抽象概念

具体概念是按照事物外在的、非本质的特征形成的概念；抽象概念是按照事物内在的、本质的特征形成的概念。例如，给儿童呈现皮球、橘子、三角形积木、三角形蛋糕，让他们进行分类。如果他们把皮球、橘子归为一类，积木、蛋糕归为一类，说明他们形成的概念为具体概念；如果他们把皮球、积木归为一类，蛋糕、橘子归为一类，说明他们形成的概念是抽象概念。

2. 根据概念反映事物属性的数量及他们的相互关系，可以分为合取概念、析取概念和关系概念

合取概念是根据同一类事物中单个或多个相同属性形成的概念，它们在概念中必须同时存在，缺一不可。例如"毛笔"这个概念必须具有两个属性，"用毛制作的"和"写字的工具"。析取概念是根据不同的标准，有单个或多个属性所形成的概念。例如"好学生"这个概念，可以是"学习好、成绩好"，也可能是"热爱集体、关心他人、有礼貌"等。关系概念是指根据事物之间的相互关系形成的概念。例如，高低、大小、上下等。

3. 根据概念形成的自然性，可以分为自然概念和人工概念

自然概念是在人类历史发展过程中自然形成的概念。自然概念的内涵和外延是有事物自身的特征决定的，例如声、光、国家、民族、文化等。人工概念是在实验室的条件下，为模拟自然概念的形成过程而人为地制造出的一种概念，它的内涵和外延可以人为确定。

二、概念的形成

一般认为概念的形成经历了下列 3 个阶段：

（一）抽象化

概念形成的第一步是了解事物的属性。要了解事物的属性就需要对具体事物的各种特征予以抽象化。例如，儿童将许多积木分类时，必须先对积木的特征依照其颜色、大小、形状、功能等予以确认，然后根据一种或一种以上组合的属性将积木分类。但询问儿童为什么将积木分两大类时，儿童回答："一组较大，一组较小。"这说明了该儿童是以"大小"这一概念概括积木，更证明他知道什么是大，什么是小。大小为抽象的相对概念，缺乏这样抽象的理解能力，概念便无法离开具体事物本身概括其他事物。

（二）类化

概念的形成除了从具体事物抽象其属性外，还要将类似的属性加以认同。例如，称所有不同的车辆为"车辆"，这就是认同作用，亦称类化。类化只顾及某些属性的相似性，而忽略其他属性间的差异性。否则，由于世界上难于找寻完全相同的两种事物，概念的形成便会发生困难。

（三）辨别

概念的形成，从发觉属性（抽象化）到认同属性（类化），必须同时认知事物属性间的差异性（辨别），以便加以分类。例如，辨别出青蛙是两栖动物而不是爬行动物，是益虫而不是害虫。由于辨别，概念便有广义狭义之别，又有高低层次之分。概念越广，

其层次越高，所包括的辨别属性越多。例如"生物"为较多类化与较少辨别的结果，"6岁的孩子"为较少类化与较多辨别的结果。

三、概念的掌握

事物的概念是在人类社会历史发展中形成的。对个体来说，掌握概念的过程也就是概念的形成。个体掌握概念主要通过两条途径：一是在日常的生活、交际和积累个人经验的过程中掌握（日常概念）；一是在学校教育中有计划地使学生熟悉、掌握有关概念（科学概念）。

影响学生掌握概念的因素很多，这里主要介绍这样几种：

（一）学生过去的经验

过去的经验一般为日常概念，对掌握科学概念有重大影响。

当日常概念的含义于科学概念的内涵基本一致时，日常概念对掌握科学概念就起积极作用。例如，几何学中"邻角"是指具有公共顶点和公共边的角。学生已有"邻居"的日常概念，就易掌握和理解邻角概念。

当日常概念的含义与科学概念的内涵不一致时，日常概念就会产生消极作用。例如，我们在日常生活中可能会形成这样的概念：会飞的、长着翅膀的是鸟，这就对于科学概念"鸟类"的掌握造成很大困扰，因为并不是所有的鸟都会飞。

要消除这种不良影响，一方面在比较的基础上严格确定概念的内涵，另一方面运用直观获得的新经验来消除旧知识的干扰。

（二）学生的认知能力

概念的学习与掌握受认知能力发展的影响。例如"善恶"这个概念，对 4 岁儿童来说，是以行为后果为判断标准的，要通过奖惩等外力手段来建立。而对于 12 岁的少年来说，他们可能以行为的动机为判断标准，靠身教来建立这一概念。因此，对青少年进行教育是要注重言传身教的结合。对不同年龄段的人也要采用不同的教育方法。

（三）变式

变式是从不同角度和方面组织感性材料，使非本质要素变更，突出事物本质特征的方法。它可以帮助学生更准确的掌握概念。例如：讲"哺乳动物"时，不仅仅要讲陆地上的狮子、老虎，而且要讲水中的鲸鱼、空中飞行的蝙蝠，这样才能排除生活环境这一非本质特征，从而突出这些动物都是胎生、用肺呼吸、有脊椎等本质属性。

（四）下定义

下定义是用简单的语言表达概念的内涵。例如，"人是能制造工具并使用工具进行劳动的高等动物"，这就给"人"这一概念下定义。人们掌握了概念的定义，不仅有助于理解概念的实质，也可以根据定义去辨别事物。在教学中给概念下定义要适时，过早下定义，将使学生死记硬背而对定义的掌握流于形式；过迟下定义，就不能及时地收到组织、整理和巩固知识的效果。同时，下定义时还要适合学生的接受能力和知识水平，在不同年级学生中，对同一概念应下不同深度、不同水平的定义。

（五）建立概念体系

概念不是孤立的，概念与概念之间存在着各种各样的关系。概念体系是多种多样的，有相邻概念（如花、茎、叶、根），有相反概念（如黑白、美丑），也有并列概念（如直角三角形、钝角三角形），还有从属的概念（如生物、动物、爬行动物、蛇）等等。当人们在头脑中对这些概念形成联系，就构成了概念体系。概念体系有助于知识的系统化，也有助于更深刻更全面的理解新概念。

第三节 | 问 题 解 决

在日常生活中，人们常会遇到各种各样的问题。例如，学生要完成教师布置的作业；技术人员要解决生产过程中遇到的难题；科研人员要完成高水平的研究。这些问题的解决都需要思维的直接参与。

开始用实验方法研究问题解决，是从研究动物开始的。19 世纪末，桑代克用猫进行了著名的迷笼试验。第一次世界大战期间，苛勒对黑猩猩的思维进行了长达 7 年的研究。到了 20 世纪 60 年代以后，由于受认知心理学的影响，人们把人类问题解决的过程和计算机问题解决的过程进行类比，并用计算机模拟了人类问题解决的认识。下面就对问题解决的一些研究成果进行简单介绍。

一、问题与问题类型

（一）问题与问题解决

问题是指个体面临一个不易达到的目标或遇到困难的课题时的情境，个体不能运用已有知识直接达到目标或解决困难，必须经过一系列思维操作才能达到目标，解决困难。

问题解决是指由一定情境引起的，按照一定目标，应用各种认知技能，经过一系列思维操作，使问题利于解决的过程。

问题解决与思维活动密切相关，但是并非所有的思维活动都属于问题解决。安德森（Anderson，1980 年）指出，问题解决必须具有以下 4 个条件：

1. 目标指引

问题解决必须要具有明确的目标。白日梦虽然就其活动的复杂性来说，并不亚于许多被认为是问题解决的活动，但是由于它缺乏一定的目标，所以不算是问题解决活动。

2. 操作序列

问题解决必须具有一系列操作程序。回忆一个朋友的电话号码，这在正常情况下不会被看成问题解决活动，即使它受回忆电话号码这个目标的指引，因为这种回忆活动的过程太简单。

3. 认知操作

问题解决必须有思维参与。像熟练的打绳结的活动，虽然有目的、有系统的操作活动，但由于缺乏思维参与，因此也不属于问题解决。

4. 子目标分解

问题解决必须包括子目标的分解，即将一个大目标分解为一些小目标。

（二）问题的类型

1）根据问题的明确度，可以将问题分为界定清晰的问题和界定含糊的问题。

界定清晰的问题是指问题的初始状态、目标状态以及由初始状态到目标状态的通路都很清楚的问题。例如，已知 A>B，B>C，问 A 与 C 谁大？

界定含糊的问题是指问题的初始状态或目标状态没有清楚的说明，或者两者都没有明确的说明，这些问题具有很大的不确定性。例如，"怎样才能发财致富？"

2）根据在问题解决时，问题解决是否有对手，可将问题分为对抗性问题和非对抗性问题。

对抗性问题解决时需要考虑自己和对手的解题活动。例如，象棋、围棋、桥牌、扑克等都属于对抗性问题。而非对抗性问题是指问题解决时没有对手参与。例如，解决代数问题。

3）根据在问题解决时，解题者具有的相关知识的多少，问题又可分为语义丰富的问题和语义贫乏的问题。

如果问题解决者对所要解决的问题具有较多的知识，这种问题对他而言就是语义丰富的问题。例如，物理学家解决力学方面问题，这种问题对他们来讲就是语义丰富的问题。如果解题者对要解决的问题没有相关的经验，这种问题成为语义缺乏的问题。例如，初学物理的人解决物理学的问题，这种问题对于他们来说为语义贫乏的问题。

问题种类的划分是相对的，而不是彼此割裂的。例如，下象棋属于对抗性的问题；对于初学者来说，它是语义贫乏的问题；对于象棋专家来讲，它是语义丰富的问题。

二、问题解决的思维过程

问题解决是一个极为复杂的心理过程。所以到目前为止对这一问题仍然没有一致的看法。

（一）发现问题，提出问题

解决问题的开始在于发现问题和提出问题。

能否善于发现问题和提出问题取决于：①人对活动的态度。积极的态度能够促使人去发现问题，而消极的态度则起到相反的作用；②人的求知欲和认识兴趣。兴趣是最好的老师。对外在事物保持高度的求知欲和认识兴趣，有利于发现问题、提出问题；③人的知识经验。面临同样的条件，经验老道的人会很快发现问题所在，并加以解决，而缺乏经验的人则很难发现问题。

(二) 分析问题

一般而言在这一过程需要明确 3 个条件: 一是任务的初始状态, 即问题所给定的条件; 二是任务的目标状态, 即问题最终要达到的目标; 三是完成任务的算子, 即从初始状态向目标状态转化的操作。

(三) 提出假设

提出假设是提出解决问题的方案、策略, 根据一定的原则、方法和途径去解决问题。这个阶段是具有创造性的阶段, 也是解决问题的关键阶段。例如, 斯吉克的实验, 在一个浅盘子里放有一些水, 水里有一枚硬币, 要求被试用手把硬币拿出来, 但手不能沾水。工具是一个杯子、几张纸、一盒火柴。解决这个问题要利用大气压力的相关知识, 先把火柴点燃的纸扔在杯子内, 然后将杯子扣在有水的盘子里, 由于水受压进入杯内, 人就可以不湿手而拿出硬币了。但是, 解决复杂问题的策略不是一下就可以形成的, 它需要经过假设的形式逐渐形成。

(四) 验证假设

验证假设是通过一定的方法确定所提出的假设是否符合实际、符合原理。检验假设的方式主要有两种: 一种是通过实际活动, 进行实际操作; 另一种是通过思维活动进行。例如, 军事方案、医疗方案不能在行动上立即进行检验, 必须通过深思熟虑、周密思考来确定方案的可行性。

三、 问题解决的一般策略

采用什么样的策略解决问题, 是影响问题解决效率的一个很重要的因素。好策略有利于问题的解决。下面介绍纽威尔和西蒙提出的几种常用的问题解决策略。

(一) 算法

算法是一种随机尝试式的问题解决策略, 即在问题空间搜索所有可能的解决问题的方法, 并逐一加以尝试, 最终使问题得以解决。例如, 一个密码箱有 3 个转纽, 每个转纽上排列有 0~9 十个位数字。要用算法策略找出密码打开箱子, 就要逐个尝试 3 个数字的随机组合, 直到找到密码为止。算法策略的优点是保证能解决问题, 但用这种方法需要大量尝试, 因而费时费力。当问题复杂、问题空间很大时, 人很难依靠这种方法解决问题。计算机的运算速度比人要快许多倍, 因此算法是计算机解决问题的重要方法。

(二) 启发式

启发式是根据已有的知识经验, 在问题空间中进行较少搜索, 以达到解决问题的方法。启发式不能保证问题一定能解决, 但解决问题时省时省力。

常用的启发式策略主要有:

1. 手段—目的分析

所谓手段—目的分析就是将需要达到的问题的目标状态分成若干子目标，通过实现一系列的子目标最终达到总目标。它的基本步骤是：比较初始状态和目标状态，提出第一个子目标，然后找出完成第一个子目标的方法或操作，接着实现子目标，最后提出新的子目标，如此循环往复，直至问题解决。

手段—目标分析是一种不断减小当前状态与目标状态之间的差别而逐步前进的策略。但有时人们为了达到目的，不得不暂时扩大目标状态与初始状态的差异，以便最终达到目标。在日常生活中，手段—目的分析是人们比较常用的一种解题策略，它对解决复杂的问题有重要的应用价值。

2. 逆向搜索

逆向搜索就是从问题的目标状态开始搜索直至找到通往初始状态的通路或方法。例如，人们要去城市的某个地方，往往是在地图上先找到目的地，然后查找一条从目的地退回到出发点的路线。数学中的"反证法"就是一种逆向搜索。

3. 简化

简化指从复杂问题中抽出关键问题，突出重点，使问题得到简化。

例如，试解下面一道代数题：

已知：$X=R+3$，$2M=3L+6$，$Y=M+1$，$R=3L$。

求解：用 Y 表示 X。

用简化法解答如下：

$$Y-M, \ M-L, \ L-R, \ R-X$$

这时就可以顺利把 X 与 Y 联系起来：

$$X-R-L-M-Y$$

这样就可以顺利的得出答案：

$$X=2Y-5$$

如果能将以上问题解决策略灵活运用，针对不同问题，选择最合适的策略，就会大大提高解决问题的效率。

四、影响问题解决的因素

影响问题解决的因素很多，有情境因素也有个人因素，有客观因素也有主观因素。它们之间相互联系又相互制约。下面着重分析几个主要因素：

（一）问题情境

问题本身的一些因素影响问题的解决。

1. 刺激模式

问题呈现时的形态。一般来讲，刺激模式和人的认知结构差异越大，问题就越难解决。例如，这样一个问题，已知一个圆的半径是 2 厘米，问圆的外切正方形的面积有多大。图 8-1 中图（a）和图（b）用不同的方式画出圆半径的辅助线。由于在图（a）中很难看出圆的半径是正方形的一部分，因此问题解决较难。图（b）中人们容易把圆的半径看成正方形的一部分，因而问题较易解决。

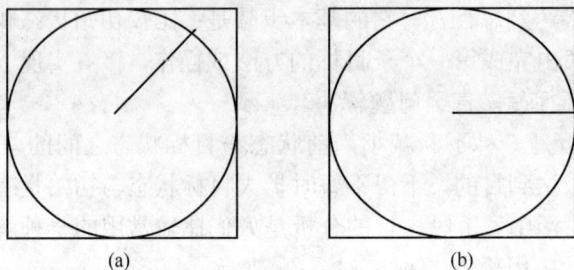

图 8-1　相同信息因位置差异而导致难易不同

2. 信息量

问题情境中所包含的信息量太少或太多都不利于问题的解决。太少可能导致遗漏，太多则会产生干扰。例如，在抽屉里有黑色和白色两种短袜混在一起，黑袜和白袜的数量之比为 4∶5，那么，为了保证得到一双颜色相同的袜子，要从抽屉中取出多少只袜子？这个问题中，黑袜与白袜的数量之比很明显就是一个多余信息，会对问题解决造成干扰。

3. 问题的具体性

问题本身是否具体，对问题解决有直接影响，尤其是当个体对问题所在领域较为陌生时，其影响更为显著。如让一些未经逻辑训练的人解决如下问题：

有些 A 是 B；有些 C 是 B；因此有些 A 是 C。

对此结论，许多人认为是正确的，而如果将问题具体化：有些香蕉是绿色的；有些橘子是绿色的；因此有些香蕉是橘子。每个人都知道这个结论是错误的。可见，将问题描述具体化，有助于问题的解决。

（二）认知因素

1. 定势

定势是指心理活动的一种准备状态，这种准备状态有时有助于问题的解决，有时会妨碍问题的解决。

陆钦斯的水罐实验是说明定势消极作用的一个典型。该实验要求被试计算如何用不等容量的杯子量出一定数量的水。实验组从例题之后逐解所有 8 道题，而控制组则在例题之后只做第 6、7、8 题。结果实验组的 81％ 的被试受例题 1～5 题所形成的定势影响，套用 B－A－2C 的算法求解第 6、7、8 题，使算法重复，而控制组则由于未受此定势的影响，100％ 被试采用非常简单的方法求解第 6、7、8 题。如表 8-2 所示。

克服定势消极作用的方法是具体情况具体分析，一旦发现自己以习惯的方式解决问题有困难时，不要执意固守，而应退出旧思路，寻求新方法。

2. 功能固着

人们把某种功能赋予某种物体的倾向称为功能固着。如盒子是用来装东西的等等。人们

表 8-2　陆钦斯水罐实验数量表

题序	3 个杯的容量			要求量出的水的容量
	A	B	C	
1	21	127	3	100
2	14	163	25	99
3	18	43	10	5
4	9	42	6	21
5	20	59	4	31
6	23	49	3	20
7	15	39	3	18
8	18	59	3	25

是否改变事物固有的功能以适应新的问题情境的需要，常常成为问题解决的关键。在功能固着的情况下，人们不易摆脱事物用途的固有观念，因而直接影响到人们灵活地解决问题。

克服功能固着需要人们灵活机智的使用已有的工具或材料，使之服务于解决问题的目的，这就称之为功能变通。它要求丰富的知识和思维的灵活性。

3. 认知图式

认知图式是指个人分析问题的结构性的思维框架。当个体处于某种问题情境时，最主要的是能够因时、因地、因问题性质的不同而及时调整甚至重新组织自己的认知图式。例如，让你用六根火柴摆成 4 个等边三角形，如何做？

（三）情绪与动机因素

1. 情绪

研究表明，情绪能促进或阻碍问题解决。一般而言，紧张、惶恐、烦躁、压抑等消极情绪会阻碍问题解决的速度，而乐观、平静、积极的情绪将有助于问题的解决。如学生考试时，常常会由于情绪过分紧张，使思路阻塞，有时甚至面临容易的问题而束手无策。如果学生能以积极的情绪迎接考试，就将有利于思考，打开思路，使问题得以解决。

2. 动机

人们从事活动的动机强度会影响问题解决效率。研究表明在一定限度内，动机强度和问题解决的效率成正比，动机太强或太弱都会降低问题解决的效率。

第四节　创 造 思 维

一、创造思维及其特征

（一）创造思维的含义

创造思维是指以新颖独创的方法解决问题，并能产生新的、有社会价值的产品的思维过程。例如，作家创作一部新的作品；工程师设计一台新的机器等等。它是人类思维的高级过程，是人类意识发展水平的标志。

（二）创造思维的特征

1. 新颖性

创造思维要求打破惯常的解决问题的方法，将已有的知识经验进行改组或重建，创造出个体前所未知的或社会前所未有的思维成果。因此新颖性是创造性思维最本质的特征。

2. 创造性思维是发散思维和聚合思维结合的产物

在创造性思维活动中，固然要求进行发散性思维，尽可能地多联想，提出多种假设或更多更好的解决问题的方案。然而，创造性思维还必须根据一定的标准，从众多的选择中找出一种最合适的答案，或经过检验采纳某一种假设，这就必须经过聚合思维。

3. 创造性想象的积极参与

创造性想象的积极参与是创造性思维的重要环节。因为创造性想象提供的是事物的新形象，并使创造性思维成果具体化。所以文艺作品中新形象的产生，科学研究中新假设的提出等都离不开创造性想象。

4. 灵感状态

灵感状态是创造性思维活动的又一特征。所谓灵感是指人在创造性思维过程中，某种新形象、新概念和新思想突然产生的心理状态。它是人在以全部精力集中去解决思考中的问题时，由于偶然因素的触发而突然出现的顿悟现象。例如，德国化学家凯库勒长期研究苯分子结构，但同样对苯分子中原子的结合方式百思不得其解。1864 年冬的某一天晚上，他在火炉边看书时，不知不觉打起瞌睡，做起了梦。这是一个化学史上最著名的梦，苯分子结构的秘密由此解开。凯库勒自己是这样描述的："但事情进行得不顺利，我的心想着别的事了。我把坐椅转向炉边，进入半睡眠状态。原子在我眼前飞动：长长的队伍，变化多姿，靠近了，连结起来了，一个个扭动着，回转着，像蛇一样。看那是什么？一条蛇咬住了自己的尾巴，在我眼前轻蔑地旋转。我如同受了电击一样，突然惊醒。那晚我为这个假设的结果工作了整夜，这个蛇形结构被证实是苯的分子结构。"

二、创造思维的过程

创造性思维的过程是指在问题情境中，新的思维从萌发到形成的整个过程。在众多心理学家的研究中，具有代表性的是英国心理学家华拉斯（G. Wallas）的创造性思维的 4 阶段说。他认为无论是科学或艺术的创造，大体上都经历以下 4 个阶段。

（一）准备期

准备期是指创造活动前，积累有关知识经验，搜集有关资料和信息，为创造作准备的阶段。从前人的经验中不仅获得知识也获得启示。所谓创造不是无中生有。例如，爱因斯坦的划时代巨作《论动体的电动力学》，写作仅花了 5 个星期的时间，但准备工作却花了 7 年之久。

（二）酝酿期

酝酿期是指在已积累的知识经验的基础上，对问题和资料进行深入的探索和思考的时期。经过准备阶段，思考者不仅对某方面的知识经验已有了相当的基础，而且开始对问题和资料进行深入的探索和思考。在酝酿期，当思考者遇到新问题而进行各种尝试仍然百思不得其解时，可能把问题暂时搁置而从事其他活动。但问题解决仍在潜意识中进行。因此创造性思维的酝酿期多属于潜意识过程，这种潜意识的思维活动极可能孕育着解决问题的新观念，一旦酝酿成熟这一观念就会脱颖而出，使问题得到解决。

（三）豁然开朗期

豁然开朗期是指新思想、新观念、新形象产生的时期，又叫灵感期。灵感的产生有时候是突然的，甚至是戏剧性的，有时产生于半睡眠状态，有时产生于从事其他活动的时候。这里有一个经典的例子是阿基米德解决测定皇冠含金量的问题。叙拉古国王叫一个工匠做了一顶纯金的皇冠。国王将阿基米德找来，要他在不损坏皇冠的条件下，想法测定出皇冠是否掺了假。这可是个难题。阿基米德回家冥思苦想了几天，吃不下饭，睡不好觉。一天，他在洗澡的时候发现，当他的身体在浴盆里沉下去的时候，就有一部分水从浴盆边溢出来；而且，他觉得入水愈深，体重就愈轻。"找到了!找到了!称量皇冠的办法找到了！"他跳出浴盆，欣喜地喊起来。

（四）验证期

验证期是指对新思想或新观念进行补充和修正，使其趋于完善的时期。豁然开朗期得来的观念必须加以验证。在验证期，一般要求从逻辑角度在理论上求其周密、正确，或者从行动中得以验证。在这个时期，思维者可以对豁然开朗期的观念加以修正，使创造工作达到完美进步。

三、影响创造思维的因素

（一）酝酿与创造性

在解决问题过程中，时常遇到这样的情景，即经过长时间的紧张的思索之后，仍未找到问题的答案，但是当你稍稍休息后，突然找到了答案。这种情景有人称之为酝酿。

一些研究表明，酝酿有利于问题的解决。究其原因可能是，在问题解决时，定势或功能固着等心理因素在某一时刻可能阻碍着问题的解决，这些因素的干扰在休息之后可能消除了。

（二）社会因素与创造性

人们生活在社会中，整个社会的因素也在影响着人们的创造性。

　　研究发现，人们在工作时，如果有他人在旁观看；或者创造者为了竞争某种奖励；或者在创造过程中，他人限制了人们的创造性；这些因素在一定程度上会影响创造性的水平。

思考与练习

　　1. 简述思维的含义及其特征。

　　2. 为什么说思维是高级认知活动？它与感知觉有哪些区别？

　　3. 如何对思维进行分类的？

　　4. 什么是分析与综合？

　　5. 如何判断一个人是否具有良好的思维品质？

　　6. 什么叫概念？影响概念形成的因素有哪些？

　　7. 什么叫问题解决？影响问题解决的因素有哪些？

　　8. 创造性思维与一般思维有什么区别？影响个体创造性发挥的因素有哪些？

　　9. 解决下列问题：（1）用 6 根火柴作出 4 个等边三角形来。（2）有 3 个书生和 3 个野人来到河边要过河。河里只有一条渡船，每次只能乘二人。请你想办法解决这个问题。（条件：野人能吃书生。无论在哪一岸或在船上，书生人数都不得少于野人。）

第九章
情感与意志

个体心理过程包括认知过程、情感过程和意志过程，前面几章介绍了认知过程，本章对情感过程和意志过程进行探讨。认知过程反映客观事物本身的属性，而情感过程反映客观事物和主观需要之间的关系。情绪情感有不同的分类。目前，情绪理论有了较大的发展，而情绪情感的产生与调节是探讨情绪理论的永恒的话题。在日常生活中，每个人不管要取得什么样的成绩，都可能遇到或大或小的困难，在战胜困难，达到目标的过程中，就会表现出一个人的意志品质。什么是意志？意志与认识、情感的关系如何？意志行动的过程与品质方面表现在那些方面？这些都是本章要探讨的问题。

第一节 | 情绪情感的概述

一、什么是情绪情感

人们在现实生活中，必然要遇到各种各样的情境，这些情境经常会引起人们的喜、怒、哀、乐、爱、欲、恨等各种内心体验，这些内心体验就是情绪情感。准确地说，情绪情感就是人对客观事物是否符合个人需要而产生的态度的体验。

首先，情绪情感由客观事物引起。离开了具体的客观事物，人们不可能自发地产生情绪情感。世界上没有无缘无故的爱，也没有无缘无故的恨，任何情绪情感都有一定的客观原因。例如，各种自然景象、人类社会生活中的各种事件、机体内部的种种生理变化等等，都有可能引发某种情绪情感。

其次，需要是情绪情感产生的中介。情绪情感是由客观事物引起的，但是客观事物本身并不直接决定情绪情感的性质和强度，它对情绪情感的作用要以需要为中介。如果客观事物符合人的需要，人就会产生肯定的情绪情感，例如，饿了得到食物会感到高兴；生活中遇到知己会感到欣慰等。如果客观事物妨碍需要的满足，人就会产生否定的情绪情感，例如，失去亲人引起悲痛，无端遭到攻击会产生愤怒等。

第三，认知是情绪情感的基础，情绪情感反作用于认知。客观事物不能直接决定情绪情感，个体对某种客观事物会产生什么样的情绪情感，取决于个体对客观事物的认识，有什么样的认识，就会有什么样的情绪情感。例如，一个学生受到了教师的批评，如果学生认为教师是故意与他作对，他就会对该教师不满，产生否定的情绪情感；如果学生认为教师是为了帮助他改正缺点，使他进步，他就会感激该教师，产生肯定的情绪情感。同时，情绪情感对认知可能有积极影响，也可能有消极影响，"情人眼里出西施"正是对情绪情感对认知的反作用的最佳写照。

第四，情绪情感是主观体验。情绪情感作为主观的意识经验，是人脑对客观现实的反映形式之一，但它不同于认知过程。认知过程反映客观事物本质，而情绪情感反映主体与客体之间的关系。情绪情感表现为某种主观体验。没有主观体验，主体就不知道自己是否产生了情绪和情感。

第五，人的情绪情感在现实生活中往往是复杂的。在现实生活中，人们的情绪情感往往是混杂的，并不是单纯的高兴或单纯的愤怒，经常是百感交集、悲喜交加、哭笑不得。这是因为，客观事物是复杂的，人的需要也是多种多样的。同一个事物可能在满足人的某些需要的同时，还妨碍了人的另一些需要的满足，所以，人们的情绪情感就很复杂了。

二、情绪、情感的区别与联系

情绪和情感都是人的主观体验，历史上曾统称为感情。人的感情非常复杂，既包括感情的发生过程，也包括种种体验，仅仅用"感情"这一个术语难以全面表述这种心理现象，所以当代心理学采用"情绪"和"情感"两个术语来更确切地表述感情的不同方面。情绪和情感是既有联系，又有区别的两个概念。

（一）区别

1. 情绪和生物性需要相联系，情感和社会性需要相联系

人和动物都会产生某种情绪，并且随生物性需要的满足与否而变化。情感是人所特有的，随着个体的社会性需要的满足与否而变化。例如，得到食物而高兴，与交到一个好朋友而高兴，这两种高兴是不同的，前者属于情绪，而后者属于情感。

2. 情绪具有情境性、激动性和暂时性，情感具有稳定性、深刻性和持久性

情绪容易变化，往往随着情境的改变和需要的满足而减弱或消失，情感是人对事物的稳定态度的体验，不容易发生变化。情绪具有明显的激动性和外部表现，例如高兴时笑逐颜开，愤怒时咬牙切齿等。情绪一旦产生往往难以控制，而情感则比较内隐含蓄，常以内心体验的形式存在，例如教师对学生的期望，父母对子女的疼爱等，这些情感往往深埋在心底，不轻易外露，主要通过行动体现出来。

3. 在个体发展中，情绪出现早，情感出现晚

情绪与生理需要相联系，个体一出生就必然产生饮食、睡眠等生理需要，随着这些需要的满足与否，就会产生相应的情绪，所以说，情绪是伴随着个体的出生而出现的；情感与社会需要相联系，个体社会性需要的出现是伴随着个体的社会化而出现的，最早的社会性需要往往是出生几个月之后所形成的母婴依恋，只有到了这时，情感才会有可能出现。

（二）联系

情绪和情感之间有区别，但同时又有密切联系。从某种意义上可以说，情绪是情感的外在表现，而情感是情绪的本质内容。

1. 情感在情绪的基础上形成，又通过情绪表现出来

情绪是个体需要与情境相互作用的过程，也是神经系统的活动过程。正是在这种主客体的相互作用中，个体的情绪不断的发生变化，随着情绪的不断变化，人的情感逐渐形成。离开人的具体情绪，人的情感就不可能形成，也不可能表现出来。例如，爱国者看到祖国遭到敌人侵略时，会无比的愤怒和激动；在看到祖国建设蒸蒸日上时，会感到无比的高兴。这些愤怒、激动和高兴作为外部表现，都属于情绪范畴。但是，正是在这些愤怒、激动和高兴中，人们的爱国情感逐渐的形成，并且逐渐的强化，也正是在这些外部表现中，表露了一个人的爱国情感。

2. 情绪表现依赖于情感

在情绪发生过程中常常包含着情感，情感的性质决定情绪表现的形式，情感的深度决定情绪表现的强度。例如，两军对垒中，一方主帅的阵亡，会使敌对方的将士充满喜悦和必胜的信心，而己方的将士会充满恐惧和悲哀，这就是因为情感的性质不同而导致的。自己的好朋友在学习或工作中取得了优异成绩，我们会为他感到高兴，如果是一个一般同学或同事取得了好成绩，我们也会为他高兴，但是这两种高兴的强度是不同的，因为我们对这两种人的情感的深度不同。

总之，情绪与情感既有区别，也有联系。心理学主要研究感情的发生发展过程，因此较多的使用情绪这一概念。

三、情绪、情感的机体生理变化和外部表现

（一）机体的生理变化

随着情绪情感的发生，有机体会产生一系列的生理变化，这些变化可以看作情绪状态变化的客观指标之一。

在某种情绪状态下，呼吸的频率、深浅都会发生变化。人在平静时大约每分钟呼吸20次，高兴时每分钟17次，悲伤时每分钟9次，愤怒时每分钟40次，恐惧时每分钟60次，狂喜或突然悲痛时，呼吸会痉挛，呼气时间变短而吸气时间变长。

在某种情绪状态下，血液循环系统会发生一系列变化。惊恐时，心跳加速加强，血液的输出量增加，血糖和血氧的含量增加。人在羞愧时面红耳赤，气愤时脸色铁青，就是由于面部血管的舒张和收缩造成的。

在某种情绪状态下，消化系统的活动也会发生一系列变化。愉快时，胃肠的蠕动和消化腺的分泌会加强。悲伤时，胃肠的蠕动和消化腺的分泌会减弱。愤怒时，胃粘膜充血，胃酸分泌增多，胃的运动增加，容易引发胃痉挛。

在某种情绪状态下，内分泌系统的活动也会发生一定的变化。极度紧张时，肾上腺分泌增多，导致血糖、血压、消化及其他腺体活动的变化。愤怒时，去甲肾上腺素分泌

增多，引起血糖、血压升高和肌肉紧张度增高。焦急时，抗利尿激素分泌受到抑制，容易引发尿频。

（二）情绪情感的脑机制

生理是心理的基础，作为一种主观体验，情绪情感必然受到神经系统的支配。

1. 下丘脑

下丘脑与情绪有密切关系。动物实验证明，用微电极刺激猫的下丘脑腹内侧核，会引起它强烈的情绪反应，产生明显的情绪性行为，愤怒而凶猛的扑向实验者。刺激动物下丘脑的不同部位，可以观察到两种不同的情绪行为模式：一是发怒或斗争；二是恐惧或逃避。如果切除下丘脑以上（保留下丘脑）的全部脑组织，上述情绪反应仍然存在。可见，下丘脑是情绪行为产生的重要脑结构。

1954 年，美国心理学家奥尔兹等利用实验证明了老鼠的下丘脑中存在"快乐中枢"。实验者在老鼠下丘脑的某一部位埋上微电极，电极的另一端与一个杠杆相连，这个杠杆与电源的开关相连。老鼠只要按压杠杆，就会接通电源，在埋电极的部位就会受到微弱的电刺激。老鼠经过学习，逐渐建立了操作性条件反射，因为通过按压杠杆能获得电流对脑的刺激，引起快乐和满足，所以老鼠不断的按压杠杆，以此来追求快乐，直到累得筋疲力尽、昏昏欲睡为止。这个实验证明，老鼠的下丘脑中存在一个"快乐中枢"。后来有人用同样的方法发现在人的下丘脑相应部位，也存在着"快乐中枢"。

2. 脑干网状结构

美国心理学家林斯里（Lindsley，1951 年）认为，脑干网状结构的功能在于唤醒，是情绪产生的必要条件。有人认为，精神病患者的情绪障碍，可能就是由于网状结构活动失常的结果。抑郁症患者情绪低沉冷漠，对一切都不感兴趣，内心体验贫乏，麻木不仁；在行为表现上，面部没有表情，沉默，不吃不喝不动。这些病态表现都是网状结构的机能减弱或毁损所导致的。

3. 大脑皮层

大脑皮层是人类情绪体验的最高调解者和控制者。如果给动物切去大脑皮层，它就容易激动，一点小事就会引起强烈的反应。如果切除猴子额叶的前部，它会急躁和发狂。如果切除人的额叶，他对原先十分感兴趣的事物马上就会变得冷漠，甚至对一切事物都漠不关心。

大脑两半球对情绪的调节和控制存在一定的差异。一般来说，正常儿童和成人的左半球趋向兴趣、愉快和热情，而那些胆小、恐惧、神经质、压抑的人，右半球的脑电活动更高一些。正负情绪的脑电活动的比较研究说明，正情绪引起左半球更多的脑电活动，而负情绪引起右半球更多的脑电活动。

（三）表情

人们产生各种情绪和情感的时候，通常总是伴随着外部的行为表现。在心理学上，我们把与情绪情感相关联的外部行为特征称作表情。例如，高兴时哈哈大笑，悲伤时痛哭流涕，害羞时脸色通红，愤怒时紧握拳头等等，这些都是表情。

1. 面部表情

面部表情是通过眼部肌肉、口部肌肉和颜面肌肉的变化来表现各种情绪情感。

眼睛是最善于传情的，例如眉目传情、暗送秋波等都表达了不同的情绪情感。眉开眼笑表示高兴和兴奋，怒目而视表示气愤，目瞪口呆表示恐惧或惊讶，两眼无光表示悲伤等等。

口部肌肉的变化也是表现情绪情感的重要线索。例如咬牙切齿表示憎恨，张口结舌表示紧张，满脸堆笑表示高兴等等。

颜面肌肉的变化也表现了不同的情绪情感。例如脸色苍白表示心虚恐惧，皱眉、咬紧牙关、眼睛变窄、面部发红表示愤怒等等。

2. 姿态表情

身体姿态是表达情绪情感的一种方式，不同的情绪情感会导致人们不同的身体姿态。姿态表情包括身体表情和手势表情两种。

人在不同的情绪状态下，身体姿势会发生不同的变化，例如高兴时捧腹大笑，恐惧时紧缩双肩，紧张时坐立不安等等。

手势是表达情感的重要形式。手势通常和言语结合使用，表达赞成或反对、接受或拒绝、喜欢或厌恶等态度和思想。手势也可以单独用来表达某种思想或情感，在无法用言语沟通的条件下，单凭手势就可以表达情绪情感。例如，振臂高呼表示激愤，双手一摊表示无可奈何，手舞足蹈表示高兴等。

3. 言语表情

言语表情是通过语音语调来表达情绪情感。例如，朗朗的笑声表示愉快，呻吟代表痛苦等。同样的一句话，如果用不同的语音语调说出来，就表示不同的情绪情感。同样的一句话，如果重音放在不同的字上，也表示不同的情绪情感。

四、情绪的维度与两极性

（一）什么是情绪的维度与两极性

情绪的维度是指情绪所固有的某些特征，主要指情绪的性质、强度和动力性等方面。这些特征的变化幅度又具有两极性，也就是说，每一特征都存在对立的状态。

情绪的性质有积极和消极两极。需要得到满足会产生积极情绪，需要得不到满足会产生消极情绪。

情绪的强度有强烈和微弱两极。例如愉快与狂喜，微愠与狂怒等。在情绪的强弱之间还有各种不同的强度，例如从微愠到狂怒之间还有愤怒、大怒、暴怒等不同程度的怒。情绪强度的大小取决于情绪事件对于个体意义的大小。

情绪的动力性有增力和减力两极。一般来说，积极情绪是增力的，可以提高人的活动能力；消极情绪是减力的，会降低人的活动能力。

（二）情绪维度的理论

人们对情绪的维度提出了不同的理论，这些理论对于我们理解情绪的性质和对情绪进行度量具有一定的意义。

1. 二维理论

罗素（Russell，1980 年）认为，情绪具有两个维度，即愉快度和强度。愉快度又可分为愉快与不愉快；强度又可分为中等强度和高等强度。所以，罗素提出了四种基本情绪，分别是高等强度的愉快（高兴）、中等强度的愉快（轻松）、中等强度的不愉快（厌烦）、高等强度的不愉快（惊恐）。

2. 三维理论

19 世纪末，德国著名心理学家、科学心理学的创始人冯特提出了情绪的三维理论，认为情绪是由 3 个维度组成的，即愉快—不愉快，激动—平静，紧张—松弛。每一种具体情绪分布在 3 个维度的两极之间的不同位置上。冯特的理论为情绪维度理论的发展奠定了基础。

20 世纪 50 年代，施洛博格（Scholberg，1954 年）通过研究面部表情，提出情绪的 3 个维度是愉快—不愉快，注意—拒绝，激活水平。3 个维度不同水平的组合可以得到各种情绪。

20 世纪 70 年代初，普拉切克（Plutchik，1970 年）提出，情绪具有强度、相似性和两极性 3 个维度。

3. 四维理论

美国著名心理学家伊扎德（Izard，1977 年）提出了情绪的四维理论。伊扎德认为，情绪有愉快度、紧张度、激动度和确信度 4 个维度。愉快度表示主观体验的享乐程度；紧张度表示情绪的生理激活水平，包括肌肉紧张和动作抑制等成分的激活水平；激动度表示个体缺乏准备的程度；确信度表示个体对情绪的理解和把握的程度，如果个体能够明确报告自己当前的情绪状态是什么以及为什么，能够表现出对当前情境的较好的适应，就说明情绪的确信度较高。

情绪维度的确定对于情绪测量有重要意义，通过它才能对情绪体验做出较为准确的评估。

五、情绪情感的基本功能

（一）动机功能

情绪情感具有动机的作用，对于人们的行为可能产生促进作用，也可能产生干扰作用。适度的情绪兴奋，可以使身心处于活动的最佳状态，进而推动人们有效的完成工作任务。例如，火灾时，一个人能把很重的东西从火里搬出来，而火灭后，他就不能再搬回去了。这是因为，火灾激发了他的恐慌感和急迫感，从而增强了他的行为动力。火灭后，相应的情绪消失，行为动力也随之减弱。

但是，过强的情绪情感会干扰人们的行为。例如，人在很着急很生气时，会气得浑身发抖，语无伦次，手足无措，这是情绪情感对行为的干扰。

由情绪情感激发的行为，只有当这种情绪情感消失后，行为才会停止。

（二）信号功能

情绪情感的信号功能主要表现为通过表情，人与人之间可以传递信息、沟通思想。例如，微笑表示对某人或某事的满意与赞赏；痛苦是遇到困难请求帮助的信号；气愤是对某人或某事的否定态度等。

（三）调节功能

情绪情感可以调节人的认知和行为。

积极的情绪情感使人愿意接纳外界事物，有利于提高认知活动的效果；同时也使人充满信心，行为表现也比较开放自如。

消极的情绪情感容易使人封闭自我，对外界事物不感兴趣，认知活动的效率也会降低；在行为表现上，由于悲观失望，个体会无所事事，甚至产生攻击行为。

（四）感染功能

情绪情感的感染功能是指一个人的情绪情感会影响到别人，使别人也产生同样的内心体验。例如，看电影时，观众会随着演员的喜怒哀乐而产生不同的情绪体验，演员的演技越高，他情绪的感染功能越强；上课时，学生会被教师的情绪所感染；在日常生活中，我们经常与父母、朋友产生情感上的共鸣等等。

第二节　情绪情感的类别

一、基本的情绪

从生物进化的角度看，人的情绪可分为基本情绪和复合情绪。基本情绪是人与动物共有的，是先天的，也是生存竞争、适应环境的手段。每一种基本情绪都有其独立的神经生理机制、内心体验和外部表现。复合情绪是由基本情绪的不同组合派生出来的。

心理学家对情绪的分类进行了许多研究，试图确立人类的基本情绪，但是由于使用的方法不同，结论是各种各样的。

我国古代名著《礼记》认为，人的基本情绪是喜、怒、哀、惧、爱、恶、欲等7种，《白虎通》认为，人的基本情绪是喜、怒、哀、乐、爱、恶等6种。

我国心理学家林传鼎（1944年）把《说文》中354个描述情绪的字，按释义区分了18种基本情绪：安静、喜悦、愤怒、哀怜、悲痛、忧愁、忿恚、烦闷、恐惧、惊骇、恭敬、悦爱、憎恶、贪欲、嫉妒、傲慢、惭愧、耻辱。

普拉切克根据自己的情绪三维理论，把人的基本情绪区分为8种，分别是悲痛、恐惧、惊奇、接受、狂喜、狂怒、警惕、憎恨。

伊扎德用因素分析和逻辑分析的方法，区分了人类的 11 种基本情绪，分别是兴趣、惊奇、痛苦、厌恶、愉快、愤怒、恐惧、悲伤、羞耻、轻蔑、内疚。

目前，比较公认的基本情绪有 4 种，分别是快乐、愤怒、悲哀和恐惧。

（一）快乐

快乐是个体追求并达到所盼望的目的时产生的情绪体验。快乐有强度上的差异，从弱到强的体验依次是满意、愉快、欢乐和狂喜。快乐强度取决于目的实现的意外性。例如，一场球赛，如果强队战胜了弱队，强队的队员会体验到快乐；如果弱队战胜了强队，弱队的队员就会体验到快乐，但是这两种快乐在强度上是不同的，如果说前者是满意，那么后者就是狂喜。

（二）愤怒

愤怒是由于某人或某事妨碍了目的的实现，使紧张得到积累乃至爆发时而产生的情绪体验。愤怒也有强度上的差异，从微愠到愤怒、大怒、暴怒和狂怒。愤怒的发展与对妨碍物的意识程度有直接关系。一般来说，如果个体不能意识到妨碍物，他的愤怒就不可能明显的表现出来。如果个体清醒地意识到了妨碍物，并且知道这种妨碍是不合理的甚至是恶意的，愤怒就会骤然发生，并可能对妨碍物表现出攻击行为。

（三）悲哀

悲哀是在丧失自己心爱的人或物或在自己的理想与愿望破灭时所产生的情绪体验。悲哀也有强度上的差异，从失望到遗憾、难过、悲伤和哀痛，哭泣可以在一定程度上缓解悲哀。悲哀的程度取决于所失事物的价值，例如，人们常常会因失去亲人而悲痛，因为丢失贵重的东西而悲伤。悲哀并不总是消极的，它在一定的主客观条件下可以转化为力量，所谓"化悲痛为力量"、"哀兵必胜"就是这个道理。

（四）恐惧

恐惧是面临并且试图逃避某种危险情境时产生的情绪体验。恐惧也有强度上的差异，从忧虑到惧怕、恐惧和惊骇。引起恐惧的原因是缺乏处理危险情境的能力或手段。当个体不知道如何脱险或者发现逃离危险的路径被堵塞，因而被一种不可抗拒的可怕力量包围时，恐惧就会产生。当人们习惯了危险情境，或者掌握了应对危险的方法时，恐惧就不会发生。

二、基本的情绪状态

基本的情绪状态包括心境、激情和应激。

（一）心境

心境是微弱而持久的情绪状态。

心境具有弥散性，它不是个体对某一特定事物的体验，而是以同样的体验对待一切事物。

心境产生的原因是多方面的，生活中的顺逆，工作中的得失，人际关系的好坏，自然环境的变化等等，都有可能引起某种心境。

不同心境的持续时间有很大差异，某种心境可能持续几小时，也可能持续几星期、几个月或者更长的时间。心境的持续时间取决于引起心境的客观事件的重要性以及主体的个性特点。一般来说，重大事件引起的心境会持续较长的时间，例如高考被录取、处女作得以发表等。不同的人有不同的个性，所以，同一事件，对于有的人会引起较长时间的心境，而对另一些人就只会引起较短时间的心境。

心境对于人们的生活和身体健康有着重要影响，积极的心境可以提高人的活动效率，有利于身体健康；消极的心境会降低人的活动效率，有损于身体健康。

（二）激情

激情是一种强烈的、爆发性的、为时短促的情绪状态。如果说心境位于情绪情感的微弱的一极，那么，激情就位于情绪情感的强烈的一极。

激情通常由对个人有重大意义的事件引起。例如，重大成功之后的狂喜，惨遭失败之后的绝望等，都是激情状态。

激情往往伴随着明显的生理变化和外部行为表现。例如，狂喜时眉开眼笑、手舞足蹈；狂怒时全身肌肉紧张、咬牙切齿等。激情还可能导致言语紊乱、动作失调，甚至出现精神衰竭乃至休克。

在激情状态下，个体往往出现"意识狭窄"现象，即认知范围缩小，理智分析能力受到抑制，自我控制能力减弱，进而使人的行为失去控制，甚至做出一些鲁莽的行为。国外有人做过调查，发现暴力犯罪中有半数以上是在激情状态下做出的。

激情有明显的负面影响，我们应该善于控制自己的激情，通过深呼吸和转移注意力的方法一般能够对激情进行一定的控制。

（三）应激

应激是在突然出现的异常紧急的情况下所产生的高度紧张的情绪状态。

应激的产生与人面临的情境和主体对自己能力的估计有关。如果情境对某人提出了某种紧急而迫切的要求，但是他对自己能否达到这种要求并没有太大把握，这时他就会体验到应激。例如，飞机在飞行中，发动机突然出现故障；汽车行驶时，前方突然遇到障碍物等，人们都会产生应激。

应激会导致人们生理和行为的急剧变化。在生理上，心跳加速、血压升高、呼吸急促。在行为上，如果紧张过度，就会语无伦次、动作失调、甚至呆若木鸡；如果个体处在中等强度的应激状态下，他就会思路清晰、反应灵敏，使个体应对外界的能力得到超水平的发挥。这就可以解释，为什么有的学生平时学习成绩很好，但是在高考时就考不好；而有的学生平时成绩并不突出，但是在高考时就能取得好成绩。

人在应激状态下，机体所发生的一系列生理反应称作应激反应。应激反应包括3个阶段。首先是动员，即在遇到紧急情况时，调节自身的生理状态，动员自身的生理机能进行防御；其次是阻抗，即运用已经动员起来的生理机能来处理当前情境；最后是衰竭，即个体把动员起来的机能使用殆尽，身体和心理均处于疲惫状态。

中等强度的应激可以使人适应突变的环境，有效地处理紧急情况。但是，如果应激状态延续的时间太长，就会使人体的抵抗力下降，容易生病。

三、高级的社会情感

情感是与人的社会需要相联系的主观体验，是人类所特有的。人类高级的社会情感主要包括道德感、美感和理智感。

（一）道德感

道德感是根据一定的道德标准去评价人的思想和行为时所产生的情感体验。

人们在社会生活中，通过与社会现实的交互作用，逐步掌握了社会的道德标准，并且逐渐内化为自己的道德需要。当人们根据自己所掌握的道德标准去评价自己或他人的思想和行为时，认为符合道德标准，就会产生肯定的道德感；如果认为不符合道德标准，就会产生否定的道德感。

道德标准具有社会历史性，是社会历史发展的产物，所以道德感必然受社会历史条件的制约。不同的社会集团或者不同的民族，在不同的历史时期，会有不同的道德标准和行为规范，于是就会产生不同的道德感。例如，古人认为青年男女谈情说爱是伤风败俗，现代人认为没有爱情的婚姻是不道德的。商人对稀有商品提高价格是可以理解、符合道德的，而医院对稀少药物提高价格是不道德的。这都体现了道德感的社会性。

道德感是道德认知和道德行为的中介，只有在道德认知的基础上，产生了相应的道德感之后，人们才能够自觉地做出道德行为，自觉地抑制不道德的行为。

（二）美感

美感是根据一定的审美标准评价事物时所产生的情感体验。

人的审美标准既反映事物的客观属性，也受个人思想观点和价值观念的影响。所以，美感既有普遍性也有个别性，不同的人对同一事物产生的美感既有共同的方面，也有不同的方面。例如，人们普遍认为仙鹤是美的，而鳄鱼是丑的，但是由于个人经验的差异，也会对它们做出不同的审美评价。

任何事物都有它的形式和内容，它们都可以引起人们的审美评价。如果由事物的外部形式而激发了人们的美感，这称作外在美；如果由事物的内部本质而激发了人们的美感，这称作内在美。

（三）理智感

理智感是在智力活动中，由客观事物之间所表现出来的关系是否符合主体自己所相信的规律而引起的情感体验。

如果客观事物之间所表现出来的关系符合自己所相信的规律，主体就会产生肯定的理智感；如果二者不相符合，主体就会困惑乃至痛苦，产生否定的理智感。

理智感是认识和实践的动力之一。肯定的理智感可以激发人们对某一理论的热情，既愿意对这一理论作进一步的探讨，也愿意在实践活动中验证这一理论。否定的理智感会促使人们去研究这一理论，最终或者发现这一理论的缺陷，或者发现自己原来所相信的理论的不足之处。

第三节 情绪理论与情绪调节

一、情绪理论

（一）詹姆斯—兰格理论

美国心理学家詹姆斯（Willian James）和丹麦生理学家兰格（Carl Lange）分别于1884 年和 1885 年提出了内容相同的一种情绪理论，他们强调情绪的产生是植物性神经系统活动的产物。

詹姆斯—兰格理论认为，情绪产生的基本模式是：刺激情境—生理反应—情绪产生。

詹姆斯提出，情绪是对身体变化的知觉。情绪刺激物作用于感官，会引起身体的某种变化，从而激起神经冲动，传导中枢神经系统而产生情绪。在詹姆斯看来，是哭泣引起了悲伤，而不是悲伤使人哭泣；是因为笑而高兴，而不是因为高兴而笑。

兰格认为，情绪是内脏活动的结果。他说，饮酒之所以能够引起情绪变化，是因为酒能引起血管的活动，而血管的活动是受植物性神经系统控制的。植物性神经系统的支配作用加强，血管舒张，个体就会感到愉快；植物性神经系统的活动减弱，血管收缩，个体就会感到恐怖。

詹姆斯—兰格理论看到了情绪和植物性神经系统的关系，但是忽视了中枢神经系统的调节控制作用，因而引起了一些争议。

（二）坎农—巴德学说

美国生理学家坎农（W. Cannon，1927 年）对詹姆斯—兰格理论提出了质疑，他认为，情绪的中心不在外周神经系统，而在中枢神经系统的丘脑。

坎农认为，外界刺激引起感官的神经冲动，通过内导神经传到丘脑，丘脑同时向上向下发出神经冲动，向上传到大脑，产生情绪的主观体验；向下传到交感神经，引起机体的生理变化，使个体在生理上处于一种准备状态。因此，情绪体验和生理变化是同时发生的，它们都受丘脑的控制。例如，某人看到一只熊，神经冲动经视神经传到丘脑，丘脑发出神经冲动，向下传到交感神经，引起生理的应激准备状态。向上传到大脑，引起大脑的意识活动，如果认为熊是驯养动物，是安全的，于是大脑就将神经冲动传到丘脑，控制植物性神经系统的活动，使应激状态受到压抑，恢复平衡；如果认为熊是可怕的，有危险，大脑就将神经冲动传到丘脑，控制植物性神经系统的活动，加强身体的应激反应，于是产生恐惧，随着逃跑时生理变化的加剧，恐惧体验得到加强。

坎农的理论得到了巴德（Bard，1934 年，1950 年）的支持和发展，所以后人称这一理论为坎农—巴德学说。

（三）拉扎勒斯的认知—评价理论

拉扎勒斯（Lazarus，1970 年）认为，在人与环境的相互作用中，人们通过认知活动来了解环境中刺激事件的意义，确定这一事件对个体是有益的还是有害的，最后，根据这种评价来选择适宜的动作反应。所以，按照拉扎勒斯的观点，情绪实际上就是个体对环境事件知觉到有害或有益的反应。

拉扎勒斯认为，在情绪活动中，人们需要不断地评价刺激事件与自身的关系。具体来讲，由 3 个层次的评价：

初评价是指个体确认刺激事件与自己是否具有利害关系，以及这种关系的程度。例如，在森林中遇到一只熊，个体首先要评价自己是否会受到熊的攻击，以及这种攻击对自己的伤害程度。

次评价是指个体对自己反应行为的调节控制，主要涉及人们能否控制刺激事件，以及控制的程度。例如，遇到熊时，根据自己的能力与当前客观情况，主体要做出决策，选择有效的措施和方法，逃跑以及能否跑掉，或者是与熊搏斗以及能否斗得过。在这种评价过程中，经验起着重要作用。

再评价是一种反馈行为，是指个体对自己的情绪和行为反应的有效性和适宜性的评价。如果再评价的结果表明，自己将要采取的行为是无效的或不适宜的，个体就会调整自己对刺激事件的次评价甚至初评价，并且对自己的情绪和行为反应做出相应的调整。

（四）伊扎德的情绪动机—分化理论

伊扎德以情绪为核心，以人格结构为基础，论述了情绪的性质与功能。

1. 情绪与人格系统

伊扎德（1977 年）认为，人格由体内平衡系统、内驱力系统、情绪系统、知觉系统、认知系统和动作系统组成。在这些子系统中，情绪具有动力性，它组织并驱动认知与行为，为认知和行为提供活动线索，所以，情绪是人格系统的核心动力，这是伊扎德理论的重要观点。

2. 情绪系统及其功能

伊扎德（1991 年）认为，情绪系统包含神经生理、表情和情绪体验等 3 个相互联系的子系统，这 3 个子系统与人格的其他子系统又有着密切的联系。

伊扎德（1995 年）认为，情绪活动涉及广泛的神经结构，包括脑干中央灰质、丘脑、下丘脑、杏仁核、海马、前额皮层等。从接受刺激到产生情绪，可以经由不同的神经通道，或者是感受器接受信息后，通过丘脑直接进入杏仁核产生情绪反应；或者是由杏仁核发出信息，进入丘脑，经脑干中央灰质产生情绪。这两条通道均不涉及大脑皮层。大脑皮层的作用在于加工从丘脑传入的信息，并产生情绪；或者将信息下传到杏仁核、海马等部位产生情绪。

伊扎德（1991 年，1995 年）认为，表情包括神经肌肉的活动和感觉反馈活动两部分，表现在面部、言语和身体姿势上。他认为，表情是由大脑皮层中的古老皮层支配的，在生物进化过程中具有适应意义。在人类个体的成长过程中，表情的社会功能逐渐增强，例如感染功能、信号功能等。

伊扎德（1991 年）认为，神经化学活动通过一些内在的程序，激活了面部和躯体的某些活动，而所谓情绪体验就是个体意识对面部和躯体活动的反馈。情绪体验是情绪系统与人格的其他系统相互作用的主要成分，对于人格的稳定与成熟具有重要作用。

3. 情绪激活与调节

伊扎德（1991 年，1995 年）认为，情感过程包括生物遗传-神经内分泌激活过程、感觉反馈激活过程、情感激活过程和认知激活过程等 4 个基本过程。

伊扎德指出，生物遗传-神经内分泌系统不仅可以直接激活情绪体验，而且可以影响其他 3 个激活过程。

伊扎德指出，脑接受体内外的信息之后，会传出运动信息，使个体产生表情，而由表情所引起的感觉反馈信息又会使情绪达到意识水平，于是个体就产生了情绪体验。这就是情绪产生的神经肌肉一感觉反馈原理。

伊扎德还认为，一种情绪可以引起另一种情绪。例如，极度悲伤会引起愤怒，极度疲劳会引起痛苦，疲劳和痛苦结合也可能引起愤怒等等，这就是情感激活过程。

伊扎德指出，认知虽然不等于情绪，但是由于认知要参与情绪的激活和调节过程，所以认知也是情绪产生的一个重要因素，这就是认知激活过程。他认为，激活情绪的认知因素包括比较、分类、推测、记忆、期望等。

二、情绪的调节

情绪调节是个体管理和改变自己或他人情绪的过程，即通过一定的策略或机制，使情绪在生理活动、主观体验、表情等方面发生一定的变化。

格罗斯（Gross，1989 年，1998 年）通过研究发现，良好的情绪调节可以减少表情行为，降低情绪体验，从而减轻焦虑等消极情绪对人们的不良影响，因而有利于身心健康；相反的，情绪失调或者不良的情绪调节不利于身心健康。例如，对悲伤的压抑容易引起呼吸系统的疾病，对愤怒的压抑容易引起心血管疾病，而不表达情绪会加速癌症的恶化等。

（一）情绪调节的类型

情绪调节可以从不同的角度进行分类。

1. 内部调节和外部调节

根据调节过程的来源，情绪调节可以区分为内部调节和外部调节。

内部调节就是通过调节个体内部的生理、心理和行为以及它们之间的关系来调节情绪。例如,通过生物反馈来降低心跳频率,可以抑制愤怒的强度;母子分离可以引起幼儿的消极情绪,如果我们能让幼儿在认知上确信母亲只是暂时离开他,就可以帮助幼儿克服这种情绪。

外部调节就是通过调节个体所处的外部环境来调节情绪。例如,在心情不好时,放一段节奏明快的音乐,可以使情绪得以好转;在课堂教学中,教师的耐心指导可以激发学生的学习热情。

2. 修正调节、维持调节和增强调节

根据调节的具体目标,情绪调节可以区分为修正调节、维持调节和增强调节。

修正调节主要指调节消极情绪,例如降低愤怒的强度使个体趋于平静。

维持调节主要指人们主动地维持对自己有益的积极情绪,例如通过自我暗示来长时间维持住自己的快乐。

增强调节主要指对情绪进行积极的干预,把消极情绪转化为积极情绪。在临床上经常使用这种调节,例如对抑郁进行增强调节,使个体的抑郁转化为愉快。

3. 原因调节和反应调节

根据调节的着眼点,情绪调节可以区分为原因调节和反应调节。

原因调节就是针对引起情绪的原因进行调节,包括选择或修改情境,转移注意焦点以及改变认知策略等。例如,学生由于考试成绩不理想而抑郁,教师或家长就让该学生回忆自己在运动会上的出色表现,学生的情绪就可以得到好转。

反应调节发生在情绪激活或诱发后,是指通过增强或减弱反应强度,延长或缩短反应时间等策略来调节情绪。例如压抑自己的笑声或者强迫自己露出笑脸等。

4. 良好调节和不良调节

根据调节的效果,情绪调节可区分为良好调节和不良调节。

情绪调节的目的在于使个体良好的适应环境。良好调节就是使个体的情绪和认知、行为达到协调状态,从而有利于个体有效的适应环境。例如,当朋友伤心时,自己就是有天大的好事也要控制,不能使自己喜形于色;在考场上使自己处于一种适度的紧张状态,以发挥自己的最佳水平。

不良调节就是个体失去了对情绪的主动控制,使身心受到损害,阻碍认知活动,并导致作业成绩下降。例如,过度恐惧下浑身发抖,极端高兴时手舞足蹈等。

(二)情绪调节的基本过程

目前对情绪调节过程的研究主要集中在生理调节、情绪体验调节、表情动作调节和认知调节等方面。

1. 生理调节

生理调节是通过改变生理唤醒水平来调节情绪。生理唤醒是典型的情绪生理反应。孟昭兰等人(1995 年)的研究发现,正情绪诱发后,心率变化不明显;负情绪诱发后,

心率显著增加。格罗斯（1993年）等人的研究发现，抑制厌恶会导致躯体活动和心率下降，眼动和皮肤电上升；抑制悲伤会导致躯体活动下降，皮肤电和呼吸上升；抑制快乐会导致躯体活动、心率、皮肤电下降等。

2. 情绪体验调节

情绪体验调节是情绪调节的重要方面。不同的情绪体验有着不同的调节过程和不同的调节策略。萨尔利（Saarni，1997年）发现，愤怒时人们采用问题解决的策略，悲伤时采取寻求帮助的策略等。格罗斯等人发现，忽视可以比较有效的降低厌恶感，抑制快乐的表情可以降低快乐感受等。

3. 行为调节

行为调节是个体对表情的调节，即控制或改变自己的表情。行为调节主要有两种方式，一是抑制和掩盖不适当的表情，二是呈现适当的表情。例如，一个人遭到拒绝时，即使感到了失望或愤怒，他也要控制自己的表情，以免影响信息的交流。

对表情的调节会使情绪体验发生变化。莱尔德（Laird，1974年）发现，仅仅做出快乐或愤怒的表情就可以使个体产生相应的体验。

4. 认知调节

认知调节就是通过调节认知来使表情或情绪体验发生变化。

道奇（Dodge，1991年）认为，情绪系统和认知系统是信息加工过程的两个子系统，情绪既可以启动信息加工过程，也可以作为信息加工的背景。道奇指出，良好的认知调节包含以下步骤：确认需要调节的情绪—解释该情绪的产生原因并认识改变该情绪的方式和途径—做出改变情绪的决定并设定目标—设计调节措施—对措施进行评价—将调节付诸实施。

（三）情绪调节中的个体差异

情绪调节最终可以发展为个体的一种能力，这种能力称为"情绪智力"，不同的个体在情绪智力上存在着差异。迈尔（Mayer，1997年）认为，情绪智力包含4个方面，分别是对情绪的知觉、评价和表达的能力，用情绪促进思维的能力，理解和分析情绪的能力，调节情绪以促进情绪与智力发展的能力。个体情绪智力的差异主要表现在这4个方面。

除此之外，情绪调节的个体差异还表现在情绪的激活阈限、情绪的生理唤醒水平等方面。例如，有的人易激惹，有的人很善于控制自己的情绪，这是情绪的激活阈限的不同；有的人愤怒时暴跳如雷，有的人愤怒时沉闷不语，这是情绪的生理唤醒水平的不同。

第四节　意　　志

一、什么是意志

意志指人为了实现预定目的，自觉地支配、调节自己的行动，克服困难，以保证活动顺利进行下去的心理过程。意志是人的一种心理活动过程，是人脑对客观现实的反映，这种心理活动过程伴随着人的行动并在行动中体现出来。作为一种心理活动过程，意志具有内隐的特点，我们不能直接地去衡量一个人的意志力大小，必须通过一定的活动反映出来，我们把有意志参与的行动，称之为意志行动。

意志行动是有目的的行动，意志行动目标的制定是大脑在充分考虑客观条件及自身实际的情况下提出的，不是盲目的行动，这是人的行动与动物行动的显著区别，也是意志行动的一个显著特征。恩格斯曾说："如果说动物不断地影响它周围的环境，那么，这是无意地发生的，而且对于动物本身来说是偶然的事情。但是人离开动物愈远，他们对自然界的作用就愈带有经过思考的、有计划的、向着一定的和事先知道的目标前进的特征。"

目的的确定，不是凭主观任意决定的，而是受客观现实的制约。人的目的是否能实现，要看人的目的和行动是否符合客观现实的情况和社会历史发展的规律。如果符合，人的目的就有可能达到。现实的客观规律是不以人们的意志为转移的，人们不能改变它，消灭它。当人们还未掌握客观规律时，人们的行动就带有一定的盲目性。如果违反了客观规律，人们的意志就不能实现。但是，当人们一旦认识了自然和社会的规律以后，就能摆脱对自然和社会的盲目性，从而获得自由，人们就能真正自由地发挥主观能动作用，自觉地改造客观现实。唯心主义者的"意志自由论"认为，意志是一种既与人脑无关，又与周围环境无关的精神力量。他们把意志看作是脱离现实而独立存在的，可任意"创造"一切的绝对自由的力量。这是对意识能动性的恶意歪曲。这种鼓吹意志的绝对自由是极其荒谬的。科学心理学认为，目的的确定是受客观规律制约的，只有按客观规律行动，才能获得真正的自由。

但并不是所有的人类行为都是有预定目的的。譬如人的一些无条件反射控制的本能活动（如吞咽、咳嗽、目遇强光闭眼等），以及一些下意识的动作（如吹口哨、自言自语、摇头晃脑等），都是不受意识控制，没有明确的目的性，就不属于意志行动。

意志行动还是意识支配下的行动。在意志行动过程中，个体自觉主动地支配、调节自己的行动，约束、克制自己的不随意冲动。意志活动是以一系列实际动作为前提的，这些动作中，包括目标的选择和制定、行动方法的选择、达到目的所运用的手段等都是在人的意识控制之下的，使自己的行动能够朝着预先制定的目标去努力，所以说，意志行动是以随意运动为基础的，与人的意识紧密联系，是人的意识能动性的集中体现。而不是盲目地、无意识的行动。

意志行动是有意识控制，具有预定目的的行动，但是，并不是所有有预定目的行动都是意志行动。严格来说，意志力的大小是与克服困难紧密相连的。假如一个人在朝着既定目标前进的过程中，没有任何障碍，事情顺利的都无需付出什么努力，也就不能体现其意志力的高低。因此，在衡量意志程度高低时，对困难的克服是一个很重要的条件。困难有内部困难，也有外部困难。内部困难是来自于主体本身的障碍，包括心理和生理两个方面。如能力和知识经验的不足、兴趣的减退、性格的懒惰、自信心欠缺、身体的不适等等。外部困难是指来自于主体之外的外界环境中的障碍，涉及的范围很广，社会、学校、家庭、他人都可能成为阻碍的来源，阻碍的形式包括物质条件的限制（经费的短缺、设备的简陋、工作条件的恶劣），精神的摧残（讽刺、挖苦、诽谤）等。困难的性质和程度有轻有重，意志行动有的简单，有的复杂，因此意志力也就有强有弱。

二、意志与认识、情绪的关系

（一）意志与认识过程的关系

首先，意志行动是以认识过程为前提的。意志行动过程中所制定的目的是在认识过程的基础上产生的。大脑对客观现实进行充分的分析，在综合考虑主、客观条件的基础上，确定个体的行动目标。同时，为了保证目标的顺利实现，还要选择具体的行动方案、行动方法，制定切实可行的行动计划，这些都离不开人的认识过程。在意志行动过程中，人的认识过程还要在行动中不断检验最初制定的行动目标是否合理，选择的行动方案、制定的行动计划是否切实可行。如果目标、方案、计划都恰当合理，个体的意志就会监督个体的行动朝着既定目标继续努力。假如认识分析的结果，是最初制定的计划不合理或者是方案、方法有问题，意志就会督促个体停止行动，重新制定新的目标、计划，选择新的行动方法。

其次，意志对认识过程也有很大的影响。人在进行各种认识活动时，总要会遇到各种各样的困难，为了保证人的认识活动顺利进行下去，就必须克服这些困难，而克服这些困难就需要意志的参与。困难越多、越大，就越需要付出更大的意志努力。例如，学生在上课的过程中，由于外界的干扰、兴趣的缺乏、身体的不适、困倦等因素会使听课过程中的感知、记忆、思维受到影响，而使听课无法进行下去，这时候就需要意志的调节和控制。

（二）意志和情绪的关系

人的情绪既可以成为意志行动的动力，也可以成为意志行动的阻力。情绪有积极情绪也有消极情绪，并不是积极情绪就一定会是行动的动力，消极情绪就一定会是行动的阻力。积极的情绪、情感如高兴，假如不能很好的运用和控制，也会变为行动的阻力。消极的情绪、情感如悲哀、怨恨、敌视也同样可以转化为行动的动力，如"化悲痛为力量"。所以，情绪、情感既可以成为行动的动力，也可以成为行动的阻力。这反过来又需要人的意志的控制和调节。 意志坚强者可以胜不骄、败不馁，高兴时，不得意忘形；失败时，也不悲观失望，不被自己的情绪所左右，使活动顺利进行。

总之，人的认识过程、情感过程、意志过程三者之间是紧密联系的。意志过程是在认识过程的基础上产生的，同时又受人的情绪、情感所制约，但人的认识过程和情绪、情感过程也离不开意志的调节与控制。

三、意志的生理机制

意志作为一种心理过程，其生理机制虽然尚未充分揭示出来，但是，它是高级神经中枢整合活动的结果，是由一系列随意运动所实现的有目的的行动，这已经成为比较统一的观点。前苏联神经生理学家阿诺兴（П. К. Анохин）提出的机能系统理论，是对意志生理机制进行解释的较为合理的理论模型。这一理论模型从 5 个环节解释了随意运动与目的运动的机制。

（一）内导综合

这是合乎目的性的随意运动机制的第一个环节。这一环节由优势动机、环境刺激内导、记忆和启动内导 4 种成分组成。个体为了满足自己的内部需要而形成的动机中，必然有当时起作用的强度最大的动机，这就是优势动机。人的行为活动也总是在某种特定的环境中发生的，要受来自个体所处的环境的一切有关刺激的影响，这就是环境刺激内导。在某种环境因素或主观动机因素的背景上，有一种对启动行为起关键作用的刺激因素，这就是启动内导。在人脑中过去的经历所储存下来的有关经验，可以在环境刺激、优势动机与启动刺激的作用下被提取出来，成为行为活动的经验背景，这就是记忆。上述这 4 种成分都被大脑加以组织和综合，从而开始形成第二个环节，即采取决策。

（二）采取决策

采取决策的机制是大脑皮层对上行传导系统和下行传导系统的一系列信息，以及通过内导系统的反馈活动所获得的信息进行选择整合和加工的结果。指导目的行为的决策就是在这一环节基础上做出的。在采取决策的过程中，有一些因素会对它产生影响。第一个因素是传入大脑的信息量的多少。输入大脑的信息量适中，最有利于形成正确的决策；第二是大脑对信息进行加工处理的速度快慢。如果草率地做出决策，就会产生错误或无效的决策，而如果存在主客观因素的干扰，不能适时做出决策，则会导致丧失行动的良机；第三是大脑处理信息的能力的大小。大脑处理信息的能力与思维能力、想象力直接相关，还与大脑储存的信息的数量与性质有关。

（三）动作结果受纳器的形成

动作结果受纳器是与决策同时形成的。在动作受纳器中，动作结果最初是以目的性结果的性质存在的（即尚未实现的动作结果）。这种最初形式的动作结果在脑中一方面通过与已有的模式加以比较、核对和校正。另一方面也接受返回传入，并与脑中由内导综合所形成的目的、要求相比较与核对，从而形成新的符合需要的行为动作模式。虽然动作受纳器中的动作结果发生在真实动作结果之前，但它与主体需要的物质过程是有联系的，所以，相对于外界的现实结果而言，它具有超前反映的性质。正是这样，才能实现对行为活动结果的预见和为实现真实的动作结果而不断地进行自我调节。从这一意义说，动作结果受纳器是一种特殊的"感受器"。

（四）外导综合

人的意志行动是由随意运动实现的，随意运动由大脑皮层来调节和支配，也包括与皮层下中枢的机能协调活动。外导综合是实现随意运动的一个重要环节。生理学的研究表明，人的运动机能的发动 80% 在中央前回，20% 在中央后回。大脑通过分析与综合活动，以运动的信息输出，引起机体的各种活动。大脑皮层与小脑的共同活动，协调着机体的运动状态。按其对机体是否具有重要意义，网状结构对输入的冲动起着筛选作用。由于循环、呼吸、消化等中枢就在网状结构内，同时，网状结构内还存在着促进或抑制肌肉紧张的结构，并且与人的觉醒与睡眠生理活动有很大的关系，所以它对意志运动的协调作用更大。由此可见，为了保障目的性动作的产生，神经系统必须进行机能性的动力综合。外导综合就是在动作之前的一个重要的效应整合环节。

（五）目的性动作

这一环节是实现运动反应以及内分泌反应的阶段，这一个阶段保证着人与外界环境的相互作用，从而实现目的性动作。机体在产生各种动作的过程中，不断地传出反馈内导冲动，这种反馈信息可以使目的性动作处于动作结果受纳器相应机制的控制之下。同时，根据运动器官的活动情况，大脑不断地对所完成的动作及其与外部环境的协调情况进行估计，巩固正确的行为活动结果，纠正错误的行为活动，最后实现目的性动作结果。

四、意志行动过程的阶段

意志行动是一个很复杂的心理活动过程。一般把它分为两个阶段：采取决定阶段和执行决定阶段。采取决定阶段是意志行动的准备阶段，在这一阶段中，预先决定意志行动的方向和结果，选择意志行动的方法和步骤，因此是完成意志行动的重要的、不可少的开端。执行决定阶段是意志行动的完成阶段，在这一阶段里，人的主观目的转化为客观结果，观念的东西转化为实际行为，实现了对客观世界的改造。

（一）采取决定阶段

采取决定阶段是意志行动开始的环节，在这个阶段里，主要是主观意志做决定的过程，包括确定行动的目的，所要达到的目标，制定相应的行动计划和行动方法等。目标确定了，为了保证目标的实现，应进一步制定切实可行的行动计划和行动方法、步骤。

所以，这一阶段包括动机的斗争、行动目的的确立和行动方法、行动步骤、行动手段的选择等环节。

1. 动机斗争与目的的确立

人的意志行动，一般说来，总是由一定的动机激发和推动而指向一定的目的。在个体生活、学习、工作过程中，可能会同时存在多个需要满足的目标，但由于人的能力、精力有限，不可能同时达到所有目标，只能根据当时的实际情况，在内外条件允许的范围内选择一个最适合自己的行动目标，这需要人利用头脑中的知识经验进行全面合理的认知和分析。通常情况下，呈现在人们面前需要满足的目标，对个体的吸引力程度不同，因此，个体会根据自身条件以及客观环境选择一个相对来说，对自己更具有吸引力，又有更大实现可能性的目标。一般情况下，面临的多个目标吸引力程度差异越大，个体选择时的思想斗争和动机冲突越简单，目标吸引力差距越小，个体的思想斗争和动机冲突也就越激烈。个体所进行的动机冲突也可以叫动机斗争，从形式上看，大致可以分为以下 3 种：

（1）双趋冲突

个体追求两个同样有吸引力的目的，两种目标吸引力程度相仿，但又不可能两者兼得，只能从其中选择一个时，就会引起双趋冲突。孟子曰："鱼，吾所欲也；熊掌亦吾所欲也；二者不可兼得，舍鱼而取熊掌也。生，吾所欲也；义亦吾所欲也；二者不可兼得，舍生而取义也。"就是双趋冲突的例子。在日常生活中，我们也经常面临两种所喜爱的事情都不想割舍，但又不得不舍弃其一时的痛苦抉择。例如，两个好的工作单位；两场都喜欢的电影同时上演；两个可爱的姑娘同时爱上你等等。这时候就必须进行一定的动机斗争，做出最后的选择。

（2）双避冲突

个体同时面临着两个威胁性的目的，但又不能同时都避开，必须选择一个，这时就会产生双避冲突。例如，一个学生考试没考好，不敢回家，怕父母责骂。天黑了，在外面又害怕，既不敢呆在外面，又不敢回家面对父母。但两害相权取其轻，他必须从中做出选择，要么回家面对父母，要么呆在外面。

（3）趋避冲突

一个人对同一对象产生了既吸引又排斥的两种互相矛盾的动机时，会产生趋向与排斥的动机斗争。例如，学生想参加学校组织的某项活动，但又怕它会影响自己的学习成绩。有的同学上课想回答老师的问题，又怕回答错了遭同学耻笑。有的人想吃鱼又怕沾腥等等都是趋避冲突。

动机斗争从内容、性质上还可以分为原则性的动机斗争和非原则性的动机斗争。原则性的动机斗争，是指与社会道德、准则、法律相矛盾的动机斗争。而非原则性的动机斗争，是指与社会道德标准、法律法规无关，仅属于个人兴趣爱好范围内的动机斗争。对于原则性动机斗争，意志坚强者会坚定地约束自己的行为服从社会道德、法律，服从国家、集体的利益。如果一个人在面临原则性动机斗争时不能遵从社会道德、法律的约束或面临非原则性动机斗争时常常犹豫不决，摇摆不定，是意志薄弱的表现。

经过激烈的动机斗争，个体会选择一个相对来说认为比较合理的目标，确定行动的目的。目的在意志行动中起着很重要的作用。一般情况下，目的越明确、越具体，制定目的的自觉性越强，社会意义越大，意志行动也就越坚决，越能够将活动坚持到底。目的和动机是紧密相联的，二者常表现出一致性并相互转化。动机导向目的，目的的执行与达到，又可以成为新的动机，但动机和目的的联系并不总是一致的。有时动机相同，目的可以完全不同，有时目的相同，却有不同的动机。确定目的主观上除了取决于动机的性质外，还取决于个人对目的的评价等，客观上受到社会舆论、社会要求、社会条件等的制约。

2. 行动方式方法的选择和行动计划的制定

经过动机斗争，确定目的之后，需要选择达到目的的行动方式和方法及行动计划。有时只要目的一提出，行动的方式方法、计划就可以确定，这通常发生在实现那些熟悉的行动的时候。在许多情况下，达到同一目的的方式方法和计划可能有很多种，这时就需要进行选择。在选择之前要了解、比较各种方式和方法可能导致的结果及其优点和缺点。如果对情况了解不够或知识经验不足，就不能很快做出决定，这时也会处于犹豫不决的矛盾状态，左右徘徊，难以取舍。在通常情况下，可能几种方式方法、计划都有可取的地方，也都有不足的地方。在这种情况下，对行动方式方法的选择，计划的制定就要经过全面的考虑，权衡利弊得失，从而做出恰当的选择。 方式方法的选择、计划的制定除了要充分考虑个体自身能力、知识经验等自身条件以及外界客观环境方面的各种条件外，还与个体的道德观、价值观等个性特征有直接关系。有某种卑劣动机的人，可能会 "不择手段"，而有高尚动机的人，则决不会如此，行动方法的选择与策略的制定，实际上是一个人的认识、情感、意志、个性等多种心理机能的综合产物。

总之，动机、目的、方法和计划都是在人脑中做出决定的阶段，是意志行动主观上做决定的阶段。

（二）执行决定阶段

执行决定阶段是意志行动的中心环节，是意志行动实现的关键阶段。因为即使行动的动机再高尚，行动的目的再明确、具体、切合实际，行动的方式方法和计划再完善，如果不付诸实际行动，这一切也就毫无意义，更不能构成意志行动。

在执行决定过程中，常常需要做出更大的意志努力，这是由于这一阶段还要经历各种各样的困难及矛盾。有来自内部的困难，也有来自外部的困难。如已经放弃的目的和计划重新在头脑里浮现，在行动尚未完成之时，还可能产生新的动机、新的目的和手段，它们会在心理上同既定目的发生竞争，从而干扰行动的过程；长期形成的习惯、心理定势及个性中原有的消极品质的干扰；行动中出现意料之外的新情况、新问题，而主体可能又缺乏应付新情况、解决新问题的经验和手段；社会、自然环境的艰险所带来的心理压力和消极情绪；体力、脑力的高度紧张，知识经验的不足；因失败与挫折而增长的畏难情绪或因成功所带来的骄傲情绪等。所有这些因素，都会妨碍意志行动的贯彻到底。对这些困难的态度更体现出一个人意志品质的个性特征。坚定的信念和世界观是有效地克服困难的基本条件。信念和世界观是人的行为的一般准则，当人具有清晰的行为准则并坚信其正确时，才能正确地同困难作斗争。

另外，人所提出的目的的性质，对于困难的克服有着重要意义。目的越重大、越崇高，越能动员人调动自身的力量去克服遇到的困难，但目的必须明确而恰当，如果不具有实现的客观可能性，则最终必然导致行动的半途而废。如果目的虽然可能达到，但过于遥远，对于意志不够坚强的人，常常成为影响行动坚持到底的原因。因此，过高和过低的目的都是不可取的，它们不利于培养和锻炼人与困难作斗争的毅力。

意志行动中困难的克服，也取决于对意志行动完成与否所带来的后果的意识。对于完成行动所带来的后果怀着美好的憧憬和向往，会激励人增加克服困难、追求美好前景的勇气；同样，对不能完成行为所招致的严重恶劣后果有深刻的认识，也会增添人想方设法克服困难的力量。人在实现目的的过程中，会取得一系列的局部的成功，获得成就感，感到愉快，意气焕发，增强自信心，提高自尊心，这对于实现目的是一种正向反馈作用。

执行决定是使行动按照预定方向和轨道坚持到底的过程。在这个阶段，人要经历各种各样的困难，同时还要经受成功与失败的考验。意志坚强的人不论前进道路上如何困难重重，决不会放弃对目标的执著追求；在面对成功与失败时，也能够理智地做到"胜不骄，败不馁"。从采取决定阶段到执行决定阶段一般有两种时间间隔，一种是目的、方法制定出来以后，就要果断及时的执行，采取行动。一种是目的、方法、计划虽然制定出来，但由于客观条件还不成熟，就需要耐心等待，等待时机成熟再采取行动，像《三国演义》中的周瑜"火烧赤壁"，《史记•越王勾践世家》中的越王勾践"卧薪尝胆"等都是很好的例证。这两种情况都是意志坚强的表现。

采取决定阶段和执行决定阶段是意志行为的两个阶段，它们之间是互相联系，互相渗透的，并不是孤立存在的。没有行动前的准备阶段，对行动的目的和方法缺乏自觉的认识，行动就会成为盲目的；没有执行决定的阶段，行动前的计划和决定就会成为毫无实际意义的空想。因此，人的意志行动的两个阶段是一个完整的、统一的过程。

五、意志品质及其培养

（一）意志品质

人们的意志力存在很大的个别差异，有量的差异，同时还有质的差异。衡量一个人的意志品质可以从独立性、坚持性、果断性、自制性等几个方面进行。

1. 独立性

独立性指一个人自觉确定行动目的，对目的的重要性、意义性有深刻的认识，能够自觉支配调节自己的行动，不受外界干扰，使行动朝着目标顺利进行下去。独立性强不同于武断。武断是不顾客观现实，对别人的意见和建议置若罔闻，不管正确与否，一概拒绝，一意孤行。而独立性则是在全面客观的分析基础上，提出切合实际的目标，同时，又能虚心接受别人的合理建议。对别人的建议不是偏听偏信，也不是盲目拒绝，而是经过认真分析，吸取好的、合理化的建议，摒弃不合理的建议。具有独立性的人做事不冲动，也不固执。在行动过程中，始终能够保持冷静客观、理智地思考和分析。

与独立性相反的品质是依赖和盲从，表现为易受别人暗示，没有主见，易受他人影响。在采取决定阶段，对于目的的制定和方式方法的选择不能独立的提出，而是依赖别人。即使自己独立地提出来，别人的意见也很容易使他不加分析地改变决定，表现为盲从性。独立性差的人对于自己行动目的的正确性没有明确的认识，即使在执行决定阶段，也常常怀疑自己决定的正确性。

2. 坚持性

坚持性是指一个人在活动中能够克服困难，百折不挠，坚持到底，使活动顺利完成。坚持性强的人不容易被困难所吓倒，能够不屈不挠地向着活动目标前进。司马迁作《史记》用了 10 年的时间，在那样艰苦的条件下，司马迁持之以恒，坚持到底，从来也没有想过放弃，这就是意志的坚持性的体现。坚持性不同于固执己见。固执己见是指不能理智地认识客观现实，正视现实，明知错了也不悔改。

与坚持性相反的意志品质是意志的动摇性。动摇性是指遇到困难便怀疑既定的目的、方式方法和计划的可行性，不加分析便轻易放弃原来的决定。具有动摇性的人，做事容易半途而废，无果而终。

3. 果断性

果断性是指善于迅速地明辨是非，及时而坚决地采取决定和执行决定。果断性强的人，能够根据具体情况及时作出决定，并果断采取行动，不拖泥带水，犹豫不决。果断性强不同于轻率，它是以对问题全面的分析，对主、客观条件充分认识、了解的基础上作出正确决定，对所采取决定的正确性有充分的认识 。

与果断性相反的意志品质是优柔寡断。优柔寡断者面对问题经常做无休止的动机冲突，作出决定却又怀疑它的正确性，因此，常常迟疑不决，拿不定主意。优柔寡断者一般缺少自信和勇气，不敢承担责任，缺乏主见。

4. 自制性

自制性是指善于控制自己的情绪，抵制外界诱惑并有意识的支配、调节自己的行动的能力。在意志行动过程中，会有来自各方面的诱惑干扰自己朝着既定目标去努力。前苏联教育家马卡连柯曾这样写道："大的意志不仅善于期待并获得某种东西，而且也善于迫使自己在必要的时候拒绝某种东西。没有制动就不可能有机器，没有抑制力就不可能有任何意志。"一个意志的自制性强的个体能够克服各种各样的诱惑和干扰，迫使自己更好地采取决定和执行决定。譬如，给自己制定了考研目标的同学，在朝着这个目标前进的过程中，会有厌倦、懈怠等消极情绪产生，同时，也会受到来自外界的各种诱惑（如学校的舞会、恋爱、网络等），有高度自制力的同学，为了自己的目标，就要克制自己不被这些事物所干扰，坚定地朝着目标前进。自制力是意志的抑制功能。容易冲动，意气用事，不能律己等都是缺乏自制力的表现。自制力的强弱取决于个体对活动的重要性、意义性的认识，个体对活动的重要性、意义性认识越深刻，自制力越强。

（二）良好意志品质的培养

一个人的意志品质是在后天生活实践中逐步形成的，良好意志品质的培养是环境、教育及自身实践有机结合的产物。

1. 加强目的动机教育，培养正确的观念

健康而强烈的动机是一种动力，它可以激励人们去奋斗。动机越高尚、越强烈，对目的的重要性、意义性认识越深刻，意志行动也就越坚决而持久。行动受动机和目的调节支配，加强学习目的动机教育有利于培养坚强的意志品质。学生的学习动机多种多样，有的是为父母而学，有的为老师而学，有的为了考大学而学，有的为超过同伴而学等。

要对中学生进行学习目的和动机教育，逐步提高其动机水平。比如，引导学生参加科技活动，培养其爱好，以帮助学生形成稳定的学习动机和认真负责的学习态度，也可利用正确舆论的评价，有目的地表扬与批评，以及学习成果的反馈作用，来培养和激发学生的学习动机；还可因势利导，逐步提出更高要求，帮助学生克服利己主义动机，形成正确的动机。要经常采取适合学生特点的生动活泼的教育形式，把学习目的教育与理想教育结合起来，逐步培养学生的正确学习动机。

2. 制订切实可行的行动目标

行动目标的制订应该适合个体的能力水平和知识经验，是个体通过努力能够实现的。目标过高或过低，都不利于个体意志力的培养。过高的目标，是个体能力和知识经验所达不到的，个体无论付出多大的努力都无法达到该目标，容易使个体丧失信心，甚至怀疑自己的能力，久之，还会形成自卑的心理。目标太低，个体轻易就能达到，没有经受困难和磨练，也不利于个体意志的培养。

3. 克服困难

意志行动总是与克服困难相联系的。个体遇到的困难的复杂性与个体克服困难的勇气和意志力成正比。困难越复杂，个体克服困难所需要的意志也就越坚强，个体的意志力是在克服困难中培养起来的。当然，困难也要适度，太多太复杂的挫折和困难，也容易挫伤个体的积极性，使个体体验不到成功的喜悦，所以，在意志的培养过程中，适度的困难是必不可少的。另外，当遇到困难时，应该是鼓励和指导，而不是包办代替。尤其在青少年成长过程中，对于孩子成长过程中的挫折和困难，家长和老师既不应袖手旁观，也不应包办代替，而是要鼓励和指导孩子克服困难，增长经验，也体验成功的喜悦。

4. 了解意志品质的差异，扬长避短，采取不同的教育方法

个体的意志品质是有差异的，对于不同的意志品质，应采取不同的教育方法。对于自制力差的个体，要培养其自我控制能力，冷静、理智的个性特征。对于缺乏果断性的个体，要培养其良好的自信心以及勇敢的性格特征等。

5. 在正确自我认识的基础上，加强意志的自我锻炼

在学生良好意志培养的过程中，教育、环境以及周围人的影响等，都必须通过学生的自我锻炼和实践才能真正起作用。例如，利用榜样、名人名言进行自我激励；制定学习计划并严格执行；了解自己意志品质的不足，有针对性的培养。

思考与练习

1. 什么是情绪情感？分析情绪与情感的区别与联系。
2. 什么是表情？举例说明表情的种类。
3. 简要说明情绪的两极性并分析情绪的维度。
4. 简述情绪情感的基本功能。

5．简述基本的情绪以及基本的情绪状态。

6．举例说明高级的社会情感。

7．试评价本章介绍的四种情绪理论。

8．简要说明情绪调节的类型和基本过程。

9．什么是意志？意志行动的基本特点有哪些？

10．意志与认识、情绪的关系怎样？

11．简述意志行动过程。

12．意志有哪些品质？它们相反的品质各是什么？

第 十 章

需要与动机

人的心理现象包括两个大的方面：心理过程和人格。有关心理过程的内容前面已详细论述，从本章开始将论述心理现象的另一方面即人格，它包括人格倾向和人格心理特征。人格倾向性是推动人进行活动的动力系统，主要包括需要、动机、兴趣、理想、信念、价值观和世界观等。其中需要是人格倾向性的基本结构成分。一般说来，心理学着重研究人格倾向性的需要、动机等几个方面。本章即探讨需要和动机问题。

第一节 │ 需 要

一、需要的概念与特征

（一）需要的概念

需要是个体和社会的客观需求在人脑中的反映，是个体心理活动与行为的基本动力。人们在与客观现实相互作用的过程中，必然会产生各种各样的需求，如衣、食、住、行、学习、娱乐等等，这些需求反映到人们的头脑中，就成为人的需要，这些需要会推动个体去从事那些能够满足这些需要的心理活动与行为。对于需要的概念，可作如下分析：

1. 需要源于有机体内部的不平衡状态

个体要想正常的生活、学习和工作，必须以机体内部的平衡为基础。一旦出现生理或心理的不平衡，个体就会产生某种需要，这种需要得到满足之后，有机体才能恢复到原来的平衡状态。例如，血液中水分的缺乏，会使人产生对水的需要；血糖成分下降，会产生饥饿感，使人产生对食物的需要，这是生理不平衡所导致的需要。失去亲人的孩子，会产生强烈的被爱的需要；社会秩序不好，使人产生安全的需要，这是心理不平衡所导致的。所以说，需要源于有机体内部的不平衡状态。

2. 需要是个体对某种客观需求的反映

机体内部和周围环境都会向个体提出某种客观需求，当个体感受到这些需求，并引起个体内在的一种不平衡状态时，这些客观需求就转化为个体的某种需要。例如，人渴了需要喝水，这种需要是由机体内部的客观需求引起的；父母"望子成龙"，希望自己的孩子积极向上，于是，孩子有了上进的动力，这种需要是由外部要求引起的。

3. 需要是个体活动的基本动力

人的各种活动，从饥择食、渴择饮到从事物质资料的生产、文学艺术的创作、科学技术的发明与创造等等，都是在需要的推动下进行的。没有人追求自己不需要的东西，任何活动都根源于主体的某种需要。所以，原苏联心理学界认为，需要是个性积极性的源泉。当一个人产生了某种需要的时候，这种占优势的倾向性就使个体相应的认知活动活跃起来，使人处在一定的情绪状态中，并引导人们作出意志努力去满足这种需要；相反的，如果没有这种需要，个体对能够满足这种需要的事物就不感兴趣，也不会付出意志努力去追求它。

4. 人的需要和动物的需要有本质区别

人的需要主要由人们的社会生活条件决定，具有社会性；动物的需要主要由自然环境和体内生理状态决定，不具有社会性。例如，对食物的需要是人和动物都有的，对于人来说，由于所处区域不同、社会文化和亚文化不同，不同的人有不同的饮食习惯，这是人的需要的社会性；对于动物来说，东北虎、华南虎处在不同的地域，它们的食性大体相同，只是随自然环境的不同而有细微差异，这就说明动物的需要不具有社会性。

一般说来，人的需要有两种表现形式，一种是愿望，一种是意向，这是以需要是否被主体明显意识到为标准来划分的。愿望是被主体明显意识到的需要，意向是没有被主体明显意识到的需要。当一个人体验到意向状态时，他并不清楚自己需要什么，只是感受到一种不安或不适感。这种模糊不清的意向是一种暂时的心理状态，有时它很快就消失了，有时随着时间的延续，逐渐得到加强，最后以愿望的形式被意识到，主体才能明确自己到底需要什么。

（二）需要的特点

人的需要多种多样，尽管有各自不同的发生的原因、存在的状态和满足的方式，但都有着一些共同的特点。

1. 对象性与依赖性

需要总是指向于某种具体事物，是对一定对象的需要，没有对象的需要是不存在的，这就是需要的对象性，例如，对水的需要，对食物的需要，对交往的需要等。

需要的依赖性表现在两个方面。首先，需要的产生与否，有赖于主体的内部状态，例如，个体之所以产生了对水的需要，是因为体内血液中缺少了水分；个体之所以产生了对安全的需要，是因为他内心有一种对危险的恐惧感。其次，需要产生以后，个体要想确定满足需要的具体对象，必须依赖个体的生活环境，例如，对水的需要，出门旅行时可能需要果汁、可乐、矿泉水等；在家闲居时可能需要开水、茶水、咖啡等。

2. 紧张性与驱动性

需要的出现会使人感到某种欠缺，人们从产生需要之后到满足需要之前，会由于这种欠缺而体验到一种紧张感，这就是需要的紧张性。这种紧张性有强有弱，例如，稍微感到饥饿和饥肠辘辘的状态是不同的。

需要的紧张性会推动人们去采取某种行为来满足这种需要，这就是需要的驱动性。

例如，人在饥饿时会去寻找食物。

3. 起伏性与渐进性

需要的起伏性表现在两个方面。首先，人的某种需要一旦产生，在没有获得满足之前，总是时隐时现地出现，有时呈现活跃的动态，有时转入潜伏的静态，例如，一个人在读小说时产生了对食物的需要，开始可能有饥饿感，但是由于小说引人入胜，他不想放弃读书去吃东西，于是，过了一会之后，他就感觉不到饿了。其次，需要的起伏性还表现在人们的那些自然需要的周期性上，像饮食、睡眠等，这些需要并不会因一次获得满足而终止，而是会断断续续的波动或周而复始的循环。

人的需要是不断发展的，起初，满足需要的对象可能是低层次的，后来会发展到较高层次，所谓"食不厌精"、"学无止境"等等都是需要的渐进性的表现。

4. 社会性与历史性

人是社会人，人的社会性决定了需要的社会性。所谓需要的社会性是指一个人的每一种需要从产生到满足方式都反映了个人所处社会环境的特点。例如，在校学生的主导需要是对科学知识的需要，而满足这种需要的方式就是看书、听课、请教教师或与同学讨论等；工厂职工的主导需要是对工作稳定和收入提高的需要，而满足这种需要的途径就是尽职尽责，努力工作。

人的需要也具有历史性，在不同的历史阶段，人们有不同的需要。首先，从社会发展史上来看，在人类发展的不同历史时期，人们有不同的需要和不同的满足方式，例如，原始人以兽皮树叶为衣，现代人则有丰富多彩的制衣原料和各种各样的衣服款式；现代人希望探究宇宙的奥秘，原始人只希望维持自己的生存。其次，从个体成长上来看，在个体的不同年龄阶段，一个人也会产生不同的需要和不同的满足方式，例如，幼儿期依赖父母，少年期希望独立；小学生希望得到教师和家长的表扬，大学生希望实现自己的价值。

二、需要的种类

人类的需要是多维度、多层次的，是多种多样的，根据不同的标准，我们可以把需要划分成不同的种类。

（一）以需要的起源为标准

1. 生物性需要

生物性需要是有机体为了维持个体生存和种族延续而产生的需要，起源于个体内部的生理状态。例如，饮食、睡眠、排泄、性等，这些生物性需要如果得不到满足，个体的生存和种族的延续就会受到威胁。

2. 社会性需要

社会性需要是人们为了维持社会存在和促进社会发展而产生的需要，是在个体与社会环境相互作用的过程中产生的。例如，劳动的需要、交往的需要、成就的需要、社会赞许的需要、求知的需要等等，这些社会性需要如果得不到满足，就会影响个体的社会化进程。

对于人类来说，生物性需要和社会性需要是密切相连的。首先，生物性需要必然受到社会文化的调节，在一定程度上反映了个体的社会性需要，例如，有些少数民族在饮食上的禁忌。其次，社会性需要中也往往包含生物性需要，例如，在朋友交往时，往往要喝茶、抽烟或一起吃饭等。

（二）以需要的指向对象为标准

1. 物质需要

物质需要是指向社会的物质产品，通过占有这些产品而获得满足的需要。例如，对日常生活必需品的需要、对住房和交通条件的需要等等。物质需要是人类生存的基础。

2. 精神需要

精神需要是指向社会的精神产品，通过获得这些产品而得到满足的需要。例如，对文艺作品的需要，阅读报刊、杂志和看电视看电影的需要等等。精神需要的性质和层次往往影响个体的发展方向。

人的物质需要和精神需要有着密切的关系。首先，人们在追求物质需要时，也体现了某种精神的需要。例如，人们对衣服的要求不仅是保暖、防晒，还希望样式时髦一点，这就体现了精神层面的需要。其次，精神需要的满足也离不开一定的物质产品。例如，满足阅读的需要不能没有报纸、杂志、书籍等。

（三）以需要的目的和满足后所带来的结果为标准

1. 正当需要

目的或结果有利于（或不损害）社会或个体健康成长的需要是正当需要。例如，学生对学习科学知识的需要，学生学习知识的目的是为了将来进入社会后，用自己的所学知识服务于社会，这有利于社会的发展；同时，通过学习各种知识，学习完善自己的知识结构，这有利于个体心理的健康成长。所以，学生学习知识的需要是正当需要。

2. 畸形需要

与正当需要相反的结果是危害社会或个体的需要就称为畸形需要。例如，犯罪分子学习毒品的制作技术，就是畸形的。

需要有不同的分类方法，这些划分都是相对的。一种需要可以同时是生物性需要、物质需要和正当需要，也可以同时是社会性需要、精神需要和畸形需要。例如，饮食是生物性需要，也是物质需要，同时也是正当需要；交往的需要是社会性需要，也是精神需要，如果交往的目的是正当的，它也是正当需要，如果交往是犯罪分子之间的勾结，它就成了畸形需要。也就是说，任何一种需要，如果以不同的标准来划分，就可以被划分为不同的类别。

三、需要的理论

（一）莫瑞论需要的实质与分类

莫瑞（H. A. Marray）是美国著名的人格心理学家。他对需要实质的论述以及对需要的分类，是其人格理论的核心内容。

1. 需要的实质

莫瑞认为，需要是用来解释个体的某种客观的或主观的事实赖以发生的一种假想的结构。需要是由个体内在的活动过程或环境中的事件引起的，会唤起心身的紧张状态。为了降低这种紧张状态，需要会在某种适宜的方向上激起某种行为以满足这种需要，随着需要的满足，紧张水平得以降低。所以说，需要赋予行为以能量并指导有机体的行为。

2. 需要的分类

莫瑞列举了 20 种需要，分别是支配、依从、自治、侵犯、谦卑、成就、感知、表现、游玩、交往、拒绝、援助、培养、避免羞愧、防守、对抗、避免伤害、有秩序、理解、性等。在这些需要中，有些需要相互协调，有些需要则相互矛盾。在人的一生中，有的人会先后经验到所有这些需要，有的人可能只经验到其中的几种需要。

莫瑞提出了需要的 5 种分类方法：

根据起源，需要可以区分为原始的需要与从属的需要。原始的需要来自身体的内部过程，在体内有特定的起源。有些原始的需要是维持个体生存所必需的，例如对饮食的需要；有些原始的需要不是维持个体生存所必需的，例如性的需要。从属的需要又称心理发生学的需要，是原始的需要的延伸，在体内没有特定的起源，例如成就的需要、交往的需要等。

根据满足需要的客体数量，需要可以区分为集中的需要和弥漫的需要。集中的需要是指只能借助于某个特定物体才能得到满足的需要，弥漫的需要是指可以借助于许多物体得到满足的需要。

根据需要和环境的关系，需要可以区分为反应性需要和前反应的需要。反应性需要是针对环境中某些特定的物体而出现的，只有环境中出现这种物体时，需要才会出现，否则，该需要就不会出现，例如，只有在环境中有威胁存在，避免伤害的需要才会出现。前反应的需要不依赖于环境中任何特定的物体，例如，即使在环境中没有食物，一个饥饿的人也会产生对食物的需要。

根据需要的意识水平，需要可以区分为显露的需要和潜伏的需要。显露的需要是受到社会许可或提倡的需要，它能被个体明显地意识到，例如成就的需要、劳动的需要等等。潜伏的需要是社会不许可的需要，它不能被个体明显地意识到，只能通过幻想、做梦或象征化的方式表现出来，例如侵犯他人的需要等。

根据需要满足的途径，需要可以区分为效应、过程和活动方式的需要。效应需要直接指向某一物体，通过占有这一特定物体而获得满足，例如饮食的需要。过程需要是个体通过某一活动过程而获得满足，例如游玩的需要。活动方式的需要是指个体采取某种动作或操作，仅仅通过某种活动方式而获得满足，例如对抗的需要。

莫瑞的需要理论是国外著名的需要理论之一。它阐明了需要的本质，即列举了各种具体的需要，又对这些需要进行了不同维度的分类，但是，它的分类过于复杂，许多需要之间存在着明显的重叠，也没有说明个人需要的发展过程。

（二）马斯洛的需要层次理论

马斯洛（A. H. Maslow）是美国研究人格问题的著名心理学家，是人本主义心理学的创始人之一，他对需要问题作了系统的研究，提出了需要层次理论，这一理论也是他人格理论的核心内容。

1. 马斯洛论自我实现

在需要层次理论中，马斯洛详细的阐述了自我实现的概念，他对自我实现的诠释改变了传统心理学中关于动机的观念。

马斯洛在研究过程中观察了许多人，尤其是考察了一些杰出人物的传记。通过研究，马斯洛提出，人最终要追求自我实现。所谓自我实现，就是个体在不排斥他人、不侵犯他人的原则下，充分发挥自己充实自己，以达到尽善尽美，使自己成为自己想要成为的那种人。简单地说，自我实现就是个体完全实现自己的潜能。

人怎样才能达到自我实现呢？马斯洛认为，人体内部有一些类似本能的需要，这些需要要求主体去满足，这种要求就是自我实现的动力，自我实现就是在它的推动下最后达成的。

马斯洛说："能力要求被运用，如果不答应它的要求，它就会在主体的脑袋里大吵大闹，只有能力被发挥出来，它才会停止吵闹。"例如，健壮的人总是想要运用他们的肌肉进行活动，以显示他们的强壮；智力发达的人需要创造，以显示他们的才华，人们有自我实现的需要，自然就会表现出追求自我实现的行为。

2. 需要的层次

马斯洛认为，个体有很多需要，这些需要按一定的层次排列，层次有高低之分，低层次的需要得到一定程度的满足后，个体就产生高层次的需要，随着需要的逐层满足，以至达到需要层次的顶峰。

马斯洛认为，人的需要有 5 个层次构成，从低到高依次是生理需要、安全需要、归属与爱的需要、尊重的需要和自我实现的需要，如图 10-1 所示。

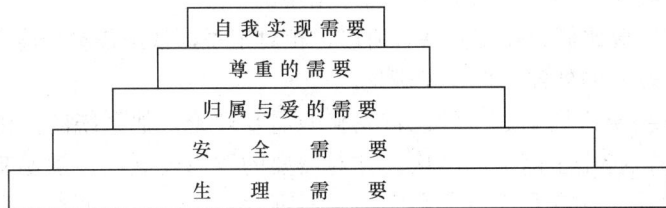

图 10-1　需要的层次

生理需要是最基本的需要，指衣食住行性等由机体的生理状态所导致的需要。生理需要在人的所有需要中处于最底层，是最有力量的，衣食足然后知荣辱，只有满足了生理需要，其他需要才能产生。

安全需要表现为人们要求稳定、受保护、有秩序、免除恐惧和焦虑等。例如，人们希望得到一份稳定的工作，愿意购买各种保险，都表现了他们的安全需要。婴幼儿由于无力应付环境中的危险因素，他们的安全需要就表现得尤为强烈。

归属的需要是主体希望自己归属于或依附于某个团体，如参加某个协会等。爱的需要是主体希望自己与他人建立感情的联系，例如交朋友、追求爱情等。

尊重的需要包括自尊和他尊。自尊是自己尊重自己，例如追求自强、自信、自主等。他尊是他人对自己的尊重，例如追求名誉、地位、引人注意、引人欣赏等。尊重的需要得到满足，个体会相信自己的能力和价值，使他在生活中变得更有能力和更富创造性。如果尊重的需要得不到满足，个体就会产生自卑感。

自我实现需要是指人们追求实现自己的潜能。马斯洛认为，尊重的需要得到一定程度的满足之后，个体就会产生认识的需要（即追求真理）和美感需要（即追求美的东西），而最高限度的追求真理和追求美就是自我实现，把追求真理和追求美的潜能发挥到最高限度。不同的人，自我实现的形式不同。科学家的发明创造、文学艺术大师的创作，都是为了实现自己的潜能。任何一位农民、工人、教师都能够把自己最擅长的工作做得完美无缺，从而达到自我实现。

马斯洛认为，高级需要和低级需要之间的关系是：

第一，随层次上升，需要的力量减弱。层次越低，力量越强。最低层次的需要，力量最强。

第二，要产生高级需要，必须先在一定程度上满足低级需要。衣食足然后知荣辱，低级需要得到满足之后，个体才会出现高级需要。当然，马斯洛并没有把低级需要和高级需要绝对的对立起来，他认为，低级需要只要能部分地得到满足，高级需要就会出现。例如苦行僧就是忍受着低级需要的缺乏，过着贫穷和困苦的生活，并以此来表达他们更完善的潜能，追求高级需要的满足。

第三，只有人类才有自我实现的需要。

第四，低级需要直接关系到个体的生存，高级需要并非维持个体生存所绝对必须的。所以，需要的层次越低，其力量越大，高级需要的力量越来越弱。

第五，在个体发展过程中，高级需要出现较晚。例如，婴儿期就出现了生理需要和安全需要，而自我实现的需要则是中年后才出现的。

第六，高级需要比低级需要复杂。所以，相对来说，低级需要较容易满足，而高级需要则必须具备较好的外部条件才能满足。

马斯洛的需要层次理论是一种比较完整的需要理论，他系统的探讨了主体的诸多需要之间的关系，指出了需要的结构，并对需要的发生发展以及需要在人类生活中的作用都进行了说明，这有利于建立科学的需要理论。同时，马斯洛的需要层次理论对人类实践也具有重要的指导意义，国外有许多企业家根据这一理论，具体分析了企业职工的五种基本需要，并且按照需要的层次制定了相应的管理措施，极大的调动了职工的工作积极性。

但是，马斯洛的需要层次理论还存在着一些问题，受到了一些学者的批评。

首先，马斯洛把人的需要都看成是先天的、与生俱来的，这就模糊了人的生物性需要和社会性需要的区别，忽视了环境和教育对需要的重要作用，实质上忽视了人的社会性。

其次，马斯洛主要根据需要出现的时间早晚来划分需要的层次，没有充分说明各种需要之间的内在联系。他强调需要由低级向高级发展，认为没有低级需要的满足，就不可能出现高级需要，但是他没有充分认识到高级需要对低级需要的调节作用。

第二节 动 机

人的活动需要动力。有了力的推动、调节和控制，人才能积极地去从事所面临的活动，并保证活动顺利完成。推动人进行活动的这种力量，有时来自于外部的督促、调节和控制，有时是来自于我们自己的调节和控制，我们把这种推动人进行活动的内部动力，就称之为动机。

一、动机的概述

（一）动机的含义

对于动机的确切含义，在心理学中有不同的看法。但最为大家所普遍认可的观点是 Pintrich 和 Schunk 在 1996 年提出的。他们认为：动机是由目标和对象引导、激发和维持个体活动的一种内在心理过程或内部动力。从这个定义中，我们可以看出，动机是一种内部的心理过程或内部动力，是不能直接测量和观察的。对于一项活动，了解一个人从事这项活动的动机大小，可以通过一个人在从事这项活动时努力程度以及克服困难的决心和坚持性进行间接地判断。

动机的引起需要两种条件：一是内在条件；二是外在条件。前者就是"需要"，即因个体对某种东西的缺乏而引起的内部紧张状态和不舒服感。有些需要产生了，会处于静止状态、不能推动人的活动，有些需要产生以后，人们会想方设法满足它，并推动着人的活动，使之成为人行动的动力，这就是动机，需要就能转化为动机，所以说动机是在需要的基础上产生的推动人进行活动的内部动力。人的需要不断地产生，活动的动机就是由这些需要构成的。需要使人产生欲望和驱力，引起活动。后者是个体之外的各种刺激。它们也是引起动机的原因之一。心理学家把能引起个体动机并能满足个体需求的外在刺激称为诱因。行为可由需要引起，也可由环境因素引起，但往往是内在条件和外在条件交互影响的结果。因此，动机是在需要刺激下直接推动人进行活动以达到一定目的的内部动力。

（二）动机的功能

人对于某种活动的动机一经产生，就推动和指引着人的活动向着能满足需要的目标去努力。动机对于人的活动具有激活、指向、维持与调节的功能。

1. 激活功能

动机对于个体活动具有引起和发动的作用。人有了某种需要，为了满足这种需要，就会根据自己头脑中储存的经验或学习新的经验去朝着满足需要的目标去活动，这就是行动的原动力。人的动机一经产生，就会使个体由最初的静止状态转向活动状态。因此，动机具有策动、驱使有机体采取某种行动的激活功能。比如，人为了改变自己目前的生存状况而努力学习和工作；为了消除寂寞去找朋友聊天、交往等等。

2. 指向功能

动机产生以后，会指引着个体的行为朝向满足需要的对象和目标。个体在朝着目标活动的过程中就会表现出极大的积极性，使注意集中，有着长久的坚持性和毅力。前苏联心理学家马努伊连柯曾对学前儿童做过一个实验，充分说明了动机的指向功能。例如，毫无意义地要求儿童一点不动地保持某种姿势站立一段时间是很困难的。但是儿童在游戏中扮演自己喜欢的角色，根据角色要求，需要他长时间保持不动的姿势，却很容易实现。这就是在需要基础上产生的动机的作用。动机决定人的活动方向，动机不同，个体活动的方向和追求的目标也会有很大差异。

3. 维持和调节功能

动机对于个体活动具有维持和调节功能，具体体现在动机对个体活动的坚持性和方向性有着一定的调节作用。对活动的强烈的动机可以强化活动的力量，促使个体克服困难，使活动顺利完成。动机对活动的维持和强化既可以来自于外界诱因的刺激，也可以来自于内部对活动目标需要力量的强弱。同时，动机还调节着个体的活动方向，使个体的活动朝着满足需要的目标和对象努力。当活动指向个体所追求的目标和对象时，活动就会在动机支配下继续下去；当活动背离个体所追求的目标时，活动动机就会调节个体活动转向活动目标或使活动停止下来。

二、动机的种类

（一）根据动机的起源，可把动机分为生物性动机和社会性动机

生物性动机反映生理性需要，所以又称生理性动机。它是直接与生理需要相联系的动机，如满足饥、渴、性、睡眠、母性等需要而引起的动机。这种动机具有原始性、自发性的特点。个体在成长过程中，受周围环境及教育的影响，习得了各种各样的社会性需要。人的社会性需要不断的满足，又不断的产生，并且与社会发展紧密相关。这种在人的社会性需要基础上产生的动机就是社会性动机。社会性动机，是由个体对社会的物质需要和精神需要所引起的，如个体的学习、劳动、创造、交往等需要所引起的动机。对于现代人来说，社会性动机比生物性动机对个体具有更大的影响和作用。社会性动机是个体后天习得的，它具有习得性。又由于人的社会性需要的复杂性，它也具有复杂性。社会性动机的种类很多，人们根据社会动机追求的对象将其分为物质性动机和精神性动机两大类。

1. 物质性动机

物质性动机是与追求社会物质生活条件相联系的动机。如追求具有较好的衣、食、

住、行等物质生活条件、追求较好的学习的物质环境和学习工具等。

2. 精神性动机

精神性动机是与追求社会精神需要相联系的动机。它主要包括认知和学习动机、交往动机、归属动机、赞誉性动机、成就动机。其中，成就动机和交往动机是个体精神性动机中最主要的两种形式。

成就动机指个体在从事某种活动时力图取得成功的动机。每个人在工作、学习和生活中都希望取得更大、更好的成就，从而更好的体现自己的价值。成就动机高的个体喜欢从事具有挑战性的工作，并具有使工作坚持下去的决心和毅力。因此，所取得的成就一般要比成就动机低的个体大。麦克莱伦认为，各人的成就动机都是不相同的，每一个人都处在一个相对稳定的成就动机水平。

人的成就动机是在后天环境、教育的影响下形成的。首先，成就动机的高低与童年所接受的家庭教育关系密切。一般认为，民主、平等、鼓励的家庭教育方式下培养的孩子，成就动机水平较高。另外，鼓励孩子独立性、开创性的教育引导也有助于孩子高成就动机的培养。其次，成就动机的高低与个体以往的成功、失败经验有关。有较多成功经验的个体的成就水平比经常遭遇失败的个体的成就动机水平高。另外，个性因素与成就动机水平也有直接关系。自信心水平高 、情绪乐观、开创性的个体成就动机水平也较高。

交往动机是一种基本的社会动机，是个体在社会条件下生存和发展必不可少的，是在交往需要的基础上发展起来的一种重要的社会动机。表现为个体愿意与别人接触并希望得到别人接纳和关心 ，希望和他人建立协作、友好关系的一种内心欲求。这种交往动机满足了个体安全的需要、爱与归属的需要。人作为一种社会动物，相互的交往不仅可以提供安全感，同时也是个体获取信息，分享资源，促进个体成长和发展的必要条件。

认知动机和学习动机。认知动机是力求理解事物、解决问题、发明创造的动机。学生的学习，是在教师指导下的认识活动。学习动机是认知动机的一个重要方面，从某种意义上来说，指的就是学习活动的积极性。

归属动机是个体希望被他人或团体接受的动机。如学生渴求归属某一团体，愿意参加这个团体的活动，以期得到团体和同龄人的帮助。归属动机的形成，可增强主体的集体荣誉感、顾大局、服从组织纪律等优良的人格特征。

（二）根据动机的动力来源，可分为内部动机和外部动机

1. 内部动机

内部动机是指人们对活动本身的兴趣所引起的动机。动机的满足在活动之内，不在活动之外，活动本身便可使主体获得满足，无需外力作用的推动，也不需要外界的奖惩。例如，有些科学家在从事某项活动时，不是为了获取某种利益和奖赏，而是因为对活动本身达到了一种痴迷的状态，活动本身带给了他们极大的满足和愉悦。内部动机的产生来自于个体对活动本身的兴趣以及对活动重要性、意义性的认识，因此，在教学中，要想激发学生学习的内部动机，除了要满足学生对学习活动本身的直接兴趣外，还要明确所学知识的重要性和意义性。

2. 外部动机

外部动机来源于活动之外，是由外部刺激（如物质刺激、奖励、惩罚、别人的督促和管理等）对人诱发出来的动机。动机的满足不在活动之内，而在活动之外。如一个人为了得奖金或避免被辞退而努力工作，一个学生为了不使父母失望或为了有一个好的工作而努力学习等等。许多心理学家特别重视外在动机在行动中的作用。内驱力理论学家提出，个体为了得到社会承认和外界的赏识而努力工作和学习，从而获得一种社会归属感和尊重感的满足。班杜拉的替代性强化理论认为个体通过观察别人在活动中所受到的强化而做出相应的行为反应，也是外部动机强化的结果。外部动机的作用给我们的管理和教学提供了一定的启发作用。

（三）根据动机影响的范围和持续时间的长短，可分为长远动机和短暂动机

长远动机是指对人活动的影响持续时间比较长，指向于一个更远更大的目标。某学生从小就立志要成为一名人民教师，因此，发奋努力学习，最后终于如愿以偿。该动机便可以称为长远动机。

短暂动机是由追求近期目标而产生的，一般作用时间相对较短。其特点是目标具体、内容现实。长远动机和短暂动机只是一个相对的概念，对于某一长远动机一般都是由许多短暂动机的实现构成的。

（四）根据动机在活动中所处地位和所起作用的大小，可将动机分为主导性动机和辅助性动机

主导性动机是指在支配一个活动的动机中最强烈、最稳定的，对活动起支配作用的动机。在复杂的活动中，个体往往存在着两种或多种不同的动机，其中必然有一种动机占据主导地位，成为决定主体行为方向的主要动力。主导动机对人的活动具有更大的激励作用，主导动机不同，会使人对同一事物产生不同的态度和行为方式。例如，对于求学这项活动，支配人活动的动机也有很多（找个好工作，满足父母的愿望，当官发财、建设祖国等等）。其中，有的人的主导动机是找个好工作，有的人的主导动机是建设祖国，对于这两种人，由于主导动机不同，对人对事的态度和行为方式就会大相径庭。

辅助动机是相对主导动机来说，又称次要动机或一般动机，它在和主导动机并存时，其强度较为微弱，波动性大，易于改变。辅助动机对主体行为一般不起明显的支配作用。

（五）根据动机的意识水平，可以分为意识动机和无意识动机

意识动机指人们对于推动活动进行的动机有明确的认识，知道自己的需要和所要达到的目标。在日常生活中，人们通常会清楚地意识到是什么给了他行动的力量，也知道自己通过努力要达到什么目标，这都是意识动机在起作用。但在心理学研究中却

发现，有一些动机是被人们所意识不到的，但它同样也支配着人的行动，这就是无意识动机下的作用。无意识动机指大脑对于推动个体去活动的动机没有清醒的认识，是一种无意识的行动。在自我意识没有发展起来的婴幼儿身上经常表现为无意识动机的活动，有时成人的活动也会受无意识动机的支配，定势就是一种无意识动机的活动。所谓定势，是指由于某种情景反复出现，从而使个体形成了一定习惯性反应，决定着个体的行动方式和生活态度。因此，个体在以后的生活中遇到类似情景，会习惯性的沿用以前的行为模式和态度反应，形成一种无意识的行动。意识到的动机与未被意识到的动机之间是相互联系和相互转化的，不是绝对的、固定不变地。例如，在一般情况下，定势是不被意识的动机，但假如人需要分析自己行为和观点的适当性时，定势就转化为一种被意识到的动机在起作用。

三、动机的理论

一百多年来，人们对动机的根源和实质进行了多方面的探讨，提出了不同的观点，从而也形成了关于动机的不同理论。

（一）本能论

本能论产生于 19 世纪末、20 世纪初，是最早的关于动机的理论，并且在动机理论中曾一度占据统治地位。

美国心理学家麦独孤（W. McDougall，1871～1938 年）系统提出了动机的本能理论，认为人类的所有行为都是以本能为基础的；本能是人类一切思想和行为的基本源泉和动力；本能具有能量、行为和目标指向 3 个成分。本能论的另一个代表人物是弗洛伊德。弗洛伊德认为，人有两大类本能。一种是生的本能，他称之为"里比多"，像饮食、性、自爱、他爱等个人所从事的任何愉快的活动，都是生的本能。另一种是死的本能，他称之为萨那托斯（Thanatos，即希腊神话中的死神），像仇恨、侵犯和自杀等都是死的本能。由于这两种本能在现实生活中都不能自由发展，常常受到压抑而进入无意识领域，并在无意识中并立共存，驱使我们的行动。人的每一种动机都是无意识的生的本能和死的本能的混合物。因此要了解人类行为背后潜藏的动机，如果只分析意识领域是不充分的，也是不恰当的。于是，弗洛伊德采用自由联想，释梦等方法来揭示无意识的动机过程。

但由于本能理论对于人类的某些行为不能作出很好的解释，把人的所有行为都解释为一种本能的过程显然不能令人信服，因此，后来受到了人们的批评和质疑。

（二）内驱力理论

20 世纪 20 年代，武德沃斯（S. Wood worth，1869～1962 年）提出了驱力（drive）概念，以代替本能概念。所谓驱力是指由于个体的需要得不到满足所引起的一种紧张状态，它能激发或驱动个体行为以满足需要，消除紧张，从而恢复机体的平衡状态。美国心理学家赫尔（C. L. Hull，1884～1952 年）是内驱力理论的主要代表。他认为，机体需要产生内驱力，内驱力激发有机体的行为。在赫尔的理论中，内驱力主要有两种：原始性内驱力和继发性内驱力。原始性内驱力同生物性需要状态相伴随，并与有机体的生存有密切的联系。这些内驱力来自于机体内部刺激，产生于机体组织的需要状态，不是通过学习获得的，是先天就具有的。如饥、渴、空气、体温调节、大小便、睡眠、活动、性交、回避痛苦等。继发性内驱力来自于环境中的其他刺激，是通过学习获得的。

赫尔认为，人类的行为主要是由习惯来支配的，而不是由生物驱力支配的。强调经验和学习在驱力形成中的作用。驱力为行为提供能量，习惯决定行为方向。因此，赫尔认为，驱力（D）、习惯强度（H）共同决定了个体的有效行为潜能（P），即：$P＝D×H$。

（三）诱因理论

驱力理论强调个体的活动来自内在的动力，它忽略了外在环境在引发行为上的作用。针对这种缺陷，人们提出了诱因概念。诱因（inducement）指与个体需要相联系的外界刺激物。诱因既可以是物质的有形的东西，如优越的工作环境、精美的食物等，也可以是精神的无形的东西，如精神的愉悦、成就感等。诱因有积极和消极之分，能够满足人的需要、有吸引力的刺激物称为积极诱因；与个体需要相悖、个体极力回避的刺激物（如痛苦、贫困、失败等）称为消极诱因。所以，积极的诱因会作为一种动力推动个体的活动，消极的诱因会作为一种阻力阻碍个体的活动。

赫尔接受了诱因这一变量，把它作为行为的决定因素之一，修改了自己的公式，在其中增加了诱因（K）：$P＝D×H×K$。

诱因是个体行为的一种外在刺激，对于个体活动起着一定的激励作用。诱因与需要共同激发与维持着个体活动。

（四）动机的认知理论

现代认知理论认为，个体对刺激事件的认知和评价不同，就形成了个体不同的观点和态度。这些观点和态度在刺激和行为之间起着中介作用，调控和影响着人的行为。

1. 动机的期望价值理论

认知论的早期代表人物托尔曼通过对动物的实验提出行为的目的性，即行为的动机是期望得到某些东西，或企图避开某些讨厌的东西。这就是期望理论的原始形态。期望理论必须解决动机的两个问题：期望什么，即实现目的的可能性有多大，以及目的的价值如何？弗罗姆（V. H. Vroom，1964 年）为了解决这两个问题用效价（valence，简称 V）、期望（expectancy，简称 E）和力（force，简称 F）构成人类的动机作用模式。

弗罗姆所说的效价是指个人对特定结果的情绪倾向。个体对于特定结果，具有渴求、喜欢、希望得到则为正效价；如果个体漠视其结果，则为零值；如果个体不喜欢或逃避其结果，则为负效价。弗罗姆曾举出用各种方法来测定结果的效价。例如，可以根据行为的选择方向进行推测，假如个体可以在 A、B 两种活动结果中自由选择，在其他条件相等的情况下，如果选择 A，即表示 A 的效价要比 B 高。效价值（V）可以从最喜爱的＋1 到最不喜爱的－1 之间变化。

弗罗姆所说的期望是指个人预测特定行为达到特定结果的可能性，是个体对目标实现可能性的主观认知，而不是客观事实。期望值（E）就是如果进行某种行为必定会达到某种结果的主观概率，其最大值为$+1$，最小值为0。行为动机的强度是由效价和期望值相结合所决定的。

2.　动机的归因理论

期望理论可以解释个体为什么这样做而不那样做，但个体的期望又是如何形成的呢？归因理论对此做出了解释。

海德（F. Heider，1958 年）认为，当人们在工作和学习中体验到成功和失败时，会寻找成功或失败的原因。例如，一个人工作成功了，他可能归因于自己的努力或能力，失败了则归因于工作难度或运气。因此，归因的控制点可以分为内部的归因（如能力、努力、兴趣、态度等）和外部的归因（如工作难度、运气、外部奖励和惩罚等）。为此，海德把人分为"内控型"和"外控型"两种。内控型的人倾向于把成功、失败的原因归结于内部因素，而外控型的人倾向于把成功、失败的原因归结于外部环境。

韦纳（Weiner，1971 年）还将个体的归因分为稳定的与不稳定的两种。同为内部的，能力属于稳定的归因，而努力则属于不稳定的归因。例如，一个人把失败归因于不努力，另一个人归因于能力，这样就会形成两种结果不同的动机。归因于不努力的便会振奋起来挽回失败；归因于能力的便不愿再努力了。高成就动机者倾向于把成功和失败都归因于自己的努力与不努力。低成就动机者则倾向于把成功归因于自己的努力，而把失败归因于工作难度和运气。所以，归因不一定是真正的原因，只是主观上认为成功或失败的原因，它决定着人们对工作的期望。

（五）成就动机理论

成就动机理论的理论基础来源于默里（H. A. Murray）的研究，后由麦克莱伦（D. C. Mclelland）和阿特金森（J. W. Atkinson）发展为成就动机理论。该理论认为要激励人们的积极动机，就要满足人的这种高层次的成就需要。成就需要高的个体，在工作和学习中积极追求成功，并且取得很大的成绩。并且这种成功会作为一种强化刺激，进一步激励其行为。成就动机高的人喜欢对问题承担个人责任，能从完成一项任务中获得一种成就满足感；并且往往喜欢选择富有挑战性和一定难度的任务。研究发现，成就动机高的个体一般选择成功把握在 50%左右的工作，而对于成功概率很低或稳操胜券的任务则不感兴趣。在解决问题时，成就动机高的人毅力强，而且总是倾向于将自己的失败归因于努力不够而不是归因于任务太难或运气不佳。总之，成就动机高的人希望获得成功，而当他们失败之后，会加倍努力，直至成功。

阿特金森将人的成就动机分成两类：其一是追求成功的动机，其二是避免失败的动机。由于这两种特征在个体身上的相对强度不同，可以把人分为追求成功或避免失败两种类型。阿特金森认为，生活使人面临难度不同的任务，他们必然会评估自己成功的可能性。追求成功的人旨在获取成就，并选择有所成就感的任务。因此，他们一般选择成功概率在 50%左右，有挑战性的任务。相反，避免失败的个体在工作和学习中更注重避免失败，而不是追求成功。他们往往选择更易获得成功的任务，以使自己免遭失败；或者选择极其困难的任务，这样即使失败，也可以为自己找到合适的借口以维护自尊。

（六）激励理论

激励理论是关于如何满足人的各种需要、调动人的积极性的原则和方法的概括总结。激励的目的在于激发人的正确行为动机，调动人的积极性和创造性，以充分发挥人的智力效应，做出最大成绩。自从 20 世纪二三十年代以来，国外许多管理学家、心理学家和社会学家结合现代管理的实践，提出了许多激励理论。这些理论按照形成时间及其所研究的侧面不同，可分为行为主义激励理论、认知派激励理论和综合型激励理论 3 大类。

1. 行为主义激励理论

20 世纪 20 年代，美国风行一种行为主义的心理学理论，其创始人为华生。这个理论认为，管理过程的实质是激励，通过激励手段，诱发人的行为。在"刺激—反应"这种理论的指导下，激励者的任务就是去选择一套适当的刺激，即激励手段，以引起被激励者相应的反应和定向的活动。

新行为主义者斯金纳在后来又提出了操作性条件反射理论。这个理论认为，激励人的主要手段不能仅仅依靠刺激变量，还要考虑到中间变量，即人的主观因素的存在。具体说来，在激励手段中除了考虑金钱这一刺激因素外，还要考虑到劳动者的主观因素的需要。根据新行为主义理论，激励手段的内容应从社会心理观点出发，深入分析人们的物质需要和精神需要，并使个体需要的满足与组织目标的实现一致化。

新行为主义理论强调，人们的行为不仅取决于刺激的感知，而且也决定于行为的结果。当行为的结果有利于个人时，这种行为就会重复出现而起着强化激励作用。如果行为的结果对个人不利，这一行为就会削弱或消失。所以在教育中运用肯定、表扬、奖赏或否定、批评、惩罚等强化手段，可以对学习者的行为进行定向控制或改变，以引导到预期的最佳状态。

2. 认知派激励理论

行为主义简单地把动机看成人的神经系统对客观刺激的机械反应，这不符合人的心理活动的客观规律性。对于人的行为的发生和发展，要充分考虑到人的内在因素，诸如思想、意识、兴趣、价值和需要等。因此，认知派激励理论着重研究人的需要的内容和结构，以及如何推动人们的行为。

认知派激励理论还强调，激励的目的是要把消极行为转化为积极行为，以达到组织的预定目标，取得更好的效益。因此，在激励过程中应该重点研究如何改造和转化人的行为。这些理论认为，人的行为是外部环境刺激和内部思想认识相互作用的结果。所以，只有改变外部环境刺激与改变内部思想认识相结合，才能达到改变人的行为的目的。

3. 综合型激励理论

行为主义激励理论强调外在激励的重要性，而认知派激励理论强调的是内在激励的重要性。综合性激励理论则是这两类理论的综合、概括和发展，它为解决调动人的积极性问题指出了更为有效的途径。

心理学家勒温提出的场动力理论是最早期的综合型激励理论。这个理论强调，对于人的行为发展来说，先是个人与环境相互作用的结果。外界环境的刺激实际上只是导火线，而人的需要则是一种内部的驱动力，人的行为方向决定于内部系统的需要的强度与外部引线之间的相互关系。如果内部需要不强烈，那么，再强的引线也没有多大的意义。

波特和劳勒于 1968 年提出了新的综合型激励模式，将行为主义的外在激励和认知派的内在激励综合起来。在这个模式中含有努力、绩效、个体品质和能力、个体知觉、内部激励、外部激励和满足等变量。

在这个模式中，波特与劳勒把激励过程看成外部刺激、个体内部条件、行为表现、行为结果相互作用的统一过程。一般人都认为，有了满足才有绩效。而他们则强调，先有绩效才能获得满足，奖励是以绩效为前提的，人们对绩效与奖励的满足程度反过来又影响以后的激励价值。人们对某一作业的努力程度，是由完成该作业时所获得的激励价值和个人感到做出努力后可能获得奖励的期望概率所决定的。很显然，对个体的激励价值愈高，其期望概率愈高，则他完成作业的努力程度也愈大。同时，人们活动的结果既依赖于个人的努力程度，也依赖于个体的品质、能力以及个体对自己工作作用的知觉。

波特和劳勒的激励模式还进一步分析了个人对工作的满足与活动结果的相互关系。他们指出，对工作的满足依赖于所获得的激励同期望结果的一致性。如果激励等于或者大于期望所获得的结果，那么个体便会感到满足。如果激励和劳动结果之间的联系减弱，那么人们就会丧失信心。

人类的动机是很复杂的。心理学家对动机的理论探索也是多侧面的。上述各种动机理论都有一定的合理性，但又不能解释所有的动机现象，而都有其局限性。现代动机的理论研究已不再醉心于解释各种动机现象的大理论，而侧重于探索各种活动领域中的动机作用规律。

思考与练习

1. 什么是需要？简述需要的表现形式。
2. 举例说明需要的特点。
3. 举例说明需要的种类。
4. 评述莫瑞的需要理论。
5. 评述马斯洛的需要层次理论。
6. 什么是动机？动机有哪些功能？
7. 简述几种主要的动机理论。

第十一章
能　力

　　人类作为智慧的动物，必然要探索其智慧的性质，探索人在各种活动中拥有的能力的性质。因此，能力是心理学中引起广泛注意的一个问题。本章阐述的主要是能力的科学概念、能力和知识技能的关系、能力的结构与种类、能力的测量、能力的发展和个别差异等问题。

第一节　能力的概念

一、什么是能力

　　能力是直接影响活动效率，使活动顺利完成的个性心理特征。人在完成某项活动时，必须以一定的心理和行为方面的条件作为保证，这种基本的条件即能力。

　　在英语中，能力通常用两个意义相近但不完全相同的词来表示：ability 和 aptitude。ability 指对某项任务或活动的现有成就；aptitude 指容纳、接受，或保留事物的可能性。从这个意义上，能力不单单指现有成就，更重要的是指向个体所具有的潜力和可能性。

　　对于这一概念，我们还需作如下的解释：

　　首先，能力是和活动紧密相连的，离开了具体活动，能力就无法形成和表现。一个有绘画能力的人，只有在绘画活动中才能施展自己的能力；一个教师的组织能力，只有在教育教学活动中才能显示出来。我们只有通过活动才能了解一个人能力的大小。

　　其次，能力是顺利完成某种活动直接有效的心理特征，而不是顺利完成某种活动的全部心理条件。因为成功完成某种活动受许多主观因素的影响，如知识经验、性格特征、兴趣与爱好等，但这些因素都不直接影响活动的效率，不直接决定活动的完成，而只有能力才有这种作用，它是完成某种活动所必备的心理特征。例如，思维的敏捷性和言语表达的逻辑性，是直接影响教师能否成功地完成教学任务的能力因素。如缺乏这种因素，就无法顺利有效地完成教学任务。

　　原苏联心理学家克鲁捷茨基指出：如果一个人能够迅速地和成功地掌握某种活动，比其他人较易于得到技能和达到熟练程度，并且能取得比中等水平优越得多的成果，那么这个人就被认为是有能力的。

二、能力与知识、技能

我们知道，人的能力有大有小，知识有多有少，技能有高有低。那么知识、技能与能力的关系究竟怎样？知识是否就等于能力？了解这个问题对于做好各项工作有重要意义。

（一）能力与知识、技能的区别

知识是来自于人类社会历史经验的概括和总结，它以概念和思想的形式为人们所掌握。它是活动的自我调节机制中一个不可缺少的构成要素，也是能力基本结构中一个不可缺少的组成成分。如骑马的知识、开车的知识、计算机数据输入的知识等。

技能是指在训练的基础上形成的自动化的行为方式，以行动方式为人们所掌握。技能是一种个体经验。技能作为活动方式，有时表现为一种操作活动方式；有时表现为一种心智活动（智力活动）方式。因此，能力按照活动方式不同就有了这样的分类：操作技能和心智技能。由于技能直接控制活动的动作程序的执行，因此是活动的自我调节机制中的又一个组成要素，也是能力结构的基本组成部分。

能力是人从事某种活动时表现出来的心理品质的概括。

知识并不等于能力。知识和技能是能力的基础。但只有那些能够广泛应用和迁移的知识和技能，才能转化为能力。

（二）能力与知识、技能关系

能力与知识、技能又是紧密联系、相辅相成的。

一方面，能力是在掌握知识过程中形成和发展的，知识、技能的掌握也会对能力的发展起到促进作用。在组织得当、方法合理的掌握知识的过程中，能力同时得到发展。如果一个学生掌握语文知识和写作技巧越多，那么他的写作能力也会相应变得更好。

另一方面，掌握知识、技能又要以能力发展为前提。能力会制约着掌握知识、技能的快慢、深浅、难易和巩固程度，并影响对知识、技能的运用。例如，每一个学生都是依靠自己的观察能力才得已获得各种丰富的感性知识，并在抽象、概括、推理和判断能力的基础上，去领会和掌握各种理性知识。

能力与知识、技能虽然关系密切，但并非存在绝对的因果制约性。也就是说，能力的高低还受到个性等其他因素的影响，例如，中等智力水平的学生，勤奋和努力使得他的学习成绩超越常人；而在成绩一般的学生中，也包含着不少智力优秀的人。可见，能力只是影响人学习成绩的一种个性心理特征。

三、能力、才能与天才

要顺利完成某种活动，单凭一种能力是不够的，必须靠多种能力的结合。例如，单纯地利用色彩感受能力，要想顺利进行绘画活动是不可能的，还要依靠观察力、想象力、线条感、形态感等多种能力的组合。我们把多种能力的有机结合称为才能。说一个人有才能，即意味着他能够将从事某项活动所必需的各种能力进行综合运用，因而能取得很好的效果。才能常以活动的名称来归类命名，如音乐才能、管理才能、教学才能等。

如果完成各种活动所必备的各种能力得到最充分的发展和最完美的结合，并能创造性地、杰出地完成相应的活动，就表明这个人具有从事这种活动的天才。天才就是高度发展的能力之最完美的结合。如数学天才就是由对有关材料的概括能力、把运算过程迅速"简化"的能力、由正运算灵活过渡到逆运算的能力等几种高度发展的能力完美结合而成。

第二节 | 能力的种类和结构

一、能力的种类

能力各式各样，一般可以有这样几种分类：

（一）一般能力和特殊能力

按照能力发挥作用的范围不同，可将能力分为一般能力和特殊能力。这种分类方法也是最常见的一种分类方法。

一般能力是指顺利完成各种活动共同需要的基本能力。它包括观察力、记忆力、思维能力、想象力、创造力等。它是人所共有的最基本的能力。其中以抽象概括能力为核心。平常我们所说的智力也是一般能力。创造力是智力的高级表现形式。

特殊能力是指在某些专业或特殊职业活动中表现出来的能力。它只在特殊领域内发生作用，如音乐家的辨音能力和节奏感知力、画家的色彩感知能力和鉴别能力、运动员的运动能力等。这种能力是完成特定活动必不可少的能力。

一般能力和特殊能力之间关系也十分密切。一般能力为特殊能力的发展创造条件，任何特殊能力的发展都离不开观察力、记忆力、思维力等一般能力；特殊能力的发展又会促进一般能力的发展，如绘画能力的发展会促进一般的观察能力和想象能力。

（二）再造能力和创造能力

按照能力创造性的大小，可分为再造能力和创造能力。

再造能力是指在活动中能根据人类积累的知识和技能，按现成的模式顺利进行活动的能力。学生在学习中表现出来的能力主要是再造能力。

创造能力是指在活动中产生新的思想和新的产品的能力。如作家在写作过程中表现出来的能力；科学家在研究发明过程中表现出来的能力等。创造能力的两个基本特征是独特性和有价值性。

一般而言，任何人的能力发展都是通过先再造，后创造的过程。再造能力是创造能力的前提和基础。

（三）认识能力、操作能力和社会交往能力

按照能力发挥作用的领域不同，能力可以分为认识能力、操作能力和社会交往能力。

认识能力是人们完成活动所必需的最基本、最主要的能力，包括感知能力、记忆能

力、思维能力和想象能力等。

操作能力是指人们操作自己的肢体以完成各项活动的能力。如生产劳动能力、实验操作能力、舞蹈能力、体育运动能力等。它是人们适应环境、协调自己的动作、掌握和施展技能所必备的心理条件。社会交往能力是人们在社会交往生活中表现出来的能力，如言语感染能力、调节纠纷的能力、判别决策能力等。

（四）液体能力和晶体能力

按照能力在人的一生中的不同发展趋势以及能力和先天禀赋与社会文化因素的关系，可把能力分为液体能力和晶体能力。

液体能力是在处理问题过程中表现出来的主要决定于人的先天禀赋的能力，如类比、演绎能力，形成抽象概念的能力等。液体能力的发展与年龄相关。一般而言，人在20岁后，液体能力发展到达顶峰，30岁后将随年龄的增长而降低。

晶体能力指决定于后天学习，与社会文化密切相关的能力，如获得言语、数学知识的能力等。晶体能力在人的一生中一直在发展，只是在25岁后，发展的速度趋于平缓。

二、能力的结构

关于能力的结构，许多心理学家提出了不同的见解，这里粗略的介绍几种：

（一）单因素说

美国心理学家桑代克曾对能力做过系统的描述。在他看来，人的能力是由许多独立的成分或因素构成的。例如，对社会关系的适应能力等。根据这种学说，不同能力和不同因素是彼此没有关系的；能力的发展只是单个能力独立的发展。

（二）二因素说

早期美国心理学家桑代克曾对能力作过系统的描述，他把能力看作是有许多独立成分或因素构成的，而且不同因素和不同能力之间是没有关系的。但是心理学家很快就发现各种能力并不是完全独立的。1927年，英国心理学家和统计学家斯皮尔曼根据人们完成智力作业时成绩的相关程度，提出能力有两种因素组成：一般能力（因素）和特殊能力（因素）。前者简称 G 因素，是人的基本心理潜能，是一个人能力高低的主要决定因素；后者简称 S 因素，是保证人们完成某些特定作业或活动所必需的。人们在完成任何一种作业时，都有 G 和 S 两种因素参加。活动中包含的 G 因素越多，各种作业成绩的正相关度越高；相反，S 因素越多，成绩的正相关度就越低。

斯皮尔曼的二因素理论对我们分析能力的结构有重要的启发。由于能力包含着一般因素和特殊因素，两者并不相同，这就为研究一般能力与特殊能力的实质及其相互关系、制定测验这些能力的手段，奠定了理论和实验基础。当然，斯皮尔曼的二因素学说也存在一定的缺憾，如过于强调一般因素和特殊因素的区别，把它们绝对对立起来，而忽视了两者的联系等。在此基础上又产生了多种与能力的因素分析相关的理论学说，如我们将在智力理论中提到的智力多元理论。

（三）能力的层次结构理论

英国心理学家阜南继承和发展了斯皮尔曼的二因素说，提出了能力的层次结构理论。他认为，能力的结构是按层次排列的。智力的最高层次是一般因素（*G*）；第二层次分为两大因素群，即言语和教育方面的因素，与操作和机械方面的因素，叫大因素群；第三层次为小因素群，包括言语、数量、操作、信息、空间信息、用手操作等；第四层次为特殊因素，即各种各样的特殊能力，如图 11-1 所示。

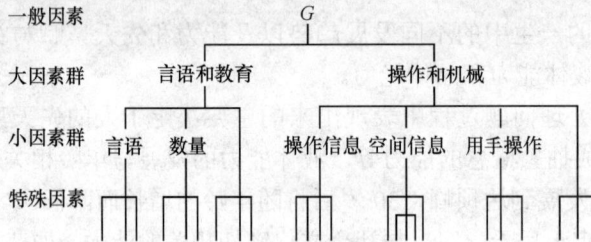

图 11-1　阜南的能力的层次结构理论

（四）吉尔福特的能力三维结构理论

美国心理学家吉尔福特（J. P. Guilford）认为人的能力可以从 3 个维度上加以分析，即能力活动的内容、操作和产物。活动的内容包括听觉的、视觉的、语义的、符号的和行为的 5 个项目；活动的操作包括认知、记忆、发散思维、聚合思维和评价 5 个项目；活动的产物包括单元、类别、关系、转换、系统和蕴涵 6 个项目。这样，他用排列组合的方法使每一个项目与其他两个维度的任何一个项目相结合，把人的智力在理论上分为 $5 \times 5 \times 6 = 150$ 种。其理论模型如图 11-2 所示。

通过不同的测验可以测量这些不同的智力要素。例如，给被试呈一组字母（每组 4 个），如 PANL、COEM、OBKO，要求被试把它们组合为有意义的单词，如 PLAN、COME、BOOK。在这个测验里，智力活动的内容维度是符号，操作维度上是认知，产品维度上属于单元，是按重新组合的单词数量来计算成绩。再如，给被试呈现一系列图形，要求被试把看过的图形名称回忆出来。这类智力活动的产物是单元，它代表了对视觉记忆能力的度量。吉尔福特的三维智力结构理论对于人们更深入地把握智能本质有重要的启发意义。

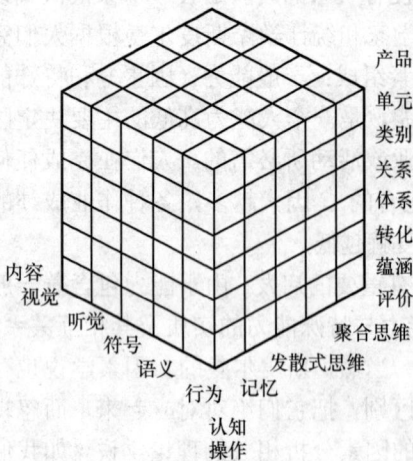

图 11-2　吉尔福特的三维结构模型

三、智力理论

智力是为了达到一定的目的，在一定的心理结构中进行信息加工，包括感觉输入后进行转换、简约、加工、存储、提取和使用的全部过程，如注意、记忆、视觉、表象、言语、问题解决、决策等。心理学家在研究能力结构时，已经开始涉及智力研究。这里主要介绍这样几种智力理论。

（一）智力三元论

美国耶鲁大学心理学家斯滕伯格于 1985 年提出了智力的三元理论，试图说明更广泛的智力行为。该理论有 3 个亚理论组成：情境亚理论、经验亚理论和成分亚理论。它们分别针对智力行为发生的外部环境、智力行为的内部与外部的中介、智力行为的内部认知过程等方面。

1. 情境亚理论

智力的情境亚理论将智力与个体的外部世界相联系。在日常生活中，智力表现为有目的地适应环境、塑造环境和选择新环境的能力。也就是说，在任何社会文化背景下，聪明的人总是努力去适应、选择和改造有利于自身发展、有利于扬己之长和避己之短的环境。

2. 经验亚理论

经验亚理论将智力与个体内、外部世界联系起来，它回答了"行为何时才是智慧的"这一问题。斯滕伯格认为，当一个人面临一个相对新异的任务或情境时，或在特定任务或情境的自动化操作过程中，其智力才能很好的展现出来。所以不能将一个任务或情境的应对简单归类为需要或不需要智力，而应该考虑应对任务或情境需要智力多大程度的参与。

3. 成分亚理论

成分亚理论将智力与个体的内部世界联系来，它回答了智力行为是如何产生的问题。这一亚理论是智力三元理论的核心。

（二）智力多元理论

1983 年，美国心理学家加德纳出版了《智力结构：多元智力理论》一书。在该书中，他认为人有 7 种智力：言语智力、逻辑数理智力、音乐智力、空间智力、身体动作智力、社交智力和自知智力；之后他还认为，人的智力除了上述 7 种之外，还包括自然智力、精神智力和存在智力。在他看来前 8 种智力都有经验证据的有力支持，而后两种智力的证据稍显薄弱，如表 11-1 所示。

表 11-1 智力种类与运用

智力种类	运 用
言语智力	如何让学生就这一主题写下观点或发表意见
逻辑数理智力	如何引进数字、逻辑和分类来鼓励学生对这一观念进行量化或阐述
音乐智力	如何帮助学生使用周围环境的声音或者将观念套于节奏与旋律之中
空间智力	如何帮助学生想象，画出这一观念或者让他们在空间上将这一思想概念化
身体动作智力	怎样帮助学生用整个身体来动作或者让他们能按照教师的口头传授的经验来运动
社交智力	怎样用同伴、不同年龄的学生或者合作学习来帮助学生发展他们的交互技能
自知能力	怎样让学生思考自己的能力与感情，使他们更加明白自己作为任何学习者的特点
自然智力	怎样提供一些经验来让学生对各种不同的物体进行分类，并且分析他们分类的图式

加德纳的智力理论包含了更多的智力，丰富了智力的概念，并被证实这 8 种智力确

实存在。但是，他认为这 8 种智力具有相等的重要性，而且认为它们彼此之间是独立的。这种观点否认了上述 8 种智力之间的正相关。

（三）智力的 PASS 模型

加拿大心理学家戴斯等人把信息加工理论、认知研究新方法与智力研究的传统方法（因素分析）相结合，通过大量的实验研究探讨了智力活动中的信息加工过程，于 1990 年提出了人类的智能活动的三级认知功能系统的智力模型："计划—注意—同时性—继时性加工"模型（Planning-Attention—Simultaneous—Successive Processing Model），即 PASS 模型。该理论认为智力有 3 个认知功能系统：注意—唤醒系统、同时—继时编码加工系统、最高层次的计划系统。

1. 注意—唤醒系统

该系统起着激活和唤醒作用，处于心理加工的基础地位，使大脑处于合适的工作状态，影响个体对信息加工等。

2. 同时—继时编码加工系统

本系统对信息进行同时性加工和继时性加工，是智力的主要操作系统，因为智力活动的大部分"实际操作"是在本系统中进行的。

3. 计划系统

计划系统是处于最高层次的认知功能系统，从事智力活动的计划性工作。在智力活动中确定目标、制定策略，并且起着监控和调节作用。

这 3 个功能系统在一定的知识背景中执行各自的功能，但它们又是相互影响、共同作用的。3 个系统协调合作，保证了一切智力活动的顺利进行。

第三节 | 能力的测量

能力作为一种心理特征，具有看不见、摸不着的特点，因而不能直接测量。但是，能力与行为有极其密切的内在联系，这就为间接测量人的能力提供了客观依据。事实上，关于能力测量的思想由来已久。孟子曾说："权，然后知轻重；度，然后知长短。物皆然，心为甚。"晋代刘勰用左手画圆右手画方的方法测量人的注意分配能力，这些都具有能力测验的性质。

能力测验是测量个人能力差异的工具，它们是按照标准化的程序编制的。能力测验有不同种类。根据能力分类，可以分为一般能力测验、特殊能力测验和创造力测验。实施这些测验的目的就是要把能力用数量化的形式精确的表示出来。

一、一般能力测量

一般能力测验即智力测验。这是目前世界各国普遍流行的一类测验。智力是人的能力结构的重要组成部分。测验人的智力，了解人的智力水平，对于做好教育工作，合理选拔人才具有重要意义。

（一）系统智力测验的发展

采用系统测验的方法来测量人的智力，是在 20 世纪由法国心理学家比奈和医生西蒙提出来的。比奈早年就从事测验研究，曾花费三年时间测验了自己的两个女儿，并于 1903 年出版了《智力的实验研究》一书。1904 年，比奈受法国教育部的委托，参加筹建研究呆傻儿童的委员会，研究一套测定呆傻儿童的方法，以便把他们从一般儿童中区分出来。1905 年，比奈在西蒙的帮助下编制了一个包括 30 个项目的正式测验，每个项目的难度逐渐上升。根据儿童通过项目的多少来评定他们智力的高低。这就是最早出现的一个量表：比奈-西蒙智力量表（Binet-Simon Scale）。

1908 年，比奈和西蒙对已经编制好的量表进行了第一次修定。测验项目由 30 个增加到 58 个；测验年龄由 3～15 岁，每个年龄组的测验项目为 4～5 个。1916 年，美国斯坦福大学教授特曼将比奈—西蒙量表介绍到美国，并修订成为斯坦福-比奈量表。1937 年和 1960 年，该量表经两次修订，成为目前世界上广泛流传的标准测验之一。

（二）斯坦福-比奈量表

该量表的智力测验的项目是按照年龄分组编制的；每个年龄组的测验都有 6 个项目组成，内容包括绘画、折叠、给单词下定义、判断词义、回忆故事、进行推理活动等许多方面；随着年龄的增长，项目的难度也在逐渐增加。表 11-2 列举了斯坦福—比奈量表的部分内容：

表 11-2 斯坦福—比奈量表（节选）

年龄	测验项目
5 岁组	1. 画一张缺腿人的画 2. 在测验者表演后，将一张方纸叠两层，成一三角形 3. 给下列单词下定义：球、帽子、炉子 4. 描一个正方形 5. 辨认两张画片的异同 6. 把两个三角形组成一个正方形
8 岁组	1. 从一张标准词汇表上给八个单词下定义：橘子、稻草、顶上等 2. 尽可能回忆一个简单故事的内容。发现故事表述上的荒唐、不合理。如一个人得了两次感冒，第一次使他一命鸣呼；第二次很快就好了 3. 分辨一下单词：飞机与风筝；海洋和河流 4. 知道轮船为什么会开动；如果见到一个迷路的 3 岁儿童，应该怎么办 5. 列举一周内各天的名字
12 岁组	1. 给 14 个单词下定义：如急速、功课、技能等 2. 看出下文的荒唐处：比尔·琼斯的脚太大，以致他必须从头上套下他的裤子。理解一个复杂图片上所描述的情景 3. 按相反顺序重复 5 个数字 4. 给抽象单词下定义：如遗憾、惊奇 5. 在不完整的句子中填入遗漏的单词，如一个人不能英雄……一个人总可以是一个人

用斯坦福一比奈量表来测量人的智力，首先要计算出人的智力年龄，简称智龄，即受测者通过测验项目所属的年龄。在斯坦福—比奈量表中，一个项目代表两个月的智龄。如果一个孩子只能通过斯坦福—比奈量表5岁组的全部项目，而不能通过6岁组的项目，那么这个孩子的智龄为5岁；如果他通过了5岁组的全部项目，而且通过了6岁组的4个项目、7岁组的3个项目、8岁组的两个项目，9岁组的项目一个也没有通过，这个孩子的智龄为6岁6个月。

智龄代表的是智力的绝对水平。它的大小并不能确切的说明一个孩子的智力发展是否超过了另一个孩子。智龄相同的两个孩子，由于实际年龄的不同，他们的智力是不一样的。为此，心理学家开始考虑智龄与实际年龄之间的关系，并对个体的相对智力做出估计。德国心理学家施特恩（W. Stern，1914）首先提出了"智商"这一概念。

智商也叫智力商数（Intelligence Quotient），常用IQ来表示。智商是根据一种智力测验的作业成绩所计算出来的分数，它代表了个体的智力年龄（MA）与实际年龄（CA）之间的关系。智商计算公式为

$$智商（IQ）=智龄（MA）/实龄（CA）\times 100$$

按照这个公式，如果一个5岁的儿童的智龄与他的实际年龄相同，那么这个孩子的智商就是100，说明他的智商达到了正常5岁儿童的一般水平，如果一个5岁儿童的智龄为6.6，那么他的智商就是132了。智商在90～110代表智力的一般水平；超过110，说明儿童的智商水平偏高；低于90，说明儿童的智商水平偏低。

（三）韦克斯勒智力测验

斯坦福一比奈量表对个体智力状况的综合测量，只能给人一个相当笼统的概念。但是智力并不是一种单一的能力，它包含着各种结构成分。在同一人身上，智力的各种成分都可能有不同的发展水平。

为了更真实地反映出一个人的智力状况，韦克斯勒（D.Wechsler，1896～1981年）编制了若干套智力量表。韦氏成人智力量表，适合于16岁以上的成人；韦氏儿童量表，适用于6～16岁儿童；韦氏学前儿童量表，适用于4～6.5岁儿童。这些量表测量了范围较广泛的能力。

韦克斯勒还革新了智商的计算方法，把比率智商改为离差智商。提出离差智商的根据是：人的智力的测验分数是按常态分布的，大多数人的智力处于平均水平，$IQ=100$；离平均数远，获得该分数的人数就越少；人的智商从最低到最高，变化范围很大。智商分布的标准差为15。这样，一个人的智力就可以用他的测验分数与同一年龄的测验分数相比来表示。

计算智商的公式为

$$IQ=15（X-M）/S+100$$

其中，X为某一年龄组受试者实得测验原始分数；M是该年龄组总体的平均数；（$X-M$）/S是标准分数。可见，离差智商仅是测量个人智力在同龄群体中的相对位置，而智商大小不受实足年龄的影响。韦氏智力量表的另一个特点是，不仅能算出一个人的总体智商，还能算出言语测验、作业测验等分测验的离差智商，这就有可能对一个人的智

力结构进行比较和分析。

二、特殊能力测量

特殊能力的测量是指对特殊职业活动能力的测量。许多研究表明,智力和各种特殊能力之间的相关并不大。各种特殊能力都有自己的结构。例如,通过测定一个人对音调、音响、和谐、节奏的感受和分辨,可以了解他的音乐能力;通过测定视觉阅读速度和手指灵活性,可以了解一个人的打字能力;通过测定人对仪表的认读、空间定向、对仪器的理解、对物体运动速度的判断和手指的灵活度等,可以判断一个人的飞行驾驶能力等。

(一)音乐能力测验

美国心理学家衣阿华大学西肖尔(C. E. Seashore)等人对音乐能力进行开创性的研究。1939 年编制了最早的音乐能力测验。该测验主要是测量听觉辨别力的 6 个方面:音高、响度、节拍、音色、节奏和音调记忆。他们认为这些能力是音乐全面发展的基础。

后来的音乐测验采取更复杂的内容。例如,维格(H. D. Wing)等人编制的维格音乐能力标准化测验。该测验从 8 个方面计分:和弦分析、音高变化、记忆、节奏重音、和声、强度、短句和总体评价。适合 8 岁以上的儿童。又如戈登(E. Gordon)等人编制的音乐能力倾向测验,测量 3 种基本音乐因素:音乐表达、听知觉和音乐情感动觉。

(二)数学能力测验

前苏联心理学家克鲁捷茨基等人编制了数学能力测验。他根据中小学生不同年级的水平,编制了 26 个系列的题目,包括具有多种多样解法的题目、正向和逆向的题目、序列题目、与空间概念有关的题目等,用来测量学生数学能力的发展水平。

(三)文书能力测验

文书能力测验主要有:普通文书能力测验和电子计算机程序编制与操作测验。文书能力测验包括与智力测验类似的题目和测量知觉速度和准确性的题目,这是因为文书工作中需要言语、数学能力和动作敏捷性以及觉察异同的快速性等能力。

三、创造力测量

创造能力是指产生新思想、发现和创造新事物的能力。它是成功完成某种创造性活动所必需的心理品质。它与一般能力的区别在于它的新颖性和独创性,其中的主要成分是发散思维。由于创造能力的上述特点,所以创造能力测验不同于一般的智力测验。智力测验的内容一般为常识性的,并有固定答案,因而测量结果主要反映人的记忆、理解和推理能力。创造能力测验强调思维的流畅性、变通性和超乎寻常的独特性。

美国南加利福尼亚大学的吉尔福特和他的同事编制了一套发散性思维的测验。测验的项目有:语词流畅性、观念流畅性、联想流畅性、表达流畅性、非常用途、解释比喻、用途测验、故事命题、事件后果估计、职业象征、组成对象、绘画、火柴问题、装饰。前 10 项要求言语反应,后 4 项则用图形内容反应。这项测验是用于中学水平以上的人。

1962 年美国芝加哥大学的盖茨尔斯和詹克森吸取了吉尔福特的思想,设计了一套创造力测验,其中包括 5 个分测验:词语联想测验,物体用途测验,隐蔽图形测验,完成寓言测验,组成问题测验。

除上述测验外,还有多种创造力测验。下面列举的是各种创造力测验中所用项目的一些例子。

1. 不寻常用途(Guilford,1954 年)

对下列物品,把你所想到的用途尽量说出来。

    A. 牙   B. 砖   C. 曲别针

2. 后果推测(Guilford,1954 年)

如果国家和地方的法律都突然被废止了,请你想象一切可能发生的事情。

3. 故事结尾(Getrels & Jackson,1962 年)

一条淘气的狗过去常常悄悄地跟在行人的脚后,然后突然咬他们。狗的主人只好将一个铃铛系在它的颈上,这样无论它走到哪儿,都会发出响声。这条狗想真是太好了,于是很骄傲地响着铃铛声走遍了全城。但是,一条老狗说……

4. 非直接联想(Mednick,1962 年)

    A: 老鼠—蓝色—农舍小屋   B. 轮子—电—高

    C. 外面—狗—猫   D. 惊奇—线—生日

5. 词的联想(Getrels & Jackson,1962 年)

要求被试对下列的每一个词写出尽可能多的意思:

    A. 母鸡   B. 布袋   C. 投掷   D. 公平的

能力测量对促进教育起着积极作用。第一,智力测验作为一种方法,在诊断大脑机能障碍和精神疾病方面具有重要的作用;第二,能力测验在选拔人才、帮助学生正确选择职业方面也有重要作用,如可以通过能力测量预测学生从事某种职业的适应性;第三,能力测量有助于教师辨别学生的能力特点,正确组织教育教学过程,并有利于发现学生的特殊才能,因材施教,早出人才,出好人才。

目前,能力测量还存在局限性。首先表现为智力概念、能力结构的理论还有不少问题,需要进一步探讨。其次,目前能力测验还含有一些非智力因素,很难准确反映一个人真正的能力水平。

第四节 能力发展与个体差异

人的能力是不断发展的。不仅个体能力不断发展,人类的整体能力也在不断提高。能力的发展既有共同趋势,也有个体差异。

一、能力发展的一般趋势

人的一生大致可以分为 8 个不同的时期，即乳儿期、婴儿期、幼儿期、童年期、少年期、青年期、成年期和老年期。在人的一生中，能力的发展趋势如下所述。

个体智力的发展不是等速的，一般是先快后慢，到了一定年龄则停止增长，随着人的衰老智力开始下降。

许多研究都表明，出生后的头几年是智力发展最快的时期。有些心理学家认为，幼儿期是智力发展的关键期。这个阶段的儿童，在良好的环境和教育影响下，智力发展得特别迅速。心理学家平特纳（R. Pintner）指出，从出生到 5 岁是智力发展最迅速的时期。从 5～10 岁，发展虽没有如此之快，但仍旧在发展，再过 5 年，发展就逐渐减慢。美国心理学家布卢姆（B. S. Broom）认为，出生后头 4 年智力发展最快，瑞士心理学家皮亚杰（J. Piaget）也认为，出生到 4 岁是人的智力发展的决定性时期。美国心理学家布鲁纳（J. S. Bruner）经过多年研究，也认为从出生到 5 岁是智力发展最快的时期。

有些心理学家认为：智力发展的年龄上限是 14～16 岁，但近年来的许多研究都否定了这种看法。当代的一些研究表明，人即使到了老年，智力还可能有所增长。只是这种增长只限于智力的某一个方面，而且比较缓慢。朱智贤教授指出：关于人的智力的发展限度问题，目前还无十分可靠而一致的结果，但有一点似乎是清楚的：人到 18 岁左右，智力已达到成熟时期（与成人接近）。在此以后，随着知识经验的增长，总的智力能量虽然不会有显著增长，但某一方面的智力可能还是以不同的速度在增长着。通常是身体健康、勤奋、参加体力和脑力劳动的人，智力的衰退较慢；体弱、特别是神经系统和脑部有疾病的人，智力衰退迅速。

成年期是人生最漫长的时期，也是能力发展最稳定的时期。成年期又是一个工作时期。在二十五六岁至四十岁之间，人们常出现富有创造性的活动。

同时，能力的发展趋势存在个体差异，能力高者能力发展快，达到高峰的时间也比较晚；能力低者能力发展慢，但达到高峰的时间却比较早。

二、能力发展的个体差异

人与人之间在能力上存在明显的个别差异。德国哲学家莱布尼茨有一句名言："世界上没有两片相同的绿叶。"世界上也没有两个能力完全相同的人。这是因为人的遗传素质不同，后天生活环境不同，所受教育不同，从事的实践活动也不相同。这些差异主要表现在：能力发展类型的差异、能力发展水平的差异、能力发展早晚的差异、能力的性别差异。了解人的能力差异，有助于教师掌握学生的能力特点，因材施教。

（一）能力发展类型的差异

人类能力发展类型的差异主要表现在知觉、表象、记忆、言语和思维方面。

在知觉方面：①知觉综合型。这类人对事物的知觉具有概括性和整体性，但分析细节能力较差；②知觉分析型。这类人整体性、概括性较差，但分析能力较强；③知觉分析—综合型，这类人兼具上述两类人的特点。

在表象方面，有人视觉表象占优势，如画家。有人主要依靠听觉表象，如音乐家。有人主要依靠运动表象，如运动员。此外还有味觉、嗅觉占优势的以及各种混合型的人。

记忆方面的类型差异根据个人记忆材料的方法可分为：①视觉型。视觉识记的效果较好，画家多属于这种类型。达·芬奇在十几岁时，到一个教堂游玩，看到很多壁画和雕刻。回家后他全部默画下来，不仅轮廓、比例、细节一样，而且彩色明暗也很逼真。②听觉型。听觉识记的效果较好，音乐家多属于这类型。贝多芬在完全耳聋后，仍能根据听觉表象创作出第九交响曲。③运动型。有运动觉参加时识记效果较好，运动员属于这一类型。④混合型。运用多种表象时识记效果较好，大部分人是属于这种类型。根据个人识记不同材料效果和方法可分为：直观形象的记忆型（这类人记忆物体、图画、颜色和声音较好，艺术家属于这类人）、词的抽象记忆型（这种人记忆词的材料、概念和数字较好，数学家属于这类型）、中间记忆型（这种人对上述两种材料的识记效果都较好）。大部分人属于中间型。

言语和思维方面的类型差异有：①生动的思维言语型。这种人在思维和言语中有丰富的形象和情绪因素；②逻辑联系的思维言语型。这种人的思维和言语是概括的、逻辑联系占优势；③中间型。

（二）能力发展水平的差异

能力有高低的差异。大致说来，能力在全人口中表现为常态分配：两头小，中间大。以智力为例，智力高度发展叫智力超常或者天才；智力发展低于一般人水平的叫智力低下或智力落后；中间分成不同的层次。

斯坦福大学心理学家推孟和梅里尔对2904个2岁至18岁的学生进行测验，根据测得的智商分布情况，可列出一张智力分级表。如表 11-3 所示，根据儿童的智商水平，可以分为：

表 11-3 智力分级表

智 商	级 别	百分比/%
139 以上	非常优秀	1
120～139	优秀	11
110～119	中上	18
90～109	中智	46
80～89	中下	15
70～79	临界	6
70 以下	智力迟钝	3

1. 智力超常儿童

智力超常儿童是指儿童的智力发展显著地超过同年龄常态儿童的水平，或具有某方面突出发展的特殊才能，能创造性的完成某种或多种活动的儿童。

我国古代称超常儿童为"神童"。例如：唐代诗人白居易，1 岁开始识字，5 岁开始做诗，9 岁已精通声韵。西方国家称超常儿童为"天才儿童"。例如：莫扎特 5 岁时就开始作曲，11 岁时已能创作歌剧。在日本，超常儿童被称为是"英才儿童"。

20 世纪 50 年代以后，许多心理学家认为，仅用智力测验来鉴别天才儿童是有局限的，仅用智商来鉴别天才儿童是带有片面性的，应该将多种指标结合起来评定天才儿童。1972 年美国联邦教育部根据许多研究的结果，规定天才儿童应该包括下列方面：①一般智力；②特殊学习能力倾向；③创造性思维；④领导才能；⑤视觉和演奏艺术；⑥心理运动能力。以上 6 个方面，儿童只要有一个方面表现优异，就可以称为天才儿童。

2. 低常儿童

低常儿童是指智力发展明显低于同龄儿童水平，并有适应行为障碍的儿童。又被称为低能儿童、弱智儿童、智力残疾儿童等。

一般而言，低能儿童具有这样的特征：

1）智商明显低下。一般认为智商在 70 以下的儿童属于低常儿童。而智能不足还可以分为三层：轻度（智商 70～50）、中度（智商 50～25）、重度（智商低于 25）。

2）社会适应不良。低常儿童对周围的自然环境和社会环境不能适应。例如，不能从事简单的劳动，生活不能自理，在学校不能跟班学习等。

大多数智能不足者都不是生理疾病所致，过去也未有过脑损伤的病史。这些人的父母智力水平也较低，家庭中往往缺乏良好的学习环境，或者在成长过程中营养条件较差，这些可能都是造成这一类型的智力落后的原因。智能不足儿童由于心理缺陷，不能与正常儿童随班上课，因此有设置特殊教育机构的必要。

（三）能力发展早晚的差异

人的能力发展有表现较早的，也有中年成才和大器晚成的。

1. 早熟

能力的早期表现成为早慧现象，又称早熟。古今中外都有人在童年期表现出了某些优异的能力。如唐代诗人王勃 6 岁善文辞，27 岁写出"落霞与孤鹜齐飞，秋水共长天一色"的千古名句。在我国当代也涌现出了不少早慧儿童，如宁铂 2 岁半就背诵诗词 30 多首，13 岁考入中国科技大学少年班。德国数学家高斯，3 岁就会心算。

2. 中年成才

中年是成才和创造发明的最佳年龄，是人生的黄金时期。中年时个人成就最多，对社会贡献最多。一般认为 30～45 岁是人的智力最佳年龄阶段。有人对 325 位诺贝尔奖金获得者作了调查，发现其中 301 人在 30～50 岁之间取得研究成果。有人曾统计了公元 600 年至 1960 年，共 1243 位科学家、发明家做出的 911 项发明创造，绘出了人才成功曲线，结果发现科学发明的高峰年龄为 35 岁左右。

3. 大器晚成

有的人才能表现较晚。如我国医学家和药物学家李时珍在 61 岁时才写成了《本草纲目》，画家齐白石在 40 岁时才显露出他的绘画才能，50 岁时成为著名画家。国外，达尔文在 50 多岁时开始有研究成果，写出著名的《物种起源》。这样大器晚成的情况在科学和政治领域中出现较多。可见，并不是所有取得重大成就的人都是早熟的。

个人能力表现的早晚也与年龄有关系。一般来说，从事音乐、绘画、体育、表演以及文学创作的人尤其是诗人成才较早；而从事历史、哲学、心理学、法学等的人，由于所需知识较多，准备时间长，成才较晚。如表 11-4 所示。

表 11-4 不同学科的最佳创造平均年龄

学　　科	最佳创造的平均年龄/岁	学　　科	最佳创造的平均年龄/岁
化学	26～36	声乐	30～34
数学	30～34	歌剧	35～39
物理	30～34	诗歌	25～29
实用发明	30～34	小说	30～34
医学	30～39	哲学	35～39
植物学	30～34	绘画	32～36
心理学	30～39	雕刻	35～39
生理学	35～39		

（四）能力的性别差异

爱利丝（Ellis，1894 年）发表的《男人和女人》一书是研究性别差异开始的标志，以后人们的研究兴趣集中于智力水平的性别差异。

1904 年比奈—西蒙量表发表后，人们开始用一般智力测验研究男女的智力差异。20世纪 30 年代的许多研究发现，男女在一般智力因素上没有性别差异。而 20 世纪 40 年代之后的研究说明：性别差异并未表现在一般智力因素上，而是反映在特殊智力因素中。

1. 数学能力的性别差异

数学能力的性别差异主要表现在计算和问题解决上。海德（Hyde，1990 年）通过40 年中对 100 个有关研究进行分析发现，女生在计算能力上占一定优势，但这种优势只表现在中、小学阶段；在问题解决上，初中时期女生略好，而高中和大学阶段则男生表现出优势。

2. 言语能力的性别差异

霍沃（Hoover，1987 年）总结了 3～8 年级的一系列研究发现，女生言语能力比男生好。在各种言语能力中，女生在用词的流畅性上优势最明显，但在言语推理能力上则男生占优势。可以说，男性的语言总体上属于工作语言，而女性的语言总体上属于人际语言。

3. 空间能力的性别差异

林兰德和皮特森（Linnand & Petersen，1986 年）认为，空间能力由 3 个因素构成：空间知觉能力、心理旋转能力、空间想象能力。在前两者测验中，男性明显优于女性；在后者测验中，男女差异不显著。

此外，男女能力的性别差异还表现在注意、感知、记忆、思维、职业能力等方面。

三、能力形成的原因和条件

关于能力的形成、发展，历史上存在着两种截然相反的理论。一种理论认为人的能力完全有遗传决定，被称为遗传决定论；另一种理论认为人的能力完全有环境决定，称为环境决定论。这两种理论都是片面的。能力是在遗传素质的基础上，通过后天的实践活动而逐渐形成和发展的。影响能力形成的因素有很多，而且常常交织在一起。下面从几个方面来说明影响能力的因素。

（一）遗传的作用

一切生物的后代和前代之间在形态结构和生理特征上，总是表现出某些相似的特征。遗传就是指生物将自己的形态结构和生理特征相对稳定的传给后代的现象。人通过遗传而继承的生而具有的解剖生理方面的特点叫遗传素质。例如，一个人的声带结构属于先天素质，而一个人的声带结构与他的发音有密切关系。心理学家曾对血缘关系亲疏与智力发展关系进行研究，得出表 11-5 所示结论。

表 11-5 血缘关系、环境与智力发展的相关性

关系与类别	相 关 系 数
无血缘关系而又生活在不同环境者	0.00
无血缘关系但自幼在同一环境长大者	0.20
养父母与养子女	0.30
亲生父母与亲生子女（生活在一起）	0.50
同胞兄弟姐妹生后在不同环境长大者	0.35
同胞兄弟姐妹生后在同一环境长大者	0.50
异卵双生子不同性别而在同一环境长大者	0.50
异卵双生子同性别而在同一环境长大者	0.60
同卵双生子生后在不同环境长大者	0.75
同卵双生子生后在同一环境长大者	0.88

这些结果表明，血缘关系接近的人在智力发展水平上确实有接近的趋势。遗传素质对智力的发展确实有一定的作用。而遗传对智力的主要表现在身体素质上，如感官特征、四肢及运动器官的特征、脑的形态和结构的特征等。可见，否认遗传的作用是不正确的；同样，夸大遗传的作用，认为能力可以直接通过生物学的方式遗传给后代，也是不正确的。因为上述研究结果同样表明了环境的重要作用。

（二）环境和教育的影响

1. 产前环境和早期营养的影响

胎儿在出生之前生活在母体的环境中，这种环境对胎儿的生长发育以及出生后的智力发展，都有重要影响。我国古代就有了"胎教"的主张。现代科学的研究也证明，重视产前环境的影响有重要意义。

儿童出生后，早期的营养状况影响着能力的发展。有人发现，营养不良的儿童，表现出记忆差，缺乏好奇心和探索精神。营养不良发生的时间越早，影响也越严重。

2. 早期经验的作用

从出生到青少年时期，是一个人生长发育的时期，也是能力发展的重要时期。美国心理学家亨特认为 6 岁以前是儿童智力变化最大的时期。

研究表明，丰富的环境刺激有利于儿童能力的发展。孩子出生后，如果睡在有花纹的床单上，床的上方吊着会转动的音乐玩具，他们仰卧时，就能自由地观察这一切。两星期后，他们就试着用手抓东西。而没有提供相应刺激的婴儿，要在 5 个月时才出现类似行为。研究还发现，缺乏母亲爱抚的婴儿，可能出现智力发展上的问题。有安全感的孩子喜欢探索环境，而探索环境正是能力发展的重要条件。

3. 学校教育的作用

学校教育是对年轻一代施加有目的、有计划、有组织的影响。学生通过接受系统的教育，不仅掌握知识和技能，而且还发展了能力和其他心理品质。在学校中，课堂教学的正确组织有利于学生能力的发展。优秀教师要求学生回答问题时必须精确、严密，作业必须认真完成。经过长时间的训练，学生的思维和言语能力就会有所提高。同时，学校教育中的众多课程设置也会推动学生的非智力因素的发展，包括学习动机、兴趣、爱好、意志的坚持性、理想等，这些非智力因素也会促进学生能力的发展。

吴福元等人对大学生智力发展进行追踪研究。结果表明，经过 2 年大学学习的 40 名被试中，有 39 名被试的智商都有所提高，如表 11-6 所示。

表 11-6 经过两年大学学习后第二次测验智商情况

智商提高程度/分	人数/人	占百分比/%
1～5	9	22.5
6～10	15	37.5
11～15	10	25.0
16～20	3	7.5
21～25	2	5.0
合计	39	97.5

（三）实践活动的影响

人的各种能力是在社会实践活动中最终形成起来的。离开了实践活动，即使有良好的素质、环境和教育，能力也难于形成和发展起来。关于这一点，我国古代思想家王充早就指出"施用累能"，即能力是在使用中积累的。他还提出了"科用累能"，及从事不同职业的活动就积累了不同的能力。换言之，由于实践的性质不同，实践的广度和深度不同，形成了各种不同的能力。整天和油漆打交道的油漆工人，辨别漆色的能力得到高度发展，他们能分辨的颜色达到 400～500 种；长期工作在高炉前的炼钢工人，发展了根据火焰的颜色判断壁炉的温度的能力，他们能从火焰颜色的变化，正确判断壁炉温度的变化。这些都说明了长年累月、坚持不懈地参加某种社会实践，相应的能力就能得到高度的发展。

（四）人的主观能动性

在现实生活中，常常会遇到这样的情况：两个人的先天素质差不多，所处的环境、所受的教育以及所参与的活动也大体相同，然而，由于两个人的主观努力不同，其能力所达到的水平也不同。因此，能力的提高离不开人的主观努力。在影响人的能力的主观因素中，勤奋、热心、自信和谦虚都是十分重要的品质。大发明家爱迪生有一句名言："天才，是百分之一的灵感加百分之九十九的汗水。"鲁迅说过："时间，每天得到的都是二十四小时，可是一天的时间给勤勉的人带来智慧和力量，给懒散的人只留下一片悔恨。"可见，勤奋之所以能成为能力发展的重要因素，是因为它能影响活动的深度和广度。俗语讲"勤能补拙"，就是这个道理。

能力的形成与发展依赖于多种因素的交互作用，虽然各种影响因素在决定能力高低与发展历程中各占比重是多少无法精确计算。但有一点是不能否定的，即遗传、环境、教育和主观能动性在能力发展中的作用是缺一不可的。

思考与练习

1. 什么是能力？能力与知识、技能有何关系？
2. 什么是才能？天才、才能和能力之间的区别。
3. 能力的种类有哪些？
4. 主要的能力理论有哪些？试阐述其中的一种主要理论。
5. 智商的计算方法有哪些？
6. 能力发展的个体差异表现在哪些方面？
7. 遗传、环境、教育、社会实践和主观能动性在能力的发展中分别有何作用？
8. 结合本章知识，分析自身能力特点及促进自身能力发展的措施。

第十二章

人　格

俗话说"人心不同，个如其面"。说明人的心理如同他的面孔一样，不同的人会有不同的特点。比如，有人思维敏捷，有人反应迟钝；有人脾气急躁，有人温和；有人坚强自信，有人自卑懦弱；有人大公无私，有人自私自利。凡此种种，不一而足。这些独特的特点构成了一个人不同于他人的人格差异。人与人之间共同性和差异性都是心理学家关注的问题。前面我们探讨的认知过程和情意过程侧重于共同性的研究，而能力及本章要探讨的侧重于差异性的研究。本章主要介绍人格概念与特征、人格理论、人格差异、人格成因与人格测评等内容。

第一节　人格概述

一、什么是人格

人格的概念来源于拉丁文"person"一词。其本义是演员在舞台上所戴的面具。它表现剧中人的身份、角色特点等等。面具随着任务角色的不同而变换，体现了角色的特点和人物性格，就如同我国戏剧中的脸谱一样。心理学沿用其含义用来指一个社会人的整个精神面貌，同时该词也演化为"personality"，译为"人格"或"个性"。

人格在心理学中是个歧义最大的概念了；对人格下定义，不同的人有不同的论断。西方人格心理学家奥尔波特（G. W. Allport）曾综述五十多个定义。有如下分类：

①罗列式的："人格是一切生物的先天倾向、冲动、趋向、欲求和本能，以及由经验获得的倾向和趋势的总和"（普林斯）；②整合式的："人格是多种模式（兴趣）的整合，这种整合使有机体的行为具有一种特殊的个人倾向"（麦考迪）；③层次化的："人格：一是物质的自我，包括身体、财富、家庭和朋友；二是社会的自我，即在交往中人们对于他的承认；三是精神的自我，将不协调趋向统一；四是纯粹的自我，哲学"（詹姆士）；④适应性的："人格是人对环境进行独特适应中所具有的习惯系统的总和"（肯普夫）；⑤区别性的："在说话、记忆、思考或喜爱中所表现出的不同方式"（吴伟士）。

奥尔波特认为，人格是个人身上的心理物理系统的动态结构，是一个人内部决定他对其环境独特地适应的身心系统的动力组织。

奥尔波特之后，又有许多心理学家综述或分析过人格的定义。如艾森克认为，"人格是个体由遗传和环境所决定的实际的和潜在的行为模式的总和。"卡特尔指出,"人格是一种倾向,可借以预测一个人在给定情境中的所做所为,它是与个体的外显与内隐行为联系在一起的。"美国心理学家 B.R.赫根汉曾经在他的《人格心理学》一书中这样论述:"几乎所有的人格理论家都赞同这个观点,即人格可以根据一个人的惯常行为模式加以描述。在种种不同的情况下,人们反应定势的差异形成了各人不同的个性特征。正是这些惯常行为模式才有可能使我们对人们的未来行为做出具有一定准确性的预测。当我们看到自以为熟悉的某某人做出一些反常行为时,就会无比惊讶地说:'这不像是他干的。'当人们不再以过去的方式对某种情境作出反应,那么,我们说他们的人格已经发生了变化。"

我国心理学界对人格的解释有:"人格是构成一个人思想、情感及行为的特有模式,这个独特模式包含了一个人区别于其他人的稳定而统一的心理品质"(彭聃龄);"人格是个体在行为上的内部倾向,表现为个体在适应环境时在能力、情绪、需要、动机、兴趣、态度、价值观、气质、性格、体质等方面的整合,是具有动力一致性和连续性的自我,是个体在社会化过程中形成的给人以特色的身心组织"(黄希庭);"人格是个体在先天遗传素质的基础上,通过与后天社会环境的相互作用而形成起来的相对稳定和独特的心理行为模式"(郑雪)等。

可见,人格是复杂的,是一个具有丰富内涵的概念,反映了人的多种本质特征。如果把人格心理学家对人格概念的界定综合起来考察,其中也有不少的共识。把这些共同的认识概括起来,我们可以对人格的概念粗略定义如下:

人格是具有一定倾向性的各种心理特性的总和,也是各种心理特性的一个相对稳定的组织结构。它反映一个人区别于他人的整体精神面貌。

二、人格的基本特点

从人格的定义中我们可以看出,人格有如下一些特性。

(一)人格的稳定性

任何一种人格的心理特征都不是在某一短时期内形成的,具有稳定性。人格的稳定性主要表现在两方面:一是一贯性。在人生的不同时期,其人格及其各成分随着年龄的变化会发生连续的积极变化,即在人生的不同阶段会面临不同的人生课题,可是人格在时间上具有前后的一贯性。如:某人性格内向,在各种不同的场合都会表现出沉默寡言的特点。二是跨情境的一致性。人格特征是一个人经常表现出来的稳定的心理和行为的特征。那些偶然的、一时性的心理特征,则不能称之为人格。比如一个人处事总是很谨慎小心,循规蹈矩,处事稳重,偶然间也会表现出轻率马虎的举动,在这里谨慎稳重是他的人格特征,而不能说轻率马虎的举动是他的人格特征。但这种稳定是相对的,不论是如何稳定的人格,在一定社会影响下,都会发生变化,具有不同程度的可塑性,青少年时期表现得比较明显。

(二)人格的独特性

人的人格是极端个别化的,每人的人格,无论从它的结构看,还是从它的内容看,都具有独特性。这是由于，一个人人格的形成，不仅受社会环境和教育的影响，同时每个人的自身素质又有所不同，自然会形成不同的人格。更重要的是，人格并不是环境消极的产物，而是个人与环境相互作用的结果。人在适应环境和接受环境影响的过程中，个体就在这种积极活动中形成了自己的人格特征。例如，"固执性"这一人格特征，在不同人身上赋予了它不同的含义。作为娇生惯养、过度溺爱的结果，这种固执性带有"撒娇"的含义；而在冷淡疏离、艰难困苦的环境下形成起来的固执性，则带有"反抗"的含义。这种独特性说明了人格的千差万别，千姿百态。

当然，每个人在具有独特人格的同时，又具有一定的共性，即具有与他人相同的、一致的心理因素。同一民族或地域的人群，由于共同的地理条件、文化传统以及风俗习惯，决定了人格中包含了民族特征和地域特征；同一年龄阶段的群体，由于共同的生理变化和环境影响，其人格具有一定的年龄特征。

（三）人格的整体性

人格的各个成分或特征如：能力、气质、性格、价值观、需要等不是孤立存在着，而是一个有机的整体，具有内在的一致性，受自我意识的调控，协调一致朝着一定的目标，以一个整体而运作。它虽然不能直接观察到，但却在表现行为中，让人的各种行为所表现的特征是一个整体，体现了他整个的精神面貌。在当一个人的人格各个方面彼此和谐一致时，他的人格是健康的，否则，会出现适应困难，甚至出现"分裂人格"。

（四）人格的社会制约性

马克思认为："人的本质并不是单个人所固有的抽象物，实际上，它是一切社会关系的总和。"从这种意义上说，人格的本质就是人的社会性。人若脱离了社会，不与人们交往，也就谈不到人格，初生婴儿只能算是个体，还没有人格；人格乃是个体社会化的结果，人际关系的结晶。所以，人的人格乃是具有不同素质基础的人，在不尽相同的社会环境中所形成的意识倾向性和比较稳定的心理特征的总和。当然人格除了受制约于社会历史条件，同样也要受到自然环境和自身因素的影响。但起决定作用的是社会环境。由此可见，人的人格是人的社会化的产物，从本质上说人格是社会的，不是自然的。

（五）人格的功能性

不同的人有不同的活法，不仅因为他现在的处境不同，还在于他有不同的人格；不同人格的人在相同的环境中，会对生活做出完全不同的反应。人格在一定程度上会影响到一个人的生活方式，甚至会决定某些人的命运。因而是人生成败的根源之一。如：当面对挫折和失败时，坚强者能拼搏发奋，懦弱者会一蹶不振。这就是人格功能的表现。

三、人格的结构

从结构上说，人格是一个复杂的系统，包括两个不可分割的侧面：一是人格倾向性，是人进行活动的基本动力，是人格结构中最活跃的因素。包括需要、动机、兴趣、理想、信念和世界观等心理成分。二是人格心理特征，是个人身上经常表现出来的本质的稳定的心理特征。包括能力、气质和性格等心理成分。构成人格的各个因素不是孤立存在的，也不是简单的相加，而是有主有次，相互联系，相互制约，从而构成了一个有机的整体。

　　人格的概念和个性的概念有密切的联系，又有一定的区别。这种区别反映了心理学家对人格概念理解上的差异。前苏联心理学界常用个性这个概念，它强调个体之间的差异，认为个性是一个人不同于他人的心理特征的综合。西方心理学界常用人格这个概念，把人格看作是个性中除能力以外的其他部分。我国心理学界对此也有不同的看法。本书在分析人格结构的时候，基本上把人格等同于个性。在介绍西方人格理论时又把能力放在人格这个概念之外。人格的一些方面前面已经论述，下面将对人格的其他方面作些介绍。至于日常生活中用人格概念的时候，如说某人人格高尚，某人人格卑劣，某人缺少人格等，则突出的是它的伦理道德含义，这种用法不是人格的科学含义，不是我们所要讨论的内容。

第二节　人　格　理　论

　　关于人格理论的研究，一直是西方心理学家的研究重点。许多理论学派从不同的侧面、不同的角度对人格进行了探索和研究，但迄今为止，在心理学领域还没有一种公认的、唯一的人格心理理论。有代表性的人格理论有以下几种：

一、人格的特质理论

　　特质理论起源于 20 世纪 40 年代的美国，主要代表人物是美国的心理学家奥尔波特和卡特尔。特质理论认为，特质是组成人格的基本单位，是决定个体行为的基本特性，是人格的有效组成元素，也是测评人格的基本单位。该理论用特质的不同来说明人与人之间的差异。

（一）奥尔波特的特质论

　　奥尔波特在 1937 年首次提出人格特质理论。认为特质是人格的"心理结构"，是构成人格的基本单位，也是个体所具有的神经特性，具有支配个人行为的功能，使个体在变化的环境中产生稳定一致的反应。

　　奥尔波特把人格特质分为两类：共同特质和个人特质。共同特质是指在同一文化形态下大多数人或群体所共有的共同特质。个人特质是指个体身上所独有的特质。这两种特质的区别主要取决于被说明的对象。任何群体都能用它的特质加以描述，例如，可以把一个群体描述为守旧的、懒惰的或勤劳的群体。同样，任何个体也可被描述为守旧的、懒惰的或勤劳的个体。当特质被用来描述一个群体时，就被称为共同特质；当被用来描述个人时，就被称为个人特质。虽然，奥尔波特承认这两种特质都存在，但他极力主张人格心理学家应集中研究个人特质，而不是探讨共同特质。人格心理学家应采用特殊规律研究法对特定的个人进行深入的研究，而应避免用共同规律方法来研究人格。奥尔波特认为，共性仅是一种抽象，不能对任何个体进行真正精确的描述；而世界上就根本不存在两个具有完全相同特质结构的人。

根据个人特质对人格起作用的程度，奥尔波特又将个人特质区分为首要特质、中心特质、次要特质。①首要特质是个人最典型，最具概括性的特质，表现了一个人生活中无时不在的倾向，他的每个行为事实上都会追溯到其影响。例如，如果一个人具有压倒一切的权力欲望，这种权力欲望就会渗透到他的生活的各个方面，他不仅奋力去获得社会中的权力地位，就是在其他的活动中也会尽力争胜。首要特质只有在少数人身上才可以观察到。②中心特质是指个体独特的几个重要特质，在每个人身上大约有 5～10 个。如果有人请你写封信真实的介绍你所熟悉的人，你在信中扼要地列出你所熟悉的人的某些特征，如聪明、负责任、整洁、有创造性等。你所列出的这些特征就是中心特质。③次要特质是个体不太重要的特质，往往在某些特殊情境下才会表现出来。奥尔波特认为，最常被用来说明个人人格特征的是"中心特质"。当然，一种特质与另一种特质仅是相对独立的，它们没有固定的界限。

（二）卡特尔的特质理论

卡特尔利用因素分析法对人格特质进行了分析，提出了基于特质的一个理论模型。他认为人格的基本结构元素是特质。所谓特质是指人在不同时间和情境中都保持的某种行为方式和一致性。人格特质是人格建筑的砖石。人格特质不仅是人格的结构单元，而且是人格分析和人格测量的单元。人格由许多种特质构成，主要有以下几种：

1. 个别特质和共同特质

与奥尔波特的观点一致，卡特尔认为，人类存在着所有社会成员所共同具有的特质以及个人所独具的特质，前者称为共同特质，后者为个别特质。共同特质在个别人身上的强度和情况是不同的，而且这些特质的强度也是随着不同的时间而有所不同。

2. 表面特质和根源特质

表面特质是指一群看上去是关联的特征或行为，是可以直接从外部行为中观察到的特质；根源特质是指行为特征间相互关联的内在倾向性，它隐藏在表面特质的背后并制约表面特质的特征，它是人格的内在因素，是人格结构中最重要的部分，是一个人行为的最终根源。表面特质是根源特质的表现，根源特质是表面特质的原因；每一种表面特质都来源于一种或多种根源特质，而一种根源特质可以影响多种表面特质。每个人具有的根源特质是相同的，但它们在各人身上所具有的程度是不同的。例如，任何人都有智力（一种根源特质），但每个人的智力水平是不同的。也就是说智力的强度或量是不同的，智力的不同强度或量影响着这个人的行为表现，如读什么书，交什么朋友，怎样认识和解决问题等。而智力这一根源特质的外在表现就是表面特质。

卡特尔仔细的探索了自陈量表、生活记录和客观测验的数据，并在此基础上用因素分析的方法从众多的表面特质中确定了 16 种根源特质，据此卡特尔编制设计出一种人格测验叫 16 个人格因素问卷，表 12-1 是 16 个人格因素上的高分者和低分者的特征。

表 12-1 卡特尔 16 个人格因素上的性格特征

因素	低分者特征	高分者特征
乐群性	缄默、孤独、冷淡	外向、热情、乐群
聪慧性	思想迟钝、学识浅薄、抽象思维能力弱	聪明、富有才识、善于抽象思考
稳定性	情绪激动、易烦恼	情绪稳定、成熟、能面对现实
持强性	谦逊、顺从、通融、恭顺	好强、固执、独立积极
兴奋性	严肃、审慎、冷静、寡言	轻松兴奋、随遇而安
有恒性	苟且敷衍、缺乏奉公守法精神	有恒负责、做事尽职
敢为性	畏怯退缩、缺乏自信心	冒险敢为、少有顾虑
敏感性	理智的、看重现实、自持其力	敏感、感情用事
怀疑性	信赖随和、易与人相处	怀疑、刚愎自用、固执己见
幻想性	现实、合乎成规、力求妥善合理	幻想、狂放任性
世故性	坦白、直率、天真	精明能干、世故
忧虑性	安详、沉着、有信心	忧虑抑郁、烦恼自忧
实验性	保守的、尊重传统观念与行为标准	自由的、批评激进、不拘泥于现实
独立性	依赖、随群附和	自强自立、当机立断
自律性	矛盾冲突、不顾大体	知己知彼、自律严谨
紧张性	心平气和、闲散宁静	紧张困扰、激动挣扎

卡特尔认为每个人身上都具备这 16 种特质，只是在不同人身上表现程度不同。如每个人都具备聪慧性这一根源特质，但聪明程度不同。所以他认为人格差异主要表现在量的差异上，可以对人格进行量化分析。

3. 体质性特质和环境特质

有些根源特质是由内部的生理状态或先天遗传因素决定的，称之为体质性根源特质；而有些根源特质是由后天经验、环境影响而形成的，称之为环境特质。卡特尔认为环境的影响包括构成社会文化模式的社会制度和物质状况等。16 种根源特质中一些属于体质性特质，另一些属于环境特质。

4. 能力特质、气质特质、动力特质

有些特质是决定一个人处理问题或事情的成效的，称为能力特质。最重要的一种能力特质是智力特质。卡特尔把智力区分为两种：晶态智力和液态智力。气质特质是由遗传决定的，它表现为一个人的风格，如情绪性、速度、冲动性、支配性、敏感性和自信心等特征。气质特质属于体质性根源特质，通常不受特定情境因素的影响。动力特质是一种启动人格的特质，也是人格的动机因素。它推动个体朝着目标前进。

（三）艾森克的人格维度理论

艾森克是英国心理学家，后迁居美国。以研究人格而著称，亦是一个著名的特质论者。他运用精神病临床诊断、问卷测验、客观性动作测验、身体测量等各种可能的方法

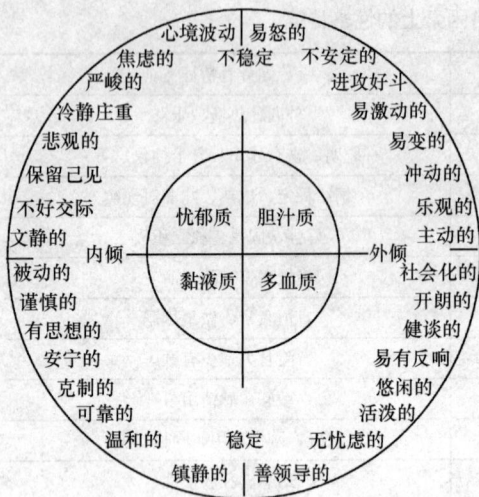

图 12-1　艾森克的人格维度

收集人格素材，并对这些材料进行因素分析，提出了他独特的人格理论。

艾森克对人格维度作了深入研究。他把许多个人特质归结到几个基本的维度或类型上。认为人格有 3 个基本维度：①外倾性，它表现为内、外倾的差异；②神经质，它表现为情绪稳定性的差异；③精神质，它表现为孤独、冷酷、敌视、怪异等偏于负面的人格特征，艾森克依据这一模型编制了艾森克人格问卷（简称 EPQ，1986 年）。图 12-1 是艾森克用内外倾和神经质这两个维度作为坐标轴，构成的一个直角坐标系。

这个坐标系涵盖了各种人格特质。从图上可以看出，各种特质是相互独立的，因此在一个维度上得分高的人，在另一个维度上既可以得高分，也可以得低分。每个维度上不同程度表现的结合，又构成了 4 种不同的人格类型，这 4 种类型正好对应于坐标系的 4 个象限。艾森克划分的人格 4 种类型，正好和古典的四种气质类型相对应。例如，人格的内倾与稳定即内倾稳定型，包括被动、谨慎、有思想、安宁、克制、可靠、温和、镇静 8 种特质，相当于黏液质。艾森克对人格维度的研究受到各国的心理学家重视，并且已广泛地应用到医疗、教育和司法等领域。

（四）"大五"人格理论

进入 20 世纪 60 年代特质论又有新进展。E. C. 图帕斯与 R. E. 克里斯特尔于 1961 年经过二次研究发现，卡特尔通过因素分析得出的因素数目并不正确，事实上只存在 5 个相对显著而稳定的因素，它涵盖了人际关系，工作行为，控制力，情绪性以及能力等多方面的表现，这便是著名的"大五模型"或者称为五因素模型。五大因素及其人格特质分别是：

开放性：具有想象、审美、情感丰富、求异、创造、智能等特质；

责任心：显示了胜任、公正、条理、尽职、成就、自律、谨慎、克制等特质；

外倾性：表现出热情、社交、果断、活跃、冒险、乐观等特质；

宜人性：具有信任、直率、利他、依从、谦虚、移情等特质；

神经质或情绪稳定性：具有焦虑、敌对、压抑、自我意识、冲动、脆弱等特质。

二、人格类型理论

人格类型理论是按照某些标准或特性，将人划分成几种不同的类型，每种类型的人有相似的人格特征，不同人格类型的人是有差异的。一个人属于某一种类型而不能是另一种类型。人格类型理论有多种，较为著名的理论有以下几种：

（一）荣格的向性类型学说

瑞士著名人格心理学家荣格（C. G. Jung，1875～1961 年）依据"心理倾向"来划分人格类型，最先提出了内一外向人格类型学说。荣格认为人生命中的"力必多"（"无意识的生命力"）的活动是一切行为变化的基础。他按"力必多"的活动倾向于外部环境还是倾向于自己，把人区分为外倾和内倾两种。外倾型的人的"力必多"活动倾向于外部，经常对外部事物表示关心和兴趣，开朗活泼，特别善于交际。具体表现为容易流露自己的感情，待人接物决断快，但比较轻率，独立性强，缺乏自我分析和自我批评，不拘泥于一般小事。内倾型的人"力必多"活动倾向于内部，一般表现为沉静，反应缓慢，适应困难，较孤僻。具体特征为感情比较深沉，待人接物比较小心谨慎，经常反复思考，常因过分担心而缺乏决断力，但对事物总是锲而不舍，能主动自我分析和自我批评。后来，荣格在测验中发现，除上述内倾与外倾两大类型之外，还有许多人属于有两种类型特点的中间型。

向性类型学说是荣格著名的人格类型学说，虽过于简单，但切合实际，通俗易懂，所以流传广泛，影响较大。

（二）威特金的人格类型论

美国心理学家威特金等人根据场的理论，将人格分为场依存性和场独立性两种类型。威特金指出，这两种人是按照两种对立的加工模式工作的。场依存性的人，倾向于外在参照作为信息加工的依据；场独立性的人，倾向于更多地利用内在参照。场依存性的人的行为是以社会定向的，社会敏感性强，易受他人的影响和注意他人提供的线索，爱好社交活动，对他人有兴趣，注意参与人际关系等。场独立性的人是非社会定向的，社会敏感性差，自尊自信心强，不太注意他人提供的社会线索，关心抽象的概念理论，不善社交，喜独处等。许多实验研究表明，个人在场依存性和场独立性连续维度上的位置是相对稳定的。

（三）霍兰德的人格类型论

美国心理学家霍兰德（T. L. Holland）根据人格特征与职业选择的关系，也把人格划分为 6 个类型。不同的人格在职业选择上具有明显的差异，如表 12-2 所示。

表 12-2　人格类型及其匹配的职业

人格类型	人格特征	相匹配的职业
社会型	喜欢社会活动和社会交往，关心社会问题，对教育活动感兴趣	社会学家、社会工作者、护士、教师等
理智型	喜欢智力活动和抽象的工作	数学、物理、化学、生物等自然科学工作者，电子工作者，计算机程序编制等
现实型	喜欢有规律的具体劳动和需要基本技能的工作	制图员、修理工、机械工、电工、农民等
文艺型	喜欢文学和艺术，善于用艺术作品来表现自己，感情丰富、爱想象、富有创造性	作家、艺术家、雕刻家、音乐家、管弦乐队指挥、编辑、评论家等
贸易型	富有冒险精神，性格外向，喜欢担任领导工作，具有说服、支配、使用语言等能力	董事长、经理、营业部主任、推销员等
传统型	喜欢有条例和有系统的工作，具有友好、务实、善于控制和保守等特点	办事员、办公室人员、打字员、档案工作人员、记账员、会计、出纳、秘书、接待员等

霍兰德还研究了各种人格之间的关系，如表 12-3 所示。他指出，每一种人格类型都有两种与之相近的人格类型，即一个人也能适应这两种相似类型的工作；每一种人格类型又都有两种与之保持中性关系的人格类型；另外，每一种人格类型还都有一种与之相斥的人格类型。

表 12-3　霍兰德的人格类型关系

关系　　　　　人格类型	相　近		中　性		相　斥
社会型	文艺型	贸易型	传统型	理智型	现实型
理智型	文艺型	现实型	传统型	社会型	贸易型
现实型	理智型	传统型	文艺型	贸易型	社会型
文艺型	理智型	社会型	贸易型	现实型	传统型
贸易型	社会型	传统型	现实型	文艺型	理智型
传统型	现实型	贸易型	社会型	理智型	文艺型

根据霍兰德的人格类型分类及其与职业类型匹配的理论，可以预测一个人的职业爱好和职业适应能力，因而对正确指导职业选择具有重要的实践意义。

（四）斯普兰格的人格类型理论

德国心理学家斯普兰格（Spranger，1928 年）依据人类社会文化生活的六种形态，将人划分为 6 种性格类型。不同的性格类型具有不同的价值观成分。

1）经济型。这种人注重实效，其生活目的是为了追求利润和获得财富，如实业家等。

2）理论型。这种人表现出具有探究世界的兴趣，能客观而冷静地观察事物，力图把握事物的本质，尊重事物的合理性，重视科学探索，以追求真理为人生的目的，如思想家、科学家等。

3）审美型。这种人对现实生活不太关注，富于想象力，追求美感，以感受事物的美作为人生的价值，如艺术家等。

4）权力型。这种人倾向于权力意识和权力享受，支配性强，其全部的生活价值和最高的人生目标就在于满足自己的权力欲望，得到某种权力和地位。

5）社会型。这种人能关心他人，献身社会，助人为乐，以奉献社会为人生追求的最高目标。

6）宗教型。这种人信奉宗教，相信神的存在，把信仰视为人生的最高价值。

斯普兰格相信，纯粹属于某种类型的人是没有的，多数人是各种类型的混合，称混合型。

第三节　人格差异

虽然在人格理论上存在不同的学说，但目前我国心理学界一般认为，人格特征的差异主要表现在气质和性格两个方面。

一、气质

（一）气质的概念

气质是不以人的活动目的和内容为转移的心理活动的典型的稳定的动力特征。

心理活动的动力特征主要表现为心理活动发生的强度（如情绪的强弱、意志努力的程度）、速度（如知觉的速度、思考得快慢）、稳定性（如注意集中时间的长短）、灵活性（如思维的灵活程度、适应陌生环境的能力等）和指向性（有的人倾向于外部，从外界获得新印象，有的人倾向于内部，经常体验自己的情绪，分析自己的思想和印象）。现实生活中，有的人性情暴躁，容易发火；有的人遇事沉着，不动声色；有的人活泼好动，能说会道；有的人则多愁善感，胆小怕事，这些都是气质特征的表现。这近似于我们平时所说的脾气和秉性。

气质仿佛使人的整个心理活动表现都涂上个人独特的色彩。具有某种气质特征的人，往往以同样的方式表现在各种活动中，而不以活动的动机、目的、内容为转移。例如：一个具有安静迟缓气质特征的人，不论是参加考试，当众演说，回答问题还是参加体育比赛，都会表现出这种气质特点。

气质具有极大的稳定性。俗话说："江山易改，秉性难移"，这里的脾气、秉性就是指的气质。气质在很大程度上是由一个人的遗传素质决定的，是具有天赋特性的人格心理特征。因此刚出生的婴儿就可观察到某些气质特征差异，如有的大声啼哭，四肢活动较多；有的则安静，哭声较小。这是气质最早、最真实的流露。实践证明，年龄越小，气质的表现越明显，气质的各种特征看得越清楚；遗传素质越接近，气质的表现也接近。例如，对同卵双生子的研究证明，把两个同卵双生子分别放在两个不同的环境下培养，他们的气质比放在同一环境下培养的异卵双生子相似得多。

气质虽有极大的稳定性，但也并不是一成不变的。在环境和教育的影响下，随着自身修养的增强，良好性格特征的形成，它也会发生某些改变。如好发脾气的人不再发脾气了，急性子的人变稳重了。我们把这种现象叫做性格对气质的掩蔽现象。从这个意义上说，气质具有一定的可塑性。但这种改变仅仅是表面上的，要想使气质内部发生质的改变，是很难的。

（二）气质学说

人的气质受到普遍的关注。几千年来有许多学者对此进行了探讨，提出了许多的学说。

1. 体液说

古希腊著名医生希波克拉底在前人研究的基础上，提出了气质的体液说。他认为人体内有 4 种体液，分别是血液、黏液、黄胆汁和黑胆汁，根据这 4 种体液哪一种占优势，把人划分为不同的气质类型。他还认为，每种体液都是由冷、热、湿、干 4 种性质相互配合成比例产生的。血液是热和湿的配合，血液占优势的人湿而润，好像春天；黏液是冷和湿的配合，黏液占优势的人冷漠、无情，好像冬天；黄胆汁是热和干的配合，黄胆汁占优势的人热而躁，犹如夏天；黑胆汁是冷和干的配合，黑胆汁占优势的人，冷而躁，好像秋天。这4种体液配合恰当，身体就健康，配合不当，身体便生病。

到公元2世纪，罗马医生盖伦在体液说的基础上，首次使用了气质这个概念，并把人的气质划分为13种类型，后经整理最后概括为四种气质类型。血液占优势的为多血质，黏液占优势的为黏液质；黄胆汁占优势的为胆汁质，黑胆汁占优势的为抑郁质。

体液说，显然是缺乏科学依据的，但它提出的这4种气质类型，在日常生活中都能观察到典型的代表人物，比较符合实际，所以至今仍在沿用。

2. 体型说

德国精神病学家克瑞奇米尔根据他对精神病患者的临床观察，提出按体型划分人的气质类型的理论。他认为人的身体结构与气质特点以及可能患的精神病种类有一定关系，而精神病患者与正常人只有量的差别，没有质的不同。他把人分为3种类型：细长型、矮胖型、斗士型。细长型的人身躯细长，皮肤干燥，骨骼和肌肉都不发达，他们的特点是孤僻、沉静、多思，为分裂气质；矮胖型的人脂肪丰富，身体短胖，其特点是活泼热情，时狂时郁，情绪不稳定，为躁郁气质；斗士型的人骨骼、肌肉显著发达，是一种运动家的体型，其特点为固执、迷恋、认真，情绪具有爆发性，为黏着气质。

这种理论是没有科学依据的，体型和气质之间没有必然的联系。另外他把正常人也归入到精神病患者的类型当中是不恰当的。

3. 气质血型说

日本学者古川竹二提出气质是由血型所决定的。他根据人的4种血型把人区分为4种气质：A型气质的特点是老实稳重，温顺多疑，怕羞孤僻，依赖他人，易冲动；B型气质的特点是感知灵敏，善于社交，好管闲事，不怕羞；AB型气质的特点是以A为主，含有B的成分，外B内A；O型气质的特点是意志坚强，好胜霸道，爱指使别人，有胆有识。这种学说也是缺乏科学依据的。

4. 激素说

柏尔曼等人提出，人的气质是由某种内分泌腺的活动决定的。他们根据人体的哪种内分泌腺活动占优势，把人分成甲状腺型、脑垂体型、肾上腺型、副甲状腺型和性腺型。甲状腺型表现为感知灵敏，意志力强；脑垂体型表现为性情温柔、自制力强；肾上腺型表现为精力旺盛，情绪易激动，好冲动；副甲状腺型表现为易激动，缺乏控制力；性腺型表现为富有进攻性，行为猛烈粗暴。这个学说是有一定事实根据的，内分泌腺的活动对气质有一定的影响。但它片面地强调内分泌腺对气质的决定作用，否定了神经系统对内分泌腺的调节和支配作用，显然是不科学的。

5. 高级神经活动类型说

高级神经活动类型说是俄国心理学家巴甫洛夫提出来的，他在研究高等动物的条件反射时，发现高级神经活动过程有3个基本特性：强度、平衡性和灵活性。

神经过程的强度是指神经细胞接受强烈刺激或持久工作的能力，有强弱之分；平衡性是指兴奋和抑制两过程的强度是否相当；灵活性是指兴奋和抑制相互转换的速度。

巴甫洛夫根据这 3 种特性的独特结合，将高级神经活动分为 4 种基本类型：

第一种类型：强而不平衡的类型。兴奋过程强于抑制过程，以易兴奋、奔放不羁、不能抑制为特点，称为"不可遏制型"。

第二种类型：强、平衡、灵活的类型。兴奋和抑制过程都较强，并且二者容易转换，以反应敏捷、活泼好动、迅速适应环境为特点，又称为"活泼型"。

第三种类型：强、平衡、不灵活的类型。兴奋和抑制过程都较强，但是二者不易转换，以安静、沉着、反应迟缓为特征，又称为"安静型"。

第四种类型：弱型。兴奋和抑制过程都较弱，以胆小、畏缩、敏感、消极防御为特征。又称"抑制型"。

高级神经活动的四种类型，正好和体液说提出的 4 种气质类型一一对应，其对应关系如表 12-4 所示。

表 12-4　高级神经活动类型与气质类型对照表

高级神经活动类型	气质类型
强、不平衡（不可遏制型）	胆汁质
强、平衡、灵活（活泼型）	多血质
强、平衡、不灵活（安静型）	黏液质
弱（抑制型）	抑郁质

我国心理学界认为，巴甫洛夫的高级神经活动类型说揭示了气质的生理机制，较为科学地解释了气质问题。

（三）气质类型特征

气质类型是指表现为心理活动的动力特征的神经系统基本特性的典型结合。人们的神经系统的基本特性不同，就构成不同的气质特点。气质特点在人身上的不同组合，可把它归入不同类别，就构成了不同的气质类型。在心理学上大部分心理学家对气质类型都沿用了古老的"四分法"即多血质、胆汁质、黏液质和抑郁质。这 4 种气质类型的人各自的主要特征如下：

1. 多血质

多血质型又称活泼型，属于敏捷好动的类型。他们活泼热情，精力充沛，适应能力强，易于与人相处，具有高度可塑性。但他们情绪不够稳定，情感体验也不深刻，注意力容易变换，显得比较浮躁，很难适应要求细致的，平凡而持久的工作。

2. 胆汁质

胆汁质型又称不可遏制型，属于斗士类型。他们精力旺盛，直率热情，心理过程具有迅速而突发的色彩；思维敏捷但准确性差，意志坚强但暴躁冲动。心境变化剧烈，工作特点带有明显的周期性。

3. 黏液质

黏液质型又称安静型，属于缄默沉静的类型。他们态度持重，沉着稳健，不爱做空泛的清谈，有自制力，有耐心，但不够灵活，注意较难转移，因而显得因循守旧，不易合作。

4. 抑郁质

抑郁质型又称抑制型，属于呆板而羞涩的类型。他们反应缓慢，动作迟钝，缺乏生气，不爱交际，孤僻，主动性较差，在困难危险面前常恐惧退缩，他们情绪不外露，但内心体验强烈、深刻而持久，观察力敏锐、想象力丰富。

这4种气质类型的人，在同一情境中，其行为表现各不相同。A. H. 达维多娃曾做过实验，4个人到剧院看戏，都迟到了。胆汁质的人和检票员争吵，企图闯进去，他辩解说，是剧院的钟快了，他不会影响别人，打算推开检票员进入剧院；多血质的人立即明白，检票员不会放他进入剧场，就通过没人注意的侧厅跑到自己座位上；粘液质的人，看到不让他进场，就想：第一场可能不太精彩。我在小卖部等一会儿，幕间休息时再进去；抑郁质的人会说：我总是不走运，偶尔来一次剧场就这样倒霉，接着就回家去了。

事实上只有少数人是某种气质类型的典型代表，多数人是介于两种类型之间的中间类型或综合类型。

（四）气质与实践

气质是一个人心理活动的动力特征，它对人的实践活动有一定的影响，正确理解气质与实践的关系，对教育、培养和选拔人才都有重要意义。

1. 气质类型本身无好坏之分

在评定人的气质时不能认为一种气质类型是好的，另一种气质类型是坏的。每一种气质类型都有其积极的一面，也有其消极的一面。例如：胆汁质的人直率热情，精力旺盛，但脾气暴躁，容易冲动；多血质的人反应灵敏，活泼开朗，容易适应新环境，但注意力不稳定，兴趣容易转移；黏液质的人坚定沉着，稳重忍耐，但反应缓慢，冷漠，呆板；抑郁质的人情感细腻深刻，观察力敏锐，想象力丰富，但耐受力差，易疲劳，孤僻、怯懦。各种气质类型的人都必须善于认识和控制自己的气质特征，发扬其积极的方面，克服其消极的方面，做自己气质的主人。

2. 气质类型不决定人的智力水平和社会价值

气质只是心理活动的动力特点，只赋予人的心理活动和行为以独特的色彩，而不决定人的智力发展水平，也不决定一个人对社会贡献的大小。任何一种气质类型的人，都可能成为某领域的专家能手，也可能一事无成；都可能成为德高望重的人，也可能成为品德低劣的人。例如：俄国文学家普希金属于胆汁质，赫尔岑属于多血质，克雷洛夫属于黏液质，果戈里属于抑郁质，他们气质虽不同，但都在文学领域里取得了杰出的成就。

3. 气质类型是选拔人才的依据之一

气质在实践活动中虽不起决定性作用，但对活动的方式和效率有一定的影响。具有不同气质特征的人，有不同的职业适应性。例如：胆汁质的人，适合从事需要反应迅速，动作有力，应急性强，冒险性大，难度较高而费力的工作；多血质的人，适宜从事要求反应迅速、灵活的工作；黏液质的人适合从事有条不紊、按部就班、平静、耐受性高的工作；抑郁质的人适合从事持久而细致的工作。不过，对于一般的行业，由于气质的各种特性之间可以相互补偿，因此对工作效率的影响并不显著。但在某些特殊的领域，例如飞机驾驶员、宇航员，大型动力系统调度员或运动员等，要求人们必须具有极其灵敏的反应，要敢于冒险和临危不惧，不具备这些特性，就难以有效地完成本职工作。因此在选拔和培训这类职业的工作人员时，必须进行专门的气质测定。

4. 气质类型是教育工作的依据之一

由于人们的气质特征各不相同，在教育工作中必须采取因材施教，个别对待的方法。

（1）根据学生不同的气质类型特征，采取不同的教育措施

对胆汁质的同学，要着重培养其热情、豪放、爽朗、勇敢、进取和主动的个性品质，防止任性、粗暴、高傲等不良品质。对胆汁质学生进行教育时，要采取有说服力的教育方法，"以柔克刚"，切忌急躁，也不能粗声大气地同他们讲话，以防过激反应。同时要让他们学会坚韧、自制，习惯于平稳而镇定的工作。

对多血质的同学，要着重培养其朝气蓬勃，满腔热情，足智多谋等个性品质，防止朝三暮四，虎头蛇尾，粗心大意等不良品质。对多血质学生进行教育时，一定要"刚柔交替"，要严格要求。在激起他们多方面兴趣的同时，要注意培养其中心兴趣；在给予参加各种活动机会的同时，要强调认真负责的态度和坚持性。

对黏液质的学生，要着重培养其以诚待人，工作踏实、顽强等优良品质，防止墨守成规、谨小慎微、执拗等不良品质。这种气质的学生，由于他们安静、守纪律、勤勉，因而常常被教师忽视。在教育方法上，要注意不能以冷对冷，也不能操之过急，要以满腔热情吸引他们多参加集体活动，激发他们的积极情绪，引导他们生动活泼、机敏地完成任务。

对抑郁质的学生，要着重培养其敏感、机智、认真细致和自尊等优良品质，帮助他们克服怯懦、多疑、孤僻、被动等不良品质。在教育方法上，要多给予关怀和帮助，切忌公开指责，严厉批评，要引导他们多参加活动，在交往中消除疑虑，安排他们从事有一定困难的工作，鼓舞他们前进的勇气，培养自信。对这些学生而言，称赞、奖励等将会起很大作用。

总之，任何一种个性品质都可以在不同气质类型的人身上形成，每个学生气质类型特征的表现也千差万别，关键在于在了解学生个别特点的基础上，教育工作者应施以有效的教育。

（2）根据学生的气质类型特征进行知识技能教育

气质类型特征既不决定学生的个性品质，也不决定他们的知识、技能和智力水平，但却能够对掌握知识技能和智力活动产生一定影响。同样是成绩相同的学生，气质类型特征的差异可能使其智力活动的特点与方式表现出很大不同。原苏联心理学家列伊切斯曾对一个班两名成绩优秀的学生进行过研究，发现学生 A 具有明显多血质和胆汁质特征；学生 B 具有明显抑郁质特征。学生 A 在学习时精力充沛，紧张学习后只需短时休息就能恢

复精力，很少见他学习疲劳和间歇；能够一下子关心很多事物，复杂的情况和变化并不会降低他的精力；对新教材特别感兴趣，且理解快，但对复习旧教材缺乏兴趣。学生 B 经过一段学习后很易感到疲劳，需要休息一会儿才能恢复精力；对简单作业也要准备和沉思，在学习新教材时常感困难和疲惫，但复习旧教材时表现出主动，思维有惊人的深刻性和细致性。之所以气质类型特征不同而成绩同样优秀，其原因之一在于他们在学习过程中充分发挥了各自的气质积极特征，控制了消极特征，从而以不同的学习方式和方法获得了好成绩。因此，教师在传授知识技能和发展能力过程中，应针对学生的气质特点，在学习和智力活动中给予个别指导。既要注意发扬有利于获得知识技能和发展智力的优良特征，也要控制和改变消极特征，使学生养成良好的学习习惯和方法。

（3）教育学生善于认识并控制自己的气质

任何一种气质类型，在良好教育下，可能形成良好的个性品质，在不良教育下，可能发展成不良的个性品质。教师要帮助学生分析和认识自己气质特征的长处和短处，善于驾驭自己的气质，要教会学生经常有意识地控制自己气质的消极方面，发展积极方面，形成良好的个性。教育者本人对自己气质的控制，是教育成功的保证之一。不管教育者属于何种气质类型，都需要发扬自己气质特征的积极方面，克服消极方面，成为学生的师表。

气质与实践的关系，在其他领域也应予以注意。如思想政治工作，党、政、工、团的宣传工作，人事选拔、调配、特殊工种的人选等。都需要考虑气质类型特征。

应当指出，人的行为不是决定于气质，而是决定于在社会环境和教育影响下形成的动机和态度，但气质在人的实践活动中仍具有一定的影响，应予以重视。

二、性格

（一）什么是性格

性格是指表现在人对现实的态度和相应的行为方式中的比较稳定的具有核心意义的心理特征。

性格是人在社会实践活动中，在与客观环境相互作用的过程中形成的。当客观事物作用于个体时，人往往会对它抱有一定的态度，并作出与这种态度相应的行为方式。个体对客体的态度和行为方式通过不断重复得以保存和巩固下来，就构成了个人特有的、稳定的态度和习惯化了的行为方式。这种主体对客体的态度体系和行为方式标志着性格的本质特点。例如，有的人宽以待人，对人热情、真诚；有的人对人尖刻、虚伪；有的人严于律己，谦虚谨慎；有的人则怯懦退缩。这些表现在人对现实的态度和行为方式中的心理特征就是性格。

对现实的态度和行为方式总是统一于性格特征上。对现实的态度决定着行为方式，而习以为常的行为方式又体现着人对现实的态度。正如恩格斯所说："人物的性格不仅表现在他做什么，而且表现在他怎样做。"

性格是个体的稳定的心理特征。一时的、偶然的、情境性的态度和行为方式不能构成性格的特征，只有经常的、一贯的、在类似的甚至不同的情境中都会表现出来的态度和行为方式才能构成性格特征。如一个人偶尔在一次劳动中表现为很勤劳，我们不能说他具有勤劳的性格特征；只有在各种场合的多次劳动中都表现出勤劳，才能说他具有勤劳的性格特征。再如，一个人在待人处事中总是表现出高度的原则性、热情奔放、豪爽无拘、坚毅果断、深谋远虑、见义勇为，那么我们说这些特征就组成了这个人的性格。

由于一个人在对待事物的态度和行为方式中总是表现出某种稳定的倾向，那么我们便能预见他在某种情况下会做什么和怎样做。作为教师，了解和掌握了学生的性格后，就能针对他性格上的特点，采取相应的措施，取得良好的教育效果。

性格是个性中具有核心意义的心理特征。人的性格是后天获得的、一定思想意识及行为习惯的表现，是现实社会关系在人脑中的反应。性格具有直接的社会性和道德评价意义，有好、坏之分。如公而忘私、与人为善、或损人利己、冷酷无情等性格特征明显地表现出道德评价意义。再如，我们常把诚实、善良、勇敢看成是好的性格特征，而狡猾、贪婪、吝啬、虚伪、浮华看成是不好的性格特征。因此，性格是一个人本质特征的体现。在性格中占主导地位的是思想与道德品质，它最突出，最鲜明地表现了人与人之间的差异，最集中地体现了个人的精神面貌。性格是个性中具有核心意义的部分，它直接影响着气质、能力的表现特点与发展方向。

综上所述，性格是具有核心意义的个性心理特征，是一个人的本质属性的、独特的、稳定的结合。它表现了一个人对现实的态度，并表现在一个人的习惯了的行为方式中。

（二）性格的结构与特点

1. 性格的结构

性格是十分复杂的心理构成物。据一个人对现实的态度以及在心理过程上表现的特点，性格的结构特征可从以下 4 个方面进行分析：

（1）性格的态度特征

这是指表现在对现实态度方面的性格特征。作为社会的人，总是不断地接受现实生活的影响，并且总是以一定的态度作出反应。由于客观现实的复杂性和多样性，因而人对现实的态度也是多种多样的。具体表现在对人、对事、对己 3 个方面的态度。

对社会、集体、他人的态度，属于这方面的特征有：爱祖国、社会责任感；集体主义、富有同情心、正直、诚实或与这相反的对集体利益和荣誉漠不关心，对人冷酷无情、自私、虚伪、狡诈等。

对劳动、学习、工作的态度，属于这方面的特征有：勤劳或懒惰，认真或马虎，负责或敷衍，细心或粗心，富于创造或墨守成规，务实效或讲求形式，勤俭节约或挥霍浪费，朴素或浮华等。

对自己的态度，属于这方面的特征有：谦逊或自卑、严于律己或放纵、原谅自己，自尊、自信或自负，开朗大方或狭隘羞怯以及自我批判精神等。

性格的对现实态度的特征在整个性格结构中占主导地位，其中对社会、对集体、对他人的态度又居性格结构的"灵魂"地位，其他方面的特征都要受其影响。

（2）性格的意志特征

这是指人们对自己行为的自觉调节方式和水平方面的性格特征，主要表现在以下方面：

对行为目标明确程度及其行为是否受社会规范的约束方面的特征：独立性或易受暗示性，有目的性或盲目性，组织性、纪律性或放纵无羁、散漫性等。

对行为自觉控制水平的特征：主动性或被动性，自制力强或缺乏自制力、任性、冲动性。

在紧急或困难条件下表现出的特征：镇定、果断、勇敢、顽强以及献身精神；相反的则是惊慌、优柔寡断、胆怯软弱、贪生怕死等。

对待长期工作任务的特征：有恒心、坚忍不拔或动摇、见异思迁、半途而废等。

性格的意志特征是受人的人生观和世界观制约的，在分析评价一个人的意志特征时，必须和思想道德品质及所从事活动的社会意义结合起来加以考虑。

（3）性格的情绪特征

这是指人们在情绪活动中所表现的强度、稳定性、持续性和主导心境方面的特征。

1）情绪强度方面的特征主要表现为一个人的行为受情绪感染和支配的程度，以及情绪受意志控制的程度。如，有的人情绪高涨、鲜明，富于热情，精神旺盛，有的人情绪安宁、平和、冷漠。

2）情绪的稳定性方面的特征主要表现为情绪波动的程度。如，有的人时而平静、时而激动，有的人则情绪波动幅度小。

3）情绪的持久性方面的特征指一个人的情绪波动保持时间的长短，情绪波动的时间有的长，有的短，有的稍现即逝。

4）主导心境方面的特征。情绪对人的身心稳定而持久的影响所形成的主导心境状态，显示着情绪的性格特征。如有的人心境总是振奋、愉快，有人总是抑郁、沉闷等，诸如此类的主导心境都体现着人们各自不同的性格特征。

（4）性格的理智特征

这是指人们在感知、记忆、想象和思维等认识过程中表现出来的态度和活动方式中的个别差异，这些差异在一个人的性格中具有一定的意义，构成性格的理智特征，表现在：

1）感知方面，主要包括主动观察型和被动观察型；详细分析型和综合概括型；严谨型和草率型；快速型和精确型；记录型和解释型等。

2）记忆方面，主要包括主动记忆型和被动记忆型；信心记忆型和无信心记忆型。

3）思维方面，主要包括独创型和守旧型；深思型和粗浅型；灵活型和呆板型等。

4）想象方面，主要包括主动想象型和被动想象型；大胆想象型和想象阻抑型；广阔想象型和狭窄想象型等。

以上各方面的性格特征总是相互联系、相互制约构成一个统一的整体，存在于个体身上。在不同的人身上具有不同的结构，各自形成一个独特的性格系统。性格的结构具有整体性、复杂性、稳定性和可塑性。

2. 性格结构的特点

（1）性格结构的完整性

性格各特征之间不是简单地堆积，而是有机地结合，它们相互联系，彼此制约，从而使一个人的性格表现出一定的整体性。例如，对工作或学习认真负责、踏实勤奋的人，往往在意志特征方面表现出较好的坚持性和自制力；一个在行动中一贯勇敢、顽强的人，其主导心境也往往是乐观、开朗的。由于性格特征之间存在着这种内在联系，因此，可以根据一个人的某一种性格特征来推知他的其他的性格特征。

性格中的各种特征是有轻重主次的，人的性格是以其社会态度为核心的各种心理特征的完整组织。

（2）性格结构的复杂性

性格的完整性与统一性不是绝对的。性格特征在不同场所有不同的组合，从而使一个人的性格表现出一定的多面性与矛盾性。例如，一个战士在战场上是勇敢的，无所畏惧的，在平时的交往中却表现得非常腼腆与怕羞。有的儿童在校努力学习，热心社会工作，举止端庄，可在家里却态度粗暴，不愿参加家庭劳动。人的行为方式和他对事物的态度也不总是一致的。例如，有的人待人表面粗暴而严厉，但内心却是真正爱护人；有的人平时待人彬彬有礼，但骨子里自私自利，冷酷无情。这种性格结构的复杂性增加了解一个人性格的难度。

（3）性格的可塑性

人的性格是在长期的实践中逐渐形成的，它一旦形成就比较稳定。但这种稳定性是相对的，当环境与主观因素发生变化时，已形成的性格就会发生变化。例如，一个开朗、活泼的人，如果遭受了重大的不幸事件，可能会从此寡言、内向。性格的可塑性表明了塑造美好的性格是可能的。

（三）性格与能力、气质

性格与能力、气质构成一个人的个性心理特征，反映着一个人的人格特点。它们之间又是相互制约、相互影响、密切联系着的。

1. 性格与能力

性格和能力，是在统一的交织过程中发展起来的。实践活动和高级神经活动类型，是性格和能力发展的共同基础。它们的关系如下：

（1）能力影响着性格特征的形成和发展

良好的观察力对果断、勇敢等性格特征的形成与发展起着重要作用；很多具有特殊才能且在事业上有所建树的人，往往同时具有优良的性格特征。如具有科学研究才能的人，常常具有强烈的事业心和高度的责任感；杰出的运动员一般都具有进取、竞争、顽强、坚韧等性格特点。在多种能力的形成与发展过程中，相应的性格特征也发展起来或巩固下来。例如，政治活动家、科学家、作家、艺术家，虽然活动的实践领域不同，但他们都具有高度发展的能力和坚强的不屈不挠的性格。

（2）性格制约着能力的形成和发展

一方面，良好的性格特征如认真、勤奋、热忱、坚定、严于律己、责任感、事业心等能促进能力的形成与发展。因为能力的形成和发展是与克服困难、有组织的工作、首创精神等密切相联系的。同时，优良的性格特征也能补偿某种能力的相对弱点。俗话说："勤能补拙"、"笨鸟先飞"，就说明了这个道理。另一方面，不良的性格特征或性格上的弱点如马虎懒惰、对事业淡漠、狂妄自大等，足以成为能力形成和发展的障碍，甚至使已形成的能力水平衰退、下降。

由上可以看出：性格和能力相互联系、相互制约，性格决定了能力发展水平。在活动进行中性格和能力缺一不可。良好的性格与能力结合，是获得事业成功的必要条件。从某种意义上讲，性格在人的发展中更为重要，在能力相当的条件下，一个勤奋自信、有首创精神、坚强毅力的人，一定会获得较大的进步和成功；而一个懒惰、自卑、墨守成规的人，将会失败。爱因斯坦说过：卓越人物的道德品质，对于青年一代和历史的整个进程来说，可能比单纯智力上的成就具有更大的意义。智力上的成就，在很大程度上依赖于性格的伟大。这一点往往超出人们通常的认识。

2. 性格与气质

性格与气质的关系更为密切，以至于人们往往把它们混淆起来。如把活泼好动的气质说成是性格活泼好动；把老实稳妥的性格说成是气质老实稳妥。在欧美一些国家的心理学家用"人格"一词概括性格和气质。性格和气质是既有联系又有区别的两个概念。它们的区别表现在：

1）从起源上看，气质是由人的高级神经活动类型决定的，表现在心理活动过程和行为中的动力特点，如心理过程和行为的速度、稳定性、灵活性等。性格是在后天的社会生活条件的影响下形成的对现实的稳定的态度和与之相适应的习惯了的行为方式，它几乎囊括了人的心理的社会方面的特点。

2）从可塑性上看，气质与活动的内容、活动的动机无关，受生物因素制约。因此在个体的发展中，发生得早，表现在先；难于变化，可塑性小。性格与活动的内容、活动的动机有关，受社会因素制约。因此，在个体发展中，形成得晚，表现在后。虽具有相对稳定性，但与气质相比，可塑性较大。

3）在社会评价意义上，气质无好、坏之分，在不同的社会生活条件下，人们的气质可能表现出相同的特点。而性格有好、坏之分；在不同的社会生活条件下，人们的性格有明显的差别。

性格和气质又是相互渗透、相互制约的：

1）各种不同气质类型的人可以形成相同的性格特征，如都可以形成爱国、勤奋、乐于助人等性格特征，气质赋予这些相同的性格特征以独特的色彩。例如，都是勤劳的性格特点，胆汁质的人表现为情绪饱满、急切利索；多血质表现为兴高采烈、充满生机；黏液质表现为不动声色、从容不迫；抑郁质的人表现为认真仔细、默默无闻。相同的气质类型的人可以形成不同的性格特征。如同是抑郁质具有敏感的气质特点，可以形成爱思考的性格特征，也可以形成好猜疑的性格特征。

2）气质可以影响某些性格特征形成和发展的速度。如对于自制力的形成，胆汁质的人比较困难，需要作极大的努力和克制；而抑郁质的人则比较容易，用不着特别抑制自己就能办到。

3）形成的性格可以掩盖或改造某些气质特点，使气质特点成为难以辨认的品质。如，从事精细操作的外科医生所具备的沉着的性格特征，在形成过程中，有可能改造胆汁质的冲动和不可遏制的特点；由于连续的长期的挫折经历形成的忧郁、自卑的性格特征，会掩盖多血质活泼好动的气质特点，使人误以为是抑郁质。

由上可知，气质与性格既有区别又有联系，互相渗透，互相制约。气质是形成性格的基础，气质的特点在性格上打下自己的烙印；性格可以掩盖气质的特点，使它服从于生活实践的要求。在人格中，性格与气质从不同侧面反映了人格的心理特征。

第四节 人 格 成 因

在人格形成和发展的问题上，历史上有两种极端的观点，一种是遗传决定论，另一种是环境决定论。现在持极端看法的人已经很少了。现代心理学家一般认为，人格的形成受制于许多因素，主要分为遗传和环境两大类。人格是遗传和环境交互作用的结果。遗传提供了人格发展的基础，环境是人格发展的外部条件，其中教育起主导作用。

一、生物遗传因素

人格的形成离不开个体的生物遗传基础。心理学家通常用双生子研究法研究遗传对于人格的影响。研究表明，同卵双生子在外向和神经质上的相似性要明显高于异卵双生子，在这两项人格特质上具有较强的遗传成分。在一些与社会相关较大的人格成分上，如支配性、社会性、社交性、责任心等，同卵双生子比异卵双生子具有较高的相似性。分开抚养的同卵双生子比分开抚养的异卵双生子的相关系数仍旧比异卵双生子的要高。

我国的一项双生子研究表明，同卵双生子在精神分裂症、癔病症、社会内向和性病态这几种人格特质上有很高的相似性，而异卵双生子则没有这种人格上的相似性。

其他生物遗传因素如先天的神经类型、男女性别差异、外表特征、发育早晚等也对孩子的人格形成产生一定的影响。

根据以往研究，我们认为遗传的作用主要有：遗传是人格不可缺少的影响因素；遗传对人格的作用程度因人格特征的不同而异，通常在智力、气质这些与生物因素相关较大的特征上，遗传因素较为重要，而在价值观、信念、性格等与社会因素关系密切的特征上，后天的因素更重要；人格的发展过程是遗传与环境交互作用的结果；遗传因素影响人格的发展方向及改变的难易。

二、家庭环境的因素

个体出生后最早接触的环境是家庭。家庭是社会的细胞，家庭不仅具有其自然的遗传因素，也有着社会的"遗传"因素。这种社会的"遗传"因素主要表现为家庭对子女的教育影响作用。家庭结构的类型（如残缺家庭、寄养家庭）、家庭的气氛、父母的教养方式、家庭子女的多少等都会对个体的人格形成起着重要的作用，家庭奠定了儿童人格形成的基础。

父母对儿童的教养态度、教养方式不同会影响儿童不同的人格特征的形成。家庭教养方式一般分为三类方式：第一，权威型（专断）教养方式。这类父母在对子女的教育中，表现为过于支配，孩子的一切由父母来控制。成长在这种教育环境下的儿童容易形成消极、被动、依赖、服从、懦弱、做事缺乏主动性，甚至形成不诚实的人格特征。第二，放纵型（溺爱）教养方式。这类父母对儿童过于溺爱，娇惯宠爱，随心所欲，父母对孩子的教育甚至达到了失控的状态。这种家庭的儿童多表现为任性、幼稚、自私、野蛮、无礼、独立性差、唯我独尊，蛮横胡闹等人格特征。第三，民主型（宽容）教养方式。这类父母对儿童是保护与文化教养并重，满足与限制并用，父母与孩子在家庭中处于一个平等和谐的氛围中，父母尊重孩子，给孩子一定的自主权，并给孩子积极正确的指导。这种家庭的儿童表现为快乐、谦虚、待人诚恳，富于合作，思想活跃，亲切等良好的人格特征。

家庭成员的人格特征直接影响着儿童人格的形成。家庭中成人对人对事的态度和行为习惯有意无意地被儿童所体验，并有可能迁移到他们身上。父母的榜样影响更大，父母时时处处都在潜移默化地影响着儿童，而儿童则往往静悄悄地模仿或学习家长的言谈举止。父母的装束打扮、心理状态、言谈举止、为人处事、心理素质、品行素质、文化素质等直接影响着孩子的人格形成。俗话说"有其父必有其子"，其中不无一定的道理。

家庭气氛影响儿童早期人格的形成。在一个家庭里父母之间感情和谐、互敬互爱；兄弟姐妹之间相亲相爱，往往使儿童形成良好的人格特征。家庭成员之间经常吵闹，易使儿童形成粗暴、蛮横、孤僻冷漠等不良的人格特征。许多研究表明，和谐、宁静、愉快的家庭中的儿童与气氛紧张及冲突家庭中的儿童在性格上有明显的不同。尤其在不完全家庭中长大的儿童极易失去心理平衡，往往悲观、孤独淡漠，但也可能具有比较坚强的意志品质。

综合家庭因素对人格影响的研究资料，我们可以得出以下结论：家庭是社会文化的媒介，它对人格具有强大的塑造力；父母的教养方式的恰当性，会直接决定孩子人格特征的形成；父母在养育孩子的过程中，表现出了自己的人格，并有意无意地影响和塑造着孩子的人格，形成家庭中的"社会遗传性"。

三、早期童年经验

"早期的亲子关系定出了行为模式，塑成一切日后的行为"。这是麦肯侬（1950年）有关早期童年经验对人格影响力的一个总结。中国也有"三岁看大，七岁看老"的俗语。人生早期所发生的事情对人格的影响，历来为人格心理学家所重视，特别是弗洛伊德。为什么人格心理学家们会如此看重早期经验对人格的作用呢？西方一些国家的调查发现，"母爱丧失"的儿童（包括受父母虐待的儿童），在婴儿早期会出现神经性呕吐、厌食、慢性腹泻、阵发性绞痛、不明原因的消瘦和反复感染，这些儿童还表现出胆小、呆板、迟钝、不与人交往、敌对、攻击、破坏等人格特点，这些人格特点会影响他们一生的顺利发展，出现情绪障碍、社会适应不良等问题。早期童年经验的问题引发了许多争论，如早期经验对人格产生何种影响?这种影响是永久性的吗?

我们认为，其一，人格发展的确受到童年经验的影响，幸福的童年有利于儿童向健康人格发展，不幸的童年也会引发儿童不良人格的形成。但二者不存在一一对应的关系，溺爱也可使孩子形成不良人格特点，逆境也可磨炼出孩子坚强的性格。其二，早期经验不能单独对人格起决定作用，它与其他因素共同来决定人格。其三，早期儿童经验是否对人格造成永久性影响因人而异。对于正常人来说，随着年龄的增长、心理的成熟，童年的影响会逐渐缩小、减弱，其效果不会永久不衰。

四、学校教育的影响

儿童进入学校接受系统的教育，是个体人格形成的一个非常重要的时期，在这个时期，学校的教育和教学对学生的人格形成起主导作用，规定着学生的人格向着社会要求的方向健全地发展。

学校对学生人格的形成的影响主要是通过教学活动、团队活动、课外活动等一系列活动而实现的。这些活动又是在老师的指导下具体实施的。因此，上述活动及教师都直接影响着学生人格的形成。

通过教学活动，学生在教师指导下获得系统的科学知识的同时也逐渐形成世界观，而世界观的形成对人格的形成具有重要意义。学生的学习活动是一种紧张、艰苦的智力活动过程。这个过程中可以培养学生坚毅、顽强的品质，增强学生的组织性与纪律性，养成良好的工作习惯。这对于良好性格的形成有积极的意义。

团队活动、体育和劳动同样培养和锻炼学生的人格。团队活动可以培养学生的集体观念、集体意识。体育和劳动有利于增强耐力，养成勇敢、顽强、乐观、有责任感、有纪律性、爱护公物与团结友爱等人格特征。利用劳动成果还可以强化学生劳动积极性并使他体验到劳动自豪感。

在学校教育中，教师的良好健全的人格对学生人格的形成起着重要的示范和榜样作用。乌申斯基说过：只有性格，才能塑造性格。为了使学生的性格向着社会要求的方向发展，教师要严格要求自己，在各方面以身作则，严于律己，在教育和教学中要发扬民主作风，为学生性格的培养和发展创设良好的教育环境。此外，学校中的其他因素都在潜移默化地影响着学生人格的形成。学校的校风、传统、校园环境、校园时尚、校园文化、心理氛围、班风等因素对学生性格的形成都会产生影响作用。另外，同学之间的交往，知心朋友的人格等对学生人格的形成也会产生影响作用。

在学校教育中，教师对学生的态度将影响学生人格的形成和发展。它们之间的关系如表 12-5 所示。

表 12-5　教师态度和学生人格

教师态度	学生人格特征
专制的	情绪紧张，不是冷淡就是带有攻击性，教师在场时毕恭毕敬，不在场时秩序混乱，不能自制
民主的	情绪稳定，积极，态度友好，有领导能力
放任的	无团体目标，无组织、无纪律、放任状态

五、社会文化的作用

所有个体都是在一定的文化背景和社会制度下成长起来的，社会特定的风俗习惯、道德标准以及经济文化发展水平的差异等因素对人格的影响是极为重要的。比如不同文化的民族有其固有的民族人格。例如，米德等人研究了新几内亚的 3 个民族的人格特征，它们各具特色，这鲜明地体现了社会文化对人格的影响力。居住在不同自然环境下的民族也反映出了人文地理对人格的影响。居住在山丘地带的阿拉比修族，崇尚男女平等的生活原则，成员之间互助友爱、团结协作，没有恃强凌弱，没有争强好胜，一派亲和景象。居住在河川地带的孟都吉姆族，生活狩猎为主，男女间有权力与地位之争，对孩子处罚严厉，这个民族的成员表现出攻击性强、冷酷无情、嫉妒心强、妄自尊大、争强好胜等人格特征。居住在湖泊地带的张布里族，男女角色差异明显，女性这个社会的主体每日操作劳动，掌握着经济实权，而男性则处于从属地位，其主要活动是艺术、工艺与祭祀活动，并承担孩子的养育责任。这种社会分工使女人表现出刚毅、支配、自主与快活的性格，男人则有明显的自卑感。

社会文化对人格的影响历来就被人们所认可，社会文化对人格具有重要的作用，特别是后天形成的一些人格特征。社会文化因素决定了人格的共同性特征，它使同一社会的人在人格上具有一定程度的相似性。随着不同地域或国度人们的频繁接触和交流，人们会越来越发现社会环境和文化背景对个体人格的巨大影响。例如，人们一般认为东方人顺从、柔和、温文尔雅，但趋向于保守，大多数人性格内向。西方人激情满怀，豪放不羁，富于创新，敢于冒险，大多数人性格外向。

最近几年，有关社会传媒如电影、电视、网络、报刊、杂志等对儿童人格成长的影响受到人们的广泛关注。这些社会传媒信息可直接地或间接地为个体所获得，渗透到知识结构和思想意识中去，从而影响个体人格的形成。研究表明：经常地、直接地获得信息，对人格的形成影响更为迅速。1971 年美国的三位心理学家做过一个关于电影节目中攻击行为的画面对年幼无知的幼儿行为影响的实验。他们让一组 8～9 岁的儿童每天花一些时间收看带有攻击性行为的卡通节目，另一组儿童则在同样长的时间收看没有攻击性行为的卡通节目。实验结果表明：观看攻击性卡通节目的儿童，攻击性行为有增多的现象，而另一组儿童没有。10 年后的跟踪调查表明：观看攻击性节目的儿童到了 19 岁时，仍然比较具有攻击性。

由上可知，传播媒介的信息对人格形成的影响是极其深远的，特别是对于辨别是非能力低的儿童、少年来说，更是如此。因此，作为每一位成年人都有责任、有义务向青少年提供优秀的利于他们健康发展的社会文化信息。在教育中要尽可能做到家庭、社会、学校三方面的教育协调一致。

六、自我调控系统

家庭、学校、社会信息等社会生活条件对人格的形成与发展起着巨大的作用，但它们的影响并不能直接决定人的人格。任何外部条件的影响都必须通过个体的心理活动（即内部条件）来发生影响。

研究表明：人格特征的形成是将接受与领会外部的社会要求逐渐转变为对自己内部要求的过程。即将外部的社会要求内化为个体的思想意识，并用来调节自己的行为的过程。如形成守纪律、负责任、勤劳等性格特征。最初，学生理解这些要求，并不立刻就能用以调节自己的行动。开始必须在成人经常的具体要求下才能实现这些行为，稍后则可以由成人的"提醒"的方式来实现这种行为，最后才逐渐成为个人的稳定的行为方式的特点，即成为个人的人格特征。

人是一个高度的自我调节系统，一切外来的影响都要通过自我调节而起作用。因此，从这个意义上说，每个人都在自己塑造着自己的人格。当一个人自我意识发生时亦即人格形成开始时，人就开始了自己教育自己、自己塑造自己的努力。一个人在青少年时期形成世界观以后就能根据世界观来调节自己的行为，自我调节也就更突出地表现出来。这时，他们的人格形成已从被控制变成了自我控制。就能产生"自我锻炼"的独特动机，并在其支配下主动地寻找楷模、确定理想、力求了解自己的优缺点、拟定自我教育计划以及有意识地注意行为的练习。

自我调控系统是人格形成的内因，是以自我意识为核心的。一切外来的影响都要通过自我调控而起作用，保证着人格的完整统一和谐的形成。它属于人格中的内控系统或自控系统。

总之，人格是先天和后天的合金，是遗传和环境交互作用的结果。

第五节 人 格 测 评

人格测评是用来确定个人的人格特质或人格类型的心理测验手段，一方面，它有助于我们了解人格的本质和结构；另一方面，它是人才选拔、心理咨询与辅导、临床诊断、学术研究等方面相当有用的工具。人格测评是通过各种不同的方法来实现的，常用的方法有：

一、自陈问卷法

自陈问卷法是用自陈量表来进行人格测验的一种方法。这种测验量表多采用客观测验的形式，设计出一系列陈述性条目，要被试本人根据陈述内容与自己的人格特质的适合情况选择答案。一般有 3 种形式：一是是非式，即对问题回答"是"或"否"；二是二择一式，即在两个相反的问题中选择其一；三是等级式，即把问题分成不同等级做答。由于自陈量表所测量的主要是人格特质，既可以测量单一的人格特质，也可以测量多个人格特质，其理论依据是特质论。以下简单介绍 3 种主要的自陈量表。

（一）明尼苏达多相人格测验（MMPI）

明尼苏达多相人格测验是现今最流行、应用广泛、极富权威的一种自陈人格测验之一。此量表是由美国明尼苏达大学教授哈萨威和麦克金里编制的，适用于 16 岁以上、具有小学以上文化水平的群体。该量表共有 566 个题目，内容包括健康状态、情绪反应、社会态度、心身症状、家庭婚姻问题等 26 类题目，还可鉴别强迫症、偏执狂、精神分裂症、抑郁性精神病等。其中有 10 个分量表：疑病症、抑郁、癔病、精神变态、性变态、妄想狂、精神衰弱、精神分裂症、轻躁狂、社会内向。所有题目均采用"是、否、不一定"来回答，例如，"我相信有人反对我""我相当缺乏自信""每隔几夜我就会做恶梦"。

MMPI 测验所重视的是被试的主观感受，而不是客观事实。MMPI 不但可以做临床上的诊断依据，也可以用来评定正常人的人格。个别施测与团体施测均可。测试无时间限制。MMPI 的记分比较简单，结果的解释则比较复杂，需参照手册进行。另外还要作出得分剖面图，以对被试的结果作全面综合的解释。

（二）卡特尔 16 种人格因素测量表（16PF）

我们已经了解了卡特尔的人格特质理论以及他编制的 16 种人格因素问卷或称 16PF。16PF 主要目的是确定和测量正常人群基本人格特征，并进一步评估某些次级人格因素。该问卷适用于 16 岁以上成年人。国内最早看到的版本为刘永和及梅吉瑞 1970 年根据 A、B 式修订而成。辽宁教科所李绍农等于 1981 年在刘、梅二氏修订本的基础上再行修订。近年，祝蓓里等人又做了修订。

卡特尔根据自己的研究所确定的 16 种人格根源特质在某些情况下可能产生的表现，编制成 16 组题目。每组题目包括 10~13 个题，共 187 题，每题有 3 种选择方案，分别记 0 分、1 分、2 分。例如：

1）万不得已时，我才参加社会活动，否则我设法回避：A 是的（记 0 分），B 不一定（记 1 分），C 不是的（记 2 分）。

2）我有能力应付各种困难：A 是的，B 不一定，C 不是的。

16PF 不仅可以描述 16 种人格特质，还可进一步描述 4 种次级人格因素以及 4 项社会成就因素。4 种次级人格因素为：焦虑因素，反映适应水平与焦虑情况；内外向因素，反映内向与外向特点；情感因素，反映情感活动和处事特征；顺从与独立因素，反映被动与主动，依赖与独立，顺从与攻击等特征。4 项社会成就因素为：心理健康因素、专业成就因素、创造力因素和环境适应因素。16 种人格因素测验是进行大范围人格调查分析和研究的较理想问卷。

（三）艾森克人格问卷

艾森克人格问卷，简称 EPQ，是由艾森克于 20 世纪四五十年代根据其人格的理论建立的。我国龚耀先修订的全国常模本，筛选出儿童和成人本各 88 项题目。包括 4 个量表：①内外向（E）量表测量外向和内向维度；②神经质（N）量表测查情绪稳定或不稳定倾向；③精神病质（P）量表测查精神病质倾向；④掩饰（L）量表是作为效度量表用，高分表示受试者有不真实回答的倾向，同时也测查了某些其他人格特点，如纯朴性等。原版 EPQ 以各年龄组粗分的均数和标准差为常模。我国修订本的全国常模仍采用 T 分方式。一般根据各维度 T 分的高低来评定受试者的人格倾向或特征。可进行个别施测，也可团体进行。

有关 EPQ 的研究报道很多，但通常是将 EPQ 的 E、N、P 3 个量表作为标准变量来应用于人格研究领域中。由于 EPQ 条目少，涉及人格维度少，易掌握，施测方便，因此应用也比较广泛。

二、投射法

投射法是指向被试者提供一些未经组织的刺激情境，让他在不受限制的情境下，自由地表现出他的反应，使其动机、态度、情感以及性格等在不知不觉中反映出来，然后分析反应的结果，便可推断出他的人格结构。在这里，刺激情境对决定被试者的反应并不重要，它的作用只像银幕一样，把被试者的人格特点投射到这张银幕上来。因此利用这种方法编制的测验被称作投射测验。国内外常用的投射测验主要有：

（一）主题统觉测验（TAT）

主题统觉测验是由美国心理学家莫瑞于 1938 年编制的。这种测验的性质与看图说故事的形式相似。全套测验包括 30 张模棱两可的图片构成，另有一张空白图片。图片分为 9 类：公用图片、女孩专用图片、男孩专用图片、男孩女孩公用图片、男孩男子公用图片、女孩女子公用图片、男子专用图片、女子专用图片和男子女子公用图片。测验时，每次给被试一张图片，让他根据所看到的内容编出一个故事。故事的内容不加限制，但必须符合以下四点：图中发生了什么事；为什么会出现这种情境；图中的人正在想些什么；故事的结局会怎样。被试在编故事时，会把自己隐藏的或压抑的动机、欲望以及矛盾投射在故事中。通过对故事的分析，可以鉴定出被试的人格特征。如图 12-2 所示。

（二）罗夏墨迹测验

罗夏墨迹测验是由瑞士精神病学家罗夏于 1921 年设计的。先用一张纸中间滴上墨迹，然后把纸对折，用力压下，便形成对称的但形状不同的图形。测验共包括 10 张不同的墨迹图片，其中 5 张为浓淡不同的黑白图，2 张为红与黑，3 张为集中颜色混合的图。测验时每次按顺序给被试呈现一张，同时问被试："你看到了什么？""图像像什么？""这使你想到了什么？"等。测验时被试可以转动图片，从不同角度去看。此测验属于个别测验（见图 12-3）。

图 12-2 统觉测验

图 12-3 罗夏墨迹测验

三、行为评定法

行为评定法是主试在某些情境下通过观察了解被试的行为反应，然后确定其人格特征的方法。它是了解一个人人格的最简单易行的方法，分为日常观察法和自然实验法。

日常观察法是主试在日常生活情境下有目的、有计划地收集被观察者的言语、行动、表情等方面的材料，并分析、研究、鉴别被试者人格特征的方法。运用这种方法时，必须是被试者处在正常的学习、工作、娱乐活动中，主试并不干预、控制活动过程。观察者在完全自然的情境中直接观察被观察者的行为表现。

自然实验法是在自然条件下，研究者创设某种实验情境，主动引起被试者在相应情境中的行为，使被试的人格特征表现出来，然后通过观察、记录、分析、整理，最后确定其人格特征。如我们在人才测试和教育工作中，为了解对象是否诚实、正直，是否具有创新、批判精神，以及对他人的态度，即可通过创设一定情境加以研究。这样做，把观察法的自然性与实验法的主动性结合起来，使被试者不疑心自己是在接受心理实验，效果较好。

不论是日常观察法还是自然实验法，都要求观察者事先拟定好一个单子，列出所要观察的所有行为，对行为的频度、强度的性质作出等级评定。评定一般采用 5 级、7 级、9 级或 11 级量表，用数字表征被观察者的行为特点。根据观察结果对被观察者的行为作出总结，然后确定其人格特征。

思考与练习

1. 什么是人格？它有哪些特征？
2. 对西方几种主要的人格理论作简要评述。
3. 人格差异表现在哪些方面？
4. 人格差异形成的原因有哪些？
5. 测评人格有哪些常用方法？

第十三章
心理发展与学习

　　个体的心理是逐渐产生和发展起来的，在这个过程中，学习起着非常重要的作用。什么是心理发展及其年龄特征？心理发展有哪些基本规律？影响心理发展的因素有哪些？以及什么是学习？学习有哪些类型？学习的过程是怎样的？影响学习的因素有哪些？学习和发展有什么关系？这些都是我们这一章所要讨论的内容。

第一节　心 理 发 展

一、什么是心理发展

（一）心理发展的概念

　　关于心理发展的问题，在心理科学中，一般是从两个方面加以研究的：一是心理的种系发展，指从动物到人类的种系演化过程中心理发生发展的历史；二是心理的个体发展，指人的个体从出生到成熟到衰老的过程中心理发生发展的历史。成熟意味着身心发育过程的完成，尽管从不同的评价指标来看并不确定，但总的来说，人类个体的发育成熟大约为17～18岁。从出生到成熟被视为广义的儿童期，这段时期是生长发育最旺盛、变化最快、可塑性最强的时期，因而备受心理学家的关注，也是我们这一节所要阐述的主要内容。

　　儿童的心理发展是指从出生到发育成熟期间所发生的积极的、持续的、有规律的心理变化过程。在这个过程中，人的心理处于一个由简单到复杂、由量变到质变、由低级到高级的前进运动中。因此，并不是所有的心理变化都叫心理发展。例如，由于疲劳、疾病、酗酒等原因引起的心理变化是暂时的、消极的，故不能称为发展。只有那些由于经验和学习所产生的积极的、持久的、稳定的心理变化才叫心理发展。

（二）儿童心理发展的条件和动力

　　1. 儿童心理发展的条件

　　儿童心理发展是遗传和环境相互作用的产物。遗传素质是儿童心理发展的生物前提和物质基础，它为儿童的心理发展提供了某种可能性；环境和教育规定着儿童心理发展的现实水平，在儿童心理发展上起决定作用，其中学校教育在儿童心理发展上起主导作用；环境和教育对于儿童心理发展的决定作用是通过个体或主体的实践活动，通过儿童心理发展的内部原因来实现的，主体的实践活动是心理发展的基本途径。以上因素共同构成了儿童心理发展的基本条件。

2. 儿童心理发展的动力

一般认为，儿童在活动中不断出现的新的需要，和原有的心理发展水平之间的矛盾，是心理发展的内部矛盾，这种内部矛盾就是心理发展的动力。

社会生活环境和教育的发展不断地向个体提出一定的要求，这种要求如果被个体所接受，就会转变为个体的需要，而这种需要在个体现有的心理水平上是不可能得到满足的，于是就产生了矛盾。个体为了满足自己的这一需要，必须通过不懈地反复努力，以提高自己的心理水平，最后使新的需要得以满足。当新的需要满足以后，外界环境又会向他提出更高的要求，主体必须再一次通过努力，提高心理水平，才能达到更高的要求。所以，儿童新的需要和原有心理发展水平之间的矛盾不断发展和解决的过程，就是儿童心理不断发展的过程。教育者若能掌握儿童在不同年龄阶段内部矛盾的特点，及时地提出高于原有水平的要求，就能加速儿童的心理发展。

（三）儿童心理发展的年龄特征和发展阶段

1. 儿童心理发展的年龄特征

儿童心理发展的年龄特征是指在一定社会和教育条件下，儿童在每个不同的年龄阶段中所表现出来的一般的（具有普遍性）、典型的（具有代表性）、本质的（具有一定的性质）心理特征，简称为年龄特征。这句话应从以下三个方面来理解：

第一，年龄特征是在一定社会和教育条件下形成和发展起来的，必然会随着社会和教育条件的变化而有所变化，所以不存在一个古今中外统一的、一成不变的年龄特征。年龄特征既具有稳定性又具有可变性。

第二，儿童心理的发展既有连续性又有阶段性，在每一个阶段中既留有上一阶段的特征，又含有下一阶段的新质，但是每一个阶段里总是具有占主导地位的本质特征。

第三，年龄特征是从许多具体的、个别的儿童心理发展的事实中概括出来的，它代表了这一年龄阶段大多数儿童心理发展的典型特征和一般趋势，不能把这个阶段中个别儿童在特殊条件下出现的特点作为年龄特征。

2. 儿童心理发展的年龄阶段的划分

与年龄特征紧密联系着的一个概念是年龄阶段。根据国内外研究材料，结合我国的教育实践经验，可把儿童心理发展划分为以下几个年龄阶段：乳儿期（0～1岁）、婴儿期（1～3岁）、幼儿期（又称学龄前期，指三岁到六七岁）、童年期（又称学龄初期，指六七岁到十一二岁）、少年期（又称学龄中期，指十一二岁到十四五岁）、青年初期（又称学龄晚期，指十四五岁到十七八岁）。以上是按生理年龄进行的分期，如果配以我国当前的学制分期，可以说是社会俗成的结果，当然也在一定程度上反映了儿童身心发展的客观规律和社会教育的要求。

至于依据科学研究的结果所进行的分期，大多是从研究者所从事的或感兴趣的某一方面为依据。例如，柏曼以生理发展的特点作为分期标准，达维多夫以儿童的活动特点作为划分标准，皮亚杰以智力或思维水平作为划分标准，弗洛伊德、埃里克森以个性特征作为划分阶段的依据等。不论以何种标准来划分，心理发展的年龄特征总有相当的整体结构性，表现在个体成长过程中主导的生活事件和活动形式上、智力与人格发展等方面的特点上，而不是一些无关特征的并列和混合。

二、婴儿期的心理发展

（一）婴儿期的身体发展

婴儿期是儿童身体迅速发展的时期。儿童平均每年身高增长 8～10 厘米，体重增加 3000～5000 克。2.5～3 岁脑重量已增至 900～1011 克，约相当于成人脑重的 2/3。在脑的结构上，不但细胞体积在增大，神经纤维在加长，而且神经纤维髓鞘化过程也在迅速进行。皮质的抑制机能虽已有发展，但兴奋过程依然强于抑制过程，所以儿童很易激动，也很易疲劳，注意力不能持久。

动作有了进一步的发展，主要表现在两个方面：一是行走动作更加平稳自如。一般来说，1.5 岁左右的儿童已能独自行走，但还不平稳；约满 2 岁的时候，儿童就能掌握行走的技巧，在平坦的道路上行走能达到自动化的程度；约在 2～3 岁的时候，儿童又逐渐学会了跳、跑、攀登阶梯、越过小障碍物等全身性动作，在教育的影响下，还学会按照节奏做某些动作。二是手的动作更加灵活准确。在正常的生活和教育的条件下，通过成人反复的示范和儿童积极的模仿，儿童已逐步地学会熟练地玩弄和运用物体的能力。如用杯子喝水，用匙吃饭，自己穿衣服、扣纽扣、擦鼻涕、洗手等。手不仅成了认识事物的工具，而且逐渐成了使用工具的工具。

（二）认知的发展

1. 言语的发展

婴儿期言语的发展大体上可以划分为两个阶段。第一阶段（约 1～1.5 岁）是儿童积极理解言语的阶段。这时的儿童虽然自己主动发出的言语不多，但理解成人言语的能力发展迅速。例如，成人问："小猫呢？"儿童就会注视小猫或转头去找小猫。第二阶段（约 1.5～3 岁）是儿童积极言语活动的阶段。1.5 岁以前主要是单词句时期，即用一两个词来代表一个句子。1.5 岁以后儿童的词汇量明显增加，词类范围也明显扩大，到 3 岁时词汇量已达 1000 个左右，是言语发展中的一个加速期。另外，句子结构也起了变化，从单词句转化为双词句、多词句，不仅字数增加了，结构也在复杂化、完善化。复合句的比例迅速增加，陈述句、疑问句、祈使句和感叹句四种句型相继呈现，儿童到三四岁已基本掌握了本民族语言。不过说话中存在的语病还不少；言语表达多情境性，缺乏连贯性；多对话言语，缺少独白言语。言语的发展促进了儿童自我意识的发展。

2. 感知觉的发展

这个时期的儿童开始能够正确地辨别几种基本颜色（如红、黄、蓝、绿），但对一些混合色（如紫、橙等）和色度不同的颜色（如粉红、大红、深红等）还不能很好地辨别。言语听觉发展很快，能辨别语音，如音量、音调等，2 岁左右能跟随琴声做有节奏的动作。到了 3 岁已能辨别物体的远近、上下，但不能很好的辨别前后、左右；已能知觉早上、晚上等与生活密切相联的时间概念，但有时表述的时间概念与客观事实不相吻合。总的来说，婴儿期儿童的空间知觉和时间知觉的能力都还相当差，它们还未成为儿童自觉认识的对象。

3. 注意的发展

3 岁前儿童的注意基本上都是不随意的，注意的发生依赖于客体本身的形象性、生动性和新奇性。随着儿童活动能力的增长，生活范围的扩大，儿童开始对周围很多事物感兴趣，注意集中的时间有所延长，对有兴趣的事物 1.5 岁的儿童能集中注意 5～8 分钟；2.5 岁的儿童能集中注意 10～20 分钟。同时，由于言语的作用，以及成人的要求，儿童的注意也开始能服从成人提出的活动任务，因而也出现了有意注意的萌芽。

4. 记忆的发展

婴儿的记忆，主要以无意识记为主，有意识记刚刚萌芽。2 岁以前，婴儿的识记主要是无意识记，识记之前没有什么目的性，他们最易记住的是那些印象强烈的或带有情绪色彩的事情。这一时期婴儿再认和重现的能力也都比较低。2 岁以后，婴儿的有意识记开始萌芽，同时无意识记也得到进一步的发展，再认和重现的能力也进一步加强。

5. 思维和想象的发展

婴儿期儿童的思维主要是直观动作思维。这种思维与儿童的感知和自身动作紧密相联，思维伴随着动作的开始而开始，伴随着动作的结束而结束。这时的儿童已能利用语词对事物作一些简单的分类和低级的概括。在婴儿时期，也可以看到想象的最初形态。1～2 岁的儿童只有想象的萌芽，实际上还说不上是想象，只是一种生动的重现而已。3 岁的儿童已能作简单的想象性游戏，也有了简单的游戏主题和主角，在这种游戏活动中，想象也就开始形成和发展起来。

（三）情绪和情感的发展

情绪进一步分化，到 2 岁左右，显示出成人所具有的大部分情绪。另外，儿童也开始有了比较复杂的情感体验，有了羞耻感、同情感、妒忌，最后还有了最初的责任感的萌芽。这一时期儿童的情绪情感还很不稳定，带有一种易变的特点，容易受外界刺激物的影响。

（四）个性的发展

婴儿期儿童个性特征的萌芽主要表现在两个方面：一是自我意识的形成；二是初步的道德判断和道德行为的出现。

1. 自我意识的发生和发展

儿童只有在 1 岁末的时候，才开始能把自己的动作和动作的对象区分开来，才能算是自我意识的最初表现，以后进一步能把自己这个主体和自己的动作区分开来。自我意识的进一步形成是跟儿童有关自我的词的掌握相联系的。1～2 岁的儿童开始知道自己的名字，开始认识自己的身体及身体的各部位，2～3 岁的儿童从知道自己的名字过渡到掌握代名词"我"，这在儿童自我意识的形成上，可以说是一个质的变化，即儿童开始从把自己当作客体转变为把自己当作一个主体来认识，随之也就逐步学会了对自己的评价。

2. 初步的道德行为和道德判断的出现

1 岁左右的儿童还不可能有道德判断，也不可能有意地做出什么道德行为。儿童的道德行为和道德判断是在儿童掌握言语以后才逐步产生的。在日常生活中，当儿童做出良好的行为的时候，成人有愉快的表情，并用"好"、"乖"等词给以正强化，当儿童做出不良的行为的时候，成人有不愉快的表情，并用"不好"、"不乖"等词给以负强化。在这样的过程中，儿童就能不断做出合乎道德要求的行为，从而养成各种良好的道德习惯。至于婴儿的道德判断，也是在跟成人交往的过程中逐步学会的。凡是成人表示赞许并说"好"、"乖"的行为，儿童便认为是好的行为；反之，凡是成人表示斥责并说"不好"、"不乖"的行为，儿童便认为是坏的行为。从儿童很小的时候起，就用合乎儿童年龄特征的方法来培养儿童正确的道德判断和良好的道德行为，对儿童以后的个性品质的形成有非常重要的意义。

三、幼儿期的心理发展

（一）幼儿期的身体发展

幼儿期的儿童身体仍在迅速地发展，除了一般身高体重的增加外，各种组织和器官在解剖上逐渐形成，机能上也有所发展。由于大肌肉的发展，幼儿会不知疲倦地从事各种活动。5～7 岁小肌肉开始发展，幼儿已能从事绘画、写字、塑造等活动。脑的重量在继续增加，到 7 岁时已达 1280 克，基本上接近成人的脑重量。神经纤维继续增长，分支增多，长度加大，更有利于神经联系的形成。神经纤维，特别是大脑联络神经纤维的髓鞘化到幼儿期末已基本完成，这就使神经传导更加迅速而精确。大脑的机能也有发展。兴奋过程和抑制过程都在不断增强，但还不够平衡，兴奋过程超过抑制过程。条件反射建立的速度比以前加快了，并且形成起来也比较稳定、巩固。皮质抑制的蓬勃发展使儿童有可能形成更复杂、更细致的暂时联系，从而更好地分析综合外界事物，同时也能更好地控制、调节自己的行为。第二信号系统有了进一步的发展，儿童已能通过词的描述、讲解来认识更多的不能直接感知的事物，也已能通过自己的言语来调节自己的行为。但第二信号系统的概括和调节作用尚未真正成熟，第一信号系统仍占优势。

（二）认知的发展

1. 言语的发展

这个时期是一生中词汇量增长最快的时期，词汇的内容不断丰富，词类的范围不断扩大，积极词汇（主动词汇）不断增加。幼儿已能掌握各类词，词义逐渐明确并有一定的概括性，基本上掌握了各种语法结构，逐步正确使用各种句子，言语表达能力有了进一步的发展，逐渐由连贯性言语取代情境性言语，从对话言语发展为独白言语。幼儿言语发展的另一个突出变化是有了自我中心言语。这是一种伴随着动作和游戏而进行的自言自语，当儿童独自一人游戏时或在行动中遇到困难时，就会出现自我中心言语。所谓自我中心言语，实质上是由外部言语向内部言语转化中的一种过渡形态。这是人的言语发展中的一个新的质变，是真正人的意识的开始。到了幼儿晚期，由于掌握了较多的词汇和一般的语法结构，也由于言语的自我调节机能的形成和发展，儿童就有可能初步掌握一些最简单的书面语言。

2. 记忆的发展

幼儿初期儿童的记忆还有很大的不随意性，凡是儿童感兴趣的、印象鲜明强烈的事物就容易记住，而且这时的记忆带有很大的直观的、形象的性质，词的逻辑识记的能力还很差。在教育的影响下，随着第二信号系统的发展，幼儿中晚期儿童的有意识记和追忆的能力逐步发展起来，有意识记的效果超过无意识记的效果，意义逻辑识记能力也在逐步发展着。幼儿期儿童识记的持久性有了进一步的发展，准确性虽然也有一定程度的发展，但还是比较差的。幼儿记忆很容易受暗示，也很容易发生现实与臆想混淆的现象，常常被成人误解为故意撒谎，这是不对的。幼儿期存在明显的"记忆恢复"现象，这表明儿童的大脑不是消极地再现材料信息，而有个积极主动的加工改组过程。

3. 思维和想象的发展

与婴儿期儿童相比，幼儿的思维已开始摆脱动作的束缚，成为独立的一个心理过程。幼儿期儿童的思维主要是具体形象思维。在正确的教育下，到了幼儿晚期，随着儿童知识经验的增长，随着儿童言语，特别是内部言语的发展，儿童认识活动中的具体形象成分相对减少，抽象概括成分逐步增加，抽象逻辑思维开始萌芽。幼儿对事物的概括也总是具体的、形象的概括，因而常常是非本质的概括，概括的内容比较贫乏，往往不精确。幼儿已能对生活中熟悉的事物进行正确的推理和判断，但限于知识经验贫乏，有不少推理是不合逻辑的，经常用自己生活的逻辑和主观愿望代替事物客观的逻辑。

幼儿已具有丰富的想象力，集中表现在幼儿的游戏中。儿童的游戏按照智力发展水平可分为以下几种：由感官接受新奇的、愉快的刺激所引起的游戏（如反复撕纸头、扔掉拾起的东西等）；简单的动作模仿游戏（如爱拿筷、匙自己吃饭等）；象征性游戏（办家家等）；创造性游戏（如搭积木、主题游戏或角色游戏）。幼儿的游戏主要是象征性游戏和主题游戏。5～6岁儿童象征性游戏已发展到顶峰，随着儿童生活经验和知识的增长，这类游戏逐渐消退，代之而起的是竞赛性游戏。幼儿丰富的想象还表现在幼儿的泥工、绘画、讲故事等活动中，随着年龄的增长，幼儿从事这些活动的目的性、创造性和独立性也日益增强。

（三）情绪情感的发展

幼儿的情绪体验已相当丰富，一般成年人体验到的情绪大部分已为幼儿所体验。幼儿的情绪表现完全是外显的、缺少控制的，情绪常常极度强烈而高涨。幼儿的害怕随年龄的变化也在变化。幼儿对讥笑、斥责、伤害等威胁的焦虑也增加了。

婴儿期儿童已萌芽了道德感，幼儿在集体生活中进一步发展了这种道德感，他们已能根据成人的教育，把自己或别人的行为与行为规则相比较，从而产生积极的或消极的道德体验。幼儿理智感产生的突出表现是好奇和好问，故幼儿期又称为"疑问期"。幼儿还特别喜欢收集"破烂"，拆装玩具，这都是儿童探究性的表现。

（四）个性的发展

幼儿期是个性初步形成的时期。在这个形成过程中，自我意识，特别是道德意识的发展，起着重要的作用。

1. 自我意识的发展

幼儿在与成人和同伴的交往中自我意识有所发展，主要表现在 3 个方面：一是从轻信成人的评价到自己独立的评价。幼儿初期儿童对自己或别人的评价往往只是成人评价的简单再现，到了幼儿晚期，开始出现独立的评价，渐对成人的评价持有批判的态度。如果成人对儿童的评价不客观、不正确，儿童往往会提出疑问、申辩，甚至表示反感。二是从对外部行为的评价到对内心品质的评价。幼儿初期的儿童一般只能评价一些外部的行为表现，如"我不打架"或"我不抢玩具"，到了幼儿晚期，儿童可以说到一些比较抽象、内在的品质特点，如"我听话，遵守纪律"或"我对小朋友友好"。三是从比较笼统的评价到比较细致的评价。幼儿初期儿童对自己的评价比较简单、笼统，如"我会唱歌"、"我会跳舞"，到了幼儿晚期，儿童的评价就比较细致、比较全面些，如"我会唱歌，也会跳舞，可就是画画得不好"。必须指出的是，整个幼儿期，儿童对自己评价的能力还是比较差的，成人对儿童的评价在儿童个性发展上有着重大的影响。因此，成人对儿童的评价必须适当、客观、公正。

2. 道德意识的发展

进入幼儿期以后，儿童的道德意识有了进一步的发展。首先，幼儿有了各种道德感（如同情、互助、羡慕、义务感、羞愧感、自豪感等）的明显的表现。其次，在道德判断方面，幼儿初期儿童的道德判断带有很大的具体性、情绪性和受暗示性。到了幼儿晚期，儿童开始能从社会意义上来判断道德行为，比较注重人的动机、意图。再次，在道德动机方面，幼儿初期儿童的道德动机往往受当前动机的制约，只有在幼儿晚期儿童的身上，才能初步看到独立的、主动的社会道德动机。

四、童年期的心理发展

（一）童年期的身体发展

童年期身体发展进入了一个相对平稳的阶段，身体发育较平缓。身高平均每年增长4.5～5 厘米，体重平均每年增加 2～2.5 千克。骨骼变得更坚固，富有弹性，所以骨骼比较容易变形、脱臼，但不易骨折。牙齿变化很大，正由乳牙换为恒牙。稚气的娃娃脸正在消失。肺活量迅速增加。脑的重量继续增加，12 岁时儿童的脑重为 1400 克，接近成人的水平。脑神经细胞体积增大，突起分枝增多，神经纤维增长。童年期儿童大脑的大部分都在增大，从形体上来说，特别是表现在额叶的增大上，额叶是与有意运动相联系的，它的显著增大，在其高级神经的活动上，有重大的意义。随着大脑皮层的发育生长，童年期儿童脑的兴奋过程与抑制过程逐渐趋向平衡。条件反射形成的时间也缩短，形成后不易泛化，也比较巩固。内抑制的形成速度不断加快，它的发展加强了皮层对皮层下的控制，同时也加强了儿童心理的稳定性。

（二）认知的发展

1. 书面言语和内部言语的发展

真正掌握书面言语是从小学时期开始的。书面言语虽然和口头言语同样是表达思想、进行交际的工具，但远比口头言语复杂，一般要经过识字、阅读和写作三个阶段。识字是儿童掌握书面言语的前提，是掌握书面言语的初级阶段。儿童开始识字，标志着儿童开始以语言文字作为认识的对象。阅读是一个复杂的过程，要求学生能在掌握一定词汇量的基础上，运用分析综合能力理解课文，并在理解的基础上加快阅读速度。写作是书面言语发展的高级过程和形式，是儿童掌握的词汇量、语法修辞、思维能力的综合体现。大部分小学生都能写作，但还不会修改自己的文章。

内部言语的发展是以儿童的口头言语、书面言语和智力活动的发展为前提的。童年期儿童内部言语的发展，大体可以分为 3 个阶段：一是出声思维阶段。刚入学的儿童还不善于考虑问题，主要是通过出声的思考和回答教师的问题来培养内部言语能力；二是过渡阶段。最初，在比较简单的问题中，培养儿童在出声思维的同时，学会短时间的无声思维，提醒儿童"想一想"；以后，通过向儿童提出比较复杂的问题，要求儿童进行比较长时间的思考，与此同时，内部言语就有了更加复杂的性质；三是无声思维阶段。在教师教学影响下，随着抽象思维能力的发展，随着学习内容的复杂化，对儿童独立思考问题的要求日益提高，内部言语也就逐渐发展起来。

2. 感知和记忆的发展

低年级儿童已能很好地辨别各种主要颜色，也能知道各种色调的细微差别。在校学习期间，颜色视觉感受性获得显著的发展。言语听觉敏度已接近成人。在教学过程中，特别是几何教学中，儿童逐步掌握了关于某种形状的一般概念，他们开始能不依靠具体事物的支持而正确地辨认这些图形，并能说出一些几何图形的名称和几何图形的概念。刚入学的儿童对左右方位的辨别只能以自身为标准，在教学的影响下，很快便可以以客体为中心分辨左右。小学生辨别空间方位有一个从直观水平向词的抽象水平过渡的过程。一般在三年级左右，能在词的水平上辨认空间方位。

小学生的记忆能力迅速发展。从机械识记占主导地位逐渐向意义识记占主导地位方向发展；从无意识记占主导地位逐渐向有意识记占主导地位方向发展；从具体形象记忆占主导地位逐渐向词的抽象记忆占主导地位方向发展。整个小学期间词的抽象记忆仍以具体事物为基础。

3. 思维和想象的发展

小学生思维的基本特征是：从以具体形象思维为主要形式逐步过渡到以抽象逻辑思维为主要形式。但这种抽象逻辑思维在很大程度上仍然是直接与感性经验相联系的，仍然具有很大成分的具体形象性。据有的研究认为，小学生从形象思维向抽象思维过渡的关键年龄在小学四年级（约 10～11 岁），不过这也是一种相对的说法，关键年龄的早晚跟教师的教育水平、教育方法有密切联系。

儿童进入小学以后，在教学的影响下，想象有了进一步的发展。想象的有意性、目的性迅速增长；想象中的创造性成分日益增多，也更富有逻辑性；想象更富有现实性。

（三）情绪情感的发展

小学生的情感有一个逐步发展的过程。从引起情感的动因来看，与学习、同伴、教师有关的社会性情感越来越占主要地位；从情感的表现方式来看，这一时期的情感仍是比较外露的、易激动的，但不够深沉，也不易保持；从情感反映的内容来看，变得越来越丰富，越来越深刻，出现了与学习活动相联系的理智感，与班集体、学校相联系的荣誉感、友谊感、责任感等，美感也有一定的发展；从儿童对情感的控制力来看，是由弱变强，小学高年级学生已逐渐能意识到自己的情感表现以及表现后可能带来的结果，情感逐渐内化了。

（四）个性的发展

儿童从进入学校起，开始真正成为集体的成员，通过学校的集体生活，儿童的自我意识和道德行为、道德判断都有了进一步的发展。

1. 自我意识的发展

儿童入学以后，在正确组织起来的集体关系和集体生活中，儿童认识、评价他人和自己的行为以及调节、控制自己行为的能力有了进一步的发展。儿童的自我评价能力是其自我意识发展的主要成分和主要标志。小学生自我评价的独立性随年级而增长，中高年级的小学生开始把别人的行为当作评价自己行为的依据，逐步减轻对他人评价的依赖性，独立地进行自我评价的能力不断发展。中高年级的小学生试图从个性品质、人际关系、动机特点等方面来描绘自己，倾向于对自己的内心品质进行评价，自我评价的原则性逐步形成。另外，二年级以上的儿童不但能够指出自己的优点，而且还能指出自己的缺点，开始从不同方面对自己做出不同的评价，自我评价的批判性有一定程度的发展。

2. 道德意识的发展

小学生道德品质的发展有一定的年龄特点。在道德认识上，儿童从比较肤浅的、表面的理解逐步过渡到比较精确的、本质的理解；在道德品质的评价上，儿童从只注意行为的效果逐步过渡到比较全面地考虑动机和效果的统一关系；在道德判断上，儿童从受外部情境的制约逐步过渡到受内心的道德原则、道德信念的制约；在道德行为上，认识与行为脱节是普遍现象。产生这种现象的原因包括：①喜欢模仿；②出于无意；③在不同的人面前有不同的行为表现；④只会说，不会做。

五、少年期的心理发展

(一)少年期的身体发展

少年期儿童开始进入初中学习,即初中生,他们处在从童年向青年过渡的时期,是人生生长发育的第二个高峰期。

1. 身高体重陡增,心脏负担加重

初中生的身高平均每年增长 7~10 厘米,体重平均每年增加 5~6 千克,身高、体重的增加意味着肌肉的发达和骨骼的增长、增粗。

少年期身体各个系统和器官的生长发育很不平衡。骨骼的增长比肌肉增长快,四肢的增长又比躯干增长快,所以显得大手大脚,他们的大肌肉群比小肌肉群长得快,具备了从事激烈活动的能力,喜欢动作幅度大的活动,而在细小精巧活动中就显得笨手笨脚。同时他们骨骼中的钙质少,胶质多,肌肉中的水分多,身体易于变形和疲劳。心脏的发育跟不上血管的增长,跟不上各器官系统的生长,故少年心脏负担加重,容易出现头昏、心跳加速、血压升高、易疲劳等现象。

2. 性机能日趋成熟

少年在身体迅速增长的同时,性腺和性器官迅速发育,性机能开始成熟,进入青春发育期。第一性征发育(女性主要是卵巢,男性主要是睾丸);第二性征出现,如男孩喉结突出、肌肉发达、声音变粗、出现胡须等,女孩则乳房发育、脂肪增厚、声音变细、月经初潮等。

性成熟及第二性征的出现,会导致初中生心理上的变化,使其开始意识到两性的区别和联系,并且由于生理上的急剧变化而造成这个时期心理上的不适应。家长和教师要了解性成熟给他们带来的心理变化,对其进行必要的性知识教育。

3. 脑和神经系统的机能日趋完善

初中生的脑重量和容积接近成人的水平。10 岁以后,尽管他们的脑重量和容积增加很少,但大脑皮层机能细胞发育却很快。神经纤维迅速髓鞘化,使神经冲动的传导更加迅速和精确,神经过程逐渐趋于平衡。

尽管初中生的脑和神经系统的发展接近或达到成人水平,但他们的活动如果长时间集中在一个对象上,也容易引起疲劳,所以,一定要让他们的学习、娱乐和睡眠交替进行,保障脑的氧气供给,注意用脑卫生。

(二)认知的发展

1. 注意和感知的特点

初中阶段的少年,由于学习向他们提出了新的更高的要求,注意的广度、注意的稳定性、注意的分配和注意的转移等品质都有了新的迅速发展,有意注意在学习活动中日益占主导地位。

初中生的各种感觉已达到比较完善的程度,特别是视觉和听觉,已达到成人的水平。观察力有了进一步的发展，观察的自觉性和持久性比小学阶段都有了一定程度的加强。观察时，不仅能注意到事物的外部特征，而且也能在观察事物全貌的基础上掌握主要特征。

2. 记忆和想象的特点

由于学习活动的新特点、新要求，初中生有意识记和意义识记逐渐占主要地位，但无意识记和机械识记在学习过程中仍起较大作用。语词概念识记有明显的发展，不过，形象记忆仍占重要地位，因此，在整个初中阶段仍然要强调直观教学的运用。

初中生的有意想象逐渐增强，想象的创造性成分也逐渐增加。这个时期的学生是富于幻想的，而幻想的内容日渐趋向现实。

3. 思维发展的特点

1）抽象逻辑思维占主要地位，但思维中的具体形象成分仍起着重要作用。

由于初中生已经掌握了不少的知识经验，其书面语言和内部语言也有了相当程度的发展，所以在他们的思维中，抽象逻辑思维开始占据相对优势，但这种抽象逻辑思维在很大程度上还属于"经验型"，即思维活动在很多情况下，还需要具体的、直观的感性经验的支持，直到高中才能摆脱具体形象，从"经验型"上升为"理论型"。

2）思维的独立性和批判性有显著发展，但容易产生片面性和表面性。

初中生由于初步掌握了系统的科学知识，开始理解事物间一些复杂的因果关系，同时，由于自我意识的发展，思维表现出一定的独立性和批判性。他们常常不满足于教师或课本中关于事物现象的解释，而要自己寻根究底，经常要求独立地批判地对待一切。特别是在现代信息社会，初中生心理活动的空间扩大，他们不愿意直接接受课本上现成的答案，而愿意接受为周围多数人支持或被事实证明了的东西。这种独立思考的能力是极其可贵的，教师应正确对待。但同时，由于初中生的知识经验毕竟有限，所以他们考虑问题容易表现出片面性和表面性，固执己见，这也需要教师引导他们从各个方面去分析和论证问题。

3）理解力和判断推理能力不断发展。

初中生能逐渐理解事物的复杂性和内在规律性。研究表明，对寓言和比喻的理解，初一学生大多还受具体经验的局限而作接近本质的现象理解，初二以后，学生大多能摆脱故事具体情节与直观形象，充分领会其隐义或转义，对事物的理解水平提高了，他们能找到因果和可逆关系、主次和从属或矛盾关系等。初中生能够自觉地根据概念作出比较恰当的判断和合乎逻辑的推理，但对于比较复杂的材料还不善于根据事物的本质联系去推论，判断和推理是仍然需要具体的形象材料的支持。

（三）情绪情感和意志的发展

初中生的神经系统有高度的兴奋性，又受内分泌的影响，其情绪情感有着自己独特的特点。

首先，初中生情绪体验强烈，两极性突出。他们高兴时欢呼雀跃，不满时义愤填膺；可能因为一件小事而狂喜，突然信心十足，勇气倍增，一旦遇到挫折，又容易灰心丧气。

美国心理学家霍尔说过："少年是无需麻醉剂而自然陶醉的时期。"

其次，初中生由于生理和心理上的矛盾，产生情绪上的紧张性。尤其是女生，当她们精神不振时，经常表现出易怒、不安和自卑，这与月经周期有关。很多心理学家都认为，12～14 岁是情绪发展的最困难时期。这一时期的学生不善于自制，情绪还富有冲动性，他们很有可能由于过分暴躁地为自己辩护而对师长不礼貌，甚至出现违纪现象。

再次，初中生由于形成了比较稳定的集体观念和自我观念，因而凡是涉及到这些观念的情绪情感体验都有比较长的延续性。初中生对自己在同学中的地位、对自己的学习成绩、对友谊、对集体等都非常关心，这方面的成败所产生的情绪情感体验都能维持比较长的时间，从而影响他们的身心健康和人际关系。

最后，初中生情绪表现开始带有文饰的、内隐的曲折性质。初中生外部表情和他们的内心世界不总是一致的，例如，对于自己羡慕或内心愿意接近的人，由于自尊的原因，表面上却表现得"庄重"、"冷淡"。这一方面说明初中生调节和控制自己情绪的能力增强，另一方面也为教师和家长了解他们的内心世界带来了一定的困难。

意志方面，由于学习内容增多、难度加大、要求提高，加上集体关系的变化和自身能力的发展，初中生的意志力有了较大的发展，他们活动的自觉性、独立性、坚持性都有了一定的发展。在活动中表现得敢想敢干、不畏强暴、见义勇为并有一定的自我控制能力。但在自觉性、坚持性和自制力上还很不够，因此，在活动中也表现得容易感情用事、易受暗示，轻易改变决定。他们喜欢模仿，分不清顽强与执拗、勇敢与鲁莽、果断与蛮干，因而常有冒险之举。

（四）自我意识的发展

自我意识就是一个人对自己的认识和态度。自我意识的发展过程是个体不断社会化的过程，也是个性特征形成的过程。初中生由于身体的迅速发育，知识技能的增加以及社会地位的变化，他们的自我意识的发展就进入了一个以自我为客体而进行探究的新时期。

1. 产生"成人感"

初中生意识到自己在向成人过渡，具有了一种"成人感"。他们不再希望成人把他们看成小孩子，希望得到成人的尊重。这种成人感会推动他们自觉向成人看齐，模仿成人，努力掌握成人的社会准则和要求。

2. 开始发现"新的自我"

幼儿的意识主要指向外部世界，很少指向自身。从初中开始，他们开始对自己本身进行探究，他常问自己："我是个大人吗？""我长得漂亮吗？""我聪明能干吗？"通过这一系列自我探究，初中生就从不同方面发现了自我，对自己的认识逐渐由表及里，由现象进入本质。正由于初中生发现了自我，把自己看作是与他人分离的世界，因而要求独立，不愿向儿童那样受到特殊照顾。

3. 具有强烈的自尊心

初中生的自尊心表现为自信自强，喜欢在集体活动中表现自己的才能和成就，以获得集体成员的尊重和承认。他们对自己的身体和仪表特征非常敏感，希望自己的身材和仪表令人满意，却往往要求过高而不切实际。同时，由于成人感的产生，他们希望在平等的基础上建立新型的人际关系，不愿意无条件接受成人的训导，对不符合事实的批评强烈不满，这种冲突如经常发生，会形成"逆反心理"。

4. 评价能力提高

初中生评价他人和自我评价的能力都有了很大的提高。无论是评价他人还是评价自己，初中生都开始有了自己独立的评价标准，能够透过现象看本质。在评价某种行为时，注重个体的主观动机，而不像小学生那样过分注重个体行为的客观效果。有时甚至能一分为二的评价别人。研究表明，初中生评价他人的能力优于自我评价的能力。初中生从评价他人开始，逐渐过渡到评价自己，所以，他们自我评价的能力往往落后于评价他人的能力，有"明于知人，暗于知己"的现象。而且自我评价有时不够稳定，顺利时过分夸大自己的能力，遇到挫折时又会出现低估自己的倾向。因此，家长和教师要认识到他们自我意识与客观水平之间的差距，正确评价学生，引导他们的自我意识健康地发展。

（五）性意识的发展

初中生性机能迅速成熟，出现了第二性征，促使其性意识开始觉醒。性意识是指个体对性的理解、体验和态度。我国学者根据青少年性意识的发展情况，把性意识的发展过程分为 3 个阶段：

1. 疏远异性的厌恶期（十一二岁到十四五岁）

进入青春期的男女学生，由于生理发育急剧变化，他们对性知识开始有了朦胧的了解，但自我体验又很淡漠，因此产生羞怯和不安，男女生之间在心理上产生隔膜，关系开始疏远，甚至对异性采取排斥的态度。

2. 接近异性的好感期（十四五岁到十七八岁）

随着性意识的进一步发展，男女学生对两性关系也有了更深的理解，他们的关系由反感转为好感，他们常常以欣赏的心情注意对方的言谈举止，以善意友好的态度对待对方的淘气和娇气，乐意评论对方，愿意与异性一起学习、游戏和活动。

3. 依恋异性的恋爱期（十七八岁以后）

随着生理的不断成熟，性意识也进一步发展，男女之间出现了新的理解。由开始对异性有好感，逐渐发展到对某一类异性有好感，进而对某一个异性有好感，从而步入初恋的大门。这一时期的男女，不仅乐于观察异性，与他（她）交往，同时也注意显示自己以吸引对方。

以上 3 个阶段是相对独立的，又是相互联系的，第一个阶段是性意识的觉醒阶段；第二个阶段是过渡阶段；第三个阶段是性意识的成熟阶段。其中第二个阶段是性意识发展的关键期，这时的学生热心于对性知识的探求，出现了对异性的爱慕与心理上的动荡，也容易表现出性困惑和性焦虑，个别学生出现越轨行为甚至犯罪。这些问题应该引起教师和家长的重视。

（六）少年期心理发展的矛盾与教育

人的心理发展是矛盾的对立统一，初中生心理发展的突出矛盾有：

1. 独立性和依赖性的矛盾

初中生由于成人感的产生，一方面想竭力摆脱父母的管教，另一方面也想和孩童期的"我"告别，实现"心理的断乳"。他们觉得自己已经长大成人了，要求家长不要再把他们当小孩看待，对家长和教师无微不至的关怀和反复叮嘱不领情，甚至很反感；他们喜欢和成人交朋友，谈问题，希望自己能够像成人一样，独立地从事工作。但是，他们毕竟还没有成熟，他们的知识有限，经验不足，他们不仅在经济上还离不开父母，而且在认识、情感、行为上均未摆脱孩子气，许多不太明白的事情还要向成人请教，一时不能决定的问题还要父母拿主意，于是就出现了独立性和依赖性的矛盾。教师和家长在处理这一矛盾时，既要向少年提出合理的建议和要求，又要在最大程度上培养少年的独立性、首创性和责任感。

2. 旺盛的精力和能力发展水平的矛盾

初中生由于身体迅速发育，性机能日趋成熟，加之主观上的成人感，使得他们对一切事情都跃跃欲试，活动的需要日益增强。但是，他们的能力发展并未达到较高水平，情绪不够稳定，意志力薄弱，因此常出现知与行的矛盾，表现为想做事，尤其想做大事，但又缺乏持久性，并具有盲动性。如有的少年为显示自己勇敢，离家出走；有的为显示自己成熟，极力模仿成人的言谈举止，吸烟、喝酒、出入舞厅等，甚至最后走上犯罪的道路。初中生的这一矛盾要求教师和家长关心他们的成长，多组织有益于身心健康的集体活动，把他们的旺盛精力引导到学习和集体活动中去，同时加强道德法制教育，使他们不断提高认识水平。

3. 自觉性与冲动性及易受暗示性的矛盾

初中生随着独立性的增长，行为的自觉性也在发展。他们不仅能领会教师、父母的要求，而且能够比较自觉地完成某项活动。但是，由于他们认识上的片面性，有时坚持己见，对教师和父母的意见、要求，合意的就照办，否则就拒绝或"顶牛"。容易冲动，有时难以控制自己。除了与自觉性相反的冲动性外，初中生还有与自觉性相反的易受暗示性。他们容易受到别人或外界的影响，轻易改变自己的决定，他们接受好的影响快，接受坏的影响也快。帮助学生解决这个矛盾，最重要的是帮助他们提高思想认识水平，加强意志锻炼，培养良好的意志品质，发挥自制力的作用。

六、青年初期的心理发展

（一）逻辑思维的新发展

高中学生由于受到学习内容和方法上的更高要求，思维达到更高的水平。

　　首先，高中生的思维具有更高的抽象概括性，并且开始形成辩证逻辑思维。初中生思维的抽象概括性已经有了很大的发展，但在一定程度上仍然需要具体形象的支持，主要属于经验型。只有到了高中时期，由于经常要掌握事物发展的规律性和重要的科学理论，理论型的抽象逻辑思维就开始发展起来。有些研究证明：高中一年级学生的思维主要是经验型的，他们思维中的抽象概括在很大程度上依靠具体经验材料，还不善于从理论上进行抽象概括；高中二年级学生的抽象逻辑思维明显地处在经验型向理论型的急剧转化中，他们力求对各种经验做出理论的、规律性的说明，用理论把各种材料贯穿起来，用理论作指导来进一步扩展知识领域。高中生理论型逻辑思维的发展，必然导致辩证思维的初步发展，他们开始认识到了特殊和一般、归纳和演义、理论和实践的对立统一的关系。

　　其次，高中生独立思考的能力得到高度的发展，思维的深刻性和批判性也相应表现出来。高中各科的学习，要求学生具有更高的独立思考的能力，在学习过程中，他们能够自觉地要求从本质上看问题，也学会了比较全面地看待问题。他们喜欢怀疑和争论，喜欢探求事物或现象的根本原因，对于自己或别人的思想观点，一般不轻信、不盲从，而要求有说服力的逻辑论证。

　　再次，创造性思维逐步形成。高中生已有独立思考的能力，能够进行理论思维，由于思想活跃，想象力丰富，较少旧观念和保守思想，常常提出一些大胆的设想、新奇的见解和方法，在思维方面表现出更强的创造性。

（二）情绪情感的发展

　　高中生的情感体验强烈而富于热情。他们的情感越来越与不断增长的社会需要相联系，因此，情感的内容更加丰富多彩，并趋于形成高级的情操。他们随着爱好、兴趣的不断发展，越来越热衷于所喜爱的对象和活动；他们最敬佩英雄模范人物；他们经常为自己在学习方面的成就而欢乐，为失败而烦恼；他们对未来充满了美好的憧憬；他们多情善感，富于幻想，爱读诗写诗，所以有人说青年是"天然的诗人"。高中生的情感不仅丰富，而且富于热情和激情，他们遇到高兴的事时欢呼跳跃，见到不合理的现象则气愤。他们已掌握了一定的行为准则，形成了一定的信念、理想。但与成人相比，他们仍比较单纯，情绪情感带有两极性的特点；但与少年相比，他们的情感稳定性有所发展，控制自己情感的能力也有所增加。

（三）自我意识的发展

　　高中生的自我意识有了进一步的发展。一般来说，高中学生，特别是高三的学生，都能了解自己的内心世界，即主观世界，他们不但关心和认识客观现实，而且关心和认识主观本身。他们都能够独立自觉地按照一定的目标和准则来评价自己的品质和能力。高中生的自我评价能力和初中生比起来，有了一些新的特点：一是他们一般都能提高到具有概括性的个性品质层次上来分析自己；二是他们一般都能提高到价值观，甚至于思想政治品质层次上来分析自己。高中生由于能够自觉地认识自己的个性品质，就能更好地锻炼自己，进行自我教育。

当然，高中生的自我意识还不是十分成熟的。第一，在整个高中阶段，常常只有一部分学生能够从政治品质上来分析自己，另一些学生还只能以一般个性品质作为分析自己的标准；第二，大多数的学生对自己的分析评价还没有达到全面而深刻的水平，他们在评价自己时往往只能列举一些自己的优缺点，没有找出最主要最本质的东西；第三，在整个高中阶段，大部分学生已形成自我批评的态度，但有的学生还没有形成或虽然形成但不够稳定。由此可见，高中学生的自我意识正接近于成熟时期，但是仍然存在着缺点和问题。

（四）世界观和人生观初步形成

世界观是人对整个世界的根本看法所组成的信念系统，是人对自然、社会和人生问题总的根本的观点。人生观是主体对有关人生问题的系统的基本的看法，是世界观的一个组成部分。

早在少儿时期，他们就已经开始对有关世界观的问题发生兴趣，如"世界是怎样产生的？""人是什么变来的？"等，当然这只是世界观的萌芽。高中生由于系统地学习了各科基础知识和哲学常识，他们懂得了自然和社会发展的一般规律，能用辩证唯物主义的基本原理来解释物质运动的规律性，这就为世界观的形成奠定了基础。

世界观的形成不单是个认识问题，同时和人的情感、动机、态度密切联系着。在世界观形成过程中，还要解决人生意义问题，高中生经常思考"为什么要学习？""将来干什么？"等等，他们思索这些问题的过程和结果，就加速了人生观的形成。

青年初期只能说是世界观初步形成时期，这时期的学生常有思想片面性和认识模糊的情况。这些有待于在以后的生活道路上逐步解决，不断向成熟的方向发展。

（五）青年初期心理发展的矛盾与教育

在青年初期，儿童少年的心理模式被打破，而成人的心理模式尚未建立起来，因此，高中生的心理呈现出一种不平衡和不稳定的状态，并以种种矛盾的心理现象表现出来。

1. 青年心理的闭锁性与开放性的矛盾

由于对新的自我的不断探究，高中生开始把注意力集中在自己的内心世界上，从而意识到自己的思想、情感与其他人的区别。同时，社会生活的经验告诉他们，人与人之间存在着心心相印，也存在着心理不相容。这使得他们不愿意把自己内心的一切秘密轻易地向不了解自己的人透露，他们变得不再向少儿那样坦率和较少隐讳，出现心理的闭锁性。心理的闭锁性是青年学生对社会生活适应能力提高的表现，但同时也给人与人之间的相互了解增加了困难，特别会使父母感到费解，甚至抱怨儿女变了，不能倾心交谈。另一方面，由于社会化的要求，他们又强烈地需要与人交往，想向能理解自己的人敞开心扉，倾听自己的心声。

针对这一心理矛盾，教师和家长要尊重他们、理解他们，不能强制他们说出内心秘密，更不能采取"逼供"的方式。对他们谈出的内心秘密，要适当保密。教师和家长只有做他们的知心朋友，才能有效地了解他们，教育他们。

2. 求知欲强和识别力低的矛盾

高中生渴求知识，求知欲强烈，对任何问题都感到新奇，都想了解和探求究竟，这是符合其身体和个性发展的要求的。但由于他们知识经验有限，辨别力还不高，有时会良莠不分、是非不辨，以致于把错误的、含有毒素的东西也接受下来。这样就产生了求知欲强和识别力低之间的矛盾。

针对这一心理矛盾，教师和家长要从正面帮助学生提高思想认识水平，培养他们的分析能力和鉴赏能力，开展丰富多彩的活动，充实他们的精神生活，同时还要抵御那些含有凶杀、色情等不健康内容的读物对他们的毒害。

3. 自制力与冲动性的矛盾

高中生无论在认识上、情感上还是行为上都力图有目的、主动地去思考、去体验、去行动。但是，由于情绪的冲动性，他们很容易激动，往往因为一点小事而发怒、争吵不休；又由于缺乏自制力，他们往往不自觉地被某种情绪所左右，容易意气用事，会做出一些鲁莽的举动，造成不良后果。而当他们的情绪平静之后，通过冷静地分析，分清了是非曲直，又重新用理智控制了自己，这时又自责不已，追悔莫及。

针对这一心理矛盾，教师和家长要帮助他们提高思想认识水平，加强意志锻炼和培养良好的意志品质，特别是发挥自制力的作用，处理好人际关系，发扬集体主义互助精神等。

4. 理想的"我"与现实的"我"的矛盾

由于高中生对未来怀有热烈的向往，想象力又比较丰富，他们从榜样和范例中得到启示，期望自己将来成为某种理想的人，于是就在头脑中塑造了一个未来的理想的"我"的形象。另一方面，他们本身的实践又在头脑中构成了一个现实的、真实的"我"的形象。如果他们中有些人的理想不切实际，就会出现理想的"我"和现实的"我"之间的矛盾。

针对这一心理矛盾，一方面，教师和家长要引导学生正确地认识自己，恰当地评价自己，严于解剖自己；另一方面，还要帮助学生确立适当的目标（理想的我），培养他们实现目标的坚持性，以及自尊、自信和自强之心。同时，还要引导学生更多地参加实践活动，在活动中了解自己的实际能力水平和优缺点，缩小理想的我和现实的我之间的距离，从而为实现理想做出比较切合实际的安排。

人的心理发展的过程，是人通过学习获得各种知识经验，用以调节行动，从而与客观现实进行相互作用的过程。经验的获得与运用，既是学习活动的两个基本环节，又是心理发展所必须经历的途径。新经验的获得，为心理的发展提供了新的心理因素，使心理发展成为可能，而新经验的广泛运用，能使这种经验得到进一步的概括，从而成为一种稳固的心理结构，使心理发展产生质的变化，出现新的发展水平。反过来，个体心理发展的已有水平又对学习起制约作用，是学习的基础。在儿童心理发展的不同阶段，应有不同的学习要求、学习内容和学习形式。总之，学习与心理发展是相互制约、相互影响的。个体心理发展的已有水平为学习提供必要的心理基础与可能，而学习又使心理发展的可能变成现实，从而促进个体心理的发展。

第二节　学　习　心　理

一、学习概述

（一）什么是学习

近代心理学关于学习的认识，大体上有以下几层意义。

第一层次是最广义的学习，是指人和动物在生活过程中获得个体经验，并由经验而引起的行为、能力和心理倾向的比较持久的变化过程，它与成熟、疾病或药物等因素无关，而不一定表现出外显行为。

第二层次，是指人类的学习，人类的学习是在社会实践中，以语言为中介，自觉主动掌握人类社会历史经验和个体经验的过程。虽然学习是人类和动物共有的活动，但人类的学习与动物的学习有着本质的区别，动物的学习是在自然条件下，自发的，消极被动适应自然环境，只能积累个体经验的过程。而个体经验随个体的死亡而消失。

第三层次是指学生的学习。这种学习是人类学习的一种特殊形式，是在教师指导下有目的、有计划、有组织、系统地进行的过程。其目的是掌握系统的科学知识和技能、发展各种能力，形成一定的世界观与道德品质。

（二）学习类型

人的学习是一个十分复杂的社会现象。国内外学者从不同角度，用不同的标准，提出了多种学习类型学说。

1. 加涅（R. Gagne）对学习的分类

美国心理学家加涅根据学习的结果对学习进行了分类，他认为学生学习之后要获得五种习得的能力即 5 种学习结果，它们是：①言语信息；②智力技能；③认知策略；④动作技能；⑤态度。

2. 布卢姆（B. Bloom）对学习的分类

布卢姆对学习的分类是以教育目标为根据的。他把教育目标分为三大类，即认知领域的目标、情感领域的目标和动作技能领域的目标。每一领域的目标又从低到高分为若干等级，其中认知领域的目标可以分为知识、理解、运用、分析、综合、评价 6 类。

3. 奥苏伯尔（D. P. Ausubel）对学习的分类

美国心理学家奥苏伯尔根据学习方式以及学习内容与学习者原有知识的关系不同对学习进行了分类。根据学习的方式不同，把学习分为接受学习和发现学习；根据学习材料与学习者原有知识的关系不同，把学习分为机械学习与有意义学习。

接受的与发现的，机械的与有意义的，这是划分学习的两个维度。这两个维度互不依赖，彼此独立。不能把接受学习与机械学习或发现学习与有意义学习等同，这两个维度的每一个方面都不是绝对的，在它们之间还有许多过渡形式。

4. 我国学者对学习的分类

我国学者根据学习的内容，把学习分为 4 类：①知识的学习；②技能学习；③心智的学习；④社会生活规范、行为规则的学习。有时也称道德的学习。

（三）学习的迁移

学习的迁移，也叫"训练的迁移"或"学习的转迁"，一般指先前的学习对后继学习的影响，或指学习之间的相互影响。先前的学习对后继学习的影响，有时也叫顺向迁移，后来的学习对先前学习的影响，有时也叫逆向迁移。无论是正向还是逆向迁移，如果它对另一种学习起促进作用，就称为正迁移；反之，如果对另一种学习起干扰或抑制作用，就称为负迁移（见图 13-1）。

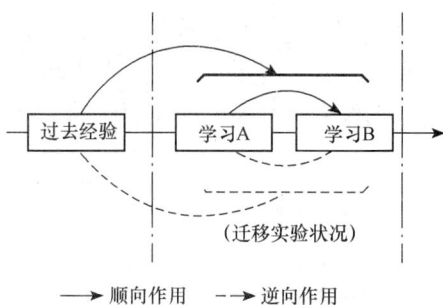

图 13-1　正迁移与负迁移

学习迁移中的促进或干扰作用不是绝对的，有时两种学习间既存在促进，也存在干扰。如中国人学日语，开始阶段，汉字对学日语有正迁移，随着学习的深入，有时又会产生负迁移。

二、知识的学习

知识的学习，是学生的主要的学习任务。知识的概念有广义和狭义之分。狭义的知识，也就是我们传统理解中的知识，一般仅指能贮存在语言文字符号或言语活动中的信息或意义，如各门学科的事实、概念、公式、定理等。这种狭义的知识概念是和技能并列的。广义的知识是指个体通过与其环境相互作用后获得的一切信息及其组织，既包括个体从自身的生活实践和人类的社会历史实践中获得的各种信息（狭义的知识），也包括在获得和使用这些信息过程中所形成和发展而来的种种技能、技巧和能力。

认知心理学家安德森（A. J. Andson）和加涅于 20 世纪 90 年代提出，按照知识的性质，知识可分为陈述性知识和程序性知识。陈述性知识（declarative knowledge）是指有关事实、定义、法则与规则的知识，即"是什么"的知识。程序性知识是指关于完成某项任务或操作的知识。或者说是"如何做"的知识。如动作技能、智慧技能、认知策略都是属于程序性知识。

传统的看法，一般是将知识的学习分为概念的学习、原理的学习与问题解决的学习。现代认知心理学则将学习分为陈述性知识的学习和程序性知识的学习。

（一）陈述性知识的学习

1. 陈述性知识的表征

知识的表征是指知识在头脑中的贮存方式，即信息在长时记忆中是如何编码的。知识的表征是现代认知心理学的核心课题，也是探讨知识的本质及其学习的首要问题。

心理学家们普遍认为，陈述性知识主要是以命题和命题网络的形式表征的。另外，表象系统和图式也是表征陈述性知识的重要形式。

在心理学中，命题是知识的最小单元，一个命题由两个成分构成：论题和关系。如果两个命题中有共同成分，通过这种共同成分，可以把若干命题彼此联系起来，组成命题网络。图式是指关于一类事物的有组织的大的知识单元或称为信息组块。

2. 陈述性知识的分类

加涅把陈述性知识称作言语信息，由简到繁可分为 3 类：①符号，也就是各种事物的名称或标记；②事实，就是表达两个或两个以上有名称的客体或事物之间关系的言语陈述；③作为有联系的论述而组织起来的事实的集合，即由许多单个事实连接成的大的整体。

3. 陈述性知识的学习过程

陈述性知识的学习是一个复杂的心理活动过程，一般把陈述性知识的学习划分为理解、保持和提取 3 个阶段。

（1）陈述性知识的理解

陈述性知识的理解是学习者把输入的信息同认知结构（长时记忆）中的有关知识相联系，从而建构事物的意义并把它纳入认知结构（长时记忆）中的过程。学生对知识的理解主要是通过对言语材料的学习实现的，这一过程包括两种不同的情况：①文字意义的理解，即弄清词语所表示的意义；②事物意义的独特理解，即利用已有的知识经验和对新材料的学习形成对某些事物的综合性理解，对有关现象做出自己的解释、判断，形成自己的见解。

（2）陈述性知识的保持

保持是陈述性知识学习的重要阶段。知识不能在长时记忆中保持即为遗忘。保持和遗忘是同一过程的两个方面。奥苏伯尔从其同化论出发提出了意义的保持与遗忘的理论，该理论认为，新的意义的保持是原有知识与新知识进行相互同化的自然结果。新习得的知识与原有知识建立实质性的和非任意的联系，包括由个别到一般的总括关系，由一般到个别的派生关系和相关关系，以及横向的并列结合关系。这些关系网络的形成本身也就蕴含着新意义储存和保持的机制。同化论认为，意义的遗忘也是新旧知识相互作用的结果。

（3）陈述性知识的提取

现代认知心理学认为，知识提取的过程并不是把输入头脑中的东西原封不动地单独再现出来，而是对命题网络或图式进行搜索并做出决策的过程。

4. 陈述性知识的学习迁移

奥苏伯尔从学生的认知结构出发来解释陈述性知识的学习问题，并据此对学习迁移作了新的解释，提出了认知结构迁移理论。这一理论认为：

1）一般的迁移模式如图 13-1 所示，在这里仍然适用。但先前的学习不只是 A，还应该包括过去经验，即累积获得的、按一定层次组织的、适合当时学习任务的知识体系，而不是最近经验的一组刺激—反应的联结。

2）在有意义的学习与迁移中，我们所说的过去经验的特征，不是指前后两个课题在刺激和反应方面的相似程度，而是指学生在一定知识领域内认知结构的组织特征，诸如清晰性、稳定性、概括性、包容性等。在学习课题 A 时得到的最新经验，并不是直接同课题 B 的刺激—反应成分发生相互作用，而只是由于它影响原有的认知结构的有关特征，从而间接影响新的学习或迁移。

3）在一般的课堂练习中，并不存在孤立的课题 A 和课题 B 的学习，学习 A 是学习 B 的准备和前提；学习 B 不是孤立的，而是在同 A 的联系中学习。因此，在学校学习中的迁移，很少有像在实验室条件下严格意义的迁移。这里，学习迁移所指的范围更广，而且迁移的效果主要不是指运用一般原理于特殊事例的能力（派生类属学习的能力），而是指提高了相关类属学习、总括学习和并列结合学习的能力。因此，无论在接受学习还是在解决问题中，凡有已形成的认知结构影响新的认知功能的地方，就存在着迁移。

（二）程序性知识的学习

1. 程序性知识的表征

现代认知心理学认为，程序性知识是以产生式及其系统来表征的。产生式是表征程序性知识的最小单位。人经过学习，其头脑中储存了一系列以如果—那么形式表示的规则，这种规则称为产生式。一个产生式是一个由条件和动作组成的指令，条件是指产生式必须具备的情况概述（用如果从句表示），而动作则指由条件引起的外部行为或在记忆中发生的变化（用那么从句表示）。经过练习，简单产生式可以组合成复杂的产生式系统。这种产生式系统被认为是复杂技能的心理机制。

2. 程序性知识的分类

传统心理学把技能（程序性知识）分为两类：运动技能和智力技能。运动技能又叫动作技能，是指借助于对骨骼肌肉系统的协调而实现的外部活动方式。智力技能也叫认知技能，是指借助于内部言语在头脑中进行的认知活动中的心智操作方式。

现代认知心理学又把程序性知识分为两类：模式识别程序和动作序列程序。模式识别程序是对内外刺激模式进行分类和判断的基础。动作序列程序是连续的操作的基础，它不仅要识别模式，而且要进行一系列操作，也就是使对象的状态发生改变。

3. 程序性知识的学习过程

现代认知心理学认为，程序性知识的学习过程一般包括 3 个阶段：①陈述性知识阶段，在这一阶段行为程序以陈述性知识的形式被学生学习；②转化阶段，通过应用规则的变式练习，使规则的陈述性形式向程序性形式转化；③自动化阶段，这是程序性知识发展的最高阶段，规则完全支配人的行为，技能运用达到相对自动化。

下面我们简要介绍一下运动技能和智力技能的学习过程。

（1）运动技能的学习过程

一般认为，动作技能的形成经历了以下 3 个相互联系又相互区别的阶段。

1）动作技能结构的认知定向阶段。这是技能形成的开始阶段。是指学生通过对动作方式的了解，从而在头脑中形成关于动作的映象的过程。

2）动作系统初步形成阶段。这是动作技能形成的过渡阶段。在这个阶段，人们把认知定向映象付诸执行，做出相应的操作，在掌握局部动作的基础上，开始把个别动作结合起来，以形成比较连贯的动作，初步掌握动作系统。

3）动作协调和完善阶段。这是技能形成的最后阶段。在这个阶段，人们学习的各种活动在时间上和空间上彼此协调起来，构成一个连贯的稳定的动作系统。

（2）智力技能的学习过程

一般认为，智力技能的形成分为 5 个阶段。

1）活动（动作）的定向阶段。也就是了解和熟悉活动的任务，知道做什么，怎么做，从而在头脑中构成活动本身和结果的表象，使活动确定方向。

2）物质和物质化活动阶段，即借助实物、模型或图表进行智力活动的阶段。

3）出声的外部言语阶段，这一阶段的特点是不依赖于实物或物质化的客体而凭借出声的外部言语来进行智力活动。

4）不出声的外部言语阶段。即以词的声音表象和动觉表象为支柱进行智力活动的阶段。

5）内部言语活动阶段。在这一阶段中，无声外部言语已过渡到内部言语，内部言语成为智力活动的工具，使智力活动获得简化、自动化的性质。

（3）练习和练习曲线

形成技能的基本途径是练习。练习是在反馈作用的参与下，反复多次地进行一种动作。

练习的进程也反映着技能形成的过程。练习的进程可以用"练习曲线"来表示。所谓练习曲线，是表示某种技能形成过程中练习次数与练习成绩关系的图线（见图 13-2）。

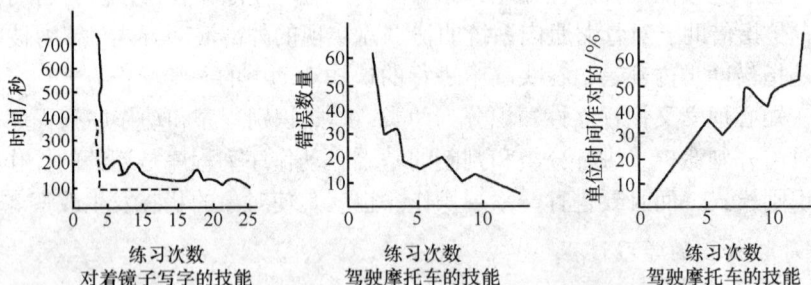

图 13-2　练习曲线的种类

练习曲线反映出练习进程的一般趋势，它主要表现为以下 4 个方面：

1）练习成绩随练习的进程逐步提高。这种趋势表现为练习的速度加快和准确性提高。

2）练习成绩的起伏现象。在技能的形成过程中，经常可以看到成绩时而上升，时而下降的现象，这就是练习的起伏现象。

3）练习进程中的高原现象。在技能形成过程中，练习的中后期往往出现进步的暂时停顿现象，称为"高原现象"。高原现象是练习成绩的暂时停顿现象，是练习进程中的正常现象，它和生理的极限和工作效率的绝对顶点是不同的。

4）练习进程的个别差异。练习进程除了表现出上述的共同趋势外，还表现出明显的个别差异。如一个人学习不同的技能或不同的人学习同一种技能，练习的进程是各不相同的。

4. 程序性知识的学习迁移

迁移也是程序性知识的学习过程的一个重要方面。J. R. 安德森于 1989 年提出了迁移的产生式理论，对程序性知识学习中的迁移问题作了较有说服力的解释。其基本思想是：先后两项技能学习产生迁移的原因是两项技能之间产生式的重叠，重叠越多，迁移量越大。

J. R. 安德森认为，这一迁移理论是桑代克相同要素说的现代化。在桑代克时代，心理学没有找到适当的形式来表征人的技能，以致错误地用外部的刺激和反应（即 *S-R*）来表征人的技能，所以不能反映技能学习的本质。信息加工心理学家用产生式和产生式系统表征人的技能，抓住了迁移的心理实质。所以，导致先后两项技能学习产生迁移的原因，不应该用它们共有 *S-R* 联结的数量来解释，而应该用它们之间共有的产生式数量来解释。

三、学习策略

学会学习对于学生来讲是一个重要的能力，教会学生学习、教会学生思考已成为近年来世界各国关注的焦点问题。学会学习这个概念最初来自哈罗（H. F. Harlow，1949 年）以动物为对象的实验，后来在儿童的实验中也得到验证。他的结论是，先前学习所获得的经验成为一种学习的定势，会使后来的学习得到稳步的改进。换句话说，动物和儿童学会了学习。现代心理学家们认为，学会学习即具备自学能力和掌握、运用学习策略的能力，这是教育心理学中的一个新领域。掌握学习策略已成为衡量学生学会学习、学会思考的根本标志。

（一）什么是学习策略

关于学习策略，不同的研究者从不同的角度提出了自己的看法，定义不一。一般来说有 4 种：①把学习策略看作是内隐的学习规则系统（Dully，1982 年）；②把学习策略看作是具体的学习方法或技能（Mayer，1988 年）；③把学习策略看作是学习的程序与步骤（Rigney，1978 年）；④把学习策略看作是学生的学习过程（Nisbet，1986 年）。

我国学者总结上述观点也提出了自己的定义：①学习策略，就是学习者为了提高学习的效果和效率，有目的有意识地制定的有关学习过程的复杂的方案。（陈琦、刘儒德，1997 年）；②学习策略，简单地说，就是学习者在学习过程中主动对学习材料进行加工以提高学习效率的活动方式或方法。一般认为其主要成分是策略选择运用和元认知。综合看来，学习策略是学习者通过学习而形成的、用以主动调控学习过程、提高学习效率的一系列活动。（章志光，2002 年）；③学习策略是指学习者在学习活动中有效学习的程序、规则、方法、技巧及调控方式（刘电芝等，1997 年）。

从以上不同的定义中可以看出，关于学习策略不同的定义之间存在着很大的明显的分歧。它有以下特点①可指总的学习思路与方法，也可以指具体的活动或技巧；②可能是外部行为，即外显的操作程序与步骤；也可能是内部的心理活动，如内隐的思维过程；③对学习的影响，有的是直接影响，有的是间接影响；④对策略的运用，可能意识得到，也可能意识不到；⑤策略的应用有水平层次之别。

综上所述，我们认为凡是有助于提高学习质量、学习效率的程序、规则、方法、技巧及调控方式均属学习策略范畴。学习策略的应用水平是衡量个体学习能力的重要尺度，是制约学习效果的重要因素之一，是会不会学习的标志。（刘电芝等，2002 年）

（二）学习策略的分类

从 1956 年布鲁纳等人开始注意到策略的运用对学习效果的影响开始，学习策略的研究领域不断发展变化。学习策略研究领域经历了生疏的认知任务→通用学习策略→学科学习策略的发展历程。关于学习策略的体系研究也有通用学习策略的研究和学科学习策略的研究。不同的研究者对于学习策略的成分、体系和分类提出了自己不同的看法。我们主要介绍麦卡尔（Mckeachie）的观点。

麦卡尔等人在 1990 年对学习策略的成分进行总结。他们认为，学习策略包括认知策略、元认知策略和资源管理策略三部分。详细内容见图（见图 13-3）。

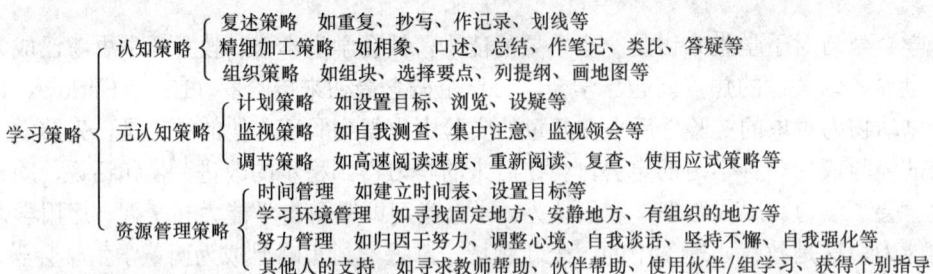

学习策略
- 认知策略
  - 复述策略　如重复、抄写、作记录、划线等
  - 精细加工策略　如相象、口述、总结、作笔记、类比、答疑等
  - 组织策略　如组块、选择要点、列提纲、画地图等
- 元认知策略
  - 计划策略　如设置目标、浏览、设疑等
  - 监视策略　如自我测查、集中注意、监视领会等
  - 调节策略　如高速阅读速度、重新阅读、复查、使用应试策略等
- 资源管理策略
  - 时间管理　如建立时间表、设置目标等
  - 学习环境管理　如寻找固定地方、安静地方、有组织的地方等
  - 努力管理　如归因于努力、调整心境、自我谈话、坚持不懈、自我强化等
  - 其他人的支持　如寻求教师帮助、伙伴帮助、使用伙伴/组学习、获得个别指导

图 13-3　学习策略分类

（三）几种典型的学习策略简介

1. 认知策略

认知策略是加工信息的一些方法和技术。这些方法和技术能使学习、记忆及问题解决等信息加工活动比较有效地进行。认知策略可以分为陈述性知识的认知策略和思维、解决问题的认知策略。比如，复述策略、精加工策略、组织策略等。

2. 元认知策略

元认知是对认知的认知，具体地说，是关于个人自己认知过程的知识和调节这些过程的能力，它具有两个独立但又相互联系的成分：对认知过程的知识和观念与对认知行为的调节和控制。

元认知策略即监控策略，是指学习者对自己学习过程的有效的监视和控制。元认知策略是和认知策略一道起作用的。认知策略是学习过程不可缺少的工具；元认知则监控和指导认知策略的运用。元认知策略概括起来有三类：计划策略、监控策略、调节策略。

元认知策略与学习的关系见图 13-4。

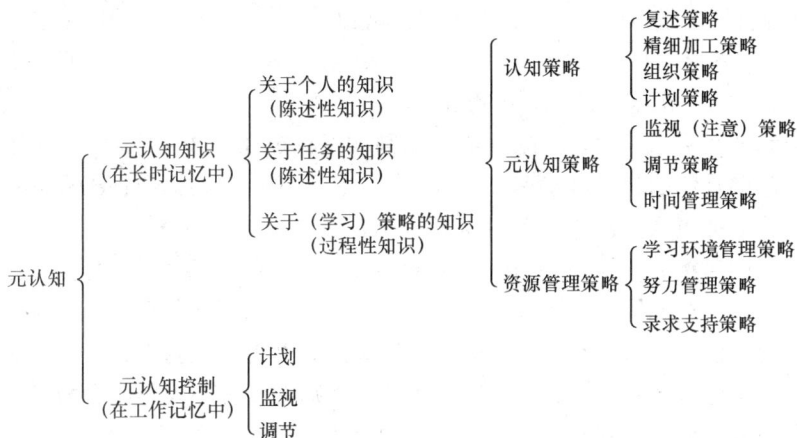

图 13-4　元认知分类

（1）复述策略

复述策略是在工作记忆中为了保持信息，运用内部语言在大脑中重现学习材料或刺激，以便将注意力维持在学习材料上。在学习中，复述是一种主要的记忆手段，许多新信息，如人名、地名或外语单词等，只有经过多次复述后，才能在短时间内或长期记住。常见的复述策略有：及时复习、经常复习、有意识记和无意识记相结合，尝试背诵和反复阅读相结合等。

（2）精细加工策略

精细加工策略是一种深层加工策略，它是为了寻求字面意义背后的深层意义，将新学材料与头脑中已有知识联系起来，以增加新信息的意义。一个新信息与其他信息的联系越多，能回忆出该信息原貌的途径就越多，提取的线索就越多，回忆就越容易。因此，这是一种理解记忆的策略，和复述策略结合使用，可以显著提高记忆效果。如位置记忆法、谐音联想法、缩简和编歌诀、关键词法、视觉想象等。

（3）组织策略

组织策略是整合所学新知识之间、新旧知识之间的内在联系，形成新的知识结构。当然，组织策略和精细加工策略是密不可分的，如做笔记和写提要等等实际上是两者的结合。一此组织策略如系统结构图、列提纲、一览表、方阵图、流程图、模式和模型图、网络关系图等。

（四）学习策略的训练

学习策略既是促进学习的条件，又是学校教育的重要目标。心理学家通过研究认识到，学习策略不仅是可以教的而且是可以迁移的。

许多教育心理学家研发了各种学习策略训练教程，并进行了实验性的训练研究。例如，约翰等人的学习策略指导教程；丹瑟路学习指导教程；温斯坦的认知策略教程；赫伯的内容指导学习教程等。

Oxford（1990年）提出了策略训练的8个步骤：①确定学习者的需要和有效的学习时间；②选择良好的学习策略；③整体考虑策略的训练；④考虑动机因素；⑤实施完整的策略训练；⑥准备材料和设计活动；⑦评价策略训练；⑧矫正策略训练。前五步为计划和准备步骤，后三步为实施、评价和矫正。

托马斯和罗瓦提出了学习策略训练的原则：①特定性；②生成性；③有效的监控；④个人效能感。具体的学习策略有：①划线；②做笔记；③写提要；④提问；⑤生成性学习；⑥图式—故事语法；⑦先行组织者等等。

教师教育的目标之一就是要帮助学生学会使用有效的学习策略。但是，常常有许多学生把学习中的困难归因于缺少能力，而实际上，他们的问题是在于，从来没有人教过他们如何学习。他们自以为都懂了，但却不知道用什么方法测查自己是否真懂了，只有到考完了，才知道自己并不懂这些材料。因此，教师的任务不仅是结合教学内容教学生具体的学习策略，而且，要教学生积极地适时地选用有效的学习策略。

有效地进行学习策略教学的措施：

1）要确定学生重点掌握的学习策略并对其结构进行分析，真正使策略的每个步骤具体化、可操作化。

2）教学方法应灵活多样。根据实际情况采用不同的方法，如发现法、观察模仿法、有指导的参与法、专门授课法、直接解释法和预期交互法等。

3）结合学科知识的教学进行训练。

4）注重元认知策略的培养，教会学生如何运用学习策略。除了教一般的学习策略外，还应让学生懂得为什么、何时、何处运用策略，知道自己策略的不足。

5）培养自我调节学习的能力。自我调节的学习是这样的一种学习：在学习中，学生积极主动地激励自己并使用适当的学习策略。自我调节的学习者是一个积极的学习者，而不是被动的学习者。自我调节的学习就是积极使用学习策略的过程和能力。很多学生知道或者学会了很多学习策略，但从不尝试去用，所以对于他们来讲，这些学习策略是没有用的。因此培养学生自我调节学习的能力是非常必要的。

思考与练习

1. 什么是心理发展？心理发展的条件和动力是什么？
2. 初中生心理发展的矛盾表现在哪些方面？针对这些矛盾，如何进行教育？
3. 高中生心理发展的矛盾是什么？如何进行教育？
4. 如何正确理解学习？
5. 什么是迁移？
6. 简要叙述知识的学习过程。
7. 如何理解学习策略？

第十四章
人际心理

人是社会性动物。人在社会中生存必然会受到社会其他成员及社会本身的影响，同时反过来影响群体其他成员并对其发生影响，即个体和群体相互影响。这种相互影响包括个人间相互作用与相互关系所发生的影响、群体对于个人的影响、大社会运行机制对个人的影响及社会文化背景对于个人的影响等多个方面。我们主要介绍在群体背景中人与人之间的相互作用所形成的人际关系、人际认知、人际吸引和人际影响等。

第一节　人际认知

在社会生活中，人与人之间的交往，首先要了解他人的需要、兴趣与动机，分析、判断相互之间的关系，并以此为依据采取相应的交往态度和行为。人际认知是指个人对他人的心理状态、行为动机与意向及人与人之间的关系进行推测和判断的过程。人际认知主要包括对他人的认知、对他人与他人之间关系的认知等。在这一节中主要介绍对他人的认知。

对他人的认知是指与他人交往时通过对他人外部特征的知觉，从而判断他人的需要、动机、兴趣、情感和人格、行为的原因等心理活动的过程。对他人的认知过程是一复杂的过程，包括了感知、表象、记忆、判断、推测和评价等一系列复杂的认识活动。对他人的认知的结果决定了双方是否互相喜欢的程度，决定了双方的交往行为，决定了双方关系的走向。

一、对他人认知的内涵

一个人身上看得见看不见的特征很多，如性别、种族、外貌、仪表等自然特征；身份、角色等社会特征；情绪、能力、性格等心理特征。但是人们对他人的认知却是在很短的时间内，根据有限的情境和信息完成的，如"一见钟情"。人们在很短的时间内，首先注意到的是人的哪些特征呢？又是如何从看得见的特征中去推测看不见的特征呢？

人们在最初的交往中，最先引起他人注意的是人的自然特征，包括性别、种族、外貌、仪表等。外表吸引力一直是社会心理学家感兴趣的问题，人们通常会从一个人的外表去推测他的其他品质，如人们看到一个人的穿着十分保守，就会去推测他的性格中有保守的成分。社会心理学家研究表明：人的外表吸引力具有"辐射效应"，使人们对于富于魅力的人的判断具有明显的倾向性，对他的其他方面做出更为积极的评价。总之，人们的服饰、发型等仪表特征为知觉一个人的年龄、职业、角色与身份提供了信息，并部分地反映出一个人的动机、性格等特征，特别是在初次接触时，起到重要作用。

对一个人的情绪、人格等心理特性的了解，可以通过他的表情、言语、行为、生活经历等。观察一个人的表情动作可以了解一个人的情绪状态，表情动作包括面部表情、身体动作、手势、眼神、视线、语调等。埃克曼和弗里森（P. Ekman & W. V. Fiesen）等人的研究证明人的许多面部表情似乎在全世界都代表着相同的意义而与个人生长的文化环境无关，所以人们可以根据面部表情较为准确的推断他人的情绪、情感。但人毕竟具有社会性，情绪的表达会受到社会文化的制约，人们可以控制自己的面部表情，这就会影响到他人对情绪判断的准确性。但人们要想完全掩盖自己的情绪体验也是很难的，情绪也会从语调、身姿、目光等多种非言语线索中泄露出来。

人的人格是在相当长的时间中形成的较为稳固的心理品质，是个体的多种心理特征的组合。了解一个人的人格要"听其言，观其行"，既要了解他过去的生活经历，又要在长时间内反复地在各种情境下加以观察，最后概括出较为稳固的、反映其动机、意向、态度、价值观、能力等的人格特征。

此外，对他人的认知还依赖于认知者本人的知识经验、态度和价值观、世界观等。如，待人宽厚的人易见他人的优点和长处，待人苛刻的人善于找出他人的不足和毛病。人们对他人的认知对其知识经验和观点态度具有依存性。

另外，一个认知者本人的情绪状态也会影响到对他人的判断。心理学家墨莱（H. A. Marray，1933 年）发现，在女孩刚做过一种吓人的游戏，情绪仍处在恐惧状态时，给她们看一些别人的表情照片，她们会认为照片的表情也是恐惧的，而没有做恐怖游戏的女孩则没有这种表现。一般说来，非常兴奋的情绪易泛化到被评价的对象身上，使评价偏高；恶劣的情绪状态下，易把本来好的东西也看得不好。

人们在交往中，常常很快就会从对人们外表和行为的观察转向对他们的人格的判断，把分离的特征整合在一起形成一个整体的印象。把他人若干有意义的人格特征进行概括、综合，形成一个具有结论意义的特性的过程，叫做印象形成。

二、对他人印象的形成

（一）印象形成的过程

认知心理学家认为印象形成是认知者主动地、有组织地将关于认知对象的信息整合成紧凑的、有意义的印象的过程，而不是孤立地将一些特征加以平均化。人都是有选择地接受信息并将其统合成一个有意义的整体。在这一过程中，人们往往要采取一些捷径使信息加工的效率更高。

1. 好恶评价是第一印象形成中的最重要的维度

与某人第一次相遇，喜欢不喜欢这个人，起最重要作用的维度是对这个人的好恶评价。

社会心理学家奥斯古德（C. E. Osgood，1957 年）等人的实验研究发现，人们主要从 3 个基本维度来形成和描述他人的印象，即评价维度（好—坏）、力量维度（强—弱）、活动维度（主动—被动）。其中评价维度可以将许多信息组织起来形成一个完整的印象，一旦人们对他人的判断在这个维度上确定了，其他两个维度作用就不太大了。

罗森伯格（S. Rosenberg，1968 年）等人进一步研究发现人们往往根据社会的和智慧的品质去评价他人。D.L.汉米尔顿（1974 年）发现：社会属性的特征主要影响人们对他人的喜欢与否及喜欢程度；智力属性的特征主要影响人们对他人是否尊敬及尊敬的程度。

2. 中心性品质

在印象形成中各种特质或信息的重要性是相同的吗？阿希（S. E. Asch，1946 年）通过实验证明了中心品质的存在及作用。阿希将那些与刺激物的其他若干特征联系密切、对印象形成具有重大影响力的品质称为中心品质。在印象形成中，人们只要抓住与其他品质关系密切的中心品质，便可大致推知这个人的其他品质。

阿希（1946 年），凯利（H. H. Kelley，1950 年）通过实验证明：热情—冷淡是印象形成中的中心性品质。不过不同文化背景下的中心品质可能会有不同。我国台湾心理学家杨国枢的研究则指出，中国人比较重视伦理道德方面的评价，"善良诚朴"和"阴险浮夸"这样的特性在中国人的印象形成中就有着很重的分量。

3. 信息的先后顺序对印象形成的影响

卢钦斯（A. S. Luchins，1957 年）的实验证明了信息的先后顺序在对他人印象形成中的影响：首因效应和近因效应。

首因效应是指最先接收到的信息对人形成印象具有强烈影响的现象；近因效应是指最后接收的信息对人们形成印象具有重要作用的现象。卢钦斯认为，在关于某人的两种信息连续出现时，首因效应起作用；在关于某人的两种信息断续出现时，近因效应起作用，而且信息之间的间隔越长，近因效应就越明显。也有的学者认为，陌生人之间交往时，首因效应强烈；熟人之间交往时，近因效应突出。另外，也有人认为，人的个性特点也会影响到两种效应：具有开放、灵活的个性的人对他人印象形成中注重近因效应；自我肯定明显的人对他人印象形成中首因效应突出。

4. 平均化法则

在印象形成中，如何把关于一个人的各种信息加工处理，整合成一个完整的印象呢？社会心理学家提出了 3 种印象形成中信息整合的法则：叠加法则、平均法则和加权平均法则。

叠加法则认为人在形成印象时将各个独立的信息叠加在一起形成总的印象。平均法则是人在形成印象中，人们接收到的信息对其单独加工，然后把他们平均起来从而形成一种总体印象。例如，某人具有机智、学识渊博、沉着、自信、不讲究衣着 5 个特点，按照 −5～+5 标准对这些品质加工，得分为：+4、+4、+2、+3、−2，根据叠加法则，结果为 11，根据平均法则，结果为：11/5=2.2，虽然都为正性印象，但程度上有很大差别。进一步接触后，发现该人还比较谨慎，打分为 +1 分，根据叠加法则，结果为 11+1=12，印象更好；根据平均法则：结果为 12/6=2，印象稍微变差。

那么两种法则究竟哪一种更为合理？安德森（N. H. Anderson，1959 年，1965 年）

通过一系列实验证明平均法则更正确。他发现当一则中等合意的信息与先前很合意的信息结合后，总的评价不仅没有增加反而降低了。而两个很强的消极品质比两个很强的消极品质加上两个中等的消极品质所产生的印象更坏。

经过进一步的研究，安德森（1968年）提出了信息的加权平均法则，根据这一法则，人们将所有品质平均起来形成形象，但给予那些他们认为最重要的品质以更大的权数。

（二）对他人印象形成中的偏差

对他人印象形成的过程往往十分迅速，结论建立在少量信息基础之上，譬如外貌或者性别。人们在有限的情境下从有限的接触中形成对他人的印象，就不可避免地会产生偏差。除了前面讲的首因效应、近因效应等，还有其他的心理效应。

1. 晕轮效应

晕轮效应是指当认知者对一个人的某种特征形成好的或坏的印象后，他还倾向于据此推论该人的其他方面的特征。如果认为某人是"好的"，则该人被一种好的光环所笼罩，并被赋予一切好的品质；如果认为某人是"坏的"，则该人被一种坏的光环笼罩住，这个人的所有品质都被认为很坏。这种消极品质的晕轮效应也称扫帚星效应。晕轮效应是一种"以偏概全"的评价倾向，严重者可以达到"爱屋及乌"的程度。

2. 刻板效应

刻板效应是指人们对某个群体中的人形成的一种概括而固定的看法，即刻板印象，是类别化的产物。在对他人的认知过程中，个体往往将信息分门别类处理，"物以类聚，人以群分"，人们总是倾向于以一定的标准将人归类，这一过程就是类别化。类别化在对他人的认知中可以加快信息加工的速度，简化认知过程，但也常常会导致偏差，因为过分简化会隐没了某些个体身上独特的东西。群体中的某些个体虽属于群体，其特征并非与群体特征一致，在这种情况下，类别化就会导致过度概括的错误。

3. 宽大效应

个体在评价他人时，往往更多地对他人作出积极的、肯定的评价，即对他人的正性评价超过负性评价，表现出一种特别宽大的倾向，这是积极性偏差，也称"宽大效应"。西尔斯（D. O. Sears，1983年）认为，"宽大效应"只在对人的认知时发生，而对物的认知则不一定发生。原因有二个，一是对他人作出积极的评价会使被评价者和评价者都感到愉快，因此人们宁愿积极地评价他人，特别是在缺乏其他信息资源的情况下；二是人们在社会生活中遵循由马特林（K. Matlin，1978年）等提出的"极快乐原则"，如果周围的事情都是好事，人们的感觉会更好，愉快的事情总是比不愉快的事情多，即使偶尔遇到不愉快的事情，仍然能够较好的评价周围的环境，在大多数时间中对大多数事件做出"高于平均水平"的评价。

4. 负性效应

负性效应是指人们在印象形成中，会特别注意负面信息，即在其他条件相同的情况下，负性特质对印象的形成比正性特质大。人们根据他人的消极品质形成的印象很难改变，与建立在积极品质基础上的评价相比，人们更相信建立在消极品质上的评价。侯玉波等人（1998 年）在一项有关评价的研究中也发现，中国人在评价他人的行为时，往往是以做错了什么来评价他人，而不是以他人正确的行为加以评价。为什么会有负性效应？是人们在形成印象时遵循图像—背景原则，即直接关注那些从背景中突出出来的刺激——图像，而对于图像所处的背景或环境则注意较少。

三、对他人行为的归因

人们在交往过程中，往往会根据他人行为发生的情境，就行为者的动机和意图进行推理性的分析，进行归因，然后做有效的决定，采取必要的行动。

归因是指人们对他人或自己行为原因的推论过程。进行归因的目的在于能预测、评价人们的行为，以便对环境和行为加以控制。最早对归因进行研究的是美国心理学家海德（F. Heider，1944 年，1958 年），他认为行为的后果主要受两种因素的影响：个人因素（即内部因素）主要包括个人的能力和动机等，环境因素（即外部因素）主要包括工作本身的难易程度和运气等。在海德的归因理论的基础上，后来很多心理学家进行了更为深入地研究，提出了各种各样的归因理论。下面介绍一下凯利的三度理论和韦纳的成败归因理论。

凯利（H. H. Kelley，1967 年）的三度理论是对海德理论的扩充和发展。他认为，人们在归因的过程中总是涉及三方面的因素：客观刺激物（存在）、行动者（人）、所处的关系或情境，这 3 个方面构成一个协变的立体框架，遵循协变性原则。对这 3 个因素的任何一个因素的归因都取决于 3 个变量：区别性、一贯性和一致性。区别性是针对刺激物，即行动者是否不对同类其他刺激作出相同的反应；一贯性是针对情境，即行动者是否在任何情境和任何时候对同一刺激作相同的反应；一致性是针对人，即其他人对同一刺激是否也作出与行动者相同的反应。根据这 3 个方面的信息和协变，我们可以对人的行为作出相对正确的归因。表 14-1 凯利的归因理论提出了归因过程的严密的逻辑分析模式，是一个理想化的模式。

表 14-1　3 种行为信息的协变与归因

行 为 信 息			归 因 类 型
区别性	一贯性	一致性	
低	高	低	人
高	高	高	刺激物
高	低	低	情境

韦纳（B.Weiner）成败归因理论对成功和失败的原因进行了分析。韦纳（1971年，1979 年，1982 年）把人的失败和成功归于 3 个维度：内部—外部（内部因素有能力和努力、外部因素是任务的难度和运气）、稳定—不稳定、可控—不可控，这 3 个因素相互关联。通过这 3 个维度才能做出总结性的归因，见表 14-2。韦纳还特别

强调个人所处的文化背景以及不同社会观点、个人技巧、人际关系等因素在成败归因上的特殊地位。韦纳的归因理论最为引人注目的是归因结果对个体以后成就行为的影响。

表 14-2　韦纳改进后的归因模型（1982 年）

	内　部		外　部	
	稳定	不稳定	稳定	不稳定
可控制	特定的努力	针对某事的暂时努力	老师的偏见	来自他人的偶然的帮助
不可控	特定的能力	心境与情绪	考试难度	一个人的运气

归因理论所描述的基本上是一种合理的、有逻辑的过程，但是人们在归因时，并不总是符合逻辑又合乎情理的。也会出现归因偏差，如人们对自身原因的分析与旁观者对同一行为的分析就是不同的，行动者倾向于强调情境的作用，作出情境归因；而旁观者倾向于强调行动者特质的作用，作出内部归因。人们可以通过归因训练，使个体掌握某种归因技能，纠正归因偏差，形成比较积极的归因风格。

第二节　人 际 关 系

一、人际关系概述

（一）什么是人际关系

人际关系是指人与人之间通过动态的相互作用形成起来的情感联系。这种动态的相互作用要经过一系列的变化过程，才会使得人与人之间相互关联的状态逐渐从无到关系密切。主要表现为以下几种情况：

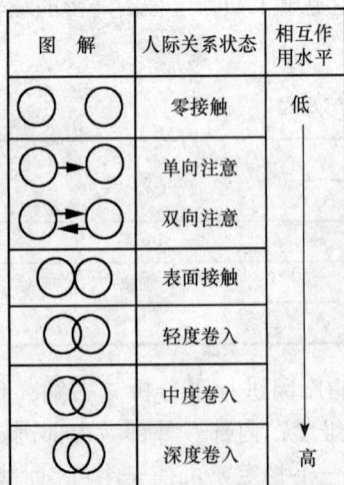

零接触——两个人互相不知道对方的存在，彼此无任何关系；知晓——一个人知道另一个人的信息，但未发生任何接触；表面接触——两个人开始互动，如借谈话或书信来往；共同关系——两个人依赖程度增加。在共同关系中，按照情感卷入的相对程度，可将人际关系分为轻度卷入，中度卷入和深度卷入 3 种。在通常情况下，人们只同极少数人能够达到这种人际关系深度，有些人从来没有与任何人达到这种深度的关联，还有一些人终其一生与别人关系都只处于比较肤浅的水平。

图 14-1 以图解的方式，表示了人际关系的各种状态及其相互作用水平的递增。图中圆圈

图　解	人际关系状态	相互作用水平
○　○	零接触	低
○→○	单向注意	
○⇄○	双向注意	
◯◯	表面接触	
⦿○	轻度卷入	
⦿◯	中度卷入	
◎	深度卷入	高

图 14-1　人际关系状态及其相互水平

表示人际关系涉及的双方。

人际关系的本质是一种情感的社会交换。人际关系一经建立，就会对人的行为产生各种不同的影响。和谐的人际关系是对人发生积极影响的前提，能提高人们的工作效率，满足人们的各种需要，影响人们的态度和行为。

（二）人际关系的建立与发展

良好的人际关系的建立与发展，从交往由浅入深的可以分为 4 个阶段：定向阶段、情感探索阶段、感情交流阶段、稳定交往阶段（I. Altman & D. A. Taylor，1973 年）。

定向阶段包含对交往对象的注意、抉择和初步沟通等方面的心理活动。注意是初步的选择，反映着某种需要倾向。抉择是理想的选择，与人的价值观有关。初步沟通是试图与对象建立某种联系的实际行动，为未来发展获得明确的定向。人际关系的定向阶段的时间跨度因人而异，有的可能相见恨晚，一见钟情，但有的可能要经过长时间的接触才能完成。

情感探索阶段的目的是彼此探索双方在哪些方面可以建立真实的情感联系，而不是仅仅停留在一般的正式交往模式。这一阶段的沟通广度和深度增加，但仍避免触及隐私话题，彼此还都注意自己表现的规范性。

感情交流阶段，双方关系的性质开始出现实质性变化，此时双方在人际关系安全感已经得到确立，因而谈话也开始广泛涉及自我的许多方面，并有较深的情感卷入。如果关系在这一阶段破裂，将会给人带来相当大的心理压力。

稳定交往阶段，人们心理上的相容性会进一步增加，自我暴露也更广泛深刻。人们已经可以允许对方进入自己高度私密性的个人领域，分享自己的生活空间和财产。在人们的实际生活中，一个人同其他人的关系很少能达到第四阶段，而仅仅在第三阶段的同一水平上简单重复。

（三）人际关系建立的原则

虽然人与人之间的关系纷繁复杂，交往的目的互不相同，但人际关系的建立一般来说存在着两个基本的原则：交互原则和功利原则。

1. 交互原则

阿伦森等（E. Aronson & D. Linder，1965 年）通过实验研究发现，人际关系的基础是人与人之间的相互重视、相互支持。许多研究也证明，对于真心接纳、喜欢我们的人，我们也倾向于接纳对方，愿意和他们交往并建立和维持关系，相反，对方如果表现出不喜欢、排斥我们，我们也倾向于排斥、疏远对方。因为任何人都有保护自己心理平衡的稳定倾向，都要求自身同别人的关系保持某种适当性和合理性，并以此来解释自己的行为和别人的关系；与此同时我们也会把这种解释投射到与我们交往的人身上。当我们对对方作出了某种行为后，我们也会对对方的行为产生期待，如果对方的行为偏离了我们的期待，我们会产生不愉快的心情，对方也是如此。所以人与人之间的关系是相互的。

根据交互性原则，在与人交往时，必须首先接纳、肯定、支持、喜爱对方，保持在人际交往中的主动地位，否则，可能会遇到困难，甚至为对方所拒绝。

2. 功利性原则

在实际生活中，人与人的交往更多的时候不仅需要倾向的一致性，而且还需要保持交换的对等。人是理性的动物，要求自己的一切行动都有符合心理逻辑的充足理由。霍斯曼（G. C. Homans，1961 年）提出，人际交往本质上是一个社会交换过程。他（1974年）发现，只有当一种关系对人们来说是值得的，人们的交往行为出现，人际关系才可以建立和维持。

人们的一切社会交往行动及一切人际关系的建立和发展都与自己的价值观联系在一起。人们的价值观不同，人际交往中的社会交换机制也不同。有的人看重内在的感情价值，在人际关系中倾向于重情谊，轻物质；有的人重外在物质利益，在人际交往中更倾向于以物质利益的交换来衡量自己在人际关系中的得失。心理学家研究证实，人们在人际关系交往中会自然选择给双方带来最大满足的行为。

根据功利性原则，我们在同别人交往时必须时时注意关系的保护，无论怎么亲密的关系，我们都不能一味地只利用而不"投资"，否则，原来亲密的、值得维系的关系也会转化为不值得的疏远的关系，使我们的人际关系遇到困难。

二、人际沟通

沟通是人与人之间发生相互联系的最主要的形式。人醒着时大约有 70% 的时间，都是花在这样或那样的沟通过程中的。我们与别人交谈、读书、看报、上课、听广播、看电视，都是在进行沟通。

（一）什么是人际沟通

沟通一般是指人与人之间的信息交流过程。沟通对于人来说有着重要的意义。是人生存与发展的重要活动。我们知道，作为信息加工和能量转化系统的人类有机体必须与外部环境保持相互作用，必须接受外界的各种刺激，才能够维持正常的生命活动。对于人来说，人与人之间的沟通所提供的信息是具有社会性的信息，这种信息对于人来说比单纯的物理刺激更为重要。人与人之间的沟通对于智慧和智力的发展，对于保持良好的心理状态都有着重要的作用。

人际沟通过程一般来讲有 7 个要素构成，包括信息源、信息、通道、信息接受人、反馈、障碍和背景等，见图 14-2。

（二）沟通的类型

沟通的类型很多，它可以发生在自身和他人之间，也可以发生在自身之内，这是人际沟通和个人内沟通，我们所讲的就是人际沟通；人际沟通按照场合又分为正式沟通和非正式沟通；按照有无目的又分为有意沟通和无意沟通；不论什么样的沟通按沟通的方式分为语词沟通和非语词沟通。

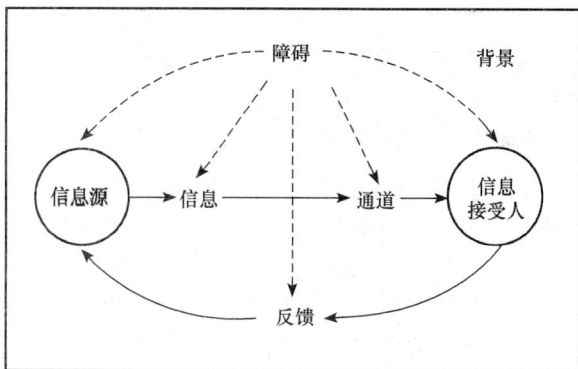

图 14-2　沟通过程及其构成要素

1. 语词沟通

语词沟通是指以语词符号实现的沟通。是沟通可能性最大的一种沟通，它使人的沟通过程可以超越时间和空间的限制。口语沟通和书面沟通是语词沟通的基本方式。

口语沟通是日常生活中发生最为经常的沟通方式。交谈、讨论、开会、讲课都属于口语沟通。口语沟通是保持整体信息交流的最好沟通方式。但有时会因为沟通时沟通者说出的话没有经过反复斟酌，而出现失误。书面沟通是借助于书面文字材料实现的信息交流。通知、广播、文件、报刊、杂志等都属于书面沟通形式。书面沟通不容易失误，准确性和持久性较高。

2. 非语词沟通

非语词沟通是指借助于非语词性符号，如姿势、动作、表情、接触及非语词性的声音和空间距离等实现的沟通。

非语词沟通的实现有 3 种方式：第一种是通过动态无声性的目光、表情动作、手势语言和身体运动实现沟通；第二种是通过静态无声的身体姿势、空间距离以及穿着打扮等实现的。这两种非语词性沟通称为身体语言沟通。专门研究身体语言沟通的研究领域称为身体语言学。第三种是通过非语词的声音，如重音、声调的变化、哭、笑、停顿来实现的。心理学家称非语词的声音信号为副语言，副语言在沟通中起着十分重要的作用。

非语词沟通在人际沟通中起着不可替代的特殊作用，其重要性不亚于语言符号。据权威学者伯德惠斯戴尔（R. L. Birdwhistell）的估计，在两人沟通的情景下，有 65% 的"社会含义"是通过非语言的方式传递的。美国心理学家梅热比给出了一个公式：相互理解＝38% 的语调＋55% 的表情＋7% 的语言。

> **知识窗**
>
> ## 近 体 学
>
> 美国人类学家霍尔（E. T. Hall, 1959，1963）对人类交往的空间距离问题所进行的研究很有名，由此提出了"近体学"或"人类空间统计学"的概念。霍尔认为

在人们沟通时互动双方的空间由近及远可以分为四圈，分别为亲密距离、个人距离、社交距离和公共距离。

亲密距离（0～44厘米）：在此距离内，人们的身体可以充分亲近或直接接触。沟通更多地依赖触摸觉，而不是视觉和听觉。在正常情况下，该距离是高度私密的，非正式的，只有夫妻、情侣、父母及孩子以及知己密友才能进入。

个人距离（44～122厘米）：这是非正式场合下，朋友和熟人之间进行交谈、聚会等的适当距离。身体接触很有限，主要是用视、听觉沟通。陌生人也可以进入这个距离，不过沟通时保持的距离更靠近远端。

社交距离（1.2～3.7米）：该距离适宜于正式社交场合，沟通没有任何私人感情联系的色彩。人们在正式社交活动、外交会谈、处理公务时相互都保持这种程度的距离，沟通进行时，需要更清楚的口头语言和充分的目光接触。

公共距离（3.7米以上）：这是完全开放的空间，可以接纳一切人，适合于陌生人之间，演讲者与公众之间进行沟通。

人们对人际空间距离的处理，除了受相互了解和亲密程度的影响外，还受文化背景、社会地位、性别等因素的影响。

【资料来源】全国十二所重点大学联合编写：《心理学基础》，教育科学出版社，2002年第1版，298页。

（三）沟通能力的提高

前边讲过，沟通是人与人之间发生相互联系的最主要的形式，但是如果沟通的结果是误解，那么还不如不发生沟通。因此提高沟通能力是建立与维持良好的人际关系的重要途径。提高沟通能力可以从以下方面入手。

1）明确自己的沟通状况。每一个人要充分了解自己的沟通状况，这是提高沟通能力的第一步。了解自己的沟通状况包括了解和评价自己的沟通情境、沟通对象；评价自己的沟通方式，知道自己在沟通过程中是主动沟通者还是被动沟通者，自己的注意水平是高还是低。高注意水平的沟通者不仅可以更准确更有针对性地发出信息，还能及时注意对方的反馈来调整自己，从而使沟通顺利进行；低注意水平的人往往只注意自己信息的发出，很少注意对方的反馈，从而使沟通很难流畅的继续。

2）提高沟通的准确性。准确是沟通成功的前提。提高沟通的准确性，首先要准确地表达自己的信息，能够将一件自己详细知道的事情描述出来，是准确表达的一个重要标志。其次，沟通者要站在信息接受者的角度来提供信息。只有当我们站在对方的角度去考虑问题，才可能选择出能够使别人准确理解我们的语词和符号。第三，保持对别人的各种反馈信息足够的敏感，及时接收和准确理解反馈，是准确沟通的一个重要环节。

3）正确使用身体语言。恰当使用身体语言与准确理解身体语言在沟通中非常重要。要正确使用身体语言，首先要增加对自己身体语言的自觉性。由于人的社会经验各不相同，因此有可能对相同的身体语言有不同的理解，从而在沟通中引起误解，所以要了解自己的身体语言的含义和使用的情境，并且在实际的人际交往过程中自然的运用并检查其有效性。其次，要理解对应于每一种社会情境，人们都有与自己的社会身份相符合的行为模式，社会角色与情境对于人的行为有一定的限制和规范作用。如果身体语言不能与社会角色和情境相对应，则不可能有效地实现沟通。

三、人际关系测量——社会测量法

了解各种人际关系的方法很多，除了我们非常熟悉的观察法、谈话法、作品分析法之外，主要有社会测量法。

社会测量法也叫伙伴选择法、人际关系测量法。它是测量群体成员间相互接纳或拒绝等人际关系的方法。是美国社会心理学家莫雷诺（J. L. Moreno，1934年）于20世纪30年代创立的。

使用社会测量法，可按下列步骤进行：

第一步，明确测量目的。如是了解群体中的具有领导才能的人，还是了解群体中的小团体情况，或者是了解群体成员间的亲疏关系等。

第二步，确定测量变量。要根据测量的目的决定。

第三步，选择方法。这是社会测量法的关键的一步。社会测量法所运用的选择方法有五种，分别为参数顺序选择法、非参数顺序选择法、非参数简单选择法、参数简单选择法、接纳水平等级分类法，见表14-3。

表14-3 社会测量法运用的选择方法，特点及适用范围

方 法 名 称	特 点	适 用 范 围
参数顺序选择法	顺序选择，人数确定	较大团体
非参数顺序选择法	顺序选择，人数不确定	较小团体
非参数简单选择法	简单选择，人数不确定	大小团体均可
参数简单选择法	简单选择，人数确定	大小团体均可
接纳水平等级分类法	等级选择，人数不确定	大小团体均可

第四步，编制测量问卷。设计问卷，向每个学生提2~3个标准问题，每个标准包括肯定与否定选择两个方面。在标准的强度方面，一般分为弱、中、强三类，最好采用强标准。例如，"春游时，我最喜欢（或不喜欢）和我班上谁在一起"属于弱标准，因为它所要求的伙伴关系是暂时性的；"如果重排座位，我最愿意（或不愿意）和谁同桌"，属于中标准，因为它反映的二人间的关系要更深更持久；"如果选举班长，我最信赖（或不信赖）的人是谁"，属于强标准，它反映的关系更深刻、更稳固。因此，在实际测量时，必须根据测量的目的和群体的性质，确定恰当的选择标准，设计出符合要求的问题。

第五步，实施测量。测量者要用一定时间熟悉群体的情况，与被测量者建立起一种相互信任的气氛和合作关系。测量者必须以真诚的方式向被试解释测量的目的和意义，并对测量问卷给予明确的说明，强调测验结果一定保密。

第六步，结果处理。将收集起来的问卷，进行整理，绘制出图表。结果处理一般用两种方式，表格法和图形法如图14-3和表14-4所示。

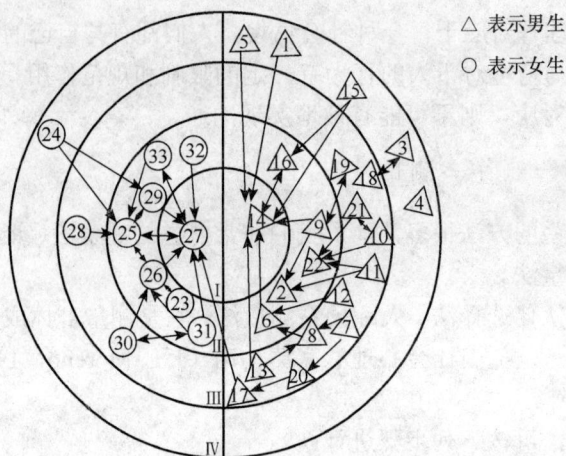

图 14-3　群体人际关系靶形图

表 14-4　接纳水平等级分类表　　　　　　　　　　　　　　姓名：李昭

问题 等级 编号 姓名		请指出对你来说每个人适合于哪种情况？				
		5 希望成为亲密朋友	4 愿意一起工作或学习	3 不愿在一起，但可偶尔交往	2 在同一班也可以，但不愿交往	1 不希望这个人与自己同班
赵欣	1	√				
越曼丽	2			√		
辛游	3		√			
王宾	4				√	
┊	┊					
韩彬	40					√
选择人数		10	8	12	7	3
被选人数		13	7	13	5	2

第三节　人际吸引

人际吸引是人与人之间的相互接纳和喜欢。人人都希望自己被人喜欢，也希望有自己喜欢的人。然而，怎样才能成为被人接纳和喜欢的人？这个古老而有生命力的话题，一直吸引着人们对此进行着不懈的探索。

一、人际吸引和自我暴露

自我暴露是指个体与他人交往时自愿地在他人面前真实地展示自己的行为、倾诉自己的思想。奥尔特曼（Altman）和泰勒（Taylor，1973 年）发现，良好的人际关系，是在人们自我暴露逐渐增加的过程中发展起来的。我们要想知道别人对我们有多高的接纳性，只需了解别人对我们的自我暴露深度如何。

鲁宾和什克（Z. Rubin & S. Shenker，1978 年）直接以大学生为研究对象进行了研究，把自我分成 4 个层次：最表面层次包括人们的情感兴趣爱好方面，如饮食、偏好、日常情趣、消遣活动的选择等；第二层次是人们的态度，如对某人的看法、对时事政治的观点，对某件事的评价等；第三层次是自我的人际关系与自我概念状况。如，我们同父母的关系，自己的夫妻关系，亲子关系，自己的情绪、自我评价等；这一层次的问题，人们都有很高的自我卷入，轻易不向别人暴露；第四层次，是属于自我中最为深层次的，通常称为隐私的方面。这一层次可能一辈子也不对任何人透露，如果某人向他人透露了他们这些方面，说明他们对他人的超乎寻常的信任和依赖，对于他人也不应该向其他任何人提起。

自我暴露遵循对等原则。自我暴露的对等过程反映了人们相互间建立信任的机理。通过了解别人在怎样的层次上对我们暴露自己，可以很好地了解别人对我们的信任和接纳程度；同样，我们自己对别人的信任和接纳程度也可以通过自己对别人暴露的自我的层次来了解。自我暴露的层次越深，说明我们在一种关系上卷入的程度也越深，但是不管多么深入的关系，都有不愿暴露的领域。因此我们没有理由因为关系亲密或者是情侣、夫妻、亲子关系而要求对方完全敞开心扉，更不能任意侵犯对方不愿暴露的领域。否则，对方会产生强烈的排斥情绪，从而导致对你的接纳性大大降低。

社会心理学家的大量实验证明了自我暴露是产生喜爱的关键因素。人们会向自己喜欢和信任的人暴露更多，同时人们也更喜欢那些将自己的信息大量透露给我们的人，而且暴露自己的私人信息给对方可以增加对对方的喜爱程度。但自我暴露也存在着性别差异和文化差异，不同性别的人、不同文化背景下的人对自我暴露的方式、内容、范围各有不同。有时自我暴露与喜爱的联系还取决于人们怎样看待一个人的自我暴露以及人们要建立的人际关系的性质和目标。

二、人际吸引的条件

人们在什么样的条件下可以相互吸引？通过心理学家们的研究，影响人际吸引的条件主要有以下几个方面：

（一）个人魅力—吸引

毫无疑问，具有个人魅力的个体总是受人们的喜爱和欢迎。个人魅力一般表现在一个人的外貌、才能、个性特征上。

外貌影响人们的吸引力与交往，不仅日常生活事实的观察证明了这一点，而且严格的社会心理学的实验也证明了这一点。外貌魅力会引发"辐射效应"，使人们对高魅力者的判断具有明显的倾向性。在其他条件相似的情况下，具有美丽外表的人往往引起人们更多的关注、好评和喜欢，更有机会获得成功。但随着了解的深入，其作用会逐渐减弱，个人的魅力更多取决于才能和良好的个性品质。

研究表明，才能与被人喜欢的程度在一定限度内成比例关系，超出这个范围，其才能造成的压力就会使人倾向于逃避或拒绝。这是因为，人对于别人有两种不同的需要，一方面，人希望自己周围的人有很好的才能，有一个令人愉快的交往背景；同时，如果别人的能力超群，令人可望而不可及，则会对个人造成巨大的压力。根据阿伦森（E. Aronson，1978 年）有关研究的结果，人们最喜欢的是才能出众但也暴露出弱点和错误的人，不过也有性别差异，一般男性是这样，而女性则更喜欢完美的才能出众的人。

良好的个性品质是保持稳定、长久个人魅力的根本所在。究竟什么样的个性品质才是最具吸引力的？对于这个问题虽然具有个体差异，社会赞许的个性品质也有很大的文化差异，但在一些品质上具有跨文化的特点。根据国内外的多项研究，真诚、可靠、热情、友善、宽厚等都是最具吸引力的个性品质，而虚伪、说谎、冷酷、自私、嫉妒等都是最让人厌恶的个性品质。

（二）熟悉—吸引

心理学家扎琼克（R. B. Zajonc）研究表明：熟悉的本身，就可以增加一个人对于某种对象的喜欢。实际上，仅仅经常看到某个人就能够增加对他的好感，同事、邻居由于经常看到，这种熟悉就可以增强人际吸引。这种现象也称为单纯性接触效应。

熟悉—吸引的原因是什么？为什么熟悉性能促进好感呢？有不同的观点：有的人认为多次接触通常都能够提高再认，这对开始喜欢上某人是有帮助的一步；当人们变得越来越熟悉彼此时，人们同时也更能预测对方的行为；并且人们会假设被单纯接触的人与自己很相似，人们喜欢与自己相似的人。还有的人从进化论的观点解释（Bornstein，1989 年）：给人们带来危险的不熟悉的事物逐渐为人们所适应，也就变得熟悉和安全了，随着戒心的解除和舒适性的上升，人们对该事物的正性情感也必然增加。

增加熟悉性的重要方式是空间接近和时间接近。空间接近就是使得人们的物理距离缩短，时间接近就是交往频繁。

（三）相似—吸引

相似会导致人际吸引，这一点已为社会心理学家所作的大量试验研究所证实。在各种相似性中，其中最重要的是态度或观点的一致。伯恩（D. Byrne，1971 年）的研究表明：在人们不了解他人的情况下，观点是否一致高度决定人们对别人的喜欢程度。

日常生活中，各种情况的相似都能引起程度不同的人际吸引效应。共同的态度、信仰、价值观和兴趣；共同的语言、种族、国籍、出身地；共同的民族、文化、宗教、背景；共同的教育水平、年龄、职业、社会阶层；乃至共同的身体特征如身高、体重及居住地等，都在一定条件下不同程度的增加人们的相互吸引。如在选择约会对象和婚姻中心理学家发现有一种"匹配假设"的倾向：即人们往往倾向于选择与自己在长相上相似的异性作伴侣。Hill（1976 年）对约会情侣的一项研究中发现：这些情侣在年龄、智力、宗教、外表吸引力、甚至身高上都很相似，而且背景最相似的情侣，一年后分手的可能性也最小。

为什么相似性会对人际吸引有重要的作用？有的社会心理学家通过社会比较的自我确认理论来解释。他们认为当情境不明确时，人们选择那些与自己在某些方面相似的人交往能使自我概念得到确认。有的人认为相似的对方更符合主体的"镜中自我",而人们几乎都有自恋倾向,从爱自己推广到爱与自己相似的人。还有的人认为,当 B 的观点与 A 一致时,A 就会受到正面强化,由此引起积极、肯定的情绪。

(四)互补—吸引

当双方的个性或需要或满足需要的途径正好成为互补关系时,就会产生强烈的吸引力。互相补偿的范围包括能力特长、人格特征、需要利益及思想观点等。如,依赖性强的人更愿意和独立性强的人共事,支配欲强的人与温柔顺从的人常常成为伙伴。

互补—吸引在地位不等,角色不同的上下级关系和家庭关系中体现的最突出;当交往双方的地位完全平等或角色作用相同时,人际吸引服从相似—吸引。科克浩夫和戴维斯(A. C. Kerckhoff, K. E. Davis,1972 年)对作为恋人来往的大学生进行研究,发现短期(18 个月之内)伴侣,促使他们爱情发展的动力是价值观等的一致,对长期(18 个月以上)伴侣来说是需要的互补。这表明,互补是建立在态度、价值观的相似上的,二者是协同在起作用。

(五)尊重得失—吸引

1965 年阿伦森和林德(E.Aronson & D. Linder)通过实验发现"尊重的得失是人际吸引的重要因素"。他们不仅验证了你肯定别人,别人也喜欢你;你否定别人,别人也不喜欢你的人际关系中的"相互性原则",更重要的是他们发现:我们对别人的喜欢不仅决定于别人喜欢我们的量,而且还决定于别人喜欢我们的水平的变化和性质。

我们最喜欢的是对我们喜欢水平不断增加的人,而最厌恶的是喜欢我们的水平不断减少的人。1976 年伯斯奇德等(E. Berscheid, T. BroThen & W. Graziano,)的实验验证了这一点,并把这种尊重得失现象称为人际吸引的增减原则或得失原则。对于这一规律,我国的学者(金盛华,1995 年)认为,可以用自我价值的肯定来解释。人对自我价值支持信息的改变非常敏感,所以,在交往中新出现的自我支持或自我否定力量再小,也意味着自我价值的上升或降低,从而引起喜欢水平的变化。

三、爱情

与性吸引有关的爱情也是人与人之间相互吸引的一个重要原因。心理学家对爱情进行定量的研究是在 20 世纪 70 年代,从鲁宾(Rubin)开始的。在这里,我们把爱情限定在异性爱情范围中。

(一)什么是爱情

什么是爱情?不同的研究者有不同的定义和理论,我们介绍两种观点。

鲁宾(1970 年)认为:爱情是一个人对另一个特定的人物所持有的一种态度,他以特定的方式表达自己对爱慕对象的思想、感情和行为,是心理成熟达到一定程度的人对异性产生的具有浪漫色彩的高级情感。爱情的一个基本的、核心的倾向是奉献。衡量一个人对某异性有无爱情、强度如何,可以通过"是否发自内心的愿意帮助所爱的人做他所期望的任何事情"这一指标来衡量。

斯腾伯格（Robert Sternberg，1986 年）提出了爱情三角理论。他认为所有的爱情体验都有 3 部分组成：亲密、激情、承诺。亲密指的是在关系中感到亲近、相互关联。这个成分包括对爱人的赞赏、照顾爱人的愿望，是核心成分；激情指的是在爱情关系中带来强烈情绪体验的驱动力，最显著的是外表吸引力和性吸引力；承诺包含两个含义：在短期内，指的是爱一个人的决定；在长期的关系中，则指维持这种爱的承诺。这是爱情中最理性的成分。

斯腾伯格根据这 3 种成分各自存在与否，区分了 7 种不同类型的爱情。喜欢式爱情：只有亲密的体验，不包括激情或者承诺，像友谊那样；迷恋式爱情：是激情的体验，但是没有亲密和承诺，如少年的初恋；空洞式爱情：只有承诺却没有激情和亲密，纯粹为了结婚的爱情；浪漫式爱情：是激情和亲密，但是没有承诺；同伴式爱情：是亲密和承诺，但没有激情，譬如在长久的婚姻中见到的爱。虚幻式爱情：有激情和承诺，却没有亲密，譬如一见钟情的爱；完美式爱情：是爱情的最高体验，包含了亲密、激情和承诺这 3 种爱的成分，这种爱情可能在成年人的爱情关系会有。

（二）爱情与喜欢的区别

鲁宾（Z. Rubin，1970 年，1974 年）对爱情与喜爱的联系和区别进行了系统的研究，他确认，喜欢与爱情是两种既相互密切关联但又各不相同的情感。喜欢的两个最主要的因素，一是人际吸引的双方有共同的理解，二是喜欢的主体对所喜欢的对象有积极的评价和尊重。

而爱情有如下 3 个最重要的因素：① 依恋——卷入爱情的恋人在感到孤独时，会高度特异地去寻求自己恋人的伴同和宽慰；而别人不能有同样的慰藉作用。②关怀与奉献——恋人之间会彼此高度关怀对方的情感状态，感到使对方快乐和幸福是自己的责任，并对对方的不足表现出高度的宽容。在爱情关系没有受到他人威胁时，表现关怀与奉献的一方对自己的行为往往有纯粹无私的崇高感。③亲密——被爱情所裹挟的恋人，不仅对对方有着高度信赖，并且有特殊的身体接触的需要。虽然这种身体接触最终自然卷入性的意味，但是恋爱之初，这种身体接触需要确是泛化的高度依恋需要的反映。在一定意义上，它很像高度依恋母亲的幼儿对母亲爱抚的需要。

（三）罗密欧与朱丽叶效应

心理学家德里斯科尔（R. Driscoll，1972 年）等人在"双亲影响和罗曼蒂克爱情"的研究中发现：当出现了干扰恋爱双方爱情关系的外在力量时，恋爱的双方的情感反而会加强，恋爱关系也因此更加巩固。这种现象被称为"罗密欧与朱丽叶效应"。

德里斯科尔（1972 年）发现，在一定范围内，父母干涉程度越高，恋人之间相爱也越深。父母干涉程度与恋人们的情感变化成显著正相关。父母干涉越多，恋人们爱得也越深。这是因为，如果选择是自愿的，人们会倾向于增加对所选对象的喜欢程度；而当选择是强迫的，人们会降低对所选对象的好感。布莱姆（S. S. Brehm，1981 年）发现一种"心理反作用：自由和控制的理论"，该理论表明：人们更愿意进行自由选择，在外力强制条件下很可能出现反抗作用。因此，当外在压力要求人们放弃自己选择的恋人时，由于心理抗拒的作用，人们反而更转向自己选择的恋人，并增加对恋人的喜欢程度。

第四节　人际影响

一、从众、服从、依从

（一）从众

从众是指个人的观念与行为由于群体的引导或压力，而向与多数人相一致的方向变化的现象。也叫"遵从"。在社会生活中，从众对于个人的社会适应意义是非常明显的，是一种个人适应生存的必要方式。社会心理学中的两个经典实验：谢里夫（M. Sherif，1935 年）社会规范的形成实验，阿希（S. Asch，1951 年）的线段判断实验都证明了从众现象的存在。

从众分为真从众、权宜从众、不从众 3 种。真从众不仅是在外显行为上与群体保持一致，内心的看法也认同于群体。日常生活中个性高度依赖，缺乏决定能力的人对于群体的跟随属于真从众，谢里夫实验中的群体一致也是真从众。权宜从众是指个人虽然在行为上保持了和群体一致，但内心却怀疑群体的选择是错误的，只是暂时与群体保持一致。生活中权宜从众是从众的主要类型，阿希实验中的从众大多数也是权宜从众。不从众是内心观点与群体不一致，行动上也不从众。但在不从众中还有一种假不从众，是内心倾向于群体一致，但由于某种特殊需要，行动上不能表现出与群体一致。

人为什么会从众？哪些因素会影响从众？根据社会比较理论，当一个人在情境不确定又缺少相应的知识经验的时候，这时其他人的行为最具有参照价值，从而出现从众行为。而人作为社会性动物，对群体偏离的恐惧也是从众的一个重要原因。研究表明：个人的从众性越大，偏离群体所产生的焦虑也越强，也就越不容易偏离。

影响一个人从众的因素有群体的特点、个人的特点及个人所处的文化背景。群体的特点主要包括群体的一致性、群体的规模、群体凝聚力。群体自身的一致性是构成群体压力的最重要的因素，阿希的研究发现，当在他的研究中出现一个人与群体意见不同时，被试的从众率比通常下降达 75%；大量的实证研究证明，在一定范围内，人们的从众性是随着群体人数的不断增加而上升的，这个人数一般是 3～4 人，如果超过这个范围，人数的增加并不必然导致从众行为的增加；研究表明，群体凝聚力越大，与个人关系越密切，个人的从众行为也越有可能发生。另外，个人的人格特点、性别、所处的文化背景也都会影响到他的从众行为。如施奈德等人（A. Snyder et al.，1960 年）研究发现，被试的自我评价越高，从众性越低。心理学家惠克尔等人（J. O. Whittakereat et al.）的研究结果表明，从众率存在着民族差异。

（二）服从

服从即按照他人命令行动的行为。是通常人与人之间发生相互影响的基本方式之一。社会心理学家斯坦利·米尔格莱姆（Stanley Milgram）1963 年在美国耶鲁大学进行的的权威—服从实验，证明了对于权威服从的现象。米尔格莱姆的实验表明，社会支持、行为后果的反馈和个性因素是影响服从的因素。他人的支持，会直接导致人们对权威的蔑视；被试对自己行为后果的了解也会影响到服从行为的发生；人们道德的发展水平也直接同人们的服从行为有关。

人们为什么会服从呢?原因有合法权利和责任转移。合法权利是指社会赋予了卷入社会角色关系的一方更多的影响力，从而使另一方认为自己有服从的义务，如老师要学生回答问题，学生就有应答的义务。相关的研究表明，服从权威和责任转移是人们非常稳固的心理机制，人们在社会化过程中，已从社会中很好的学会了这些，并将它们当作适应社会的手段在日常生活中使用。

（三）依从

依从是人接受他人请求而行动，使别人请求得到满足的行为。依从也是人与人之间发生相互影响的基本方式之一。

依从与服从有着根本的区别。服从的引发，具有强制的特征，命令者与服从者之间也存在着规定性的社会角色，服从的理由是外在的。依从的理由是内在的，请求者与依从者之间，没有规定性的社会角色的束缚，面对请求者的请求，依从者必须有一定的认同，才会顺应其要求去行为。

在日常生活中，更多的是请求—依从模式，而不是命令—服从模式。那么在社会生活中，怎样才能增加别人的依从呢？社会心理学家提出了一些技术，如"登门槛"技术、低球技术、留面子技术等。

二、社会助长和社会惰化

（一）社会助长

社会助长指个人对别人的意识，包括别人在场或与别人一起活动所带来的行为效率的提高。也称社会助长作用。社会干扰是指如果别人在场或与别人一起活动，造成了行为效率的下降，就称作社会干扰或社会干扰作用。

最早对社会助长进行研究的是心理学家特利普利特（M. Triplett, 1898 年），他 1898年的研究发现，别人在场，或群体性的活动，会明显促进人们的行为效率。以后科学社会心理学创始人 F. 奥尔伯特（F. H. Allport）在 20 世纪 20 年代在哈佛大学领导了一系列有关社会助长的研究。发现，一方面社会助长现象的确广泛存在，不仅可以引起人的行为效率在量上的增加，而且也会在有些工作上提高行为的质量。但是，另一方面，他人在场或与别人一起工作，并不总是带来社会助长作用。随着工作难度的增加，社会助长作用会逐渐下降，最终变为社会干扰。

心理学家通过一系列的实验证明，简单、机械、容易的工作，群体背景会造成社会助长。如果困难的工作，或需要一系列判断、推理的复杂思维工作，则群体背景的作用是干扰。心理学家研究在复杂的问题解决工作上，发挥社会助长作用的最佳途径，是采用脑力激励方法进行预热，然后独立思考。

为什么会造成助长作用与干扰作用呢？心理学家的研究表明，助长作用的原因是，群体的背景增加了人们的内驱力（R. B. Zajonc，1965 年），因为唤起了人们的竞争意识和被评价意识（J. L. Freedman et al.，1981 年）。社会干扰作用的原因是，人的精神不集中或他人激发了人们过高的焦虑水平，（J. L. Freedman，1981 年）

（二）社会惰化

社会惰化，也称为社会惰化作用或社会逍遥，指群体一起完成一件事时，个人所付出的努力比单独完成时偏少的现象。

从最早心理学家达谢尔（J. F. Dashiell）1930 年的研究开始，到 20 世纪七八十年代末心理学家做的一系列试验都证明了其广泛性。

社会心理学家的研究证实，出现社会惰化的原因，是个人的评价焦虑减弱，使个人在群体中的行为责任意识下降，行为动力也相应降低。人们通过总结发现在以下几种情况下，倾向于较少出现社会惰化作用：①群体成员之间关系密切；②工作本身具有挑战性，号召性或有效地激发人们的卷入水平；③以群体整体成功为目标的奖励引导；④群体有鼓励个人投入的"团队"精神；⑤个人相信群体也像自己一样努力。

综上所见，合力完成一项任务，并不是人越多越好，应依据工作量分配给合适的人力，而且必须明确职责，否则会产生人浮于事，效率不高的问题。

三、合作和竞争

合作，指不同的个体为了共同的目标而协同活动，促使某种既有利于自己，又有利于他人的结果得以实现的行为或意向。竞争，指不同的个体为同一个目标展开争夺，促使某种只有利于自己的结果获得实现的行为或意向。

为什么会出现合作和竞争？我们可以从原发心理原因和行为的直接动因两方面来解释。人是社会性动物，个体之间的合作是生存的基本条件与手段，合作是人类生存的必要方式。但是作为个体的人，为了试图证明自己的价值，会使人们倾向于超越别人，采用竞争的方式与他人发生关系。这些是原发心理原因。而现实生活中利益一致和冲突则是合作与竞争的直接动因。

那么在现实生活中，人们是优先选择合作还是竞争呢？

竞争心理优势。从 20 世纪 40 年代后期开始，社会心理学家对合作和竞争问题进行了大量研究。这些不同时代、不同方式、不同研究者所进行的研究得出一个倾向共同的结论：与合作相比，在没有特别研究的情况下，人们更倾向于优先选择竞争的行为方式。

20 世纪五六十年代，心理学家通过大量的实验证明了竞争心理优势的观点。敏茨（A. Mints，1951 年）的"拉圆锥体的"实验，鲁斯等人（R. Luce & H. Raiffa，1957 年）的"囚犯两难”实验，多依奇等人（M. Deutsch & R. Krauss，1960 年）的“卡车运输游戏”实验都证明了竞争心理优势。

通过实验研究发现，影响合作与竞争的因素有：奖励、奖励方式、沟通。

在一个完整的社会结构中，合作与竞争执行着不同的社会功能，而这是不能偏废的，一个发展正常的人，既需要有良好的合作能力，又需要良好的竞争能力。无论是个人关系还是群体或国家之间的关系，合作是暂时的、相对的，而竞争是长远的、绝对的。

思考与练习

1. 如何对他人进行认知？
2. 人际关系建立的原则和阶段是什么？如何测量人际关系？
3. 影响人际吸引的条件是什么？
4. 什么是从众、服从和依从？
5. 什么是社会助长作用和社会惰化作用？
6. 如何处理竞争和合作的关系？

第十五章
心 理 健 康

随着我国社会经济和科技的飞速发展，文化和观念的不断更新，生活节奏的加快和竞争意识的增强，人们的心理压力越来越大，心理问题、心理困惑和心理障碍也日趋增多。心理健康问题，已引起教育界和全社会的高度重视，在当前的学校教育中，掌握心理健康教育的规律，开展心理健康教育也就显得尤为重要。那么，心理健康的标准是什么？如何应对心理压力与挫折？什么是心理咨询和心理治疗？如何对学生进行心理健康教育？这是本章要探讨的主要内容。

第一节 | 心理健康的标准

一、科学的健康观念

长期以来，人们认为"没有病痛和不适，就是健康"，甚至有人认为能吃能喝能睡就是健康。随着科学技术和社会的不断发展，心理因素对于健康的影响越来越引起人们的关注，人们在重视生理健康的同时，对心理健康的重视程度与日俱增。那种"无病即健康"的传统健康观日渐为人们所抛弃，新的健康观应运而生。世界卫生组织 1948 年给"健康"一词所下的定义，即：健康不只是不患病或不虚弱，而是躯体、心理和社会适应都处于完满状态。并进一步指出衡量健康的 10 条标准：一是有充沛的精力，能从容不迫地担负日常工作和生活，而不感到疲劳和紧张；二是积极乐观，勇于承担责任，心胸开阔；三是精神饱满，情绪稳定，善于休息，睡眠良好；四是自我控制能力强，善于排除干扰；五是应变能力强，能适应外界环境的各种变化；六是体重得当，身材匀称；七是牙齿清洁，无空洞，无痛感，无出血现象；八是头发有光泽，无头屑；九是反应敏锐，眼睛明亮，眼睑不发炎；十是肌肉和皮肤富有弹性，步伐轻松自如。因此，健康是生理健康与心理健康的统一，二者是相互联系，密不可分的。当人的生理产生疾病时，其心理也必然受到影响，会产生情绪低落、烦躁不安、容易发怒，从而导致心理不适；同样，长期心情抑郁、精神负担重、焦虑的人也易产生身体不适。因此，健全的心理与健康的身体是相互依赖、相互促进的。

健康观的这一转变是一个飞跃。改变了人们特别是医学界长期存在的只重视躯体健康，而忽视了心理健康的片面观点。这种片面的健康观念危害甚大。最常见的表现形式是：

在医疗工作中只管治疗躯体疾病而不顾心理疾病给病人带来心灵上的痛苦和引起的社会后果；只重视药物和物理治疗，而忽视心理治疗和社会治疗。在疾病康复过程中，只注意躯体康复而忽视心理康复。

二、什么是心理健康

迄今为止，关于心理健康还没有一个统一的概念，国内外学者一般认同心理健康标准的复杂性，既有文化差异，也有个体差异。我们认为，心理健康是一种持续的积极发展的心理状态，在这种状态下，主体适应良好，能充分发挥身心潜能，而不仅仅是没有心理疾病。心理健康是一个非常复杂的概念，从广义上讲，心理健康是一种持续高效而满意的心理状态；从狭义上讲，心理健康是知、情、意、行的统一，是人格完善协调，社会适应良好。

人的心理健康是指一种持续的、积极的心理状态。个体在这种状态下，能够较好地适应环境，其生命具有活力，能充分发挥其身心潜能，就可被视为心理健康。据此，人的心理健康水平大体可分为3个等级：一是一般常态心理，表现为心情愉快，适应能力强，善于与别人相处，能较好地完成与同龄人发展水平相适应的活动，具有调节情绪的能力；二是轻度失调心理，表现出不具有同龄人所应有的愉快，与他人相处略感困难，生活自理能力较差，经主动调节或通过专业人员帮助后可恢复常态；三是严重病态心理，表现为严重的适应失调，不能维持正常的生活和工作，如不及时治疗可能恶化成为精神病患者。

三、心理健康的标准

心理健康的标准相对身体健康更不易确定，一般学者多主张以整个行为的适应情况为基准，而不过分重视个别症状的有无。一般而言，判断个体心理健康与否，主要源于以下3个方面：

经验标准。即当事人按照自己的主观感受来判断自己的健康，研究者凭借自己的经验对当事人的心理健康进行判定；重在关注当事人的主观心理感受，由于个体先天的遗传及后天的环境不同，经验标准更强调其个别差异。同样的生活事件，当事双方由于自我认知不同，自我体验不同，自我评价也不尽相同。

社会适应标准。以社会中大多数人的常态为参照标准，观察当事人是否适应常态而进行其心理是否健康的判断。例如：人们根据生理、心理与社会发展应当具有独立生活与处理生活中面临的事务的能力，而如果有的人生活能力低下不能打理自己的日常生活，便需要引起重视。

统计学标准。依据对大量正常心理特征的测量取得一个常模，把当事人的心理与常模进行比较。这个标准更多的应用于心理学研究之中，一般而言，我们都要将个体的心理测验结果与常模对照，来判断其心理健康状况。

关于心理健康的具体标准问题，不同心理学家有不同的提法，以下是国外部分学者关于心理健康的标准：

马斯洛和麦特曼认为，正常心理应有以下 10 项标准：①充分的适应力；②充分了解自己并对自己的能力作适当的估价；③生活的目标能切合实际；④与现实环境保持接触；⑤能保持人格的完整与和谐；⑥具有从经验学习的能力；⑦能适应良好的人际关系；⑧适当的情绪发泄与控制；⑨能作有限度的个性发挥；⑩在不违背社会规范的情况下满足上述标准，以提供参考，但多数人未必全部符合。

美国人格心理学家奥尔波特认为心理健康包括 7 个方面：①自我意识广延；②良好的人际关系；③情绪上的安全性；④知觉客观；⑤具有各种技能，并专注于工作；⑥现实的自我形象；⑦内在统一的人生观。

国内许多学者都提出了心理健康的标准：

郑日昌认为心理健康包括：①正视现实；②了解自己；③善与人处；④情绪乐观；⑤自尊自制；⑥乐于工作。

樊富珉提出大学生心理健康的 7 个标准：①保持对学习较浓厚的兴趣和求知欲望；②能保持正确的自我意识，接纳自我；③能协调与控制情绪，保持良好的心境；④能保持和谐的人际关系，乐于交往；⑤能保持完整统一的人格品质；⑥能保持良好的环境适应能力；⑦心理行为符合年龄特征。

上述标准自然不是绝对的。事实上健康和不健康之间并没有绝对的界限。同样，健康的人的行为也并非时时都符合上述标准，在特别恶劣的环境中，可能也会出现失常反应。综合各家观点，参照现实社会生活及人们的心理和行为表现，现代人的心理健康标准应以从下 6 个方面来考虑：

（一）没有心理异常

这是最基本的一条。心理异常是一个非常广泛的概念，包括主观体验和行为的客观表现两个方面。轻的如头晕脑胀、注意力难以集中、工作或学习效率下降等自我感受不佳，重的如语无伦次，自伤伤人等行为异常。不论是哪方面有异常表现，都不能说心理是健康的。另外，一些心理现象或行为习惯是否异常，并不那么容易判断，需要借助专家的心理咨询或需要进行较长时间的随访观察才能确定。

（二）智力发育正常

智力是个体的观察、记忆、想象、思维、实践等多种心理能力的综合体现。它是衡量一个人心理健康的最重要的标志之一。正常的智力水平是人们生活、学习、工作的最基本的心理条件。一般地讲，智商在 130 以上，为超常；智商在 90 以上，为正常；智商在 70～89 间，为亚中常；智商在 70 以下，为智力落后，智力发育落后于实际年龄属心理发育异常，并伴有适应能力低下称精神发育迟滞。现国内外都以智力测验结果即智商评定智力，有名的智力测验如韦克斯勒智力测验、比奈西蒙量表等。

（三）人格健全

某些人的个别人格特点偏离正常，导致社会适应不良，即属不健全人格。健全人格的基本特征是相对稳定的情绪状态、坚韧的毅力、灵活的应变能力、强烈的责任感和良好的自制力。

（四）精力充沛

精力充沛主要表现为工作和学习中的主动性、积极性、高效率；通过各种活动充分表达出生命的活力。

（五）善于调节与控制情绪

心理健康主要表现为良好的心境和恰当的自我评价；对过去的回忆是美好的，并感到现在的生活充满乐趣和希望。心理健康的人能经常保持愉快、开朗、乐观、满足的心境，对生活和未来充满希望。虽然也有悲、忧、哀、愁等消极体验，但能适当发泄、主动调节和控制情绪，不为情绪所控，不因为情绪影响正常的生活。

（六）人际关系和谐

人际关系和谐是心理健康的重要标准。人际关系状况最能体现和反映人的心理健康水平，心理健康的人乐于与他人交往，能以尊重、信任、理解、宽容、友善的态度与人相处，能分享、接受和给予爱和友谊，有稳定的人际关系，拥有可信赖的朋友，社会支持系统强而有力。

四、增进心理健康的途径与方法

个体的心理健康不仅关系到其生活、学习、成长、幸福，也关系到社会的发展、民族的兴衰。家庭、学校、社会等应该通过具体可操作的方法，增进心理健康，减少心理疾患。在平常的生活、学习中，我们每个人都要注意培养自己健康的心理素质，要能够做到：

（1）适度运动

"生命在于运动"，应坚持适宜的活动内容和活动方式，或者选择参加各项能延缓人体各器官的衰退老化的健身运动，如瑜伽、游泳等。

（2）全面均衡适量的营养

人体对各种物质的需求量都有一个度，过量摄入将会适得其反，高糖、高盐、高脂肪食物的长期过量进食，尤其是饱和脂肪酸过量会导致亚健康状态。因此均衡适量的营养是维护健康的基本手段之一。

（3）保持良好心态

良好的心态、乐观豁达、奋发进取的精神，是心理健康的精神基础。可适当培养业余爱好，如读书、听音乐、练字画等有益于身心健康的活动。

（4）提高自我保健意识

日常生活中戒除不良习惯和嗜好如吸烟、酗酒、偏食，做到饮食有节，起居有常，不过度劳累，提高自我保健意识，克服不良生活方式是心理健康的身体基础。

第二节 心理健康与压力

一、压力及其来源

压力存在于社会生活的各个方面，是现代社会人们最普遍的心理和情绪上的体验。所谓"人生不如意十之八九"，任何人都不可能总是一帆风顺，坎坷挫折时有发生，面对种种不如意，人们常常会焦虑不安，内心体验到巨大的压力。承受压力是生活中不可避免的。但是过度的压力总是与紧张、焦虑、挫折联系在一起，久而久之会破坏人的身心平衡，造成情绪困扰，损害身心健康。

（一）压力的概念

压力也叫应激，这一概念最早于 1936 年由加拿大著名的生理心理学家汉斯·薛利提出。他认为压力是表现出某种特殊症状的一种状态，这种状态是由生理系统中因对刺激的反应所引发的非特定性变化所组成的。

（二）压力的来源

心理压力的产生原因是复杂的，我们将这些具有威胁性或伤害性并因此带来压力感受的事件或环境称为压力源。生活中的压力源可能存在于人们自身，也可能存在于环境中。对每个人来说，引起精神压力的原因不同。一般来说压力主要来源于 3 个方面：

1. 生理性压力源

生理性压力源是指通过对人的生理直接发生刺激作用而造成身心紧张状态的刺激物，包括物理的、化学的、生物的刺激物。如寒冷与炎热、微生物、变质食物、酸碱刺激、疾病等，这一类刺激是引起生理压力和压力的生理反应的主要原因。

2. 心理性压力源

心理性压力源是指来自人们头脑中的紧张性信息。例如消极的心理暗示、不切实际的期望以及与工作责任有关的压力和紧张等。心理性压力源直接来自人们的头脑中，反映了心理方面的困难。面对同样的生活压力，有的人无动于衷，有的人却耿耿于怀，区别常常源于人们内心对压力的认知。如果过分夸大压力的威胁，就会制造一种自我验证的预言：我会失败，我应付不了。长此下去，会产生所谓的长期性压力感，畏惧压力。

3. 社会性压力源

社会性压力源主要指造成个人生活方式上的变化，并要求人们对其做出调整和适应的情境与事件。社会性压力源包括个人生活中的变化，也包括社会生活中的重要事件如离婚、失业、亲人逝世等。个人生活的改变常常会给人带来压力。

二、压力的身心反应

压力是一系列生理反应和心理反应的综合表现，这些反应在一定程度上是机体主动适应环境变化的需要，它能唤起和发挥机体的潜能，增强抵御和抗病能力。但是如果反应过于强烈或持久，就可能导致生理、心理功能的紊乱。

（一）压力下的生理反应

个体在压力状态下会出现一系列生理反应，主要表现在自主神经系统、内分泌系统和免疫系统等方面。例如，心率加快、血压增高、呼吸急促、肾上腺激素分泌增加、消化道蠕动和分泌减少、出汗等。长期处于应激状态，机体为了应付当前的紧张，体内就会不断地进行生物化学活动。于是，神经系统、脑垂体、肾上腺、胸腺等腺体不断紧张地工作，来调整机体的紧张状态。当机体内储存的能量被大量地消耗时，体内的生理生化平衡受到破坏，同时，机体与外界的物质和信息的交换也因长期的紧张而失调，使机体的能量处于短缺状态．没有充分的神经电能、化学能来应付当前的紧张情境。于是，生理活动状况表现出不断削减的趋势，控制和调节紧张的大脑活动也变得迟钝了。在这种情况下，很多疾病便乘虚而入，或是原有症状加重，使机体的生理状况大大恶化。压力下的生理反应可以调动机体的潜在能量，提高机体对外界刺激的感受和适应能力，从而使机体更有效地应付变化。但过久的压力会使人适应能力下降。

（二）压力下的心理反应

处于紧张状态的人，一般来说，紧张反应不是局部的，而是整个机体的综合反应。这种综合反应有以下几种表现：行为举止受拘束的时候，总是感到有些紧张，动作僵硬、急促，目光缺乏灵活性，经常摆弄手指或身体的其他部位，坐在人多的地方无所适从，或是呆坐、呆站在那里，很不自然等等。紧张的人经常清嗓子、抽鼻子、感到气闷，而且动作也比一般人多，但又没有明确的目的；经常感觉到背部、胸部、关节以及身体的其他部位酸痛，缺乏柔性和灵活性，经常消化不良，不喜欢吃饭或没有食欲。皮肤经常无缘无故发痒，而且吃药也不起作用。全身无力、疲劳。持续的应激反应会大大消耗机体的高能物质，使正常的生理活动不能得到充足的能量支持，于是，机体就会表现出疲倦和无力的反应。

一般情况下，压力引起的心理上的紧张有如下表现：警觉、注意力集中、思维敏捷、精神振奋，这是适度的心理反应，有助于个体应付环境。例如，学生考试、运动员参赛，在适度压力下竞争容易出成绩。但是，过度的压力会带来负面反应，出现消极的情绪，如心烦意乱，心理压抑，焦虑，疑神疑鬼，注意力不集中，思维混乱，缺乏逻辑，情绪不稳定，空虚，无力，感到生活没有意义，缺乏自信心，自我防御心理较强等。个体在压力状态下的心理反应存在很大差异，这取决于个体对压力的知觉和解释以及处理压力的能力。

三、压力的影响因素及其应对策略

（一）影响压力的因素

压力是由刺激引起的。不良的刺激会引起压力，生活中压力是自然的、不可避免的，但每个人感受到的压力是不同的，即使是同样的刺激，不同的人压力感也不同。为了生存、成长和发展，我们必须学会有效地处理压力，以减轻过度压力给我们身心所带来的伤害。影响压力感的主要因素可以归结为以下几个方面：

1. 个人的生理状况

生理是心理的基础，个体的生理状态直接影响其面对压力的感受，如果其生理周期处于低潮期或身体状态不佳，遇到挫折或压力，其承受能力就会大大降低。或者如果个体有生理疾病，也会影响其压力感。

2. 个人经历

个人经历主要是指过去经历的挫折、家庭的变故或其他对自己影响较大的事件。这些经历对个人可能产生积极的影响，也可能产生消极的影响。善于总结经验教训的人，往往能从挫折中总结出经验教训，在以后出现类似情境时，不再犯以往的错误，或对可能发生的事情做好心理上的准备，并妥善地处理。有的人只看到挫折和失败的阴暗面，而不善于从中总结经验教训，结果，当类似的情境再度出现时，精神上感到很紧张，重新陷入过去的痛苦中。

3. 准备状态

对即将面临的压力事件是否有心理准备也会影响压力的感受。心理学家曾对两组接受手术的患者做实验。对其中一组在术前向他讲明手术的过程及后果，使患者对手术有了准备，对手术带来的痛苦视为正常现象并坦然接受；另一组不做特别介绍，患者对手术一无所知，对术后的痛苦过分担忧，对手术是否成功持怀疑态度。结果手术后有准备组比无准备组止痛药用得少，而且平均提前 3 天出院。因此，有应付压力的准备也是减轻伤害的重要因素。

4. 认知因素

从沙赫持和辛格的实验及阿诺柏的理论中，我们可以这样理解认知因素对情绪状态的影响：当个体面临应激情境时，如果能够冷静地分析发生的一切，保持清醒的头脑，就不会引起机体高度的应激反应；如果对情境故意夸大或做出不好的评价，就会引起高强度的应激体验。认知评估在增加压力感和缓解压力中有着重要作用。同样的压力情境使有些人苦不堪言，而另一些人则平静地对待，这与认知因素有关。当一个人面对压力时，在没有任何实际的压力反应之前会先辨认压力和评价压力。如果把压力的威胁性估计过大，对自己应对压力的能力估计过低，那么压力反应也必然大。正如一位哲学家所说，"人类不是被问题本身所困扰，而是被他们对问题的看法所困扰"。

5. 人格特征

不同人格特征的人对压力的感受不同。A 型性格特征的人是指那些竞争意识强、工作努力奋斗、争强好胜、缺乏耐心、成就动机高、说话办事讲求效率、时间紧迫感强、成天忙忙碌碌的人，在面对压力时，人格中的不利因素就会显现出来，而且 A 型性格与冠心病有密切的关系。研究发现，A 型性格者患心脏病的人数是 B 型性格者的 2～3 倍。B 型性格的人的特征是个性随和，生活悠闲，对工作要求不高，对成败得失看得淡薄。在面对压力时，这种人格特征的人一般比较从容、镇静。

6. 环境

一个人的压力来源与他所处的小环境有直接关系，小环境主要指工作单位或学校及家庭。工作过度、角色不明、支持不足、沟通不良等都会使人产生压力感，家庭的压力常常来自于夫妻关系、子女教育、经济问题、家务劳动分配、邻里关系等。如果工作称心如意，家庭和睦美满，来自环境的压力必然小，则心情舒畅，身心健康。

（二）对抗压力的方法

为了有效地处理压力，应该了解面对压力时解决问题的过程、策略和具体方法。常用的方法如下：

1. 改变不合理信念

通过有意地改变自己的内部语言来改变不适应状况。用积极的语言暗示自己，消除不合理信念。积极面对人生，自信豁达，知足常乐，笑口常开。别对现实生活过于苛求，常存感激的心情，别把时间浪费在不必要的忧虑上。

2. 充分的睡眠和科学的饮食及适度的运动

充分的睡眠和科学的饮食能使我们保持充沛的精力，提高学习效率和办事效率。运动和睡眠一样，对机体疲劳的恢复和保持旺盛的精力有重要意义。体育锻炼能提高人的唤醒水平（即人的身心兴奋程度），发展乐趣，调节精神，适度负荷的身体锻炼能促使人体内释放一种多肽物质——内啡肽，它使人愉快和镇静。运动引起的机体的高度兴奋对紧张有缓解作用，使人产生舒适的感觉。积极参与自己喜欢的运动项目，并在运动中体验运动的乐趣，这对培养我们积极乐观的生活态度，消除学习带来的紧张是十分有利的。要想通过锻炼消除紧张，并体验到运动的乐趣，关键在于长期坚持。一个人如果只是偶尔锻炼几次，不但达不到消除紧张的效果，反而会感到腰酸腿痛，而如果经常参加体育锻炼，随着身体素质的不断提高，就会逐渐消除运动带来的不适，体验到运动的乐趣。只要长年坚持锻炼，肯定会受益无穷，保持旺盛的精力，从而高效地生活、工作和学习。

3. 进行放松训练

放松训练是一种通过训练有意识地控制自身的心理生理活动，降低激活水平，改善机体紊乱功能的心理辅导方法。目的在于改变肌肉紧张，减轻肌肉紧张引起的酸痛，以应付情绪上的紧张、不安、焦虑和愤怒，即通过肌肉的放松，达到精神的放松，以应付生活中产生的压力。放松可以通过呼吸放松、想象放松、静坐放松、自律放松等方法，一般是在安静的环境中按一定要求完成特定的动作程序，通过反复的练习，学会有意识地控制自身的心理生理活动，以达到降低机体唤醒水平，增强适应能力，调整因过度紧张而造成的生理心理功能失调，对心理疾病起到预防及治疗作用。

4. 建立和扩展良好社会支持系统

拥有朋友。真诚地关怀你的亲人、朋友，爱你周围的人，并使他们快乐。以发自内心的微笑面对他人，你将得到相同的回报。

5. 运用音乐疗法

有人归纳音乐具有生理、治疗、感情、道德认识、集中注意力、记忆、智力、植物、动物等九大效应。音乐能使人怡情悦性、陶冶性情，塑造美好的性格。美妙的音乐激起人的美感与想象（包括色彩、形象的联想）改善和调节情绪。中枢神经尤其是边缘系统与情绪有着生理上的密切联系，因此积极的情绪可通过内脏活动的最高中枢边缘系统来改善机体功能。音乐可宣泄人的不良情绪，减少不良情绪，减少不良心身反应，调节情绪，又可以吸引、集中病人的注意力，训练记忆、想象等多种能力，有利于其个性及行为方式的调整。另外，好的作品凝结了作者积极的情绪与感受，具有极大的教育作用，如贝多芬的第九交响曲充满了英雄气概，人们可以从中找到心理认同与升华，获得健康生活的信心和勇气。我们置身于这个世界，需要适宜的刺激来保持身心健康，此即音乐治疗的基本命题。音乐与人体之间复杂而深刻的关系，则有赖于不断的科学实践去探明。

第三节 心理健康与挫折

一、什么是挫折

挫折，《辞海》将它解释为失利与挫败。日常生活用语中"挫折"一词是指挫败、阻挠、失意的意思。心理学概念为：挫折是指人们在有目的的活动中，遇到无法克服或自以为无法克服的障碍或干扰，其需要或动机不能得到满足而产生的消极反应。

正确地认识挫折首先应该认识到挫折的两重性：即挫折一方面对人有消极的影响，如挫折会影响个体实现目标的积极性，降低个体的创造性思维水平，损害个体的身心健康；另一方面也有积极的作用，如挫折能增强个体情绪反应的力量，增强个体的容忍力，提高个体对挫折的认识水平。因此，辩证地看待挫折的两面性，就能够变不利因素为有利因素，化消极因素为积极因素，促使挫折向积极方面转化。

二、挫折产生的原因

导致挫折的原因有很多，一般可以概括为外在因素与内在因素。外在因素主要指环境方面的，包括自然条件和社会条件。外在因素常常是个人意志或能力所不能左右的，如个人无法预料的天灾人祸、意外事件、社会动乱等。例如，正当踌躇满志的大学生收到一个极有影响的工作单位的面试通知，设想着美好的前程之时，一场突如其来的台风却使他不能参加面试，从而丧失了应聘的良机而产生的失落感。这里导致挫折的就是无法预料和控制的外部力量。

内在因素则主要指由于自身条件的限制阻碍了目标的实现。包括个人的生理状况、人格特点、心理状态、经济水平等。例如，一个残疾人，一心想成为篮球运动员，这个愿望显然很难实现，使他体验到挫折感。自我估计过高的人，因为常常设定不现实的目标，很多愿望难以实现，也容易受到挫折打击。

挫折虽然带来的是不愉快的情绪体验，但挫折对人的影响并不都是负面的。法国大文豪巴尔扎克根据自己丰富的人生体验，形象地把挫折比作一块石头。石头本身是中性的，无所谓好坏。但对于不同的人就会产生不同的影响。对于强者它可以成为垫脚石，让人站得更高；对于弱者它可以成为绊脚石，使人一蹶不振。经历挫折，可以使人从失败中吸取经验教训，磨练意志，增加克服困难的勇气，提高解决问题、适应环境的能力。相反，挫折承受能力差的人却可能因此产生心理上的痛苦，情绪不稳，行为失态，甚至导致生理心理疾病。可见挫折犹如一把双刃剑，可以为我们所用，也可以伤害我们，关键要看我们怎么用它了。

三、挫折后的反应

人在遭受挫折时伴随着强烈的紧张、愤怒、焦虑等情绪，会做出各种各样的反应。它或许只表现为强烈的内心体验或许表现为特定的行为。情绪性反应表现形式很多，常见的有以下几种：焦虑、攻击、冷漠、退化、幻想、固执、自杀。以下分别论述。

（一）焦虑

人在受到挫折后，情感反应是非常复杂的，它包括自尊心的损伤、自信心的丧失、失败感和愧疚的增加终而形成一种紧张、不安、忧虑、恐惧等感受所交织成的复杂的心情，概括称之为焦虑。焦虑是挫折后常见的一种心理反应。适度焦虑，如考试前适度紧张，对提高效率、发挥潜能有一定积极作用。而过度焦虑是有害的，严重的会导致心理疾病，发展成焦虑症。

（二）攻击

当个体遭受挫折后，常常引起愤怒的情绪，为了将愤怒情绪发泄出去，便可能出现攻击性行为。攻击性行为按其表现方式又可分为两种：

1. 直接攻击

大学校园里偶尔发生的情杀事件，就是一种极端的直接攻击行为。直接攻击多数是采用打斗或辱骂、讽刺、漫画等形式，以侮辱对方人格，发泄自己内心的不满。

2. 转向攻击

转向攻击是遭受挫折后将其他人或物作为发泄的对象。受挫后之所以出现转向攻击，有的是慑于对方的权势，特别是在权大于法的情况下更是如此；有的是碍于自己的身份，不便直接攻击。此外，长期生活中的诸多细小挫折使一个人的情绪处于低谷状态，以致心中燃烧无名之火，由于这种无名之火缺乏具体攻击目标，于是出现了"谁碰上谁倒霉"的情况。在许多情况下，成为转向攻击的目标都是无辜的。

（三）冷漠

冷漠指当个人遭遇挫折时表现出无动于衷、漠不关心的态度，似乎毫无情绪反应。其实，冷漠并非不包含愤怒的情绪成分，只是个体把愤怒暂时压抑，以间接方式表现出来而已。这种现象表面冷漠退让，内心深处则往往隐藏着很深的痛苦，是一种受压抑极深的反应。冷漠是一种极为消极的行为反应，人一旦堕落就容易破罐破摔、麻木不仁，所谓"哀莫大于心死"就是这种行为反应的生动写照。

（四）退化

退化又叫倒退或回归。指个体遇到挫折时表现出与自己的年龄、身份极不相称的幼稚行为。人们在从儿童到成人的成长过程中，逐渐学会如何控制自己，在适当的时候、适当的场合做出合乎常理的情绪和行为反应，这是日益成熟的表现。但是，当人遇到挫折时，体验到极强烈的情感，可能会失去这种控制，而以简单幼稚的方式应付挫折，以求得别人的同情和照顾。退化便是一种由成熟向幼稚倒退的反常现象，其本人并不能意识到。

（五）幻想

幻想指个体以自己想象的虚幻情境来应付挫折，借以摆脱现实的痛苦，并在此虚幻情境中寻求满足。幻想偶尔为之，并非失常，而且任何人都有幻想，青少年的幻想尤多。但是，一旦形成了以幻想来对付现实中的挫折，希求从幻想中得到现实中得不到的满足的习惯，将是十分危险的，并可能形成病态的行为反应。

（六）固着

固着是个体受挫后的又一种表现形式。一般而言，个体受挫后需要有一种随机应变的能力来摆脱所遭遇到的困境。但是有人在重复碰到类似的困境后，盲目地用先前的方法解决已经变化了的问题，"撞到了墙还不知转弯"便是固着的最好注释。这种情形比较多见于惊慌失措的状态之中，如丢失了重要东西，明知这东西是在外面遗失的，仍然不停地在室内翻箱倒柜，重复这种无谓寻找的行为。在校园中，最为明显的案例是有些失恋者，明知对方已经无意，却仍然徘徊于往日的"情场"中。

四、挫折的应对策略

既然挫折是客观存在的，那么学会正确地对待和运用它，就显得十分必要。要树立辩证的挫折观，采取有效的心理防卫机制，走出心理困境。具体来说，可从以下几方面对挫折心理作出调整。

（一）调整不合理的认知，增强挫折认知水平

根据美国心理学家艾利斯（A. Ellis）20世纪50年代创立的ABC理论，即合理情绪疗法，人的负性情绪不是由诱发性事件本身引起的，而是由人们对诱发性事件的解释与评价引起的，人们的不良情绪往往由他们对生活中所发生事件的解释与评

价有关，即

A————————B————————C

诱发事件　　评价和解释　　情绪和行为结果

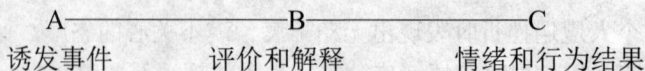

因此解决问题的关键是找出其不合理认知，然后与不合理认知辩驳，建立合理的认知。常见不合理认知主要有如下几条：

1）自己绝对要获得周围的人，尤其是周围重要人物的喜爱和赞许。

2）要求自己是全能的，只有在人生的每一个环节都有成就都能体现自己的人生价值。

3）世界上有许多无用的、可憎的、邪恶的坏人，对他们应歧视和排斥，给予严厉的谴责和惩罚。

4）当生活中出现不如意的事情时，就有大难临头的感觉。

5）要面对人生中的艰难和责任，实在不容易，倒不如逃避来得省事。

6）人的不愉快均由外在环境因素造成，因此人是无法克服痛苦和困扰的。

7）对危险和可怕的事情应高度警惕，时刻关注，随时准备它们的发生。

8）一个人以往的经历决定了现在的行为，而且是永远无法改变的。

9）人是需要依赖他人而生活的，因此，总希望有一个强有力的人让自己依附。

10）人应十分投入地关心他人，为他人的问题而伤心难过，这样都能使自己的情感得到寄托。

11）人生中的每一个问题，都要有一个精确的答案和完美的解决办法，一旦不能如此，就十分痛苦。

可求助心理咨询师以找出不合理信念，然后与不合理认知辩驳，建立合理的认知，面对现实，接受现实。学会正确地认识自己，以积极地心态和较强的适应能力来面对现实。心理研究表明：一个人越是能够获得与挫折事件相关的信息，就越能够有效地处理它，越是参加到其害怕面对的挫折情境中去，就越能够有效地对付这种情境。可见，个体对挫折的反应和承受能力不仅取决于挫折情境本身，更重要的是还取决于其对挫折的认知。既然挫折是社会生活的组成部分，是不可避免的人生经历，应该正确地认识挫折、战胜挫折，并把挫折作为成功的阶梯。

（二）积极行动，投身于社会实践，在实践中不断地进行自我教育

除了调整认知，积极行动是对抗不良情绪的重要环节。遇到问题不是怨天尤人，而是行动起来积极寻求问题解决的途径。比如贫困生问题，不要只是自卑，应利用课外时间打打工，赚些生活费，减轻家庭的负担。

（三）积极转移注意力，学会自我宣泄

转移注意力，是有助于摆脱心理困境的。如抑郁时，积极进行户外活动如打球、散步、找知心朋友谈心等。焦虑时，可练习瑜伽，缓解压力，或找一部自己喜爱的休闲文学或影视作品看看；有条件的，最好定期作一些外出旅游。因为从心理学角度来说，一个人一旦离开原来的生活环境，面对新事物，心理环境往往会逐步开朗，有利于减轻和消除心理问题，走出心理困境。还应学会自我宣泄。对一些经常产生的不满、愤怒与痛苦应积极加以宣泄释放，如进行快跑、拳击等激烈的体育运动，或找知己加以倾诉等等，以减轻心理压力，不断加强自身的心理品质，有意识地控制自己波动的情绪，以乐观、坚强的积极态度去面对所遇到的困境，使自身的心态保持平衡。

（四）构建成熟的心理防卫机制

心理防卫机制是挫折发生后人在内部心理活动中所具备的有意或无意地摆脱挫折造成的心理压力、减少精神痛苦、维护正常情绪、平衡心理的种种自我保护方式。心理防卫机制的意义有积极和消极之分，其积极的意义在于能够使主体在遭受困难与挫折后减轻或免除精神压力，恢复心理平衡，甚至激发主体的主观能动性，激励主体以顽强的毅力克服困难，战胜挫折。其消极的意义在于使主体可能因压力的缓解而自足，或出现退缩甚至恐惧而导致心理疾病。

受挫后的心理防卫机制有很多，但有利于个体成长的积极的心理机制表现为以下几个方面：升华、补偿等等。升华的心理防卫机制能够使个体在遭遇挫折后，把内心痛苦化为一种动力，转而投入到有益的生活学习中，这无疑是人们在挫折后的最佳应用。补偿、文饰、幽默等心理防卫机制能使个体获得平衡心理，保持自尊，减轻内心的痛苦和焦虑，因而也不失为受挫后较理想的心理防卫方式。另外，合理的情绪宣泄也是缓解个体受挫后心理紧张和焦虑，保持其身心健康的有效机制。

（五）建立和谐的人际关系

心理学研究表明，一个人与他人一起处在挫折压力中时，可以降低消极情绪体验。因此，个体在面对挫折时，除了积极改变自我之外，还应学会交往，与他人建立良好的人际关系，这对其压力的缓解也是很有帮助的。交往是人们为了交流思想和感情而彼此间相互作用的过程，它使人们关系互动过程中相互了解、相互依赖，形成稳定的心理联系，满足人们的情感需要。同时，由交往形成的人际关系又可以满足人的归属、情谊、认可等社会性需要。因此，学会交往，建立良好的人际关系是提高大学生应对挫折能力的有效手段。

人生路途漫漫，顺境时切莫得意忘形，不要被冲昏头脑；逆境时也莫逃莫避，而应奋起直追，一如既往地驶向彼岸，以自信的灿烂微笑去咀嚼挫折，最终，你将在咀嚼中汲取宝贵的营养，从而成功地跨越这道障碍。

第四节 | 心理咨询与心理治疗

一、心理咨询

在古汉语中，咨是商量的意思；询是询问，合起来就是与人协商、征求意见。英语中的"咨询"含有协商、商讨、会谈、征求意见、寻求帮助、顾问、参谋、劝告、辅导等含义。心理咨询一词，既表示一门学科，即咨询心理学，也可以表示一种心理技术工作，即心理咨询服务，作为一种技术与服务的心理咨询。心理咨询包含广义和狭义两方面的理解，广义的心理咨询包括心理咨询、心理治疗、有时包括心理检查、心理测验等，而狭义的心理咨询只限于心理咨询双方通过面谈、书信和电话等手段向求询者提供心理援助和咨询帮助。

心理咨询的含义，是指心理咨询者采用恰当的技巧，与咨询对象建立一种和谐融洽的人际关系，利用心理学有关知识与原理，帮助来访者发现问题的根源，在充分发掘其潜力的基础上，改变其错误的认知结构和行为方式，让其恢复或提高社会适应力。

二、心理治疗

心理治疗在英语中有时被称之为"心理治疗"，有时直接被称之为"治疗"。心理治疗又称精神治疗，是指应用心理学的理论与方法治疗病人心理疾病的过程。主要是用语言、表情、动作和行为向对方施加影响，解决心理上的矛盾，达到治疗心理疾病的目的。

心理治疗是针对情绪问题的一种治疗方法，主要由经过专门训练的人员以慎重细致的态度与病人建立一种业务性的联系，用以消除、矫正或缓和现有的症状，调解异常行为形式，促进积极的人格成长和发展。

心理咨询是以遇到心理困惑或有强烈心理冲突与矛盾的正常学生为对象，关注对象的现在，心理干预的重点是发展，根本目标是改善学生个体的心理机能，提高心理健康水平。

心理治疗是以心理健康水平较低或心理机能失调及心理上有障碍的疾患学生为对象，关注对象的过去，心理干预的重点是矫治，根本目标是纠正与治疗学生心理与行为的失常问题，恢复其心理健康。

三、改变个体心理与行为问题的方法

心理咨询与治疗的方法很多，这里只介绍几种常用的方法。

（一）精神分析疗法

精神分析疗法的治疗是根据心理分析的理论进行的。其治疗更多的是针对神经症的治疗。由于心理分析理论认为症状是神经症性冲突的结果，它是经过化装的，背后必有无意识的症结。因此，心理分析治疗着重在寻求症状背后的无意识动机，使之与意识相见。即通过分析治疗使病人自己意识到其无意识中的症结所在，产生意识层次的领悟，使无意识的心理过程转变为意识的，使病人真正了解症状的真实意义，便可以使症状消失。

既然个体在成人时的行为经常表达的是童年时期受到压抑的创伤及重新复活的产物，自我崩溃或其他的障碍行为就可以追溯到以前无意识的防御经历。弗洛伊德坚信要帮助病人克服这些心理障碍，必须使得他"领悟"到该行为的真正原因。要做到这点，就必须发现障碍行为的无意识根源，以使病人有解决早期冲突的新的机会。

（二）认知疗法

这以认知理论为基础发展而成的心理治疗方法。认为情绪不是由某一诱发性事件本身所引起的，而是由经历了这一事件的个体对这一事件的解释和评价所引起的。不合理信念的特征：

1. 绝对化的要求

这是指人们以自己的意愿为出发点，对某一事物有认为必定会发生的信念，它通常与"必须"、"应该"连在一起。

2. 过分概括化

这是一种以偏概全、以一概十的不合理思维方式的表现。

3. 糟糕至极

这是一种认为如果一件不好的事发生了，将是非常可怕、非常糟糕，甚至是一场灾难的想法。

合理情绪治疗的基本步骤：

第一步：向来访者介绍 ABC 理论的基本原理。

第二步：向来访者指出，情绪困扰之所以延续到今，是由于他们自身存在的不合理信念所导致的。

第三步：通过与不合理信念辩论的方法为主的治疗技术，帮助来访者认清不合理信念。

第四步：帮助他们学会以合理的思维方式代替不合理的思维方式。

（三）行为主义疗法

行为主义疗法具体包括以下几种方法：

1. 松弛训练法

一般来说，其方法是紧缩肌肉，深呼吸，释放现在的思想，注意自己的心跳次数等，帮助当事人经历和感受紧张状态和松弛状态，并比较其间的差异。如渐进性放松法，就是在安静的环境中采取舒适放松的坐位或卧位，按指导语或规定的程序，对全身肌肉进行"收缩—放松"的交替练习，每次肌肉收缩 5～10 秒钟，放松 30～40 秒钟，经过反复，使人自觉到什么是紧张，从而提高消除紧张达到松弛的能力。放松训练在学生平时紧张和焦虑时不妨选用，特别是在考试前，因焦虑和紧张带来的压力，可以通过放松训练来缓解。

2. 系统脱敏法

脱敏，就是脱离、消除过敏的意思。其含义是当学生对某种事物、人和环境产生过分敏感的反应时，可以在当事人身上发展起一种不相容的反应，使对本来可引起敏感反应的事物或人等，不再产生敏感反应。如有的儿童害怕老鼠，看见老鼠就出现极度的恐怖感：惊叫、心跳加速、面色苍白等。对这种过敏反应，可在儿童信赖的人（父母、老师等）陪同下，在边从事愉快的事情同时，从无关的话题到关于老鼠的话题，从图片到玩具宠物，从电视、录音机的形声到真实的老鼠，从远到近，逐渐接近放有老鼠的笼子，鼓励儿童去看、去接触，多次反复，直至儿童不再过度恐惧老鼠。脱敏法一般和松弛训练法结合在一起。大致程序如下：进行全身松弛训练，放松身体各部位；建立焦虑刺激强度等级层次，由当事人想象从最恶劣的情境到最轻微焦虑的情境；焦虑刺激想象与松弛训练活动相配合，让当事人作肌肉放松，然后想象从焦虑刺激的最轻微等级开始逐步提高，直到最高也不出现焦虑反应为止。若在某一级出现了焦虑紧张，就应退回到较轻的一级，重新进行或暂停。

3. 厌恶法

厌恶法是指运用惩罚的、厌恶性的刺激，通过直接的或间接的想象，以消除或减少某种适应不良行为的方法。它的一般原理是，把令人厌恶的刺激，如电击、呕吐、语言斥责、想象等，与当事人的某种不良行为相结合，形成一种新的条件反射，以对抗原有的不良行为，进而消除这种不良行为。例如农村妇女为使孩子断奶，在乳头上涂黄连、辣椒或难看的颜色，使儿童吮吸时产生厌恶感或望而生畏，以达到断奶的目的。运用厌恶法可采用电击、药物、想象等具体方法。心理辅导常用的方法是运用想象产生厌恶以抑制不良心理与行为。想象厌恶法，是将辅导者口头描述的某些厌恶情境与当事人想象中的刺激联系在一起，从而产生厌恶反应，以达到减少或中止某种不良行为的辅导目的。运用厌恶法辅导时，为达到足够的刺激强度，可使用一些辅助器具或手段。如有强迫观念的当事人，可用橡皮筋套在手腕上进行厌恶训练，当出现某种强迫观念时，就接连拉弹橡皮筋弹打手腕，引起疼感。同时责备或提醒自己不要去想，拉弹次数和强度视强迫观念的出现和消退而定，直到问题消失为止。在使用厌恶法时要注意，因为它是一种惩罚的方法，带有一定的残忍性和非道德性，辅导者使用前应征得对方同意。一般应把它作为最后一种方法选择。

（四）人本主义疗法

人本主义心理学注重人的基本条件，注重对人的理解。这种疗法把人的意愿、选择和决策放在治疗的中心地位。强调建立心理医生和来访者之间的相互交流关系，对来访者的主观情感经验和态度特别重视。这一类治疗的方法都是试图帮助来访者承认自己对选择自己的生活负有责任。同时要帮助来访者相信自己有选择的能力。存在主义也强调顿悟意识，但达到顿悟手段不像精神分析那样去挖掘早年的无意识经验，而是通过人的直接经验，不是通过心理医生的解释和说明，而是通过来访者自身的体验，让来访者自己决定治疗的内容。

思考与练习

1. 如何理解健康与心理健康的含义？
2. 如何理解心理健康的标准？

3．简答增进心理健康的途径与方法。

4．简答压力及其来源。

5．简答压力的影响因素及其应对策略。

6．简答挫折的概念及挫折的产生原因。

7．组织一次中学生或者大学生的主题班会，主题就是"谈谈你是如何应对挫折的"，目的是交流彼此的经验，以促进共同成长。

8．什么是心理咨询与心理治疗？两者关系如何？

9．案例分析：小林的爸爸妈妈又吵架了，他们还喊着要离婚，小林的心情坏透了，小林该怎么办呢？

选择一：难过极了，找个地方痛哭一场。

选择二：烦透了，不理他们，随他们的便吧。

选择三：找他们谈谈心，表明自己的痛苦心情。

分析：对作出这 3 种选择的小林，你如何分别指导？

主要参考文献

高玉祥. 1989. 个性心理学. 北京：北京师范大学出版社.

格列高里. 1986. 视觉心理学. 彭聃龄, 译. 北京：北京师范大学出版社.

候玉波. 2002. 社会心理学. 北京：北京大学出版社.

黄希庭. 1991. 心理学导论. 北京：人民教育出版社.

江林, 李传银, 周东明. 2000. 心理学教程. 东营：石油大学出版社.

李传银. 2003. 心理学. 呼和浩特：远方出版社.

李丹. 1999. 儿童发展心理学. 上海：华东师范大学出版社.

理查德·格里格, 菲利普·津巴多. 2003. 心理学与生活. 王垒, 王甦, 等译. 北京：人民邮电出版社.

卢家楣, 魏庆安, 李其维. 1998. 心理学基础理论及其教育应用. 上海：上海人民出版社.

卢家楣, 魏庆安. 2004. 心理学. 上海：上海人民出版社.

路海东. 2002. 教育心理学. 哈尔滨：东北师范大学出版社.

彭聃龄. 2001. 普通心理学. 北京：北京师范大学出版社.

皮连生. 2004. 教育心理学. 上海：上海教育出版社.

全国十二所重点师范大学联合编写. 2002. 心理学基础. 北京：教育科学出版社.

桑标. 2003. 当代儿童发展心理学. 上海：上海教育出版社.

邵郊. 2002. 生理心理学. 北京：人民教育出版社.

沈政, 林庶芝. 1993. 生理心理学. 北京：北京大学出版社.

宋广文, 杨昭宁, 李寿欣. 1999. 心理学. 济南：山东大学出版社.

孙久荣. 2001. 脑科学导论. 北京：北京大学出版社.

王雁. 2002. 普通心理学. 北京：人民教育出版社.

王振宇. 1998. 心理学教程. 北京：人民教育出版社.

吴庆麟. 2003. 教育心理学：献给教师的书. 上海：华东师范大学出版社.

伍棠棣. 2003. 心理学. 北京：人民教育出版社.

熊哲宏. 2002. 论"心理模块性"研究的理论心理学意义. 心理学探新, 4（1）：16-20.

杨广学, 刘大文. 1998. 心理学. 沈阳：辽宁人民出版社.

叶奕乾, 何存道, 梁宁建. 1997. 普通心理学. 上海：华东师范大学出版社.

叶奕乾, 祝蓓里. 2005. 心理学. 上海：华东师范大学出版社.

叶奕乾. 1989. 心理学. 北京：中央广播电视大学.

张承芬, 宋广文. 2001. 心理学导论. 北京：人民出版社.

张承芬. 2002. 教育心理学. 济南：山东教育出版社.

张积家. 2004. 普通心理学. 广州：广东高等教育出版社.

张世富. 2004. 心理学教学指导. 北京：人民教育出版社.

章志光. 2002. 心理学. 北京：人民教育出版社.

朱智贤. 2003. 儿童心理学. 北京：人民教育出版社.